北京文史体育专辑

北京男篮
Beijing Men's Basketball Team

北京市文史研究馆　编著

北京出版集团公司
北京出版社

图书在版编目（CIP）数据

北京男篮 / 北京市文史研究馆编著. — 北京：北京出版社，2016.6

（北京文史体育专辑）

ISBN 978-7-200-12210-7

Ⅰ. ①北… Ⅱ. ①北… Ⅲ. ①篮球运动 — 体育运动史 — 北京市 Ⅳ. ①G841.92

中国版本图书馆CIP数据核字（2016）第117949号

出 品 人：张　庆
主　　编：孙保生
编　　委：刘尧勋　纪引
编辑部主任：赵书月
执 行 编 辑：王　雷
书 籍 设 计：北京日报图片社　刘绍庆　段　芳

责 任 编 辑：董维东
助 理 编 辑：鲍思佳
责 任 印 制：彭军芳

北京文史体育专辑

北京男篮
BEIJING NANLAN

北京市文史研究馆　编著

出　　版：	北京出版集团公司 北 京 出 版 社
地　　址：	北京北三环中路6号
邮　　编：	100120
网　　址：	www.bph.com.cn
总 发 行：	北京出版集团公司
印　　刷：	北京华联印刷有限公司
版　　次：	2016年6月第1版第1次印刷
开　　本：	210毫米×285毫米　1/16
印　　张：	20.5
字　　数：	260千字
书　　号：	ISBN 978-7-200-12210-7
定　　价：	88.00元

质量监督电话：010-58572393

版权所有　侵权必究

印装错误请与承印厂家联系　　电话：010-67876655

目 录

前言   001

冠军之路

    篮坛前辈 · 孙保生   002
    北京男篮辉煌的过往今夕 · 孙保生   004

风云人物

    中国男篮的"活化石"——访新中国第一代篮球人程世春 · 王 洋   062
    控球后卫佼佼者——访老国手王忆诚 · 孙保生   070
    山高人为峰——记新型控卫黄频捷 · 马冰峰   080

见证经历

    承前启后 助力辉煌——访市篮协秘书长尹光环 · 紫 晓   090
    见证北京男篮40年——访首钢篮球俱乐部副总经理袁超 · 孔 宁   096

经典战役

    京粤大战 强强对决 · 周 赫   109
    载入史册的京新总决赛 · 龙培培   135
    京辽首演经典总决赛 · 紫 晓   159
    快速流畅的运动战——北京首钢男篮战术浅析 · 紫 晓   175

篮坛骄子

    我们从未失去信心——访北京首钢男篮主教练闵鹿蕾 · 潘天舒   186
    马布里——北京首钢男篮夺冠的圆梦人 · 周 赫   202
    登上CBA巅峰的莫里斯 · 刘 茹   222
    孙悦——北京首钢男篮夺冠路上重要的拼图 · 龙培培   236
    众擎易举 共铸辉煌——北京首钢男篮队友扫描 · 陈嘉堃   252

篮球文化

    趣谈篮球规则 · 马立军   272
    大气睿智的北京男篮球迷 · 李远飞 邵化谦   284
    京城三代篮球宝贝演绎活色生香 · 孔 宁   293
    多角度全方位的媒体正能量 · 张晓亮   308

后记   316

前 言

篮球是北京人非常喜爱的体育运动，这项由美国人发明的现代体育运动，自100多年前传入中国后，很快在北京开展起来。篮球运动真正得以绚丽多彩，是在新中国成立之后。在党和政府的大力支持下，普通老百姓积极投身篮球运动，增强了体魄，丰富了生活。在篮球运动得到普及的基础上，组建北京篮球专业队也被提到了日程上。北京市委、市政府非常重视体育工作，先后设立了北京市体育总会、北京市体育运动管理委员会，指示要尽快创建篮球等项目专业队。国家体委十分关心北京市的体育工作，从各方面给予积极扶持，以使北京市的体育事业与首都地位相符。正是在这样的历史背景下，在国家体委主任贺龙、副主任蔡树藩等领导同志的大力支持下，国家体委于1956年将足球、篮球、排球和乒乓球队下放给北京，既代表北京队也代表国家队。1956年7月10日，国家男篮的张光烈、王忆诚、何诗荪、周明镐四名队员来北京市体委报到，这一天也就成了北京篮球队正式成立之日。在当年于重庆举行的全国篮球甲级联赛上，北京男篮、女篮便双双斩获冠军。尽管北京篮球专业队的成立晚于其他省市和部队，但凭借大批国手的加盟援助，北京篮球队起点较高，为今后发展打下了坚实基础。

北京男篮经历了60年的发展历程，涌现出一批批优秀教练和球员。在不同的历史时期，北京篮球人胸怀祖国，放眼世界，结合世界篮球发展趋势与自身条件，摸索出了一套科学育人的训练方式与经验，形成了北京男篮鲜明的风格和技战术特点，在比赛中取得了优异成绩。北京男篮曾经获得首届全运会亚军和第二届全运会冠军，并在1983年的第五届全运会上逆转并战胜拥有穆铁柱等人的实力超强的解放军队，第二次登上了全运会冠军宝座。2008年北京奥运会后，北京市委、市政府和市体育局加大了对足篮排三大球的投入，为北京首钢男篮注入了生机与活力，在成功引进优秀外援马布里、莫里斯和国手孙悦等人的同时，在攻防打法上大胆创新，四年三次摘取CBA总冠军，从而迎来了北京男篮史上新的辉煌。

挖掘整理北京男篮历史是一项十分重要和紧迫的任务。《北京文史》编辑部从2012年开展这项工作，组织北京篮球界的人士和长期采访报道篮球比赛的体育记者座谈、讨论、采访、撰稿，尽管大家一再加紧步伐，遗憾的是，姜忠俭、陶传孝等篮坛前辈还是在此期间告别了人世。经过4年的紧张工作，终于使《北京男篮》得以完成。

今年是北京男子篮球队成立60周年，谨以此书献给热爱北京篮球的人们。

北京市文史研究馆

2016年5月

2015年4月2日,2014-2015赛季北京首钢男篮大型球迷答谢会在五棵松篮球馆举行。图为北京队队员再现擎鼎经典画面 李志岩 摄影

2014年3月30日,2013-2014赛季CBA联赛总决赛,北京首钢男篮对阵新疆广汇男篮。图为北京队队员在比赛现场高举牟作云杯庆祝夺冠
李志岩 摄影

2012年3月30日,2011-2012赛季CBA联赛总决赛,北京首钢男篮对阵广东宏远男篮。图为北京队队员在比赛现场庆祝夺冠
新华社记者 孟永民 摄影

冠军之路

北京男篮
Beijing Men's Basketball Team

篮坛前辈

孙保生

范政涛（1917-1993）

京城篮球泰斗，新中国成立前后培养出了数十位著名国手和名教练，因人施教，方式多样，为篮球奉献了一生，曾任北京篮球队副总教练。程世春、陈文彬、张光烈、黄频捷、张卫平皆为其弟子，可谓足迹踏遍篮坛，桃李布满天下。

陈文彬（1931-1979）

新中国第一代国手，24岁即任中国男篮主教练，堪称篮坛国字号第一位少帅。这位善于把理论与实践相结合的篮球秀才，执教国家队10年期间，不仅把中国男篮打造成了快、灵、准特点鲜明的队伍，而且培养出了包括钱澄海、杨伯镛、张锡山等一大批名将。学识渊博的他著有很多篮球名著，可惜英年早逝，因突发心脏病率队参加比赛时逝世。

张光烈（1930-1991）

新中国第一代国手，北京男篮第一代开拓者，训练方法独特，计划性强。作为篮坛三秀才之一的他，率领北京男篮于1965年夺得第一个全运会冠军。他精心培养的北京男篮以快、准、活、狠及多点策应、多点进攻的鲜明风格令人耳目一新，并向国家队输送了姜忠俭、马家骅等名将。20世纪70年代初，他发现和培养了一批北京篮球后备人才。

白金申（1932-2002）

　　来自天津的他，在我国篮坛素有"名嘴"之称，亦为篮坛三秀才之一，新中国第一代国手，北京男篮第一代开拓者。勤于思考，博古通今，退役后长期执教国家女篮和北京女篮，率领北京女篮两夺全运会冠军。执教经验丰富，训练手法丰富，将基本功和战术用顺口溜表达，既形象又生动，为国家女篮输送多名战将。

张锡山（1934-2009）

　　新中国第一代国手，与钱澄海、杨伯镛齐名，享有"空中坦克""铁后卫"之美誉，1963年起任北京男篮运动员、教练员，38岁高龄时才挂靴。执教北京男篮期间成绩优异，并向国家队输送多名优秀运动员。他还是我国第一代残疾人轮椅篮球教练员，率队战绩显赫。一生襟怀坦荡，执着奉献。

马家驿（1940-1999）

　　北京自力更生培养出来的第一批国手，其特点是擅长切入，投篮准确，尤以投擦板球著称，退役后从事教练工作，1979年起任北京男篮主教练。善于学习、肯钻研的他率队在1983年第五届全运会上逆转解放军队，夺得冠军，创造了北京男篮史上的第二次辉煌。1988年，作为北京篮球队的总领队、总教练，他率领北京篮球队划归首钢，踏上了企业办高水平专业队的探索之路，向国家队输送了单涛、巴特尔等名将。

北京男篮辉煌的过往今夕

孙保生

2016年7月10日，北京男子篮球队将迎来它的60岁生日，值得庆贺。而庆祝的最好方式就是缅怀历史，挖掘正能量，并将其发扬光大，使其薪火相传。四年三获中国男子篮球职业联赛（简称CBA联赛）总冠军的成绩，书写了北京篮球历史的新篇章，这也是献给北京男篮最好的生日礼物。

1956年7月10日，在原国家体委和北京市委、市政府及市体育部门的共同关心扶持下，以一大批新中国篮球国手为主的北京男女篮球专业队正式诞生。当年，北京男女篮球队就双双摘取了全国篮球甲级联赛的桂冠，为北京篮球运动的发展创下了最佳开局。经过半个多世纪的发展，北京男子篮球队经历了从无到有、从小到大、从弱到强的战斗洗礼。在漫长曲折的发展过程中，涌现出了一批批甘为人师的优秀教练员和特点鲜明的明星运动员。在不同的历史时期，北京篮球人胸怀祖国，放眼世界，结合世界篮球发展趋势与自身条件，继承、创新、发展了北京篮球风格，摸索出了一套科学育人的训练方式与经验，提升了篮球理论水平，为新中国篮球运动的可持续发展，为争取首都荣誉，做出了不可磨灭的历史贡献。一代代北京篮球人奋发图强的足迹，映射出来的是他们对篮球运动孜孜不倦的无悔追求，传递的是勇攀高峰的正能量。一代又一代北京篮球人艰苦奋斗、力争上游的事迹，共同铸就了北京篮球运动60年的辉煌。

北京男篮的发展史大致可以划分为三个阶段，即1956年至1966年的创建与首铸辉煌时期，这个时期北京男篮不仅勇夺全国篮球甲级联赛桂冠，而且还连续两年分获全运会冠亚军；1966年至1988年是北京男篮的恢复重建与再铸辉煌时期，在这个时期，北京男篮不仅夺得全国篮球甲级联赛、全国锦标赛和全运会冠军，而且在1983年第五届全运会上上演了逆转解放军队的神话，第二次登上了全运会的冠军宝座；1988年北京篮球队正式划归首钢管理，由此进入改革探索与三铸辉煌时期，在这个时期，北京男篮遇到了前所未有的困难与挑战。在此期间，中国篮协于1995年创办了中国男子篮球职业联赛，即CBA联赛，其表现形式是主客场赛制取代传统的赛会制，把篮球推向了市场，引进了外籍球员，球队逐步由专业队向俱乐部制转变，从而使篮球运动受到了社会各界更广泛的关注。在CBA联赛的20年中，首钢男篮的发展可谓起起伏伏，既有失败，也有成功。可喜的是，自2008年北京奥运会之后，北京市委、市政府与市体育局加大了对足篮排三大球的重视和投入，北京篮球得以重现生机。首钢篮球俱乐部及时转变观念与思路，抓住发展机遇，努力拼搏，终于在2012年首次斩获CBA联赛总冠军。这个总冠军竟与北京男篮阔别了29年！在接下来的三年中，首钢男篮再接再厉，第一次获得了两连冠，开始走上了创建北京"王朝之路"。

三铸辉煌　成功卫冕

2015年3月22日，在本溪体育馆内，首钢男篮以106比98战胜辽宁队，以4比2的总比分获得了2014-2015赛季CBA总决赛冠军，不仅首次蝉联总冠军，而且在四年之内三次斩获总冠军，成为继八一队、广东队之后获得CBA总冠军次数最多的球队！更令人感动的是，这一次夺冠后北京队的将帅们没有像前两次折桂后那样喜极而泣,而是在欢笑的脸庞上流露着坚韧与淡定,他们是在用一种全新的方式享受着成功后的幸福与喜悦。因为这次巅峰对决的对手辽宁队,不同于广东队,也不同于新疆队,卫冕的难度超过以往。

2014—2015赛季是CBA联赛创办后的第20个赛季。这个赛季不同以往,一是参赛队伍扩充到了20支,二是篮管中心推出了"末节单外援"的新规定。这个新规定出台后,有人认为这是针对北京队的新规。有人认为,马布里、莫里斯是联赛外援中的最佳组合,没有这对最佳组合,北京队根本拿不下前两个赛季的总冠军。实际上,这条新规定绝非针对北京队,其目的是在决定胜负的第四节能让国内球员得到更多锻炼与提高。在以往赛季,第四节成了"外援二人转",各队的球权都掌握在外援手中,国内球员干的是累活,有时干脆成了"跑龙套"的。有些国内球员中的佼佼者虽然披上了国家队的战袍,但在亚锦赛和亚运会的关键战役中,他们居然不知道该怎么打了,即使教练布置了战术,队员也没有能力去贯彻实施。大家应该还记得,在2013年亚锦赛和2014年亚运会比赛中,中国男篮输得一塌糊涂,这与中国运动员缺乏大赛经验有很大关系。欲重振中国男篮雄风,就必须让国内球员在CBA联赛的舞台上经风雨、见世面。毋庸讳言,这条新规对北京队来说也确实是严峻的挑战与考验。

北京队面临的另一个挑战是马布里的年龄问题,毕竟又长了一岁,38岁的他身体会不会有问题?动过手术的膝盖有没有后遗症?

果不其然,常规赛开始后上述问题都在北京队身上表现出来了。不仅马布里的全场比赛的技术数据下降,而且全队在比赛中的状态多有起伏。曾经在2011—2012赛季创造了13连胜的北京队,这个赛季最多的仅是8连胜。常规赛主场18胜1负,但客场战绩是10负9胜。在38场比赛中,不仅主客场遭遇辽宁队双杀,而且不敌"三外援"的山西队、青岛队以及上海队、浙江广厦队、新疆队、山东队、天津队、东莞队和广东队,致

2015年3月3日,2014—2015赛季CBA联赛半决赛,北京首钢男篮对阵广东宏远男篮。图为北京队朱彦西(中)补篮绝杀后庆祝胜利。
新华社记者 白雪飞 摄影

北京男篮
Beijing Men's Basketball Team

使常规赛最终排名第四。这样的表现必然会引起京城媒体和球迷的担忧与质疑，北京队还能成功卫冕吗？然而，一些细心的专业人士也注意到，北京队在常规赛后1/3的赛程中，已经有意识地在末节练兵。显然，北京队在暗暗地为打好季后赛做着各方面的准备。专业人士还注意到，年轻的方硕上场时间明显增多，表现也不错，这恐怕是让老马在季后赛能有更多的休息时间的一种人员安排。

必须承认，北京队主教练闵鹿蕾和球员马布里吃透了CBA赛程，两人不谋而合地意识到，要想实现北京队蝉联冠军的梦想，季后赛的过程就要先易后难，这样才能最终登顶，这在兵法上叫避实就虚。要想实现这个想法，在常规赛期间就得合理安排好比赛，拿到理想的排位赛位置，最终，按照季后赛排名对位，北京队先碰到了有"三外援"的吉林队。这个赛季有三支"三外援"的球队打进了八强，分别为山西队、吉林队和青岛队，其中青岛队最强，山西队次之，随后是吉林队。北京队能以3比0将吉林队横扫，在于孙悦对吉林队核心队员琼斯的控制。琼斯投、突皆灵，有很强的得分能力，但速度不够快，孙悦在防守他时充分发挥身高臂长的身体优势，有效地限制住了琼斯。轻松迈过这道坎后，北京队便与老对手广东队开始了争夺决赛权的比赛。说实话，老马最愿意打广东队。因为这几年北京队打广东队太有心得了，另一个原因则是老马2011年在广东队试训时，广东队怠慢了他。回答怠慢的最好方式是打败他们。尽管广东队曾在常规赛主场狂胜北京队24分，但北京队并不怵他们，因为北京队已经找到了破解广东队拜纳姆与易建联挡拆配合的办法。

常规赛第四名的北京队对阵常规赛冠军的广东队，真乃不是冤家不聚首。此时的广东队明显强于上赛季，中途加盟的美国球员拜纳姆是个特点突出的控球后卫，能传能攻，已经串联起了广东队的每个攻击点。老将朱芳雨和王仕鹏状态回升，颇有绽放第二春之势。虽然说2014年北京队就是在半决赛以3比2将广东队斩落马下的，但2015年北京队还能让状态回勇的广东队重蹈覆辙吗？伴随着这一悬念，京粤半决赛又一次吸引了人们的眼球。

当半决赛首回合在北京队主场万事达中心揭幕时，京城球迷像平时一样站着等待北京队首个进球。吉喆一记中投命中首开纪录后，球迷们热烈鼓掌落座观战。此后，北京队连续两次失误，给了广东队反超比分的机会。不能再给对手起势的战机，老马频频以强硬的突破上篮打乱了广东队的防守，随着孙悦两记3分球命中，主动权重归北京队手中。2014年新加盟北京队的张庆鹏也内外添彩，至首节结束，北京队领先对手10分之多。克服了首节慢热的北京队，在次节又现起伏，上半场结束，广东队凭借篮板之优和拜纳姆的神勇发挥，反以59比56领先。如何在下半场扭转被动局面？北京队一是要对拜纳姆采取针对性防守，二是要提高进攻质量。易边再战，北京队开局没打

好，一分未得。不能再犹豫不决了，北京队果断加强了无球人的移动和球的传导，捕捉住投篮机会，内外配合频出，终于在第三节结束时艰难地将比分反超。在激烈的对抗中，孙悦的右肩又一次脱臼，不得不下场进行短暂处理。在决定胜负的第四节，北京队的防守强度不减，攻势更加猛烈，李根打得十分强硬，老马则牢牢掌控着比赛的节奏，重新披挂上阵的孙悦适时给翟晓川送出妙传，领先优势不断扩大，最终北京队以114比108取得开门红。

半决赛第二、第三战移至广东队主场东莞市进行，是北京队乘胜追击抢下赛点，还是广东队改变策略扳回一城？这些疑问成了媒体和球迷关注的新热点。

2014年3月13日，2013-2014赛季CBA联赛半决赛，北京首钢男篮客场对阵广东宏远男篮。图为北京队外援莫里斯（蓝衣）和广东队外援（白衣）争球
刘平 摄影

次战打响后，广东队虽然在首节先后派出了老将朱芳雨和王仕鹏，但在打法上未见明显调整，防守依旧是派周鹏等人轮番死盯马布里。北京队依然是以我为主，老马首发率队员与之周旋，双方互有攻守。险情在末节还有3分53秒时出现，多点开花的广东队顽强地将比分战成90平。但李根很快将广东队反扑势头扑灭，他凶狠地突破上篮直插广东队心脏，接着是老马断球上篮一气呵成。结果北京队以103比96如愿抢下赛点。

连折两阵的广东队已被北京队逼到悬崖边，唯有置之死地而后生。第三战广东队舍弃了作用不大的阿德里恩，起用了休养多日的穆迪埃，亮出了后场美国双控卫的变阵。赛点在手的北京队，低估了这个后场变阵，攻守皆处于被动，最终以99比110落败。败因除北京队有些轻敌外，还在于失误过多，全场失误高达19次之多。

回到北京队主场比赛，北京队虽然开局不利，一度以3比11落后，但大伙儿没有急躁，通过积极防守、耐心进攻，逐渐变被动为主动。广东队在下半场展开反击，易建联、朱芳雨、高尚都有出色发挥，在第四节终于将比分反超。易建联第五次犯规后，北京队加强了内线强攻，比分交替领先，两队最后进入了加时赛。5分钟的加时赛打得扣人心弦，最终凭借朱彦西的压哨补篮助北京队以107比105绝杀了广东队。3比1战胜"八冠王"广东队，北京队第三次挺进总决赛。

虽然获得了决赛权，但回顾过程至今仍让人有惊魂未定之感。如果拜纳姆不因伤早早下场，如果比赛被拖入第二个决胜期，结果将会如何？然而，竞技场上没有如果，这就是竞技体育的残酷性。只有努力了，运气才会眷顾，这就是竞技体育的偶然性，但偶然性中蕴含着必然性。主教练闵鹿蕾赛后说："这场比赛是我执教以来最难的一场，我们凭借坚定的信念和顽强拼搏的精神拿下了比赛，结束了这个扣人心弦的半决赛系列赛。"虽然如今已非广东队的鼎盛时期，但闵帅仍认为他们是CBA中最强的球队，跟这样的球队打半决赛，有助于北京队为总决赛做好准备。

能在两次半决赛中将广东队淘汰，得益于近四年来两队交锋北京队胜多负少的经验，首次夺冠就是在打败广东队后实现梦想的，因而北京队在心理上占有优势。此外，京粤两队都知己知彼，关键看谁的攻防战术更有针对性，能有效地制约对手。谁做到了以我为主，扬长避短，谁就能赢得最后胜利。闵帅说："有些变化我们能掌控，有些变化我们掌控不了，广东队中途让拜纳姆取代了穆迪埃，半决赛又让穆迪埃取代了阿德里恩，这些变化就是我们无法控制的。虽然无法控制这些变化，但我们必须在比赛中拿出应对办法。拜纳姆确实给广东队带来很大变化，他串联起了全队，特别是跟易建联形成的挡拆配合给各队以极大威胁，由此他们在常规赛收官时取得了26连胜。怎么迈过广东队这道关隘？首先我们要设法破坏拜易之间的挡拆配合，但是，拜纳姆和易建联的个人能力在那儿明摆着，再怎么防他们俩也能得60分左右。因此，重要的是要控制住朱芳雨和王仕鹏两个老将，这两个要是欢实起来就不好办了。"回顾4场半决赛，北京队确实控制住了朱芳雨和王仕鹏，前者4场共得53分、场均13.25分，后者4战仅得15分、场均3.75分。在贯彻作战方案上，北京队认为首战志在必得，因为赢下首战就为打好半决赛系列赛抢得了开局。果然，北京队将帅齐心协力，如愿抢下首战后，又一鼓作气拿下赛点。第三战失利后，闵帅认为不仅仅是因为广东队的变阵，还在于北京队自己有些急躁，结果是欲速则不达。闵帅说："广东队是最强球队，不可能被我们横扫，我已经做好了打5场的准备。"除了攻防策

北京男篮
Beijing Men's Basketball Team

略正确外，北京队上场打球的人数也多于广东队。在整体配合上，北京队也比广东队更有耐心。数据是最好的证明，北京队4战助攻64次，比广东队多8次。易建联赛后感慨道："我们输给了一个团队球队。"

在北京队与广东队半决赛第三回合的较量结束时，辽宁队已将青岛队3比0横扫出局，率先挺进总决赛。这是辽宁队在时隔7年后又一次站在了总决赛的舞台上。如今的辽宁队可谓是其在CBA史上最强盛的时期，本赛季他们在常规赛豪取17连胜，名列常规赛半程冠军，常规赛收官时以33胜5负的战绩获得亚军。借常规赛之威，他们在季后赛以3比0先后将浙江广厦、青岛双星横扫，信心满满地等待总决赛对决的对手。在观看完北京队与广东队半决赛第四战的电视直播后，辽宁队非常高兴，因为跟他们决战的对手不是广东队而是北京队。在他们看来，曾被自己双杀的北京队，要比广东队好打。尽管少帅郭士强一再告诫队员们不能轻视北京队，但队员们还是没能充分重视北京队，他们忽略了北京队具有整体作战的变化能力，具有他们不具备的总决赛经验。

CBA史上首现京辽巅峰对决，极大地吸引了全国乃至境外媒体和球迷的关注。在预测总决赛走势和冠军的归属上，六成媒体和球迷看好辽宁队，预测总决赛起码要打到第六场才能决出胜负。看好辽宁队夺冠的理由之一，就是他们曾双杀北京队。在此前的比赛中，辽宁队多次上演末节逆转剧情，媒体惊呼："辽宁队末节惹不起。"而北京队末节确实有起伏。北京队主教练闵鹿蕾对双方优劣看得十分清楚，按各个位置比较，辽宁队实力占优。核心队员哈德森能力出众，年龄比马布里小7岁，但老马的经验占优。大外援汤普森跟莫里斯比，莫里斯能力占优，但防守稍逊。锋线上李晓旭和贺天举，论身体素质和能力要强于朱彦西、吉喆，但翟晓川和李根有各自的特点。郭艾伦的冲击力很强，替补杨鸣有经验，但身高臂长的孙悦在把握节奏上占优，攻防能力在辽宁队之上。在主力队员的体能和年龄上，辽宁队员占优，但是，北京队有些优势不在表面而在心理上。在人数上，北京队经常上场打球的有10人，而辽宁队是8人。而在信心、阅历、比赛经验上，北京队明显占优。同时，北京队更擅长用整体优势来弥补个体劣势，比如进攻中的大范围移动，比如李根的错位进攻等。少帅郭士强近年在临场指挥上进步明显，但与在主教练岗位上打拼了18年的闵鹿蕾相比，后者显得更有优势。闵帅在获知辽宁队很高兴在总决赛碰上北京队后，说："我希望他们很高兴，希望他们认为打北京队比打广东队好打，去年新疆队不也是这样吗？"

仅靠信心力争成功卫冕是不够的，必须制定出克敌制胜的策略，并能在比赛中得到坚决贯彻。北京队认真观看了常规赛自己被辽宁队双杀及其他有关录像，闵帅认为，主场被逆转是因为本队在下半场出现了起伏，辽宁队抓住起伏之机大举反攻，这说明辽宁队是有备而来。客场大比分落败，是因为常规赛本队排名基本已确定为第四或第五，胜负无关大局，故队员们没有争取胜利的信念，这一点从队员的眼神就看出来了。闵帅还认为，常规赛、季后赛、总决赛是不同性质的比赛，常规赛是两三天就换一个对手，研究得不那么细致，打完这个队就要准备打那个队了。季后赛每个系列赛都跟一个队交锋，研究得十分细致，每战后的总结也很到位，大家也非常专注。总决赛就像跑马拉松，漫长而艰苦，要想取得最后的胜利，就要做好全程的设计，针对比赛中出现的问题，随时调整改进。闵帅还对北京队这两个赛季的表现进行了分析："开局阶段还不错，这是因为赛前练得好；中后段出现起伏，是因为对手摸透了我们，而我们受到伤病影响，从思想上队员们认为输几场没关系，只要不影响进季后赛就行。把最好的状态用在季后赛，就是好钢用在刀刃上。"北京队虽然已经夺得了两个总冠军，但实力不及鼎盛时期的八一队、广东队，没到"见谁灭谁"的地步，总冠军是一仗一仗拼出来的。老马又年长了一岁，常规赛不必场场卖命，能起到穿针引线的作用就足矣，为的是积蓄力量。同时可以让方硕等年轻队员在常规赛得到更多的上场时间，可谓养兵千日，用兵一时。怎么才能打好跟辽宁队争冠的总决赛？闵帅跟老马进行了反复商讨，最终达成了一致意见。首战虽然在客场，但北京队要反客为主，力争首战告捷。一旦拿下首战，就可以长自己志气，灭对手威风。

2015年3月10日晚，总决赛首战在辽宁队主场本溪打响，北京队在开局一度落后的不利形势下沉着应战，依靠整体配合逐渐变被动为主动，并在末节顶住了辽宁队的反扑，终场竟以103比84大胜。心理压力更大的辽宁队，及时放下包袱轻装上阵，两天后在三场以108比94扳回一城。3月15日晚，总决赛第三战在北京队主场万事达中心展开，这一仗两队打得难解难分，最后2.2秒哈德森上演了准绝杀，力助辽宁队以109比108险胜。虽然是一分定胜负，但辽宁队确实打出了他们最擅长的得分模式。惊心动魄的厮杀过程，辽宁队的客场首胜，都令媒体和球迷一致点赞：京辽争霸是CBA史上最精彩、最富悬念的总决赛。主场失守，1比2落后，辽宁队把包袱甩给了北京队。3月17日晚，双方展开第四场交锋，这一仗打得更加激烈紧张，末节比分更是胶着，最后11.6秒，老马完成了2+1，助北京队以111比109领先。最后一攻，辽宁队交给了中锋韩德君，韩德君篮下造犯规走上罚球线，压力极大的韩德君两罚一中，北京队以一分之优险胜。又是一分定胜负，比赛真是越来越有看头，称其经典毫不为过。赛点之争于3月19日晚在万事达中心上演。比赛中双方都有起伏，形势于北京队很不利。关键时刻又是老马披荆斩棘，后发制人的北京队终场以105比93抢到赛点。3月22日晚，总决赛第六战移至本溪，既

2015年3月17日，2014-2015赛季CBA联赛总决赛，北京首钢男篮对阵辽宁衡业男篮。图为北京队队员（白衣）和辽宁队队员（蓝衣）拼抢
刘平 摄影

北京男篮
Beijing Men's Basketball Team

不给自己更不给对手留退路的北京队，一鼓作气以109比98获胜，以4比2的总比分成功卫冕！

北京队能够战胜风头强劲的辽宁队，成功卫冕之道何在？赛前多数舆论认为优势在辽宁队，北京队在总决赛中靠什么限制了辽宁队的优势，又如何将劣势转化为优势的呢？

首先，北京队自2012年首获总冠军后，走的是一条在稳定基础上补强个别位置的建队之路。先后把孙悦、张松涛、李根等队员招至麾下，不仅加强了主力阵容的实力，而且增强了板凳队员的深度，经常上场的球员达到10人，这是广东、辽宁等强队所不具备的。稳定建队另一大益处是队员间配合更加默契，战术执行更加统一坚决。京辽两队在打法上有些相似，都强调防守和攻守转换要快，这就要求双方球员体能充沛。在酷似马拉松的搏杀中，北京队以10人对抗辽宁队的8人，正是用集体的智慧和力量将劣势转化为优势，而这也符合多人上场打球的世界发展趋势。

其次，北京队多数主力队员年龄偏大，辽宁队相对年轻有冲击力，怎么用好北京队的主力与替补队员呢？闵帅是个细心人，他清楚马布里的作用是何等重要，没有马布里就没有北京队之前的三年两冠，要想拿下第三冠，就必须用好老马，解决好末节单外援这一课题。常规赛他就有意识地让方硕多上场，目的是希望方硕能有所进步，同时让老马得到更多休息时间。2014年，球队又引进了老国手张庆鹏，尽管张庆鹏还没有融入球队战术体系，但控卫终归多了一个替补人选。正常情况下，场上有老马和孙悦两个控卫，但孙悦有时防守压力过大，削弱了他在进攻上的作用。为了更好地发挥孙悦的作用，闵帅经常让王骁辉上场，分担孙悦的防守压力。常规赛末节一般都是马布里、莫里斯各打半节，随着季后赛的逐步展开，显然需要老马有更多的时间在场上，用好老马就成了重中之重。在总决赛第四战的末节，落后14分的北京队展

2011年11月23日，2011-2012赛季CBA联赛常规赛，北京首钢男篮对阵辽宁衡业男篮。图为北京队队员（白衣）庆祝胜利
新华社记者　丁旭　摄影

开绝地反击，王骁辉领命上场，小伙子愣头青般的防守打乱了哈德森的节奏，反攻中王骁辉果断抢投中投，这一变阵不仅使老马和孙悦敢于放手进攻，而且吹响了反攻的号角。末节激战的结果是北京队逆转了辽宁队，将总比分扳成2比2平。在总决赛第五战的下半场，北京队又是在落后10分的逆境下展开反扑。末节一开始，闵帅就让方硕顶替老马上场，方硕放手一搏，不仅先后造成哈德森和韩德君各犯规一次，而且沉着地4罚4中，正是方硕上场的这3分多钟，让老马得到了宝贵的喘息之机。老马重新披挂上阵后，率领队友大举反攻。这一战反败为胜，不仅显示出了北京队的冠军底蕴，而且极大地挫伤了辽宁队的士气。辽宁队也曾试图在这两战中用体能和速度优势来拖垮北京队，但较量的结果是乱了自己，后来居上的却是北京队。

再次，北京队经过4个赛季的洗礼，不仅形成了训练刻苦、意志顽强、战术特点鲜明的风格，而且成了一支团结协作、有着很强凝聚力的战斗集体。闵帅虽然在临场指挥中有时脾气急躁，甚至爆粗口，但在底下他却是一个善于与队员及时沟通的长者，谈心和发短信是他习惯的工作方式。在老马加盟北京队的首个赛季，球队在常规赛取得了创历史的13连胜。从13连胜中，闵帅看到了老马不可替代的价值与作用，也看到了球队崛起的希望与潜力。实践证明，没有老马，就没有北京队的四年三冠。老马奉献的不仅仅是数据，更是他对这支队伍的热爱，对北京这座城市的融入。正因为如此，老马展示的是一种精神，一种动力，一种感染力，一种凝聚力，一种榜样，这些力量激励全队战胜各种困难勇攀高峰。说老马是CBA外援的楷模，毫不为过。主教练闵鹿蕾绝对信任老马，成就了老马，同时老马也成就了他，两人相互倚重，相互信任，同甘共苦。像闵鹿蕾与老马这样亲如兄弟合二为一的将帅关系，在CBA还真找不出第二家来，诚如一句老话说的：士为知己者死。拥有总决赛经验的北京队，清楚如何把经验化为球场上的斗智斗勇，曾经有不少人担忧"末节单外援"会成为北京队的隐患，但是，随着季后赛的逐步展开，国内球员的作用越来越大。东方不亮西方亮，在总决赛系列赛中，国内球员轮番爆发，从孙悦到李根，从王骁辉到方硕再到翟晓川，人人成了马布里、莫里斯，破了辽宁队"末节惹不起"的魔咒。

北京队能成就四年三冠，除了他们自身的奋斗和首钢总公司、首钢篮球俱乐部观念的转变及支持外，最重要的因素是北京市委、市政府、市体育局的高度重视与大力扶持。2008年北京奥运会后，市领导充分意识到了足篮排三大球的社会影响，在体育运动中，足篮排三大球深受广大群众喜爱，拥有广阔的市场，堪称城市的名片。因而振兴北京足篮排三大球运动，不仅是满足群众生活的需要，更是发展新兴体育产业的需要。2011年，时任市体育局局长李颖川在时任主管体育工作的副市长刘敬民的指导支持下，组成了市足篮排三大球工作领导小组，制订了振兴足篮排三大球的工作计划。同年，市体育局和有关部门联合推出了《关于加强足篮排球项目工作的意见》，市体育局还专门拿出了"带人、带钱、带管理"的具体措施。

从2011年起，市政府每年给首钢俱乐部拨款2500万元。为了解决后备力量，市体育局还每年拿出4000万元用于业余体校、中小学和18所高校的青少年培养及师资培训。2013年，时任北京市市委副书记吉林亲自出面，帮助市体育局与北京奥神篮球俱乐部洽谈，促成了孙悦、张松涛等4名北京奥神球员代表北京男篮，征战于辽宁举行的全运会，从而为这4名球员加盟北京首钢队打下了基础。全运会后，吉林同志再次出面，正式促成了孙悦等人加入北京首钢队，征战2013-2014赛季CBA联赛。2014年，经过与北京奥神俱乐部多次谈判，首钢俱乐部最终出资5400万元买断了孙悦等北京奥神球员。在振兴足篮排三大球的探索中，北京创建了政府参与扶持、国企与体育部门合作的北京模式，近年来北京足篮排三大球取得的优异成绩充分说明，北京模式已初见成效。

除此以外，北京男篮四年三冠离不开京城媒体和球迷多年的热情支持与厚爱，京城媒体可谓八仙过海，各显其能，他们通过多形式、全方位向社会传递着北京男篮的正能量，营造出了热烈的观赛气氛，为推动北京篮球运动的普及做出了特殊的贡献。

其实，北京男篮三铸辉煌的背

北京先农坛体育运动学校鸟瞰（这里曾是北京男篮的训练基地） 张肇基 摄影

北京男篮
Beijing Men's Basketball Team

20世纪20年代名震京城的"老鸡"篮球队队员合影　选自《北京体育史志》

后与北京篮球深厚的历史传统有着千丝万缕的血脉之源。此时此刻,人们情不自禁地回忆起北京男篮的往昔岁月。

京城篮球　历史悠久

1891年12月,美国人詹姆斯·奈史密斯发明了篮球运动。之后的第四年,即1895年的9月,这项运动就由美国人李昂传入了我国的天津。当时是在天津中华基督教青年会成立的仪式上表演了篮球游戏,天津由此也就成为中国近代篮球运动的摇篮。随后,美国人饶柏森在北京东单北大街米市大街路西的基督教青年会宣传介绍了这项运动。不久,近代篮球运动就逐步在教会学校里得到普及与推广。1911年,协和书院、汇文书院和清华学堂在基督教青年会的体育馆内组织了篮球三角对抗赛,这是有记载的北京最早的篮球比赛。天津、北京因而成了华北地区开展篮球运动最早、最活跃的城市。

近代篮球运动不仅受到学生们的喜爱,也吸引了众多市民参与其中,并涌现出一些民间篮球高手。20世纪20年代,有支名震北京的篮球队——"老鸡"队。该队的孟广礼、郭宝琳、王瑞生、鄂余炳还入选了中国篮球队,参加了1919年在菲律宾举行的第4届远东运动会。后来,"老鸡"队还发展成"老鸡青""老鸡黄"两个球队,这些队员后来都成为北平乃至全国的篮球骨干。1921年,第5届远东运动会在上海举行,北京高等师范学校的学生王荣春(后改名王耀东)、魏树桓、王鉴武、翟荫梧和清华学堂的孙立人入选了中国篮球队。这支中国篮球队的队员全部来自华北地区,教练是北京高师(即北京高等师范学校,1923年改名国立北京师范大学,1929年恢复北平师范大学,1931年2月与北京大学第二师范学院合组为国立北平师范大学。现为北京师范大学)的王石卿教授。在王石卿的指挥下,由北京学生组成的中国队先后战胜了菲律宾队、日本队而夺冠,这是民国年间中国获得的唯一一个国际比赛冠军,也是中国有史以来斩获的第一个篮球冠军。

在20世纪20至40年代,北平的篮球运动开展得相当活跃,有几支球队名声响亮。如由北京高师改名为北平师范大学的"五虎"队,代表了当时北平篮球的最高水平。"五虎"队的队员有李洲、金岩、佟复然、金德耀、赵逢珠等。20世纪30年代初,北平师范大学又培养出第二代"五虎"队,成员有王玉增、陈盛魁、刘冠军、赵伯荣和赵文选。从20世纪30年代初至30年代后期,北平地区的刘冠军、王玉增、陈盛魁、王堪若、王锡良、牟作云先后入选中国远东运动会代表团篮球队,王玉增、牟作云、刘云章、于敬孝还入选了1936年第11届奥运会中国代表团篮球队。在此期间,北平还产生了两位中国篮坛泰斗级的人物——董守义和牟作云。

1945年抗日战争胜利后,一度荒芜冷落的体育活动重现生机,特别是篮球运动又重新活跃起来,一些球队相继恢复或由新人组建,如男篮的"老鸡""北星""铁联""木乃伊""未名""北斗"等队。其中,"未名"队成员既有大、中学生,也有教师及民间高手。从1946年到新中国成立初期,"未名"队始终坚持训练和比赛,在北平的体育史上留下了重要的一页。

许多上了年纪的北京人都知道,基督教青年会在发展北平的现代体育运动,尤其是在篮球运动中发挥了重要作用。20世纪40年代，闻名平津的范政涛、徐世衡、崔文仲、郭涌恩、高鹗等名将就是青年会所组织的"老鸡黄"队的队员。在他们的带动下，1945年灯市口育英中学的中学生篮球爱好者率先发起成立了"木乃伊"队，为什么起名"木乃伊"呢？因为当时他们刚上完讲古埃及的历史课，"小麻子"张栋材认为"木乃伊"这个名字既吓人，又新鲜，这个队名便获得大家的一致认可。"木乃伊"队得到了辅仁大学体育部主任李凤楼先生的大力支持，他允许"木乃伊"队借用辅仁大学的场地训练和比赛，还给他们提供篮球等运动器械。

"木乃伊"队先后由徐世衡、管玉珊和范政涛执教，其中范政涛执教时间较长。在范政涛的精心指导下，"木乃伊"队很快就形成了自己的鲜明特色，快攻是他们得分的一大利器。"木乃伊"队的主要队员有王胜治、王珂、王元琪、赵振绵、唐振生、石善根、张栋材等，程世春、张光烈、邓华耀、夏慕义后来也曾在"木乃伊"队效力过。

"木乃伊"队问世后不久，人民大学的高鹗、辅仁大学的高鹤和陈文忠、北平二中的陈文彬、育英中学的卢鼎厚和哈毅、王兆钰、中国大学的石乔和税务局职员杨以惠等人于1946年夏组建了"未名"队。随后，杨绍波、崔文仲、郭涌恩、龚培山等人也加入其中。该队的首任教练也是徐世衡，之后便由在辅仁附中当体育教师的范政涛接过帅印。该队之所以起名为"未名"，就是因为该名表达了这批青年学子谦虚谨慎、不图虚名的共同心愿。"未名"队的风格是大刀阔斧、快速、灵活、传接球准确。该队边练边赛，在很短的时间内先后战胜了平津两地的诸多强队，很快就成了威震华北的又一支劲旅。

1948年初冬，为了赈济灾民，天津特邀北平的"未名"队与"木乃伊"队联袂而往。在赈灾义赛中，"未名"队先后战胜了原子能、勇津、泰东、华盛、铁联等津门强队，七战皆捷，轰动平津。北平和平解放后，1949年2月，"未名"队还与解放军"军联黄"队切磋过技艺，其成员还分别代表过北京市联队、学生联队、体育工作者联队，于1950年年底与首次访华的前苏联国家男篮进行了多场比赛。比赛是在临时搭了大棚的东长安街体育场进行的，尽管条件相当简陋，但3000个座位座无虚席。由于实力悬殊，所进行的7场比赛中，北京各队场均仅得26分，而苏联队场均得72分。虽然输得很惨，但是却让北京篮球界大开眼界，既领略了欧式打法，也看清了自己的差距。

当时的汇文中学（前身是美国基督教会"美以美会"附设的"蒙学馆"，1952年改名为北京市第26中学，1989年恢复"北京汇文中学"的名字）也是开展篮球活动非常活跃的学校之一，这主要

女篮虹队与未名队合影。
前排左起为：温常庆、杜茂林、高鹤、范政涛、高鹗、张德山、曹桂明；中排左起：王汝芳、鲍临津、李允萍、英若采、陈素贞、虞德舜、李丽云；后排左起：张桀、崔文仲、陈文彬、陈文忠、徐武邦、黄珍　范理力 供图

北京男篮
Beijing Men's Basketball Team

1949年北平和平解放。图为解放军战士通过前门大街
新华社 发

得益于老校长高凤山博士对学生体育运动的高度重视。该校4个室外球场和1个体育馆的使用率极高，常常是这个星期还没过完，下周的场地使用就早早排满了，足见比赛之火爆。在众多的学校球队中，1948年春成立的"北斗"篮球队异军突起。"北斗"队的队员有张光烈、孙丕谊、齐连瑞、董智远、郑宗英、曹平、张克福共7个高一学生，故起名"北斗七星"队，简称"北斗"队。球队的教练是王胜治，王胜治毕业于北师大体育系，当时是"木乃伊"队的队长，他给"北斗"队制定的队训是自觉、刻苦、团结。在王胜治的细心调教和同学们的刻苦训练下，"北斗"队以"木乃伊"队的战术为蓝本，确立了进攻以快为主、阵地进攻以三人小配合为主的战术体系，并强调攻守平衡。很快，"北斗"队不仅成为汇文中学的盟主，还能与校外的强队过招了，并远征天津进行比赛。

在篮球运动发展演变的半个多世纪的进程中，旧中国的北平篮球事业，尤其是男子篮球经历了从无到有、从小到大、从低到高的曲折发展过程，这一代篮球人中还走出了很多伯乐与千里马，他们后来为发展新中国的北京篮球乃至中国篮球事业做出了永载史册的巨大贡献。

发展初期　专业空白

北平和平解放后，党和政府十分重视体育事业，但因各方面条件有限，在1956年之前仍未建立篮球等项目的专业队。尽管面临诸多困难，但"木乃伊""未名""师大红""北斗"等男篮强队仍然坚持在业余时间训练和比赛。这里提到的"师大红"队是由1949年考入北平师范大学的学生自发组成的，队长是于钢，队员有马中华、陈得痒、饶玉铮、华忻、刘治贤、龚培山、吴中量、张文郁、白绍颐、张立德、赵祥林、马永泰、李金銮、刘国华等。该队虽然建队历史短暂，但不可低估其对北京篮球的影响。由于"师大红"队都是同班同学，因而称得上是情同手足，志同道合。全队重视全面身体训练，在打法上博采众长，勇于创新。前面提到的与前苏联国家队比赛的学联队和京联队，就有"师大红"队的队员。"师大红"队的抢位防守堪称一绝，靠此招他们曾先后挫败了几支平津劲旅。"师大红"队后来还掌握了"三夹一"、居中策应等攻防配合。该队队员刘国华在撰文回忆中提到，红队的迅速成长有赖于"木乃伊"队、"未名"队的教练管玉珊、范政涛先生，也得益于先后担任过该队教练的齐有义、宋君复、张志贤、李鹤鼎四位老师。1952年,"师大红"队队员们服从国家需要提前毕业,奔赴了各自的工作岗位。

当时活跃在京城篮坛的还有一支"紫蔷薇"队,该队是汇文中学继"北斗"队后诞生的又一支学生队,它是在初二年级甲、乙、丙、丁4个班级的基础上重新组建的,之所以取名"紫蔷薇",是因为北京市各球队还没有以花的名字来命名的,这个既响亮又新颖别致的队名便获得一致通过。该队曾先后聘请了4位高年级的老大哥当教练。他们是张景余、庞振宇、孙丕谊,孙丕谊离校后委托队友张克福执教。1952年至1954年是"紫蔷薇"队最活跃的时期,该队经常在各个体育场比赛,比赛对手也逐渐升级,除成人队外,还与全国公安、空军、海军、炮兵部队以及"军联黄"(八一队前身)等国内劲旅交锋。1954年后,该队的王忆诚、陈文智、高洪敏、兰文明先后被选到华北篮球队,受此影响,"紫蔷薇"队活动越来越少,直至默默告别篮坛。

1949年10月22日,第一届北京市人民体育大会在先农坛体育场举行。大会主席团12名成员为聂荣臻、彭真、钱俊瑞、马约翰、徐英超、荣高棠、柳湜、萧明、许立群、张晓梅、薛成业、古奇踪。首届体育大会在3天里表演了100多个节目,其他比赛项目有田径、拔河等若干项,篮排球只进行了表演赛。男篮表演赛打了两场,首场由即将出访的全国学联队对北京体联队,经过激烈的角逐,全国学联以34比31险胜。24日进行的另一场表演赛更加精彩,对阵双方分别是以"木乃伊"队主力阵容组成的京联队和特邀的沪联队。京联队拥有王胜治、唐振生、王琦等,沪联队拥有吴成章、蔡演雄、何增、沈鹏举等上海一流名手。经过较量,京联队以56比32大胜。

这一年的11月初,京沪两队篮球劲旅还在辅仁大学举行了两场赈灾义演。上海华联队拥有包松圆、乐嘉洲、吴成章、傅金声、李震中等名将,首战是上海华联队迎战由王胜治、赵振绵、范政涛、崔文仲等人组成的北京体联队,结果体联队以39比38险胜。次战华联队发挥出色,以53比37战胜京联队,京联队基本上以"木乃伊"队为班底。

1950年4月,北京市体育分会成立,这是一个群众性的组织,成员有教育局、团市委的负责人,还有部分体育工作者,在1953年市体委成立之前,体育分会负责领导了全市的体育活动。当时党和政府十分重视体育工作,目的是增强人民体质,建设和保卫祖国。因

范政涛等人在北京史家小学推广篮球运动。图中后排左为史小体育教师王荣生,中间戴眼镜者为范政涛
范理力 供图

此，篮球活动也开展得十分活跃，仅市公安系统上下就有101个篮球队。1951年举办的"国防杯"篮球赛，就曾吸引了各行各业的250个球队参加。

1950年10月14日在先农坛体育场举行了全国瞩目的北京市第二届人民体育大会，出席开幕式的有中央人民政府副主席李济深、政务院副总理兼中央文化教育委员会主任郭沫若、教育部部长马叙伦、团中央书记冯文彬、中华学联主席谢邦定等，以及各国驻华使节和使馆工作人员。大会主席团成员为聂荣臻、彭真、马叙伦、冯文彬、吴晗、马约翰、古奇踪、李凤楼。第二届人民体育大会的宗旨是促进人民身体健康，保卫国防和建设祖国。这届体育大会设75个竞赛和表演项目，其中篮球比赛最引人瞩目。虽然"师大红""未名""木乃伊""北斗"等队也与参赛队进行了精彩表演，但最后夺冠的是炮兵部队队。

1951年5月4日，全国篮排球大会在北京举行，这是新中国成立之后首次举办的篮排球盛会。为了迎接这次盛会，北京市在当年3月举行了选拔赛，以选拔出北京市代表队参加华北区的比赛，然后再选拔出华北区代表队，角逐全国比赛。北京市的选拔赛分三个组：学生组、工人组和机关团体组。选拔赛分别在青年服务部和劳动人民文化宫体育场进行，共有69个队参加了选拔赛。经过严格的选拔和考查，最终产生了男女篮排球4个代表队。其中男篮代表队指导是管玉珊，领队田晖，队员有北大的陈文彬、清华的唐振声、文教局的郭涌恩、辅大的陈文忠和孙丕谊、北师大的马中华、体联的王元琪、赵振绵、周宝恩和王胜治共10人。女篮代表队指导是范政涛，领队刘以珍。华北赛区又经过选拔，最终由京、津、冀的高手组成了华北区队。在全国比赛中，第一名是华东队，第二名就是华北男队，第三名则是解放军队。这届比赛后，一些省市和部队开始组建专业队，上海队和八一队都是较早成立的专业队。在1953年举行的全国篮排网羽四项球类运动大会上，由业余高手组成的华北男篮仍获亚军。

尽管在1956年以前北京篮球未建专业队，但群众性的篮球活动开展得热火朝天。劳动人民文化宫体育场、北海体育场和东长安街体育场每到周末或节假日都有篮球比赛，参赛队以工人和机关团体、部队队居多。学校的篮球运动开展得也是热火朝天，全市有"三好杯"赛，"紫蔷薇"队和25中队（原育英中学队）是夺冠热门。那时也有个演员篮球队，著名演员于洋、崔巍、谢添、方辉、张亮及相声表演艺术家马季等都是演员队队员，每逢有演员队的比赛时，观众更为踊跃，目的是近距离一睹他们打篮球的风采。

虽然那时北京没有专业篮球队，但国家队中拥有不少北京籍的运动员，如程世春、陈文彬、张光烈等。其中，陈文彬还曾执教中国男篮达10年之久。由于北京篮球没有专业队，运动员们的训练就难以系统规范，体能也难以保证，大家的思想也难以统一，球队的凝聚力也很难形成。也就是说，不成立专业队，球队的水平就难以提高。在1954年、1955年举行的全国篮球联赛上，不是专业队的北京男女篮都没能进入前三名，华北队也跌出前三强。严峻的现实摆在北京面前，作为新中国的首都，篮球成绩不能名列前茅，实在令人汗颜。有识之士都认为建立北京篮球专业队已是迫在眉睫。有紧迫感的不仅是北京篮球界，中央和北京市领导同志更是看在眼里，急在心上。

国手下放　北京建队

1955年国庆节阅兵结束后，贺龙、罗瑞卿、彭真等领导同志都到北京饭店就餐，首任北京市体委主任柴泽民等也一同前往，并与彭真、贺龙等人同桌。席间，在战争时期就重视体育、尤其喜爱足篮排三大运动的贺龙说："老柴，你们北京队比赛总是输，这可不行，你们要抓紧呀！中国球类运动水平不高，与其他国家相比落后不少，要改变现状，奋起直追，首都要带个头嘛！"贺老总建议北京要尽快建立专业队，培养优秀运动员。他还表示，体育方面可以向苏联等东欧社会主义国家学习，柴泽民听罢连连点头。从那时起，以柴泽民为首的市体委领导班子开始考虑筹建北京市体育专业队的问题。

一年后，张青季同志接替柴泽民同志担任市体委主任，组建北京足篮排三大球及其他项目专业队的工作终于正式提上日程。不久，市政府批准了组建专业队的正式编制。但是，组建专业队最重要的

1956年参加奥运会前，中国男篮在广州二沙头集训时合影。教练是来自北京的陈文彬（左一）
李隆 供图

是人才，正当大家为选拔队员而焦急的时候，张青季了解到当时主持国家体委日常工作的蔡树藩副主任，有把国家足篮排三大球和乒乓球等队下放到北京市的设想，目的是支援北京市组建专业队，这样平时既可以代表北京队，将来有重大国际比赛任务时也可以代表国家队进行比赛。闻听此讯，张青季喜出望外，立刻向主管体育文化工作的市委第二书记刘仁同志作了汇报。刘仁同志也很兴奋，当即指示马上运作，趁热打铁，争取成功。在刘仁同志亲自督办下，经国家体委主任贺龙同志批准，同意把国家足篮排三大球和乒乓球4队全部下放给北京。在这批国家队员向市体委报到之前，国家体委副主任蔡树藩专门为首批下放到北京的男女篮队员举行了欢送会。欢送会上他亲切地说："你们到北京市后，待遇和在国家队时一样，既代表北京队，但遇有重大国际比赛任务，仍然以国家队的名义参赛。在北京，你们要刻苦训练，努力提高水平，希望你们为发展北京的篮球事业做出贡献！"国家男女篮球队队员激动地表示，一定不辜负领导的期望，为把北京篮球队发展成一流的球队而努力奋斗。欢送会后，王忆诚和张光烈代表篮球队来到市体委，商谈球队的住宿、训练等具体问题，市体委表示一定尽全力妥善安排。

1956年7月10日，第一批到北京市体委报到的4名国家队队员是张光烈、王忆诚、何诗荪、周明镐，这一天也就是北京篮球队正式成立之时。其他队员由于在各地进行宣传比赛，故在数月后才到京报到。之后，市体委又派王淑珍和陈文忠前往国家队驻地东四块玉，把下放到北京的其他国家男女篮队员接到市体委运动员驻地——西城区西四牌檀寺南大街19号院，并在茅屋胡同的市体委机关为大家举行了欢迎宴会。宴会上，张青季了解到有些外地队员想回家探亲，他当即做出两个决定：一是给队员放假一个月，二是往返路费实报实销。外地运动员高兴地鼓掌向张青季致谢。此后至1957年3月，访欧的女篮队员和在广州参加第16届夏奥会集训的部分国家男篮队员先后来京报到，北京男女篮队员才全部到齐。

1956年11月，首届全国篮球甲级联赛在重庆举行。由于当时男队的部分队员还没有报到，而女队的队伍人员基本齐整，因此市体委领导便决定只派女篮出征。男队闻听此讯，先期到达的部分队员急了，怎么能放弃这么好的锻炼机会呢，这可是了解兄弟省市球队实力的绝好机会呀！经队员们再三请战，张青季主任深受感动并拍板决定："北京男女篮共同参赛！"

由于是仓促组队，北京男篮创始人之一的程世春以队员兼教练的身份报了名，另10名队员有张光

诞生于1956年的北京男篮在当年内就取得了全国篮球甲级联赛冠军。图为北京队参赛阵容。前排左起：张光烈、程世春（兼教练）、何诗荪、王忆诚、路廉翰、贾钦升；后排左起：段其炎、庞世侯、周明镐、鞠汾庚、张福奎　李隆　供图

北京男篮
Beijing Men's Basketball Team

烈、王忆诚、何诗荪、周明镐、鞠汾庚、张福奎、贾钦升、庞世侯、路廉翰和入队仅一天的段其炎。临出发前他们还商定，球队队长由王忆诚担任。如果程世春在场上比赛，场外教练即由女队教练杨福鹿兼任。这11人也没有合练过，便匆匆踏上了征程。然而，就是在这样困难的条件下，缺少训练的北京男篮经过全力拼搏，竟然以8胜1负的优异成绩勇夺冠军，这个冠军是新中国成立之后北京男篮获得的第一个全国冠军。可谓建队虽晚，但起点颇高。此次比赛共有10支队伍参赛，他们是公安军、八一、沈阳部队、沈阳体院、上海体院、天津、广州部队、北京部队、动力体协和北京队。这10支队伍中，八一队实力最强，所有国手悉数参战。程世春、何诗荪、王忆诚在回忆起这段永生难忘的经历时说："记得最后一场比赛，是对八一队，进行到最后关头北京队仅领先1分，这时八一队队员吴自秉居然紧张得两罚不中，眼看着北京队成为冠军，悔恨丧气的吴自秉坐在地板上哭出了声。"由此北京队也开启了敢打硬仗、恶仗的历史篇章。这个全国冠军也为北京男篮日后的可持续发展奠定了坚实的基础。

市委第二书记刘仁和市体委主任张青季心里十分清楚，国家队援建的北京篮球队实力自然很强，但是北京篮球的长远发展最终还是要靠北京培养自己的运动员才能延续下去。要充分发挥好这批国家队队员的作用，依靠他们为北京篮球的长远发展打好坚实的基础。与此同时，要抓好后备力量的培养。刘仁同志明确指示，一是要在本市挑选条件好的青少年，二是要到外地物色好苗子，通过这两条途经培养自己的运动员。刘仁、张青季的战略眼光确实长远，可谓高瞻远瞩，毕竟国家体委迟早要重新组建国家队。在此后的几年里，遵照刘仁同志的指示，程世春、张光烈、刘二柱等人先后赴辽宁、吉林、新疆、山东等地挑选队员。

程世春说："过去可不像现在，有钱就能买到球员。那时我们去外地找队员，都是坐站站停的火车，近的10多个小时，远的几天几夜，旅途中有时还要自备干粮。到了目的地，不是坐敞篷的大卡车，就是步行几十里地，弄得灰头土脸的，哪有现在的交通便捷呀！在外地挑队员还只能挑二等的，一等的得给人家留着呀！姜忠俭、王瑞卿和卢诗连就是我们从大连挑选来的。

"去大连之前，我们事先跟大连体委打了招呼，告诉他们好的运动员你们留下，你们不要的给我们。这等于是帮他们选拔人才，大连体委的同志很高兴，热情地为我们提供了方便。那时外地人都愿意来北京，因为北京一是首都，二是经济状况比外地好。在来北京的火车上，我算是见识到什么叫能吃了。姜忠俭、王瑞卿、卢诗连三人吃米饭的饭碗就有一大摞，把服务员吓坏了。后来这几位队员都让北京队给练出来了，成为北京队夺取二运会冠军的功臣。姜忠俭还入选了国家队，并担任了国家队队长。"

"到新疆找队员时，我们从乌鲁木齐坐解放牌的大卡车去伊犁，坐的大卡车没有篷子，两边各有一条大板凳，当时是冬季，坐在车上真是冷。经过石河子时赶上刮大风，那真是沙尘漫天呀！下了车相互一看，个个都成了土人，谁也认不出谁喽！经过果子岭时，司机说够悬的，再晚会儿就要大雪封山了。果然，不到一个钟头大雪就下起来了，无边无际，那是我这辈子见过的最大的雪。到了晚上得住宿呀，那会儿就是小店，屋子里是个大炕，甭管认识不认识，吃完饭洗巴洗巴往大炕上一挤便睡了。"

"那时刘仁同志就指示我们，你们要把这些'二等'的人才练成一等的，刘仁的话也就成了我们长期努力训练的目标。刘仁还说过，培养年轻运动员不能急于求成，要循序渐进，打好基本功。三年不比，一鸣惊人。这些话我一辈子都忘不了。"

那时以张青季为首的市体委领导班子办事效率颇高，雷厉风行地督办培养年轻运动员的长远计划的落实，1957年就招兵买马，建立了篮球等项目的体训班，篮球班即为后来的北京青年队，具体负责这项工作的是马健行。

1956年至1957年，初建的北京篮球队驻地就在西四旗檀寺南大街19号。这是一座较大的四合院，因大门上装饰着一枚红五星，因而人们就习惯地称该院为"红五星"。这里的生活和训练条件还是相当艰苦的，一个房间里要住6个人，冬天取暖要靠点煤炉，训练场地就是市体委大院里的两块露天场地和什刹海体育场。从驻地到什

20世纪五六十年代中国篮坛劲旅北京男篮"全家福"。中间者为陈文彬，前排中间者为何诗荪，顺时针方向依次为：王忆诚、钱澄海、张锡山、王利发、鞠汾康、张福奎、鞠汾庚、刘二柱、白金申、杨伯镛
李隆 供图

刹海体育场要步行近20分钟，冬天训练结束后回到宿舍，汗水和头发已经冻成了冰丝。赶上下雪，要边扫雪边训练。如果雨雪较大，就乘坐有轨电车去位于崇文门外的北京体育馆训练。尽管条件艰苦，但教练员和运动员从不叫苦叫累，个个斗志高昂。市体委为了让运动员们吃好练好，还专门派了个上海主厨陈锦才师傅。陈师傅手艺好，炒的菜美味可口，尤其是他做的梅干菜烧肉令队员们赞不绝口。1958年上半年，由于中央机关的扩建，"红五星"被拆。当年5月，体训班搬到了先农坛体育场。从此"红五星"这个为北京培养出大批优秀运动员的摇篮便不复存在。2013年病故的老北京男篮队长、20世纪60年代的国家男篮队长姜忠俭，曾撰写过一篇文章《我所知道的"红五星"》，他在文中提到："市体委领导从运动队伍长远建设考虑，于1957年正式成立了竞技指导科所属的体训班，即二线队伍。班主任是王淑彤，彭加颐为辅导员。当时只组建了足篮排三个项目，队员除少部分来自外省外，大多都是从北京的中学生中选拔的。"姜忠俭还提到："篮球队教练是原国家女篮教练程世春和国家队队员鞠汾庚、虞德顺（女），男队员来自北京的是段其炎、詹殿舜、辛忠明、张福达、姚润章、顾汉民、彭士仁、祖振生、李明迪等，来自大连的有姜忠俭、王瑞卿、卢诗连等，滕大维1958年初由唐山调来北京。"据笔者后来了解，1958年夏，北京的李隆、孔繁嘉、张志鹏、孙衍和、管文明也先后进入男篮。

迁入先农坛后，球队就住在先农坛体育场看台下的房间里，尽管设施简陋，条件艰苦，但队员们斗志高昂地开始了更为严格紧张的系统训练。程世春抓二线队伍培养，陈文彬主管男篮训练，队员有张光烈、王忆诚、何诗荪、鞠汾庚、张福奎、刘二柱、庞世侯、杨伯镛、钱澄海、王利发、张锡山、白金申、鞠汾康。那时国家队下放的队员已经上调，教练员及大部分运动员来自高中或大学。他们文化程度较高，钻研业务的气氛非常浓厚。尽管当时的信息很闭塞，但教练员们仍努力通过各种渠道了解国外动态，认真研究篮球运动发展规律，不断改进训练方法和手段，努力提高运动水平。经过全面严格的基本功、技战术训练及比赛的实践，国家队援建下的北京男篮很快形成了攻守平衡、注重防守、以守促攻、内外结合、灵活多变的技战术风格。不仅球队有了自己的风格，且

北京男篮
Beijing Men's Basketball Team

1959年第一届全运会开幕式。在这届全运会上,北京男篮获得亚军,女篮夺冠
选自《中华人民共和国第一届运动会》

队员们各有特点、绝活，如钱澄海的妙传、杨伯镛的突破、张锡山的防守、王忆诚的跑投、鞠汾庚的勾手以及张福奎的策应都给球迷留下深刻印象。

1957年5月，北京男女篮代表国家队赴莫斯科参加国际青年联欢节，回国后便在广州参加了全国篮球甲级联赛。北京女篮卫冕成功，男篮屈居亚军。1958年，北京男篮因出访法国、瑞士，没能参加当年全国篮球甲级联赛第二阶段的比赛；北京女篮依然保持强势，实现了三连冠。1959年初，国家体委重建中国男篮，陈文彬继续执教国家男篮，并带走了大部分原国家队队员。另一部分外地球员返回了原籍，如周明镐、贾钦升就回到了上海，有的则根据北京队的需要选择留在了北京，如上海籍的何诗荪等。尽管在北京队效力的时间不长，但众国手为以后北京篮球的发展打下了坚实的基础，留下了许多独特的战术打法以及宝贵的经验和严谨科学的作风，他们为北京篮球所做的贡献永垂史册。已故前辈、著名的教练钱澄海曾说过："北京队在相当长的时期里能保持在强队行列，能源源不断地为国家队输送队员，就在于20世纪50年代国家体委支援组建了专业队，这个优势是其他省市不具备的。"

20世纪50年代后期，广大人民群众对祖国社会主义建设的热情高涨。在首都十大建筑施工时，各行各业都参加了义务劳动，体育界也不例外。由于运动员白天训练，因而义务劳动安排在晚上。北京男篮同其他运动员一道，参加了建设人民大会堂的义务劳动。老北京男篮的同志们至今难忘在人民大会堂夜战时热火朝天的景象，在如同白昼的工地上，他们铲土的铲土，推车的推车，个个挥汗如雨，心情豪迈。中央和市政府很重视北京体育设施的建设，把首都十大建筑没有用完的一些建筑材料拨给了市体委，以用于先农坛体育场内配套设施的建设，如教学楼、宿舍楼、办公楼及训练馆等。正因为如此，先农坛体育训练基地的条件设施当时在全国堪称一流。那时，国际体育组织是不允许专业及职业运动员参加奥运会和世界锦标赛的，因此，北京的专业运动队对外称北京师范学院运动系，篮球队属运动系管辖的篮球班。既然是学生，那就需要边训练边学文化课。文化课所设的科目有语文、数学、外语、生理卫生等，每科都要考核成绩。先农坛内的教学楼有10个教室、一个电教室、一个实验室和一个图书馆，可供400人同时上课。那时市领导对体育队伍的发展目标是"要把专业体育队伍建成一个阶梯式、宝塔式的大学校，不仅要训练出掌握高精技术的运动员，而且要培养出一批有文化、有觉悟的体育干部"。从那时起至1966年"文革"前，北京男篮始终坚持训练学习两手抓，不仅培养出一批批特点鲜明、技术精湛的运动员，还带出了一拨优秀的教练员和体育管理干部。

为了进一步振奋全国各族人民的精神，推进社会主义建设，党中央、国务院批准了国家体委举办全运会的申请。1959年9月13日，首届全运会在北京工人体育场隆重开幕，这届盛会是对新中国体育事业的首次检阅。毛泽东等党和国家领导人出席开幕式，8000多名群众表演了我国有史以来的第一部大型团体操《全民同庆》。

为了在全运会上取得佳绩，北京男篮不得不补充了一批新生力量，以新老调配的阵容参赛，北京男篮经过预赛的艰苦争夺，以第一名的成绩进入决赛。决赛赛制是12队进行单循环赛。前5轮比赛，北京队先后战胜了湖北、吉林、江苏、河北和广东队，第六轮与异军突起的四川队相遇，由张根铨、叶春泉、蒋克礼、蓝海等人组成的四川队主力阵容，打的沉稳顽强，居然在下半场结束时将比分战成68平。最终，北京队未能把握住机会，经加时激战，以74比76惜败。最后一轮与解放军队比赛之前，四川队10胜1负，解放军队9胜1负，北京队8胜2负。与解放军队比赛的结果，关系到三队的名次，如果解放军队胜，解放军队与四川队同为10胜1负，但前者胜后者，解放军队为冠军。如果北京队胜，则冠军为四川队，北京队获亚军，解放军队名列第三。

备受关注的北京队与解放军队的比赛在北京体育馆路上的自行车赛场进行，这是块临时搭建的地板球场，因为头天晚上下雾，场地有些湿滑，两队都无法打出快速进攻的特长。北京队采用混合防守，王忆诚盯韩子栋，何诗荪缠住马清盛，张光烈、鞠汾庚、杨志明三人守联防。在这场一波三折、引人注目的较量中，最后关头，凭借吕长新的抢断、王忆诚的上篮和鞠汾庚的罚球，北京队最终以66比63险胜。征战首届全运会的北京男篮教练是程世春，队员有王忆诚、张光烈、杨志明、陶传孝、姜忠俭、鞠汾庚、刘二柱、张福达、王瑞卿、何诗荪、吕长新、张泰荣，其中吕长新、张泰荣是从北京体院抽调到北京队的。在首届全运会上，女篮夺冠，男篮亚军，市政府很满意篮球队取得的成绩。为了鼓励北京篮球队再接再厉，刘仁同志亲自提议并带队，在密云水库休养了三天。

这一年，北京男篮还打了几场国际比赛，其中在7月以76比68战胜欧洲劲旅匈牙利队，10月以87比77战胜捷克斯洛伐克队，以82比79力挫保加利亚队，以68比64战胜苏联青年队。在与这些欧洲劲旅的比赛中，北京队的中距离投篮命中率和快攻得分都高于对手。这一时期我们之所以能战胜一些东欧劲旅，在于我们进步快速，形成了快、灵、准的技战术风格。在与身高马大的东欧国家队较量中，我们充分发挥出了快速、灵活、准确的特点，也可以说那时我们在技术和战术的运用上是不落下风的。

在1960年的全国篮球甲级联赛上，北京男篮不敌八一队获得亚军。此后，北京男篮正式进入自力更生发展阶段。在市委第二书记刘仁同志的亲切关怀和直接指导下，市体委加大了对篮球等集体球类项目的支持与投入，强调一手抓普及，一手抓提高，在青少年中发现和挑选篮球苗子。与此同时，北京男篮进行了队伍调整，王忆诚、何诗荪等老队员继续留队，并补充了许多年轻队员，这些队员就是旃檀寺体训班培养出来的好苗子。这支以年轻队员为主的队伍由张光烈执教。当时市政府和市体委领导还考虑到，由于这时的北京男篮的水平有所下降，还不具备代表北京参加比赛的实力，因此便命名为北京青年队，等到北京青年队能在全国篮球甲级联赛名列前茅了，再正式命名为北京队。

京城男篮　首铸辉煌

20世纪60年代初，北京男篮进入了自力更生、自我造血、重新起家的时期。在这个困难时期，市委、市政府领导非常重视，市委第二书记刘仁同志更是经常深入到先农坛体育场观看训练，与教练员和运动员亲切聊天，发现问题或了解遇到的一些困难常常是当场拍板解决。平易近人的刘仁同志，夏天穿着短裤，手摇芭蕉扇，串宿舍，转食堂，看训练，和教练员、运动员打成一片。

经历过三年困难时期的老北京男篮的同志都记得，当时市体委领导考虑到篮球队员都是大个子，给他们定的粮食定量每月都是最高的36斤。那时候，普通成年人每月的定量是28斤。尽管如此，36斤这个定量仍然达不到队员们的需要。刘仁同志知道后立即做出特别批示，给篮球队员增加定量。一个月后，篮球队员的定量就涨到了45斤，之后又涨到59斤，这一下可真是涨到头了。为了给运动员们增加营养，刘仁同志还给食堂调进了很多肉罐头。运动员住的宿舍楼，当时是教育局负责拨款修建的，但工程进展较慢。这事让刘仁同志知道了，他很生气，第二天就把教育局的一把手找来了，狠狠地批评了一顿。这一批评立马见效，工程进度快了不少。大家还记得，篮球队员得急性阑尾炎的很多，去友谊医院做手术由于没有病床，不得不忍痛等待。刘仁同志知道后，马上就给友谊医院院长打电话，叮嘱他解决运动员就医的问题。

刘仁同志不仅在生活上关心、爱护教练员和运动员，还对篮球队明确提出了"三年打基础，五年出成绩"的训练目标。市领导的亲切关怀与支持，令教练员和运动员深受感动。在一批文化水平高、专业能力强、有强烈责任感的教练员的鼎力支持下，张光烈率领的北京青年男篮开始了攀登之路。

时年仅30岁的张光烈，堪称名副其实的少帅。祖籍为山东青岛的他，性情豪爽，胆大心细，打球时动作漂亮，技术过硬，成长过程中先后受到王胜治、范政涛、程世春等名教练的熏陶。走上教练岗位后，他用心研究，形成了一套自己独特的训练方法。张光烈在训练上制订计划细致、严谨，强调系统化、规范化，他总是把训练计划绘成表格贴在墙上，让大家一目了然。在临场指挥上，他的战术原则就是"有什么武器打什么仗"，他制定的各

1959年第一届全国运动会上，四川男篮与北京男篮在决赛时的情形。图为双方球员拼抢篮板球 选自《中华人民共和国第一届运动会》

种战术配合有一百多种，并善于捕捉战机，敏锐观察彼我变化，应对局势大胆果断，可谓青出于蓝而胜于蓝。他还常把教案都一一记在卡片上。为此，有时候他星期六一回家，有的教练就跑到他的宿舍里"偷"看这些卡片取经。更为独到的是，他早在1962年就提出了全场防守、半场扩大、后场破坏性防守的战略战术，并在北京青年男篮得到坚决贯彻，效果颇佳。

在张光烈的精心培养下，北京青年男篮仅用一年多的时间就度过了困难时期。在1961年的全国篮球甲级联赛上，北京青年队名列第三。获得冠亚军的是老牌劲旅八一队、四川队。次年，因队伍受再一次调整影响，北京青年队在全国篮球甲级联赛上名次降至第五。张光烈没有为此焦虑，因为他清楚小小的退步是暂时的，不断进行吐故纳新是球队可持续发展的需要，队伍越年轻可提升的空间就越大。就在这一年，全国煤矿、动力、火车头体协的三个行业篮球队解散，在市委、市政府的大力支持下，市体委接收了这三个行业队伍的部分教练和运动员，组成了北京工人男女篮，这两个队也跻身全国甲级队行列。至1964年北京工人男女篮解散之前，先农坛内已拥有成年、青年男女篮9支队伍，20多位男女教练、130名男女队员，不仅人才济济，且梯队结构合理，真乃北京篮坛从未有过的盛世！也就是在那时，北京篮球以"教练一流、训练一流、设施一流"而享誉全国，因而也吸引了不少外地的同行携弟子来京举荐，以谋求更大的发展。北京工人队解散后，几名主力队员补充到了北京青年男女队，从而增强了球队的实力。

尽管这支北京青年男篮未能摘取联赛冠军，但舆论普遍看好这个体现了先进打法的球队的前景。很多老球迷说起当年的这支北京青年男篮，都记忆犹新，聊到每名队员如数家珍。他们说："那时的北京青年男篮攻守平衡，战术灵活多变，体现了当代篮球的发展趋势。"当时球队的主力阵容是：组织后卫王忆诚、攻击后卫马家骅、中锋王瑞卿、右前锋姜忠俭、左前锋卢诗连。这五名主力队员除王忆诚是1956年建队时的老队员外，其余四将都是北京队自己培养出来的新锐。这是一个人人有特点，配合默契娴熟的主力阵容。中锋王瑞卿人称"王爷"，身高仅1.94米，但他有块头，打球动脑子，策应和隐蔽性传球是他的绝招。外线进攻由王忆诚发起并穿针引线，"王爷"实则成了第二进攻枢纽，左侧他与卢诗连、马家骅形成三角形配合。绰号"卢大眼"的卢诗连善于溜底线，马家骅的突破和急停打板投篮过硬。如左侧进攻不畅，球会及时转移到右侧。左手投篮的姜忠俭提到圈顶或二次策应，或后转身切入左手抹篮。王忆诚则酌情捕捉或投或突的机会。作为场上核心的"王二虎"——王忆诚，头脑清醒、视野开阔、技术全面、心理素质过硬，远投和跑投是他的拿手

北京男篮
Beijing Men's Basketball Team

绝活。教练张光烈部署的连续性移动进攻战术意图，正是靠王忆诚在场上审时度势地灵活贯彻而得以实现的。张光烈不仅在进攻的技战术上显示出他的独具匠心，在防守上他也独树一帜地推出了创新的破坏性防守，也就是今天倡导的攻击性防守。会防还得会攻，攻为矛、守为盾。那时有几支以快速打法而著称的南方球队，如福建队、湖北队等，他们常常突然亮出全场紧逼，伺机发起抢断反击。张光烈把训练北京青年男篮破全场紧逼的战术归纳成为四句口诀："紧逼一条龙，策应打中锋，转身找'大眼'，两翼走游龙。"行家认为，当年北京青年男篮多点策应、多点进攻的战术，与当今美国NBA联赛公牛队的打法如出一辙。正是凭借这样先进的打法，北京青年男篮以令人耳目一新的快、准、活、狠的独特风格，夺得1963年全国篮球甲级联赛的亚军。也正是这个颇有含量的亚军，促使市政府在1964年将北京青年队正式命名北京男子篮球队。

当教练员和队员穿上崭新的比赛服，看着胸前那神采飞扬的毛泽东墨迹"北京"两个字时，心中充满了自豪与骄傲。大家暗下决心，一定要再接再厉、奋勇拼搏，为北京争取更大的荣誉。正是在这一年，北京队自己培养出来的马家驿、姜忠俭入选了中国男篮，这是北京篮球建立专业队后向国家队输送的第一批国手。在正式命名后不久，北京男篮即出访了印度尼西亚、柬埔寨，因此没能参加当年举行的全国篮球甲级联赛。

1965年金秋时节，第二届全国运动会在北京隆重举行，这是在我国经历三年困难时期之后举行的第一次体坛盛会，毛泽东等党和国家领导人出席了开幕式，开幕式上表演了大型团体操《革命赞歌》，

全运会赛场上各代表团都摩拳擦掌跃跃欲试，男篮的争夺更是引人注目。30支球队角逐预赛后，12支球队进入决赛阶段。当时男篮夺冠呼声最高的是上届冠军四川队，解放军队、江苏队和北京队等亦为夺冠热门。预赛北京队被分在新疆赛区，实力不俗的江苏队也分在这个赛区。当时江苏队拥有两个绰号为"帽子"的名将，"小帽子"是控球后卫李春祥，他技术全面，快速灵活，是江苏队的核心。"大帽子"王锦和是个很灵活的内线攻击手，得分手法多样。该队实力与北京队不相上下。

为了能在预赛中战胜江苏队，北京队派出副总教练范政涛、市体委训练处李隆等人组成的球探班，到全国各地打探观摩，分析江苏队的打法，提供破敌之策。在仔细分析了江苏队的打法之后，范政涛等人提出了切断"小帽子"李春祥走"三条线"的建议，即切断李春祥与锋线队员和"大帽子"联系的三条线，迫使江苏队内外断线，"龙头"李春祥就掀不起什么风浪了。张光烈欣然采纳，预赛打江苏队时北京队众将依计而行，果然拿下了江苏队。

决赛阶段北京队把上届冠军四川队视为通往冠军之路的最大障碍。与6年前不同的是，那时四川队有个巨人中锋石挪威，其在篮下的攻防威力不小。而今北京队不怵了，因为北京队有个比石挪威还高、还灵活的杨殿顺。进北京队之前，杨殿顺是怀柔农村开拖拉机的，根本就没摸过篮球。别看大杨身高2.30米，但他还挺灵活。范

20世纪60年代，北京男篮访问印度尼西亚时举行友谊赛。图为北京队中锋王瑞卿（篮下者）的盖帽动作　李隆　供图

政涛等教练细心因材施教，把大个子当小个子练。功夫不负有心人，大杨后来不仅掌握了跨步勾手投篮的中锋技术，还练就了独特的罚篮法"端尿盆"。可以说，选大杨进队就是用来对付石挪威的，而且有了大杨，"王爷"就多了一个替补；有了大杨，北京队就增加了打法。此时的北京队战将如云，不仅是新老结合的团结战斗集体，更是支高快结合、攻防多变的钢铁之师。不过，北京队也有遗憾，主力队员马家骅因随国家队参加社会主义国家公安体育组织的篮球比赛而缺阵。解放军队也因部分队员参加社会主义国家友军篮球赛而实力受到影响。

在决赛阶段北京队与四川队厮杀时，大杨果然发挥了不可替代的作用，只要四川队石挪威上场，大杨必上去盯防。在这场较量中，大杨与石挪威谁也没得分，作用可谓0比0相互抵消，这就看京川两队其他四将的斗法了。最终，北京队技高一筹力挫四川队。攻克四川队后，北京队上上下下心里都踏实了。但是，这种踏实往往会产生麻痹心理。果然，北京队先后输给了辽宁队与江苏队，不过，这届全运会的赛制是按积分多少排定座次，北京队以9胜2负积分20分的战绩首次斩获全运会冠军，四川队、江苏队分获第二、第三名。征战二运会的北京男篮12名队员有：王忆诚、张志鹏、李枝钊、姜忠俭、卢诗连、杨殿顺、管文明、王瑞卿、黄频捷、张泰荣、张福达、李东兴，教练是张光烈、王利发。

应当说，在没有引进外援之前，全运会篮球冠军的含金量要远远大于联赛冠军的含金量。因为全国联赛每年一届，而全运会是四年一届，因此各队都非常重视球队在全运会上的比赛成绩。

教练团队　构成鼎盛

第二届全运会上北京男篮虽然未能11战全胜，但冠军仍是实至名归。从1956年建队至今的60年中，尽管北京男篮在最近4年内3次夺冠，但回顾半个多世纪的北京篮球发展史，第二届全运会前后的那段时期才是北京男篮最为鼎盛的时期。当时，北京男篮不仅实力强劲，而且全队形成了鲜明的快速、灵活、准确、多变的技战术打法。第二届全运会上指挥男篮夺冠的教练是张光烈、王利发，但支撑在他俩身后的是一个强大而优秀的教练团队，在这个优秀教练团队之下，有着不同年龄段的9支男女篮的100多名队员，从一线队到二线、三线后备队伍，结构合理，人才济济，如此兴旺的盛况怎不令人羡慕、敬佩、感慨！

北京篮球的空前盛况，首先得益于市委、市政府领导的直接关怀指导，当时的市委第二书记刘仁同志和副市长万里同志分管体育工作，两位领导同志历来都是深入到一线，发现问题就及时解决；遇到体委吃不准的事，他们听取汇报后实事求是，大胆拍板。刘仁同志特别爱护体育人才，坚决按照党的政策办事。1957年"反右"斗争时，先农坛里人心惶惶，刘仁同志坚定地说："运动队里没有右派，'反右'斗争在运动队里组织学习就行了。"他还表示："把训练搞好，把运动成绩搞上去，就是对'反右'斗争的最大支持。"文中提到的范政涛，在人大任教时被打成右派。刘仁同志就表示，他在北平高地工时期就知道范政涛，看过他打球，范政涛是新中国成立后的第一批教练，他怎么会是右派？无非是在篮球上有些不同见解罢了。范政涛的弟子程世春觉得如果能把范政涛调到市体委，可以更好地发挥他在篮球方面的才华。程世春的建议不仅得到市体委主任张青季的认同，更得到刘仁同志的大力支持，1959年范政涛从人大调到了市体委系统。不久，在刘仁同志的过问下，市体委给范政涛摘掉了右派帽子。怀着感恩报国之心，范政涛投身于专业篮球之路，在1966年"文革"开始之前，范政涛从先农坛体校转至北京队，从普通教练晋升至副总教练。在主抓北京"小三队"和"小四队"的训练中，他注重夯实基本功，注重全面提高身体素质，善于因材施教且效果显著。

慧眼识才，爱才如命，是范政涛甘为伯乐的又一特点。前中国男篮队长、著名控球后卫黄频捷，是范政涛特别看重的弟子之一。当初调黄频捷进北京队时，黄母死活不同意，老人家希望学习好的儿子将来上大学。范政涛岂能放弃如此具有出色篮球天赋的好苗子？他几次登门拜访，终于说服了黄母，他还向黄母表示："保证黄频捷能进国家队，黄频捷将来对国家的贡献肯定高于大学生"。黄频捷后来成了当时中国男篮身高最高、弹跳最

1965年第二届全运会,北京男篮首次夺得全运会冠军后合影。前排左起:黄频捷、卢诗廷、管文明、杨殿顺、王瑞卿、李东兴、李树钊;后排左起:张光烈(教练)、张泰荣、王忆诚、崔月犁、刘仁、赵凡、张青季、姜忠俭、张福达、赵宇(领队)。队员张志鹏因伤未能参加合影

李树钊 供图

好、技术最精的优秀后卫。

张卫平是范政涛收下的最后一个弟子，他进北京青年队时，范政涛就断定张卫平将来也是国家队的干将。经过几年磨砺，张卫平果然成了中国男篮著名的二中锋。粗算起来，范政涛虽未担任过北京男篮的主教练，但经他亲手培养或调教的弟子可谓桃李满天下，仅在北京的几代篮球名人就有一大批，如王胜治、王元琪、赵振绵、石善根、程世春、张光烈、邓华耀、高鹗、陈文忠、陈文彬、石乔、崔文仲、郭涌恩、龚培山、黄珍、鲍临津、周懿娴等，还有杨殿顺、黄频捷、张卫平等，如果还算上部队、学校、机关、厂矿的弟子，数不胜数！范政涛可以说是刘仁、张青季等领导同志爱惜人才、保护人才的一个代表。

北京篮球的空前盛况，还得益于拥有一个文化水平高、善于钻研业务、事业心强的优秀教练群体，程世春就是这个群体的带头人。已经85岁的程世春，至今仍坚持体育锻炼。他少年时在天津工商附中念书，1949年考入北方交大，大学期间就参加了"木乃伊"队。他投篮方式多，后撤步跳投堪称一绝，因而成为新中国第一代国手。退役后他先后执教了国家队和北京队，他善于学习新事物，注重战术的多样化，突出变与巧，强调我们打球既要吸收国外先进经验，更要有中国人自己的特点。几十年打球和执教的实践，使程世春积累了丰富的经验和理论。

继程世春之后执教北京男篮的教练是张光烈，此前已做过介绍，不再赘述。还有一位曾与张光烈共同执教过北京男篮的教练王利发。他年轻时也是北京队和国家队的一名干将。在北京队当教练时，他要求队员特别严格，强调作风培养，训练不怕吃苦，打球要拼命。队员们管王利发叫"王大量"，因为他以大运动量训练而著称。老北京队队员、前国手李树钊回忆，"王大量"带他们这拨运动员时，曾让他们身上穿着沙袋衣，双腿绑着沙袋跑圈，那叫一个苦。

在国家男篮挂帅10年后重回北京男篮的陈文彬，与张光烈、白金申并称篮坛"三秀才"。这位就读于北大历史系的才子，善于总结归纳，善于发现问题和解决问题，善于把感性认识提高到理性认识，著有很多篮球技战术的理论专集，至今读起来仍令人感觉新鲜。陈文彬是一位肯于研究和有魄力的名帅，善于把《孙子兵法》和毛泽东的军事战略思想及唯物辩证法贯穿于训练和比赛中。

另一位"秀才"就是我国篮坛素有"名嘴"之称的白金申。原籍天津的白金申虽然生前一直执教国家女篮和北京女篮，但他的思维逻辑、观念、训练方法和临场指挥深深影响着男篮教练。他形象化的教学，沉着、果断、机敏的临场指挥，在篮坛广有声誉。白金申曾是先农坛训练基地的主任，且善于观察人的性格，称得上是心理专家。

他在对球员的管理教育上区别对待，方法灵活，对不同的运动员用不同的方法，有的用安抚，有的用激将法。他学识渊博，把技战术编成了很多顺口溜，朗朗上口，易懂易记。例如，他编的防守姿势要领："防守重心低，膝部必弯曲；时刻做起动，双腿勿直立；全身须平衡，动作放松宜；切忌手拉人，勿用推和倚。"

其实，不止上述几位名教练，何诗荪、王元琪、鞠汾庚、刘二柱、张福奎、陶传孝、华迪平等也都是在训练或临场指挥上各有特点的优秀教练。这些教练中年龄最大的是范政涛，年龄最小的是华迪平。当时，这个优秀的教练团队聚集了老中青三代人，大家相互信任、相互探讨、相互学习，研究业务的风气非常浓厚。有时为了研究一个技术动作或一个战术配合，他们常常是各持己见，争得面红耳赤。

这些教练似乎生下来就是为篮球而活着的，生活中的观察也紧密联系着篮球。一次，他们带队员坐火车去南方比赛。那时的火车时速可不像现在这么快，途中，他们坐在窗边向外观望，一个农民手推一辆装满农作物的独轮车行走的景象进入了大家的视野。他们都知道，独轮车不好推，掌握不好平衡就得翻车。但是眼前的这位农民兄弟却能灵活自如地控制着独轮车。通过仔细观察，他们发现这个农民兄弟是靠腰腹力量来控制脚步和独轮车平衡的。于是"腰杆子当家，脚随腰动"的动作要领从几个教练口中脱口而出。火车途中得到的这个偶然的启发，令大家顿开茅塞，"脚随腰动"这四字箴言明确了腰与脚之间的协调关系，于是教练们便把这个意外的收获贯彻到后来的各种攻防脚步的训练中。

尽管这个教练团体对业务的研究如此精益求精，但市政府、市体委领导仍然对他们高标准、严要求，希望他们能根据自身实践，细心研究篮球发展规律，将感性认识提高到理性认识，丰富篮球理论，再运用于训练和比赛实践中，从而总结出一套培养年轻运动员的规律及成才之路。1963年，市体委把全体教练员集中到北京工人体育场关门学习三个月。

回忆起那三个月的封闭学习生活，这些教练们至今记忆犹新。远离了球场，使他们能静下心来思考、审视曾经的日复一日年复一年的系统训练手段、方法及目的，并结合他们亲身经历过的沙场鏖战，寻找规律性的认识。同时，他们如饥似渴地学习领会国外新鲜的训练理念和技战术打法，对照与结合自身找出差距和解决措施，完成了从感性到理性的升华。通过学习和讨论，他们的理论水平和对篮球客观规律的认识有了大幅度的提升。依据"三年打基础，五年出成绩"的自身实践，他们制订出了第一部科学系统的青少年篮球训练大纲，这个训练大纲具有指导性的作用，使以后的青少年篮球运动员的发展和培养进入了良性发展的轨道。正是这次封闭学习，孕育了北京男篮历史上的第二次辉煌。

提高教练员的业务水平，是让北京篮球事业得到可持续发展的重要一环。市体委领导认识到，要使篮球运动真正呈现出方兴未艾的蓬勃局面，必须抓好后备力量的薪火相传。于是，市体委下大力气狠抓基层群众篮球运动的普及与提高，重点是在中小学中广泛开展篮球活动，扶植青少年业余体校，培训中青年体育教师，在基层贯彻青少年篮球训练大纲。同时，在厂矿、机关、部队、农村中组织开展群众性的篮球竞赛活动。那一时期，足篮排三大球中，篮球是最受群众喜爱、参与人数最多的体育活动。笔者上初中时的学校只是一所普通中学，但学校重视体育教育，班主任在自习课后还会带领同学们打篮球。

这种情况在当时的北京非常普遍。那时，北京有好几个露天带看台的体育场，如市劳动人民文化宫体育场、东长安街体育场、北海体育场、朝阳体育场等。这些体育场晚上经常有职工篮球赛，观众十分踊跃。在京郊农村，也曾出现过村村有篮球场的繁荣景象。红红火火的群众性的篮球运动广泛开展，不仅丰富了人民群众的业余生活，增强了体质，而且涌现出很多的好苗子。如此浩浩荡荡的篮球大军之

20世纪60年代，北京男篮三队在先农坛体育馆训练。图为教练员刘二柱在训练队员
李隆 供图

中，必有千里马脱颖而出。至"文革"到来之前，北京男篮已有4支队伍，除北京队、北京青年队外，还有小三队、小四队，可谓人才济济。小三队中就有张志鹏的弟弟张志鸣和王治郅的父亲王维君，以及后来当了青年队教练的邰玉峰等，小四队拥有号称"八大金刚"的杨殿顺、黄频捷、尹光环、张志翔（也是张志鹏之弟）、张宝平、曹泽波、王宁世、崔智以及后来调入的张卫平。可别小看这小三队、小四队，"文革"后恢复训练对北京男篮起到承前启后作用的，正是这拨1963年至1965年进队的小伙子们。

1966年，北京男篮调整了教练班子，从国家队回来的陈文彬执掌帅印，张锡山、王忆诚为队员兼教练，张光烈抓青年男篮。

面对困境 继续拼搏

正当北京男篮全体教练员和运动员满怀信心地开创新局面之际，"文革"开始，正当年的姜忠俭、马家驿等队员失去了展示大好才华的宝贵时光。一些好教练也失去了雕琢璞玉的最佳时期。但是，仍有一些队员坚信，"既然我是打篮球的好料，我就不能荒废时光，辜负老教练和家人对我的期望。"抱着这样的信念，黄频捷、张卫平等一些队员仍然偷偷地进行训练。

很早的时候，黄频捷在全体教练员的心目中，就是将来北京男篮和国家男篮的组织后卫，这不仅在于他出众的运动天赋，更在于他对事业的执着。正因为如此，进入小四队仅一年的黄频捷，就被破格调入了北京男篮，征战了第二届全运会。当时北京队的目标就是夺冠，因此场场比赛都很重要。可是，教练张光烈仍不时把他换上场锻炼。当时不满18岁的黄频捷心里清楚："这是教练在培养我，我不能让教练失望。"初登全运会赛场的黄频捷，不仅感受到了大赛的魅力，更学到了老大哥的技艺和经验。那时他就暗暗发誓，目标不仅仅是全国冠军，而是要把中国篮球的水平提上去，冲出亚洲，走向世界！远大理想要经受现实的严峻考验。不以运动天赋自恃的他，在这一时期埋头苦练。为了增强力量，晚上他叫上张卫平一起蹲举杠铃。为了提高耐力，他无数次地进行变速跑。为了提高速度、耐力，他骑着自己攒钱买的自行车在夜晚以不同速度骑行15公里。为了投篮准确，他每天都要投上几百次。一分耕耘一分收获。练得肩宽体壮、跳得高、跑得快、球性娴熟、视野开阔的黄频捷，已经做好了各方面的准备，随时等待着机会的召唤。

一口京腔的张卫平，刚进先农坛时还是个初中没毕业的学生。"文革"开始后，范政涛等教练不能工作了，张卫平便跟着沈迪贤教练练习。有一次，沈迪贤带着他们踢足球，张卫平看到机会，便向沈教练大喊："爷们儿，传过来！"闻听此言，逗得大伙儿全乐了。从此，张卫平就有了"爷们儿"的绰号。这一时期开会学习是常事，少不更事的张卫平腻味开会，时不时就遛了。有一天，他跑出去玩耍，在街上和别的学生打起架来，被军代表领了回来。开会遛号已经让军代表很生气了，居然还敢在外面惹是生非，更让军代表七窍生烟，不仅给他停了"运动灶"，还罚他到电工组劳动，整天砸铁丝。后来，军代表爱惜人才，考虑到他是有培养前途的运动员，就又把他调到食堂干活。这下张卫平乐了，因为在食堂能吃饱饭了。就是在那个时期，张卫平一有时间就练蹲举杠铃。天长日久，张卫平的腿不仅粗壮了，上肢及腰腹力量明显增加，为他日后在篮下强攻和拼抢篮板球，打下了坚实基础。功夫不负有心人，身高1.94米的张卫平后来成为北京男篮和中国男篮著名的二中锋，为中国男篮亚洲夺冠屡屡作出贡献。

在那个时代，军大衣是很让人羡慕的服装，尤其是国防绿的军大衣。可那时只有男篮一队的队员才有条件配发。这让青年队的队员看着非常眼馋。后来军宣队和先农坛基地领导考虑到青年队也经常去外地训练比赛，而且那时不少比赛都是在室外进行，便也给青年队的队员们买了一批军大衣，一人一件。现在的篮球运动员，包括很多青少年，穿的球鞋都是耐克或阿迪达斯，那会儿专业运动员穿的都是国产篮球鞋，一年两双。鞋底磨破了，才能拿着破球鞋去后勤部门以旧换新。换的时候后勤部门还要问："是出国吗？"为什么这么问呢？如果是出国比赛，就发上海产的回力牌球鞋；如果不是，就给京字牌的球鞋。那时候，能穿上一双高腰白回力球鞋，是一件很令人羡慕的事情。

黄频捷等还把高腰回力剪成矮腰回力，说这样跑得轻快，后来这个办法流传到社会上，很多业余篮球爱好者纷纷仿效制作矮腰回力鞋。20世纪80年代后期，上海回力厂干脆生产了矮腰回力鞋。男队员比赛时穿的都是天津生产的白玫瑰牌窄带背心，颜色多是天蓝色或玫瑰红色，短裤比现在短得多了，透着精神。当年，要是能有一件藏蓝色被太阳晒得有些透红的篮球短裤，内行人一看就知道这是专业篮球裤衩。天津产的白玫瑰牌运动服曾被改名为梅花牌，人们认为这个叫法有革命味道。北京利生体育用品商店后来也卖过北京产的劲松牌运动服，并推出了国红色。

专业队的秩序被破坏了，各行各业同样受到冲击。但是，群众性的篮球运动依然很红火。东单体育场是当时最热闹的地方，5块场地从早到晚不会停闲，半场3对3或4对4及全场5对5，5个球一拨儿，输的下台，赢的接着打。这里几乎聚集了全市的业余篮球高手，有工人、学生、教师、机关干部等，其中学生最多。在这些打球的人当中，许多人是希望将来能进入专业队参加比赛。而且有些部队篮球队也正是从这里挑选了一批好苗子，如：樊春起（后改名樊巍）和傅建华去了38军，前者随后去了武汉部队队，1977年、1978年，樊巍与陈宝珊、匡鲁彬、郭永林、张志鸣等人组成主力阵容，两夺全国篮球甲级联赛冠军。张志鹏的四弟张志翱先被部队挑走后进了国青队。蒋思远则被北京青年队选中。20世纪70至80年代，部队篮球队之所以在全国甲级队中占据半壁江山，很大原因就是他们在这一时期挑走了很多篮球人才。如今看来，解放军在那个"非常时期"保护了一大批人才。

不仅如此，有些学校，如北京四中的韩茂富老师、灯市口中学的韩述仁老师等也坚持训练学生篮球队。后来进入北京青年队的刘世昕，就出自韩述仁麾下。工厂职工篮球活动也十分踊跃。一批八一队、北京队、北部队（北京部队队）等专业队下放到企业的运动员，成了各单位开展篮球运动的骨干，他们带动了所属系统篮球运动的普及与提高，如市邮局、市化工局、市电管局、内燃机总厂等，水平都相当高。市总工会体育部和劳动人民文化宫体育场每年都举办有近200个男女队参加的北京市职工篮球联赛。联赛一打就是一个夏季。比赛一般都安排在基层或市灯光体育场，观众非常踊跃。在此基础上，下放到北京化工实验厂的原北京篮球队副总教练范政涛，应市总会体育部和劳动人民体育场的邀请，组建了北京工人男女篮球队，坚持进行业余训练和比赛。范政涛指导的北京工人男篮队，有些队员是从专业队下来的，更多的是业余篮球爱好者中的佼佼者。建队伊始由张泰荣、王光伦、汪武华、黄东胜等人组成的主力阵容，经常在比赛时采用半场或全场紧逼，常常把对手弄得顾此失彼，既无招架之功，更无还手之力。与工人男篮过招的部队或外省市青年队，往往是负多胜少。20世纪70年代初中期的北京青年队，也常常败在北京工人男篮的队手下。以劳动人民文化宫体育场为阵地的北京工人队，还经常邀请北京体院、北师大及部队队，深入到远郊区县打比赛。北京工人男篮队还与日本钢管队、埃塞俄比亚国家队进行过国际友谊赛。职工篮球蓬勃发展的景象一直延续到20世纪80年代初。

1970年，随着全国性竞赛逐渐恢复，北京篮球队恢复重建工作终于提上议程。但是，由于一些教练和队员此时已被下放到厂矿或外地，因而曾经兴旺时期的4个男队仅剩下成年和青年队两队，几个错失黄金时期的队员已显露下坡之态，北京篮球又一次面临重新创业的挑战与考验。当时的国家体委也不十分清楚全国各地专业队的状况，故决定在1970年举办"全国12单位调赛"。为了迎接这次全国正式比赛，北京男篮组队恢复正规训练，由何诗荪、陈文彬执教。"文革"前由范政涛训练的小四队中的尹光环、张卫平、张志翔、曹泽波等进入了北京队，老队员有王瑞卿、李树钊、李东兴及小三队的王维君等。尽管时间仓促，但凭借扎实的基础，技艺未显生疏的北京男篮在"全国12单位调赛"中夺得亚军。这次比赛还有一个收获，国家体委篮球处非常看好黄频捷，认为他是国家男篮重组后的最佳后卫人选。转年，北京男篮在全国篮球甲级联赛银川分区赛上斩获第一名。在随后进行的全国前十名队的较量中，新老结合的北京男篮勇夺冠军。虽然这两年能名列前茅，队内的黄频捷、张卫平、尹光环、王维君、张志翔等年轻队员也已经成

北京男篮
Beijing Men's Basketball Team

了中坚力量，但北京男篮已初显队伍老化迹象，王瑞卿、李树钊、李东兴等老队员渐渐从主力变为替补。一线队形势不容乐观，二线队更是困难，挑选和培养后备力量的工作迫在眉睫。军宣队和市体委果断采取措施，一是在东四块玉训练基地组织包括篮球在内的各项目青少年集训，二是张光烈等教练在全市中学生中广泛选拔人才。双管齐下很快见效，袁超、高华、刘世昕、徐元生、马晓东、卢永旺等先后进入北京青年队，王忆诚挑起了训练这支年轻队伍的重任。

1972年6月10日，国家体委在北京举办了全国五项球类运动会，周恩来等党和国家领导人出席了开幕式，这无疑给全国体育界人士以巨大鼓舞。在这次运动会上，教练张锡山率领北京男篮获得亚军，冠军为上海队。上海队夺冠的主要原因，是姚明的父亲姚志源以2.08米的身高在内线占据了绝对的优势。而此时，北京队的巨人中锋杨殿顺却因江青的一句"形象不好"而被迫退役。

全国五项球类运动会结束后，国家体委在北京召开了足篮排三大球训练工作会议，进一步探讨了我国篮球运动的技术风格，明确了"积极主动、勇猛顽强、快速、灵活、全面、准确"的16字方针。在此之前国家体委制订的关于体育事业四个五年（1971—1975年）发展规划草案中，对国家男篮提出的目标是亚洲第一名，进入世界前十名或达到相应水平。这些要求和任务对首都北京而言，既是动力也是压力。北京男篮既要保持全国最高水平，也要不断向国家队输送高水平运动员。此时，黄频捷已作为中国男篮主力队员出访古巴、朝鲜，但六战皆败。其中在古巴哈瓦那进行的四场比赛，中国男篮四战皆负，场均净负40.7分。访朝两战中国队场均净负20.5分。而在1965年，程世春曾作为援外教练在古巴训练其国家队七个月之久。六年过后，今非昔比，我们已不是古巴队的对手，"文革"不仅耽误了一批人，也严重影响了我国篮球事业的正常发展。1972年罗马尼亚队来访，客队又是全胜而归。之后，中国男篮又与来访的阿尔巴尼亚队两次战平，输给西班牙队20多分。同年，南斯拉夫队来访，结果人家又是全胜，且场均赢30多分。该队的先进打法令中国篮球界耳目一新，中锋2.10米的乔西奇更是给人留下深刻印象。1973年6月，美国大学生队应邀来访，战绩8战8胜，该队不仅表现出了美国的传统打法和特点，也代表了世界男篮运动的发展趋势。上述国际比赛映射出了中国篮球与世界强队间的巨大差距，也督促中国篮球界

20世纪70年代中后期的北京男篮。图中左起：管文明、张志鹏、王瑞卿、李东兴、刘向海、黄频捷、张锡山、李树钊、姜鸿林、王忆诚、何诗荪

李隆 供图

1972年北京男篮参加全国五项球类比赛第二阶段（决赛阶段）篮球比赛。图为北京队张卫平带球上篮　张卫平 供图

下决心奋起直追。曾被誉为新中国篮球三大支柱之一的北京队（另两个支柱是国家队和八一队），理应为此做出贡献。

1973年，全国篮球甲级联赛在杭州举行，教练张锡山再次率领北京男篮获得亚军。在此必须介绍一下张锡山。张锡山祖籍河北衡水，身高1.84米，19岁时即入选国家男篮，其身体素质好、技术全面、传球方式多、推进速度快、防守能力强，有"空中坦克"之称，在20世纪50年代是与钱澄海、杨伯镛齐名的国家队主力，也是北京男篮建队时的第一批队员。比赛中他能率领球队打出快、灵、准的战术风格，作为场上核心的张锡山，战术意识强，比赛经验丰富，善于给同伴创造进球机会。从国家队回到北京队后，曾以队员兼教练的身份打到38岁才退役。他为人朴实直率，训练系统，要求严格，指挥果断。退休后，他担任过首都体育记者篮球队的教练。平易近人的张锡山，因脸上有块黑迹，自嘲是"三黑"人物，"脸黑、心黑、手黑"。他所说的"三黑"，除了"脸黑"，就是"心黑"，指对比赛的判断要精准；再就是"手黑"，指出手要快，抢断球神出鬼没。张锡山还善于把实践经验总结成理论，个人或与他人撰写了不少很有指导意义的学术文章。

张锡山虽然率领北京男篮获得数次全国亚军，使球队保持在一流行列，但其麾下的几员战将担负的承前启后的重任即将结束。1973年年底，全国甲级男篮在南宁冬训，北京男篮留下了黄频捷、张卫平、尹光环、李东兴、王瑞卿、王维君、张志翔、张志鸣、姜鸿林八位老队员，王忆诚训练的北京青年队的袁超、高华、徐元生、刘世昕、凌飞、蒋思远、马晓东、卢永旺八个小伙子进入北京队，王忆诚也就成了北京队的教练，辅佐张锡山。北京队又一次进行了新老交替工作。此时，张卫平已入选国家队。在张锡山的调教下，新老结合的北京队在防守上形成了凶狠多变的特色，场上队员无须教练临场布置，完全可以根据场上情况自行做出调整，或扩大或缩小或紧逼，常令对手难以应对。但是，由于磨合时间较短，新老队员在进攻方面还不够默契，因而在1974年全国篮球甲级联赛仅名列第九。

青黄不接的现状在当时全国篮球专业队比较普遍，为了尽快扭转窘境，国家体委在1975年推出了特殊规定，参加第三届全运会篮球比赛的球队，每队12名队员中，只允许有两人是1953年以前出生的，且场上只允许上两名老队员。这项强制性的特殊规定，迫使不少老队员提前退役，但也换来了一大批富有朝气的新面孔。北京队顺利地从预赛杀进了决赛。在决赛中，他们不敌集全军精英、且拥有巨人穆铁柱坐镇篮下的解放军队而屈居亚军。虽然没能夺冠，但能从一年前的甲级队第九迅速重返一流强队，说明张锡山、马家骅教练的执教能力是相当出众的。行家评论，以年轻队员为主的北京队，攻守技术全面，战术变化多，快攻、中投、策应、空切很有特色，集体防守意识强，质量高。在四运会之前的三年里，北京队因又一次换血而再次经历起伏,教练班子也重新做出了调整,教练由陈文彬和马家骅、华迪平共同担任。

北京男篮 再铸辉煌

1978年12月,党的十一届三中全会在北京胜利召开,会议重新确立了解放思想、实事求是的思想路线,体育界也迎来了改革开放的春天。

1979年,北京队面临两大战役,一个是第四届全运会,另一个是在南宁举行的全国篮球甲级联赛。为了迎接这两大战役,北京队进行了艰苦、系统的训练。运动员中最辛苦的是黄频捷和张卫平,两人马不停蹄地奔走于国家队和北京队之间,平时他们在国家队,比赛时才能回到北京队。为了解决北京男篮在比赛中暴露出来的问题,陈文彬率队参加了1978年11月开始的全国甲级队冬训。1979年年初,冬训即将结束时,上海火车头体协举办火车头杯篮球邀请赛,冬训的甲级男篮球队悉数应邀参赛。北京队参赛的目的有两个,一是让年轻队员经受锻炼,二是检验冬训成果。一贯全身心投入工作的陈文彬,此时已患有心脏病,尽管药不离身,但身心已十分疲惫。1月14日晚,北京男篮与南京部队队在上海普陀体育馆比赛。由于两队实力接近,比赛打得相当紧张激烈,距终场结束前几十秒,北京队还落后一分,陈文彬抓住机会果断叫了暂停,布置了最后一攻的战术配合,力争绝杀南京部队队。比赛继续进行后,北京队坚决贯彻战术,通过有效配合创造出投篮机会,外线队员在最后关头投篮命中,靠绝杀反败为胜。当队员们庆祝胜利时,陈文彬却突然躺卧在座位上,面部显得非常痛苦。大家马上意识到,可能是陈文彬的心脏病发作了。队医吴大夫赶快在陈文彬的口袋里找硝酸甘油,但口袋里没有。情急之下,几个队员拆下体育馆的半扇大门当担架,把陈指导抬到了临近的普陀医院。尽管医院大夫竭尽全力抢救,但已回天无术。才华横溢的陈文彬,就这样永远地离开了他酷爱的篮球事业,病逝时年仅48岁。陈文彬虽英年早逝,但他为我国培养出了一大批优秀教练员、运动员和国手,还留下了很多造诣极高的篮球专著。

第四届全运会于1979年9月在北京举行,北京男篮轻松地从预赛脱颖而出,晋级决赛阶段。获决赛资格的共有13支队伍,除北京队外,另12队为解放军队、上海队、河北队、吉林队、黑龙江队、山东队、江苏队、福建队、湖北队、广东队、广西队、四川队。这届全运会的赛制是将13队分成两组进行单循环,然后进行附加赛,之后交叉进行淘汰赛,决出全部名次。北京队在闯入半决赛后,首先遭遇了湖北队的强大挑战。名帅刘贵乙执教的湖北队,以快著称,不仅防守反击快,且阵地战善打换位策应和连续空切等配合,防守则善于展开大范围争夺,重点区域内采取混合防守。北京队与湖北队的比赛打得异常艰苦,最终湖北队依赖核心球员王宗兴的出色发挥,以4分之优将北京队淘汰。在争夺季军的比赛中,北京队不敌广东队名列第四。解放军队最终蝉联冠军,湖北队、广东队分获第二、第三名。北京队虽然在第四届全运会仅名列第四,但在之后南宁举行的全国篮球甲级联赛上一举夺冠,这是篮球改革赛制创办CBA联赛之前,北京男篮获得的最后一个甲级联赛冠军。黄频捷等老队员回忆:"打四运会时我们队受到伤病困扰,因而没能获得前三名。但在全运会后,我们队经过几个月的休整,排除了伤病的困扰,竞技状态相当不错。接近年底在南宁举行的甲级联赛上,我们队老队员只有我和张卫平,其他队员全是年轻人,在教练马家骅和华迪平的指挥下,我们以全胜的战绩夺得冠军。外界对此感到很惊讶,说北京队怎么跟全运会时发生了这么大的变化。其实一是我们确实打得不错,二是全运会后有些队伍不够整齐。这次联赛给我留下的深刻印象就是,冯维立、袁超、徐元生、刘世昕、袁永生、高华、于京波、田怀新等这拨年轻队员可以挑起大梁了。这批队员可以说是老北京队带出来的最后一批人才,他们几乎都是土生土长的北京运动员。四年后北京队能在上海五运会上逆转解放军队而夺冠,正是靠这批'宝贝'。"

就在打完全国篮球甲级联赛之后,著名运动员黄频捷宣布退役,退役的原因是身体透支,伤病严重。黄频捷在他15年的专业篮球运动员生涯中,帮助北京队夺得过两次冠军、三次亚军。在其为国家队效力的九年中,四次帮助中国男篮夺得亚锦赛和亚运会冠军,他还是中国男篮1975—1979年实现亚锦赛三连冠的主要功臣。退役后，他曾担任过北京青年女篮、北京女篮和中国青年队的教练工作，新影和中央电视台还为他拍摄过适合青少年篮球训练的专集，黄频捷在回顾其运动生涯时曾表示："北京男篮的魂是什么？是高度的政治觉悟，是为北京争光的荣誉感，是为中国篮球而献身的责任感。身负这个使命是极其神圣的，那时候我们念念不忘的就是总在扪心自问，你对得起'北京'这两个字吗？"黄频捷不仅训练自觉刻苦，而且善于观察学习，从诸多教练言传身教中得到启迪，他说："光说不练假把式，光练不说傻把式。""我的天赋不是与生俱来的，也是练出来的。说我弹跳力好，那不是天生的，那是我蹲杠铃、骑自行车练出来的，那时我早起刷牙都蹲着，为的是练腿部力量。打篮球不仅比身体，比技术，更比智慧。篮球场上的智慧就是文化。北京队的老教练有实践，有文化，留下了很多的传统，比如口诀。受他们的影响，我当教练后也编了不少口诀，像破联防吧，我归纳成五条：快传撕开投抢，传里传外投抢，纵插斜插投抢，突破分球投抢，内攻内投抢"。在前国家男篮主教练钱澄海心目中，黄频捷应该是国家女篮的主教练，张卫平应该是中国男篮的主教练。然而这两个弟子却没能实现钱老的心愿，实乃遗憾。在划归首钢时，黄频捷选择留在了市体委；张卫平后来去了美国闯荡，回国后最终成了央视体育频道的解说嘉宾，两人都远离了专业篮球。

北京男篮自1979年在南宁夺得全国篮球甲级联赛冠军后，又一次经受了队伍调整，继名将黄频捷退役后不久，在国家队效力的二中锋张卫平也宣布退役并进入北京体院深造，高华转投八一队。此时，尽管队内少了一内、一外两员大将，但袁超、田怀新、徐元生、刘建立、冯维等已成为球队中坚，国家青年队的魏伟也升到一队，因此全队实力仍保持在国内一流球队的行列里。在1983年第五届全运会到来之前，北京男篮状态颇佳，除获得1981年全国篮球甲级联赛亚军外，还分别获得新增设的1981年、1982年、1983年全国锦标赛三次冠军，实现了对该赛制的"三连冠"，尽管这项冠军的含金量不及甲级联赛冠军的含金量那么高。老队员魏伟回忆，在1983年五运会之前，那一年他们几乎没有输过球。因此市体委给男篮的目标是打进当年全运会的四强，争取进入决赛。

20世纪70年代的北京男篮。图中前排左起：李东兴、王瑞卿、徐元生、马晓东、袁超、刘世昕；后排左起：教练张锡山、李树钊、张志翔、王维君、尹光环、高华、姜鸿林
李树钊 供图

北京男篮
Beijing Men's Basketball Team

为了跟上迅速发展的世界篮球运动趋势，国家体委在五运会召开之前推出了一系列的新举措，其中尤以1981年12月在杭州召开的篮球训练工作会议最为重要，荣高棠同志在会上明确提出："复兴篮球是全国篮球界的光荣任务，需要'全国一盘棋''国内练兵，一致对外''团结一心共同战斗'。"同时，国家体委还在竞赛制度和竞赛方法上进行了一系列的改革，如：后场推进前场由10秒改为7秒（现为8秒），一次进攻控球时间由30秒改为25秒（现为24秒）；在全国篮球甲级联赛和全国锦标赛第二阶段比赛中远投得3分；每场比赛每队必须有10人以上轮流上场，且每人上场时间必须达到10分钟以上；全国青年联赛不准使用联防战术，等等。1983年2月，全国篮球联赛取消了甲乙级升降级制，改为每年分区、分段比赛，名次实行大排行。五运会后，国家体委又决定在全国篮球联赛和全国青年联赛中设立全队和个人技术奖共九个单项。1986年2月，全国篮球联赛又改名为全国篮球甲级联赛，7月还做出了每队在每半小时若投中了4次3分球，第五次投中则计4分的特殊规定。推出这些改革举措的目的，是为了复兴中国篮球，提高中国篮球的运动水平。当然，这也对北京男篮的训练和比赛提出了新的要求与奋斗目标，教练和队员都认真贯彻执行，努力提高攻防质量，以适应比赛的需要。

1983年9月，秋风送爽的季节，第五届全运会在上海举行。这是全运会首次在北京以外的城市举行，同时也是中国体育健儿出征洛杉矶奥运会之前的一次大阅兵，因而备受媒体和社会各界关注。参加全运会预赛的共有30支男篮球队，经过分区预赛，有12支队伍晋级决赛，决赛阶段，12支又分成两组进行预赛，两组的前两名进入半决赛。

北京男篮在预赛除不敌解放军队外，先后战胜了同组的上海队、云南队、黑龙江队、吉林队四队，以小组第二的身份跻身半决赛。半决赛的对手是夺冠呼声较高的江苏队。江苏队是另一小组的第一名，该队当时的主力阵容被篮球界称为"三高"阵容，即中锋徐强、前锋于万民和庄贵泉三人身高都在1.92米以上，替补中锋是身高2.08米的李长山，外线控球后卫是国家队控球后卫宫鲁鸣，另一后卫是刘兴伟。比宫鲁鸣小五岁的孙凤武，也时而出现在首发阵容中。江苏队可谓是要高有高，要快有快，快速、灵巧、细腻，属典型的南派打法。京苏两队实力接近，各有长短。若论气势，当时江苏队心气儿颇高。在这场生死战中，北京队教练马家骅和陶传孝经反复商议后，在排兵布阵上做出了针对性部署。比赛开始后，紧张激烈程度超出预料。两队打起了长时间的拉锯战，比分多次战平，即使每队偶有领先，也不过是2分之差。上半场结束，北京队靠快速反击得手，方以35比30领先。易边后，江苏队迅猛反扑，反以39比35超出，北京队及时叫暂停才稳住局势。续战后，争夺更加紧张，距全场比赛结束还有1分多钟时，北京队以61比62落后。最后关头，袁超中投命中，63比62。江苏队欲抢攻反超，但欲速则不达，传出的球被北京队抢断，袁超接同伴传球后晃过对手，球又空心入筐，胜利在望。最终，北京队靠徐元生两罚锁定胜局，67比64，北京队涉险过关，挺进决赛。京苏之战后，还有一段小插曲，江苏队认为在关键时刻裁判吹了他们一个3秒违例，从而导致他们无辜地丢失了一个球权。否则，他们未必能输球。因此，江苏队决定向组委会提出申诉，状告裁判误判。但是，就在他们准备写申诉书面材料时，北京队却出人意料地战胜了解放军队从而夺冠，江苏队放弃了申诉，因为北京队打败了解放军队，大家皆大欢喜。宫鲁鸣后来荣膺五运会最佳抢断球手，孙凤武荣获优秀得分手，两个后卫的获奖足见江苏队确实实力不俗。

与江苏队进行的这场激战，进一步磨砺了北京队的战斗意志，激发了挑战解放军队的豪情。但是，要想挑战解放军队谈何容易？当时全国12个甲级球队中，部队球队占据了半壁江山。1982年以前，八一队和武汉部队队等队共夺得全国冠军15个。汇聚了全军精英的解放军队已蝉联第三、第四届全运会冠军，本届全运会他们志在实现三连冠。解放军队确实实力超群，打哪个队都是狂胜三四十分，预赛北京队输给解放军队18分。因为拥有身高2.28米的穆铁柱，所以解放军队碰谁都是守联防，抢到篮板球后的穆铁柱，大手像捏个小皮球似的往前一扔，快下的队友接球后就是一个快攻。有穆铁柱镇守篮下,别的队都不敢进攻解放军队的内线。解放军队实力如此强大,也得益于教练马清盛。老辈人都记得20世纪60年代八一队与苏联红星队比赛时的一张照片,苏联红星队巨人中锋克鲁明双手高举着篮球,一个小个子八一队队员高高跳起争抢前者手中的篮球,这个小个子队员就是马清盛。马清盛曾是著名国手,担任教练后屡建功勋,总共率队夺得过17个冠军,其中包括三个亚洲冠军,正所谓强将手下无弱兵。

面对强大的解放军队,北京队在赛前准备会上制定的策略是放下包袱、轻装上阵,解放思想、不畏强敌、以我为主、扬长避短。在防守上北京队的战术是放掉解放军队的组织后卫马连保,用五个人防其他四个人,重点是防得分手郭永林和匡鲁彬,不怕穆铁柱一人得分。当京军之役打响后,所有人都认为这是一场毫无悬念的比赛。交手后,北京队虽属发挥正常,但在上半场结束时还是以36比51落后15分。15分之差,还能有什么事情发生?不少记者不看比赛了,回驻地准备发稿了。可北京队不想认输。中场休息时,教练马家驿说:"落后15分,咱们就这样缴械了吗?咱们就这么不珍惜首都的荣誉吗?我们尽力了,但只要有一线希望就决不放弃,大家有没有信心?"

小伙子们异口同声高喊:"有!"

马家驿又跟上一句:"拼不拼?"

"拼!"小伙子们又异口同声高喊。

在上半场比赛进行时,马家驿、陶传孝就不时与领队张启祥商量如何打破解放军队联防防守及制约穆铁柱的方法。这时,"名嘴"白金申把一张纸条递给马家驿,纸条上写着:"一,不要泄气,还有机会;二,死防穆铁柱,哪怕别人多进球,也不能让他随心所欲。"白金申送来的纸条不仅坚定了马家驿和陶传孝与解放军队一搏到底的决心,而且两人很快制订了一套制约解放军队优势的攻防战术。这个特殊攻防战术主要是针对穆铁柱设计的,核心是光防守不行,还要移动进攻打他的身前背后,这是扭转被动局面的突破口。

领先15分之多的解放军队并没有松劲,教练马清盛在下半场依然派出了首发阵容:穆铁柱、张彬、匡鲁彬、郭永林、马连保。北京队则以袁超、魏伟、刘建立、冯维、于京波五将应战。防守时冯维在穆铁柱身后,于京波在穆铁柱身前干扰协防,魏伟在外线机动防守并伺机在守转攻中快下,刘建立保护篮板球,袁超变前锋为后卫,负责接应和组织阵地进攻。转入阵地战后,北京队以1—3—1落位,袁超和魏伟在外线轮番组织进攻,刘建立站罚球线,冯维沉底,于京波站在45度一侧。这个进攻战术

1983年第五届全运会篮球比赛决赛,北京男篮对阵解放军男篮。图为北京队队员篮下强攻。
中体在线图库 供图

北京男篮
Beijing Men's Basketball Team

的核心是坚决攻对手的内线,以动制高,以巧制慢。刘建立在圈顶接球后往前运球一步,把穆铁柱吸引上来,冯维溜底线,刘建立能攻就攻,不能攻就再把球传给溜底线的冯维,或传给45度一侧的于京波,袁超和魏伟则见机行事。这个战术的实质是抓住穆铁柱移动慢的弱点,打他们的身前背后,形成局部区域的以多打少。进攻受到限制的穆铁柱,心里已经开始急躁,防守时他又腹背受敌,情绪更加控制不住。铁柱一急,解放军队也慌了神,而北京队却打得异常活跃,不到7分钟的时间已打出16比4的小高潮,将比分追成52比55。解放军队只能让另一个巨人马占福换下穆铁柱,但此时的马占福同样心慌意乱,几攻未果。无奈之下,马清盛只得仓促变阵并奋力将落后的分差在最后3分钟时追成72平。这时,反而北京队处乱不惊,他们决心一定要抓住反败为胜的宝贵战机。继张卫平之后成为国家队二中锋的刘建立,得球后篮下强攻,左晃右跨步投篮命中,74比72。解放军队穆铁柱见队友投篮不中抢到前场篮板球,北京队犯规,铁柱本应罚球,但当时规则允许罚球一方放弃罚球而选择发球,解放军队便要了边线发球,意在争取打平后把比赛拖入加时赛决一胜负。然而,天不遂人愿,一向投篮很有把握的匡鲁彬却未能投中这关键一球。终场锣响,北京男篮实现了惊天逆转,第二次站上全运会冠军的宝座,铸就了北京男篮建队史上的第二次辉煌!当这场扣人心弦的激战一结束,市体委主任魏明便激动地从主席台跑到场地上,祝贺北京队打破了解放军队不可战胜的神话。

更让魏明主任高兴万分的,正是北京男篮夺取的这个不在计划内的冠军,使北京体育代表团以17枚金牌的战绩超过了解放军代表团。在前四届全运会上,解放军代表团一直高居金牌榜首,北京代表团始终排在其后。而这届全运会,凭借北京男篮的这个计划外的冠军,北京代表团以一金之优排名第四,解放军代表团排名第五。这场夺冠战在媒体中也引起极大反响,媒体称赞北京男篮"以弱胜强,出奇制胜,大爆冷门"。这支冠军队的战将有袁超、魏伟、刘建立、冯维、徐元生、于京波、胡晓刚、管振刚、田怀新、袁永生、董强、李劲松、闵鹿蕾。闵鹿蕾是1982年才进入北京队的,是当时全队最年轻的队员。当年闵鹿蕾之所以能参加全运会,是因为当时国家体委有个特殊规定,现役国手的报名不在12人之列。北京队那时现役国手是刘建立,北京队可以报13人,故闵鹿蕾作为培养对象进入了全运会名单。后来,闵鹿蕾在全国青年联赛中斩获个人抢断奖,因而引起了国家男篮主教练钱澄海的注意,不久便调闵鹿蕾进入了国家队。

刘建立在五运会上的出色表现,进一步得到了中国男篮主教练钱澄海的器重,认为他是继张卫平之后的又一个硬朗的二中锋,可堪重任。1984年,中国体育代表团重返奥运会赛场,刘建立作为唯一一名北京籍男篮队员,代表中国男篮参加了洛杉矶奥运会比赛。由于我国已近30年没参加奥运会,故中国男篮在这届奥运会男篮比赛最终名列第十。虽然中国男篮没能进入八强,但队长刘建立在比赛中的表现可圈可点。在预赛七场比赛中,刘建立总共上场182分钟,总共拿下107分和36个篮板,场均得分15.2分、抢篮板球5.1个,两项数据均列中国队之首。在小组赛5战中,刘建立贡献83分,跻身"20大得分手"之列,排名第12位,堪称中国男篮的效率王。在与西班牙队的比赛中,刘建立更是砍下了中国球员单场最高得分32分。在长人如林的奥运赛场上,身高1.92米的刘建立充分展示了"小、快、灵、准"的中国篮球技术特点。刘建立退役后曾担任北京队助理教练,后转投影视界,建立了金英马影视公司。2015年2月18日,刘建立因病辞世,享年58岁。

北京男篮虽然在时隔18年后再获全运会冠军,但此时整个篮球队已不像"文革"前那样团结一心,研讨业务的氛围已不再那么浓厚,教练员与教练员之间、队员与教练员之间的关系也不像过去那样亲密无间了。随着"金牌战略"和"奥运战略"的相继推出,个人单项越来越受到重视,足篮排等集体球类项目在不少地方受到挤压,刚刚才见复兴的篮球运动又遭挫折,北京男篮也不可避免地受到严重影响。从第五届全运会后至2011年之前,北京男篮虽然也向国家队输送了闵鹿蕾、单涛、巴特尔、焦健、张云松等国手,但无论是在全运会还是在全国篮球甲级联赛及1995年创办的CBA联赛上,都再未打进过决赛。这种状况,迫使北京男篮加快了调整改革的步伐，为后来整体划归首钢埋下了伏笔。

划归首钢 企业办队

20世纪80年代初，中国社会处于从计划经济向市场经济转型的时期，竞技体育也同其他方面一样，面临着改革的课题。在改革是大势所趋的背景下，国家体委提出了体育向社会化发展的思路，尤其是在我国重返奥运会大家庭后，竞技体育布局向奥运会项目靠拢，并得到人财物的政策倾斜，但足篮排三大球等集体球类项目编制与经费却面临着各种问题。在这种形势下，时任市体委主任的林炎志便萌生了将部分集体球类项目交给大型国企的设想。由于当时的首钢集团一直想拥有一支高水平的篮球运动队，因此林炎志遂拟订了一个把北京篮球队交给首钢、由两家共建的改革方案。这个改革方案在市政府工作会议上得到通过。1988年11月21日，在主管体育工作的常务副市长张百发的促成下，市体委和首钢在首钢红楼共同签署了双方共同办队的协议书。当时，有媒体记者对北京篮球的生存与发展提出了疑问与忧虑。毕竟，这种办队方式不仅在那时是首家，至今也是独一无二的。从签约之日起，北京篮球队正式划归首钢集团管理，人财物皆属首钢，开创全国企业办队的先河。在划归首钢之前，北京篮球队教练和队员采取自愿原则，凡自愿去首钢的教练员和运动员便成为名副其实的首钢人，不愿去首钢的教练留在了市体委系统，其中包括王

1987年北京国际男篮邀请赛，北京男篮以83比70战胜泰国男篮。图为北京队刘建立（持球者）强行突破上篮。新华社记者 官天一 摄影

忆诚、黄频捷、李树钊等。这一去一留实则使北京篮球流失了一部分宝贵人才。划归首钢后的北京篮球队更名为北京首钢队，仍承担着代表北京市参加全运会等重大比赛任务。

应该承认，从1988年至今，首钢为北京篮球的生存与发展做出了很大贡献。同时，我们也必须看到，这种办队模式的探索实质上是受到了"金牌战略"的影响。在体育部门领导看来，像篮球这样的集体项目，人员多投资大，还不一定能取得好名次，不如把钱花在个人单项上收益快。当时全国有很多省、自治区及直辖市砍掉了篮球队，转而加大了对个人单项的投入，此举不仅导致了我国三大球的退步，也在客观上造成后备力量严重不足的问题。曾几何时，全运会上男女各30支篮球队参赛的盛况，现如今也只能闪现在回忆之中。北京首钢男篮正是在这样的困境中艰难前行的。这里，有必要提一下金隅集团。从2004年至2014年，该集团一直为北京首钢队冠名，赞助金额每年都有所增加。在过去的十年里，无论球队成绩好坏，金隅集团都不改初衷，他们有资格分享北京首钢队四年三冠的喜悦。

在2001年12月首钢篮球馆正式使用之前，球队食宿和训练都在先农坛体育场，因为这里的训练氛围和饮食营养当时都是全国一流的。1995年CBA联赛创办后，北京首钢男篮的主场先后设在石

北京男篮
Beijing Men's Basketball Team

景山体育馆和北京工人体育馆，1998-1999赛季与京狮队合并后主场在北京大学生体育馆。当首钢篮球馆成为北京队的新主场后，先农坛就对坛内的训练馆进行了改造，篮球馆改作他用，迫使北京篮球队开始了从驻地先农坛到首钢的长期走训生活。长期走训不仅存在安全隐患，而且在一定程度上影响了生活起居和训练质量。为了克服由此带来的诸多困难，市体育局和首钢进行了长期协调。从2001年年底开始，北京篮球队全体教练和运动员陆续搬出先农坛体育场。到2009年2月，长达八年的走训终于结束，北京篮球队全部离开了先农坛体育场。与北京篮球有着52年历史渊源的先农坛体育场就此别过，那种难以割舍的情感是一般人体会不到的。

在1995年篮球改革赛制之前，北京首钢男篮之前存在的隐忧逐步变成现实，在全国篮球甲级联赛和全运会的比赛中成绩下滑，都跌出了一流球队的行列。在出征1984年洛杉矶奥运会的中国男篮中，仅有北京选手刘建立一人。在参加1986年第10届世界男篮锦标赛和1988年汉城奥运会的中国男篮中，无一名北京选手。这期间稍给人以安慰的是，马家驿作为国家体委培养的国家队主教练人选之一（另两人是辽宁蒋兴权和江苏夏鸿发），曾执教中国青年队，麾下战将有宋力刚、阿的江、郑武等。张卫平作为钱澄海的助手，随中国男篮参加了汉城奥运会。缺乏特点突出的尖子队员，后备力量严重匮乏，是北京男篮战绩下滑的致命因素。划归首钢后，选拔、培养后备人才的矛盾更加突出。北京孩子打篮球的越来越少，想吃专业饭的篮球苗子更是屈指可数，更多的家长都希望自己的独生子女能去上大学。首钢虽然斥资建造了篮球中心，但在观念和管理上受到限制，客观上延缓了北京篮球产业化的发展速度。

北京首钢男篮不景气的状况直到20世纪90年代中期才出现转机。这主要得益于单涛和巴特尔此时已成长为球队中坚，撑起了球队的内线。这两名国家队的中锋都是在划归首钢之前进入北京队的。这时的队里还包括曾入选过国家男篮的闵鹿蕾、北京部队队解散后来到北京首钢队的许利民等，他们组成了有内有外、以单涛和巴特尔"双塔"为核心的主力阵容。这支队伍从1995年开始征战主客场制的CBA联赛，并重返了四强行列。

说到北京首钢队的"双塔"，就会让人想起很多往事。单涛身高2.16米，其父是原南京部队队的单玉臣。单涛十来岁就从南京来到北京少年队接受系统训练，教练们很喜欢这个继杨军之后的高大队员，没少在他身上花心思。16岁时，单涛就入选中国青年队，19岁进入国家队，左手投篮的单涛，投篮方式多，脚步灵活，在篮下既能强攻，也能巧打，还有一手挺准的中距离跳投，防守和抢篮板亦很凶猛，是1994年黄金一代球员之一。在主教练蒋兴权的率领下，单涛同队友们一道，在1994年世界男篮锦标赛上首次跻身八强，为中国男篮取得历史性突破立下功劳。两年后，他又在宫鲁鸣的指挥下，为中国男篮夺得1996年亚特兰大奥运会第八名做出贡献。在国家队效力多年的经历，使单涛具有良好的战术素质。在北京首钢队，他与巴特尔构成的"双塔"，打出过很多漂亮的内传内配合，令对手防不胜防。

比单涛小几岁的巴特尔，原来是内蒙古青年队的队员。1988年年初，因内蒙古青年队解散，教练王万里便带着巴特尔等几个队员投奔到了北京队。刚到北京那年，巴特尔还不满13岁。在王万里、邰玉峰等几位教练的精心调教下，身高体宽悟性好的巴特尔，逐渐成长为一名出色的中锋，并与王治郅、姚明并称为"三大中锋"、"移动的长城"。在1993年代表国家队夺得亚锦赛冠军后，因个人原因，巴特尔悄悄离开了国家队。但他没回北京首钢队报到，而是回了老家内蒙古伊盟。得知此事后，时任总教练的马家驿万分焦急，担心巴特尔误入歧途。于是，马家驿先后派教练和运动员姜兴涛、刘宏威、刘建立、王万里、袁超等人三下大草原寻找巴特尔，前后历时一年。功夫不负有心人，有一天他们终于在一个交警岗亭边找到了巴特尔，袁超费了不少心思才把他带回北京。事后想想，如果没有这三下大草原，大巴就不可能成为中国篮坛著名的中锋之一。

1994年11月，国家体委决定对篮球进行改革，中国篮协常务副主席杨伯镛在北京宣布，篮球改革从赛制入手，将数十年不变的赛会制改为主客场制，目的是把篮球推向市场。篮球主客场赛制来自于美国NBA联赛，所有参赛队先进行常规赛，打双循环，按胜绩排出全部名次，列前八名的队进入季后赛。季后赛即为决赛阶段，分1/4决赛、半决赛和决赛，仍采用主客场，名次在前的多一个主场，CBA现行的赛制是1/4决赛和半决赛，为5战3胜制，总决赛为7战4胜制。为了给跨年度的全国男篮甲A联赛摸索经验，定于1995年2月举办开创季暨全国男篮甲级八强赛。既然是把篮球推向市场，就要有宣传推广。于是，中国篮协和国际管理集团（IMG）合作，为12支甲级球队指定了吉祥物和标识。北京首钢队的吉祥物为霹雳鸭，故球队也称北京鸭首钢队。北京烤鸭确实名传四海，但烤鸭终是人们的盘中餐，故北京鸭首钢队这个名没能兴起。同时，中国篮协还允许各队在转变为俱乐部队后可以引进一名外援。但在联赛的初期，各队都没有引进外援。从此，传统的冬训被联赛取代，在1995年年初举行的开创季暨八强赛上，时任主教练的袁超率队夺得第四名。凭借单涛和巴特尔的"双中锋"战术，再兼外线闵鹿蕾、许利民、刘宏威等快速灵巧的配合，北京首钢队在1995-1996全国男篮甲A联赛上获得季军，获得前两名的是八一队、广东宏远队。

按照当时北京首钢队的能力，有争冠的实力。因此，球队也准备下赛季向决赛冲击。然而，正当球队刻苦训练蓄势待发之际，却出现了单涛离队风波。不仅如此，球队的实力也因此而明显下降，在1996-1997赛季反而陷入了保级之战。无奈之下，球队紧急引进了美国球员布兰特，后又经过协调，前国手马健也临时加盟了球队。由于这一外一内两员大将的加盟，北京首钢队实力明显增强了。

虽然免去了降级之忧，但球队的矛盾却日益激化。主教练袁超代人受过，变身为领队，刚刚退役的闵鹿蕾被推上了帅位。在助教许利民的辅佐下，闵鹿蕾率队在1997-1998赛季重返四强之列。在香港精英公司操持下的CNBA联赛（全称为中国职业篮球联盟联赛，由国家体委和中国篮球协会主办，香港精英公司协办的一项国内篮球联赛，由于各种原因赛事仅举办了一届后就停办了）解体后，参加这一赛事的北京京狮队仍想保留住球队。而北京首钢队虽然重返第一集团，但球队存在的内部矛盾并未从根本上得到解决。在市政府的推动下，1998年夏，北京首钢篮球俱乐部与北京体师京狮篮球俱乐

1997年北京首钢篮球俱乐部成立大会，图为成立时北京男篮教练和队员合影。前排左起：张云松、姜忠俭、袁超、郭智、徐宁、马家骅、张敬东、刘宏威、许利民、张承毅；后排左起：闵鹿蕾、刘鑫、贺磊、焦健、姜兴涛、巴特尔、单涛、任杰、姜超等　首钢篮球俱乐部 供图

北京首钢篮球运动中心（这里曾是北京男篮的主场） 何建国 摄影

北京男篮
Beijing Men's Basketball Team

2006年3月25日，2005-2006赛季CBA联赛1/4决赛，北京首钢男篮客场对阵云南红河男篮。图为北京队巴特尔（蓝衣）投篮　全体育图片社 供图

部合并，即所谓的强强联合，合并后更名为北京首钢京狮篮球俱乐部，主场改在北京体师院内的北京大学生体育馆，主教练由前国手孙凤武担任，助教为闵鹿蕾、张德贵，许利民则去执教北京首钢青年女篮。合并后的北京首钢京狮队，继续留用了上赛季引进的美国控卫阿尔斯通，此时年轻的焦健已初步担起大前锋的重任，远投手张敬东仍然保持了较高的命中率，攻击后卫张云松也开始崭露头角，原京狮队的王利也是外线上不错的队员，更令人欣喜的是巴特尔已趋于成熟。但这样一支实力有增无减的球队，却在1998-1999赛季仅获第七名。究其原因，所谓的强强联合只不过是有实力的球员增多而已，但人员的增加并不能解决球队中存在的各种矛盾与困难，这个结果是大家事先没能估计到的。1999年5月，两家俱乐部重新分家。原京狮队教练和运动员无一人留在北京首钢队，首钢队则由闵鹿蕾重掌教鞭，从此他也成为CBA联赛史上执教时间最长的主教练。令人非常遗憾和痛心的是，就在两队分离前的三个月，为北京篮球做出突出贡献的总教练、俱乐部副总经理马家驿，因心肌梗死离世，享年59岁。

马家驿当运动员时以突破、跳投等技术过硬而著称，尤其是他的擦板投篮堪称一绝。马家驿头脑清醒，战术意识强，这为他退役后走上教练岗位奠定了坚实基础。他善于学习，肯于钻研，注重理论与实践相结合，生前撰写了《世界篮球发展规律》、《中国女篮获得奥运会银牌的启示》等论文，并获得业界的一致好评。

这一年，中国篮协在上海隆重举行了表彰大会，在荣获新中国篮球运动杰出贡献奖的50杰中，有北京的程世春、陈文彬、白金申、周懿娴、钱澄海、王利发、张锡山、杨洁、杨伯镛、吕长新、黄频捷、张卫平、宋晓波共13人。另有12人获得新中国篮球运动荣誉奖，其中包括北京的马家驿和于钢。

1999年，闵鹿蕾重新挂帅北京首钢男篮之后，十多年间，他可谓起起伏伏，尝尽了人间的酸甜苦辣。很快，巴特尔便成为稳定的队中核心。当大前锋焦健成为主力、张敬东的远投很有把握后，闵鹿蕾及时引进了另一名美国球员拉苏，把北京首钢队打造成了内外结合、高快结合的队伍。此时的巴特尔，不仅有标志性的篮下转身强攻，还能拉到外线远投，更厉害的是他继承前辈王瑞卿策应的绝活，不时与焦健形成内传内配合，有时大巴还能把球及时传到外线空当的队友远投。毫不夸张地说，大巴盘活了全队的进攻。在球迷的记忆中，"玉面少侠"焦健在1999-2000赛季中曾有着出色的表现，能里能外的他以场均贡献17.3分、8个篮板的准两双数据，一举击败了广东队的杜峰，成为CBA史上第二个新秀奖得主。就是在这个赛季的常规赛中，独得20分的焦健力助本队在主场战胜了当时已是四冠王的八一队。在球迷的记忆中，"3分王"张敬东也是在这个赛季常规赛主场与浙江队的比赛中，刻下了单场独中14个三分球的CBA记录。这个赛季，北京首钢队最终获得联赛的第5名。在2000-2001赛季的首场比赛中，客场作战的北京首钢队在离比赛结束还有四秒钟时还落后辽宁队两分，拉苏在对手的逼防下于三分线外一步跳起远投完成了绝杀。正是这记绝杀，开启了北京首钢队重返四强的帷幕。尽管在随后的半决赛中不敌拥有姚明的上海队，但北京首钢队还是在五年后重获联赛季军。

CBA联赛的主客场赛制及其包装运作，完全是模仿NBA，王治郅、姚明、巴特尔这三大中锋自然也逃不出NBA球探的法眼。继王治郅登陆NBA之后，巴特尔也踏上了NBA之旅。2002年2月24日晚，巴特尔在广安体育馆上演了他在CBA的告别演出。在与北京奥神队的比赛中，反客为主的北京首钢队以102比91获胜。之后巴特尔加盟了NBA的丹佛掘金队，这当然是北京首钢队的光荣。然而，随着大巴的离去，北京首钢队强大的内线优势马上就变成了美好的记忆。

大巴走了，焦健很快就成为队中的领袖，在张敬东保持较好的状态时，另一攻击后卫张云松也脱颖而出。主教练闵鹿蕾亲自驱车数百公里，请来了内援济南部队队的柳勇和娄延东。外援则选中了有NBA经历的美国球员"小白人"克里斯和牙买加人齐门尼。克里斯曾在NBA凯尔特人队效力过，速度快，突破好，远投准，变向突破步幅大而敏捷。齐门尼是个大前锋，虽然身板瘦，但动作灵活、硬朗，篮板球拼抢凶狠。由于外援上场人次限制，通常都是齐门尼首发，克里斯次节登场。在2002-2003赛季常规赛客场战江苏南钢队时，因齐门尼发烧便让克里斯首发。在这场一波三折的较量中，两队打了两个决胜期才分出胜负。克里斯在此战中大放光芒，一人砍下61分之多。可惜，后来在与北京奥神队的比赛中，克里斯在突破时受伤，伤愈后的克里斯状态大不如前。常规赛名列第八名的北京首钢队，在季后赛创造了"黑八"奇迹，以3比1力挫名列第四的新疆队进入半决赛。在与新疆队的搏杀中，克里斯和焦健的功劳最大。半决赛中，北京首钢队以0比3被广东队淘汰。正是凭借攻防俱佳的表现，焦健在这一年入选中国男篮。

虽然入选国家队，但焦健在队中也只是个替补。在2003年10月1日晚于哈尔滨举行的第22届亚洲男篮锦标赛中韩决赛上，比赛进行到第四节时，韩国队采用全场紧逼和包夹姚明的防守改变了场上的被动局势，将比分追成82比83。危急时刻，主教练蒋兴权先后把范斌和焦健换上场，前者用自己的经验牢牢掌控住了节奏，后者毫不怯场，敢防敢攻敢抢，12分钟里拿下9分、3个篮板及助攻、抢断各1次，从而助中国队以106比96战胜韩国队而折桂，抢到了进军雅典奥运会的入场券。次年，焦健虽入选了以尤纳斯为执行教练的国家男篮集训队，但由于不适应外教的战术安排，焦健主动提前离开了国家集训队。

在2003-2004赛季开赛前，球迷们认为北京首钢队在大巴去NBA打球之后，依然能保持在四强之列，说明球队进步的势头不错。这主要得益于球队内外援引进的成功，得益于焦健、张云松等年轻队员挑起了重担。就在球送们期望球队能在新赛季更加有所作为时，北京首钢队新赛季却因为引援上的败笔，导致球队又一次陷入了保级战。当时，球队引进了两名外援，一人是后卫，美国人马利克，另一人是大前锋，美国人马特。特别要说的就是这位马特。球队当时需要的是中锋，但不知为什么引进了马特这个大前锋，他根本难当重任。无奈，吃了败仗后的首钢队又找来个美国人汉密尔顿，孰料此人水平更是难以恭维。

北京男篮
Beijing Men's Basketball Team

已陷入保级沼泽的首钢队，赶忙从NBA的球队中找来了奥德杰和杰米尔。这两个人技术虽显粗糙，但终归有身高有力量，且弹跳力不错，镇守内线不至于百孔千疮了。最终，首钢队名列第十，保级成功。引进外援接连不利，不知是吃了经纪人的亏，还是俱乐部舍不得花钱。但不管怎么说，在单涛、巴特尔相继离队后，北京首钢队最大的隐患是再也没有能力培养出优秀的中锋来。这在北京男篮划归首钢之前，是从未有过的现象。

2004年上半年，篮管中心再次对CBA联赛进行改革，推出的第一条新政就是取消全国男篮甲A联赛升降级制，将12队增至14队；原来的男篮甲B联赛改为NBL（即全国男子篮球联赛）。扩军后的甲A常规赛设南北分区赛，一周双赛改为一周三赛，从而使常规赛场次增至266场。这个模式仍是在仿照NBA，但比赛场次的增加对各队既是考验，也是挑战，最起码要能做到多人上场打球。

刚刚保级成功的北京首钢队，闻知此讯后自然是长出一口气。可接下来的问题是，该如何应对新的挑战与考验呢？尼日利亚人奥德杰已经显示出了他在篮板球上的优势，自是继续留用的首选，但真正的大中锋还是难觅。好在"双子星"焦健和张云松已成为球队进攻的内外核心，后者还入选了国家队。从北京体师竞技体校进入首钢队的陈磊，也开始冒尖，他拼命防守的比赛态度得到主帅闵鹿蕾的认可。从唐山来的解立彬，有股子冲劲。从25中进入球队的门维，尽管身体素质不如解立彬，但球打得机智灵活。2005年3月，就在首钢队为中锋无理想人选而愁眉不展时，却传来了巴特尔从美国回归的好消息。两年多来，大巴先后在美国NBA丹佛掘金、马刺、猛龙、魔术、尼克斯及NBDL飞行队打球，球技自然不减当年。篮管中心特批允许巴特尔中途归队参赛。此时，常规赛已近尾声。大巴的中途归来迅速提升了球队实力，打法也更加灵活多样，最终获得常规赛北区第二名。季后赛1/4决赛北京首钢队对阵八一队，在三战两胜的淘汰赛中，北京首钢队在主场117比110先下一城的有利形势下，客场却连折两阵，没能进入半决赛，最终排名第六。北京首钢队的过早出局，令球迷们感到很失望。尽管大巴的归来和球队在常规赛中的表现使球迷产生了北京首钢队能冲进总决赛，甚至夺冠的憧憬，但梦想还是破灭了。

2005年4月底，篮管中心又出新政，一是将全国男篮甲A联赛正式命名为中国男篮职业联赛，仍简称CBA；二是推出俱乐部准入制，晋升CBA的NBL球队不仅看比赛成绩，还要通过俱乐部准入评估；三是继续扩军至16支（但实际是15支）；四是季后赛1/4决赛和半决赛采用5战3胜制，总决赛7

2006年10月31日，2006-2007赛季CBA联赛常规赛，北京首钢男篮对阵广东宏远男篮。图为北京队张云松（白衣）在比赛中
CFP 供图

战4胜制；五是宣布成立CBA联赛委员会。

大巴很有头脑，既然从美国回来了，那就干脆安心在国内打球。于是，大巴宣布将随首钢队参加2005－2006赛季的全部比赛。赛前，首钢队引进了美国球员威廉姆斯和巴顿，奥德杰此时已转赴韩国淘金。应该说，这时的首钢队在外界眼中已是有望争冠的热门球队了。原因很简单，大巴和威廉姆斯可以组成双中锋，抢篮板的活儿就交给了威廉姆斯。同时，大巴作为场上核心，具备进攻与策应的能力，还可以拉到3分线外远投。而外线上还有张云松、焦健、陈磊、门维、解立彬等一干投手，只要大巴把球传到空当，他们就可以从容出手。不过，内行人心里却认为，首钢队真正能上场打球的队员其实并不多，这与闵鹿蕾的过于谨慎有关。再就是外线队员持球进攻能力不够，尤其是缺乏能突能分的干将。这两条不足恐怕会在季后赛被对手利用。说归说，这个赛季首钢队发挥得确实令大家刮目相看。特别是大巴，在NBA的两年经历确实提升了大巴的能力。赛季中大巴把CBA搅得风生水起，老北京青年男篮队员王宁世说："大巴简直就成大仙了！"大巴成了众矢之的，不少队抓住大巴移动稍慢的弱点，纷纷推出"砍巴"战术。即使如此，面对"砍巴"战术，走着打球的大巴依然靠着他的悟性带领球队夺得北区常规赛冠军，在此期间还打出了好几场让球迷津津乐道的经典战役。拿下北区冠军后，京城球迷又不由得在心中产生了夺冠的

2006年10月24日，2006-2007赛季CBA联赛常规赛，北京首钢男篮客场对阵浙江万马男篮。图为北京队焦健在比赛中投篮　新华社记者　徐昱　摄影

梦想。季后赛首轮对阵"黑马"云南红河，舆论分析两队起码要打四场，甚至可能要打满五场才会决出胜负。孰料，首钢队竟然以3比0横扫对手，那个爽劲就像吃了碗过桥米线。能轻取云南红河，得益于首钢队及时应变，首战胜在大巴强攻，次战赢在巴云组合，三战胜在巴云焦三点开花。然而，半决赛又遭遇老牌冠军八一队，首钢队能否打破逢军不胜的魔咒呢？赛前专业人士们综合分析认为，比首钢队更善应变、更能打硬仗的八一队，进总决赛更有把握。果然，无法破解八一队不断变化防守的首钢队，被0比3淘汰出局，夺冠梦想又一次破碎了。被横扫不仅仅是欠缺比赛经验，还印证了赛前行家们的隐忧，能上场打球的人太少，没有板凳深度实在是首钢队多年难以解决的老问题，再就是闵鹿蕾的战术打法过于保守。另外，一个更深层次的原因，是队内争冠的欲望不强烈。打完云南队后，大巴就流露出了进了四强就是完成任务的满足心理，这种情绪势必影响全队的士气。后来焦健、张云松都曾表示："那真是千载难逢的机会呀，怎么也得豁出命来拼呀！这实在是人生的一大憾事。"这个赛季是首钢队征战CBA史上获得的第三个季军。另一个收获就是年轻的解立彬以出色表现摘取最佳新人奖，并进入国家集训队。就巴特尔个人而

北京男篮
Beijing Men's Basketball Team

言，也有一个遗憾，那就是他本来是这个赛季常规赛MVP（最有价值球员）毫无争议的得主，但却因在与河南队比赛中一个不冷静的举动受到处罚而失去这个奖项。由于其他运动员都达不到获奖的水平，致使这个赛季此奖项空缺，这也是CBA史上首次空缺此奖。

赛季结束后，巴特尔申请赴美疗伤。对此，首钢俱乐部不仅表示同意，还为他支付了在美国疗伤的费用。首钢俱乐部没有与大巴再签合同，因为老合同要到2006年8月31日才到期。

人算不如天算，问题还是不期而遇了。虽然当时首钢已经给大巴200万元以上的年薪，但因为他要支付家属在美国的生活费用，所以仍感到经济上负担沉重。此时，不少俱乐部与大巴联系转会事宜，其中最积极的就是新疆队。他们给大巴开出的价码是年薪400万元。大巴过了合同期限后，新疆队已抢先在篮管中心给大巴注了册。

大巴的再度离队，无疑又给了首钢队致命一击。随着焦健、张云松状态的下滑，在2006-2009年三个赛季，首钢都无缘季后赛。首钢篮球馆里不止一次响起"闵鹿蕾下课"的声音。在这三年间，壮志未酬的焦健于2007年离队转投NBL。2009-2010赛季，曾担任闵鹿蕾助手的美国人蒙克利夫走上了主帅岗位，闵鹿蕾赴美学习深造。但由于外教水土不服，且既不知己，也不知彼，赛季结束时最终首钢队名列第十五，创下史上最差战绩。

2010-2011赛季，闵鹿蕾重掌帅印。根据CBA规则，上赛季第13名以后的球队可以引进两名欧美球员和一名亚洲球员。闵鹿蕾引进了莫里斯和阿巴斯。从山西队离开的马布里有意来首钢队，但首钢队没要，而是把名额留给了曾跟姚明在火箭队打球的弗朗西斯。闵鹿蕾对中国台湾来的球员李学林委以控球后卫之重任。此时，从辽宁借来的吉喆进步显著，已担当大前锋角色。闵鹿蕾在执教方式上的改变是进一步狠抓防守，进攻则是坚持快、灵、巧。李学林成了球队的发动机，他不仅能很好地把握节奏，还能突破和远投。约旦"板爷"阿巴斯在擅抢篮板的同时，还能与莫里斯打成内传内配合。莫里斯实则也是大前锋，2.11米身高的他有一手过硬的中投。如果另一外援选准了，首钢队就有可能像上海队那样打进四强了。然而，首钢队却又一次闹出了笑话。当被千呼万唤的弗朗西斯首登赛场时，竟然不是吃帽就是摔跟头，这哪里是当年的弗老大？不得已，知趣的弗朗西斯也就接受了提前解约。哪知道，替换而来的克劳福德又是个平庸球员。引进外援不力，又一次让球队吃了亏。媒体也不明白，选外援到底是谁做主？主教练也不面试吗？但不管怎么说，首钢队总算进了季后赛，虽然在1/4决赛中惨遭新疆队横扫，但球队终归是从低谷里走出来了。

走出低谷　　首圆梦想

北京首钢队在新赛季吸取了教训，早早地就与马布里签了约，同时与莫里斯、李学林续约。还有一个变化是从青年队上调到成年队的翟晓川和朱彦西。两人都是前锋角色，翟晓川是唐山人，曾受训于宫鲁鸣执教的特体队，后常年在国青队打球。朱彦西是重庆人，一直在首钢青年队，2009-2010赛季被租借到江苏同曦队打NBL联赛，是该队夺冠成员之一。两人一个共同的特点是都经历过比赛锻炼，故能在CBA的首演中毫不怵阵。

虽然与马布里签了约，但首钢对"独狼"仍有顾虑。然而，已对中国产生了感情的马布里，也在不断地改变自己。尽管他先后在山西队和佛山队各效力一赛季，但他更喜欢北京。这不仅仅是因为北京是中国的首都，很多地方与他的家乡纽约相似，更在于北京的球迷是那样的喜欢他，他从中感受到的是激励。同时，他也感觉到他在北京一定能有新的更大发展。因此，他下决心要融入这座城市。为此，他不仅早早来到球队训练，而且主动积极地协助闵鹿蕾工作。他还乘地铁、听相声、看国安队比赛，方方面面他都在要求自己尽快成为一名北京市民。尽管在运动年龄上马布里已属暮年，但他凭借扎实的基础、全面的技术、丰富的经验和低调的为人，很快赢得了球队上上下下的信任，也赢得了媒体的敬重。首钢队的这些变化都被媒体和球迷注意到了，他们知道这个赛季首钢队的成绩一定不会错。

当2011-2012赛季开打后，人们突然发现马布里在山西队、佛山队不曾有过的化学反应，突然在首钢队爆发了。马布里和李学林组成的双控卫，盘活了全队的进攻。马布里攻传结合，时而突破至篮下得手，时而将球传给溜底线的翟晓川或在外线空当的朱彦西，时而与莫里斯或吉喆打挡拆，流畅的多点进攻打得对手难以招架。一波出人意料的十三连胜令人瞠目结舌，这其中包括将七冠王广东队、三进总决赛的新疆队先后斩落马下。由此，京城球迷再次对首钢队寄予了夺冠的厚望，与此同时，马布里"马政委"之称也不胫而走。十三连胜后，因李学林腰伤，球队虽然接连吃了败仗，但斗志丝毫不减。"马政委"时时向队友们传达胜利的信念，夺冠的信念。在来北京之前，广东队也让他试训过，但他最终选择了北京，因为他决心要为北京带来一个总冠军，同时他也需要进一步在中国证明自己。

当首钢队以常规赛第二名的历史最好成绩进入季后赛时，当首钢队以3比0横扫广厦队、3比2力挫山西队挺进总决赛时，不仅是首钢队，就连媒体和球迷也觉得首钢队距离总冠军仅一步之遥，而首钢队也显示出从未有过的斗志昂扬，从未有过的强烈的夺冠欲望。赛前，首钢队对外宣布奋斗目标是"保八争四"，实际上队内的目标是"保三、冲二、争一"。如今，实现争一目标的机遇就在眼前。尽管首钢队信心满满，跃跃欲试，但人们还是有些担心，毕竟首钢队是首次进总决赛，而卫冕冠军广东队已是七次夺冠。七冠王广东队主教练李春江，原本是辽宁籍国手，曾是1990年亚运会和1991年亚锦赛中国队夺冠成员，在辽宁队时师从蒋兴权。1993年李春江加盟全国首家民营俱乐部广东宏远队，退役后任助教，从2000年起他接替了张勇军成为主教练，率队在2004年夺取CBA总冠军，并由此创建了广东王朝。李春江是个有性格的教练，既直爽又有些傲气。这个牛脾气既成就了他，也影响了他。

就在舆论并不看好首钢队的形势下，总决赛首战如期于2012年3月21日晚在万事达中心暨五棵松篮球馆揭幕。在1.8万名观众震耳欲聋的助威声中，首节比赛首钢队攻守转换快，进攻快速、坚决、流畅，反击一浪接一浪，气势上压倒了广东队，以37比22领先结束首节之争。次节，广东队虽然在外线进攻有所改观，但在上半场结束时仍以47比55落后。易边后，首钢队一度把领先优势扩大至20分之遥。气得广东队主教练李春江一边向队员叫喊"上去上腿，懂吗？"一边撤下了外援，扔出了看似要放弃的烟雾弹。到了第四节，广东队发起了如潮水般的反击。关键时刻，老马挺身而出，先是抢下前场篮板二次进攻得手，后是漂亮地将

2009-2010赛季北京首钢男篮教练和队员合影。前排左起：张云松、波兹曼、尚平、蒙克利夫、詹姆斯·梅兹、孙明明；后排左起：张敬东、陈世冬、解立彬、王骁辉、杜江、张睿、张俊雄、吉喆、门维、李克、白迪、李铁　　CFP 供图

北京男篮
Beijing Men's Basketball Team

抢断的球传给翟晓川快攻上篮,从而稳住了局势。赛后,广东队主教练李春江表示,这只是系列赛中的一场比赛,失利乃兵家常事,他会总结失利原因,打好主场的比赛。但是,后面几战的结果证实李春江还是低估了北京队的决心与实力。

在3月23日晚于东莞体育中心进行的总决赛次战中,首钢队居然在落后10分的劣势下完成了绝地反击,以109比106艰难拿下第二回合。能逆转广东队,首席功臣仍是老马,其次是莫里斯。第三回合不容有失的广东队,以111比93获胜,将总比分扳成1比2。输18分之多,在于首钢队防守不够坚决,尤其是对广东队的外线控制不力,让他们投中了13个3分球。吸取教训的首钢队,3月28日晚在主场与广东队展开第四战决战。在球迷的助威声中,首钢队力拼防守,死磕篮板,并迫使广东队控卫布鲁克斯陷入单打独斗,打乱了广东队习惯的进攻模式,终场以107比98拿下比赛,总比分3比1领先。此时,距总冠军仅一步之遥,全国多数媒体转而看好首钢队。3月30日,京粤两队展开第五场厮杀,首钢队的决心就是结束总决赛,不能让比赛再回东莞。战斗打响后,广东队打出较高的攻防质量,一度领先15分之多。沧海横流,方显出英雄本色。危难时又是老马站了出来,一口气独取8分,犹如吹响了首钢队反攻的号角,至上半场结束,首钢队以62比57反超。下半场争夺再现起伏,广东队靠布鲁克斯的出色发挥,一度又领先10分,在挑战与考验面前,首钢队没有慌乱,沉着反击,随着李学林一记远投命中,终于将比分战成114平。最后关头,虽然马布里因6次犯规下场,但首钢队凭借莫里斯和陈磊的罚球以124比122险胜,从而以4比1的总比分问鼎总冠军。

从1983年五运会称雄,到此次首夺CBA总冠军,整整时隔29年。这次载入冠军榜的是:领队袁超,主教练闵鹿蕾,助教张敬东,队员有马布里、莫里斯、李学林、陈磊、吉喆、朱彦西、翟晓川、解立彬、方硕、王骁辉、韩崇凯、陈世冬、常林、门维、尹天任、孙明明。

北京首钢男篮在首次夺冠过程中书写了CBA历史上的新传奇,在前16个赛季中,还没有一支球队首次杀进总决赛就能折桂的,但北京首钢男篮做到了;在CBA的总决赛中,还没有一支挑战总冠军的球队能以2比0领先过,但北京首钢男篮做到了;在CBA的总决赛中,还没有一支挑战总冠军的球队能以3比1的总比分拿下赛点,但北京首钢男篮做到了;在CBA的总决赛中,还没有一支挑战总冠军的球队能以4比1的惊人战绩将卫冕冠军斩落马下,但北京首钢男篮做到了。这的确是CBA史上的一个新传奇,而这个新传奇正是北京首钢男篮靠不懈的努力和永不放弃的精神书写而成的。

马布里的融入盘活,李学林与马布里构成的双控卫,莫里斯"无解"的中投,陈磊过硬的个人防守,吉喆的逐渐成熟,新"双子星"朱彦西与翟晓川的脱颖而出,都使得这支没有一名现役国手的球队,显示出前所未有的活力与特点。在今日北京首钢男篮极富观赏性的打法中,既有当代篮球之趋

2012年3月21日,2011-2012赛季CBA联赛总决赛,北京首钢男篮对阵广东宏远男篮。图为北京队朱彦西、吉喆(白衣)与广东队苏伟(黑衣)争抢篮板球　全体育图片社　供图

势，也可以捕捉到传统风格的继承与发扬。不可否认的是，赛季初的引援成功也是首钢最后夺冠的重要因素。可以肯定地说，没有马布里，就没有北京首钢队的冠军。也如主教练闵鹿蕾所言："球队没有我可以，但没有马布里不行。"闵鹿蕾是CBA史上执教时间最长的主教练，在长达18年起起伏伏的教练生涯中，他虽执着努力，但又过于谨慎保守，这个特点与成绩压力过大有关，也与其个人性格有关。从美国充电归来后，他也发生了一些变化。他敬重马布里，与马布里配合默契，因为马布里发挥了队员兼教练的作用。马布里在场上既是战斗员也是指挥员。历尽沙场风云的他，能洞察场上的一切变化，并且能够从容应变，化险为夷。马布里成就了球队，也成就了闵鹿蕾，而北京也成就了一个新的马布里。北京市政府后来还授予马布里北京荣誉市民称号。2015年，率队三夺CBA总冠军的主教练闵鹿蕾，也当选为全国劳动模范。

锲而不舍　再次夺冠

2014年3月30日晚，新疆乌鲁木齐市红山体育馆内座无虚席，2013-2014赛季CBA联赛总决赛第六回合在这里激情上演。总比分以3比2领先的北京金隅男篮挑战主队新疆广汇，这一战对双方而言都是不容有失。两天前在北京万事达中心，手握赛点的北京金隅队本应在主场战胜对手，实现三年第二次折桂的梦想。可惜，受"速战速决"想法的影响，再加上新疆队

2012年3月21日，2011-2012赛季CBA联赛总决赛，北京首钢男篮对阵广东宏远男篮。图为北京队李学林在比赛中　全体育图片社　供图

外援辛格尔顿因伤缺阵，北京金隅队有些轻敌，在上半场领先10分的大好形势下，下半场被新疆队逆转，以3分之差惜败。眼见新疆队因完成了"把比赛带回乌市"的任务而士气大振，北京金隅队必须在第六场结束战斗，否则，将会陷自己于被动。已是第四次杀进总决赛的新疆广汇，绝不会轻易让这次圆梦的机会丢失，必将殊死搏斗。

惊心动魄的第六场大战开始了。尽管首节前八分钟两队打得难解难分，但北京金隅队在马布里的统领下，攻防可谓沉着有序。在孙悦完成一次抢断上篮后，尽管领先分数不多，但北京金隅队已经在心理和气势上占据了上风。尽管新疆队顽强应战，一度把分差从14分缩小至2分，但掌握主动的仍是北京队。最终，北京队以98比88战胜对手，以4比2的总比分第二次举起CBA联赛总冠军奖杯——至尊宝鼎牟作云杯。

历史总有惊人的巧合。北京金隅男篮第一次夺取CBA总冠军的时间是2012年的3月30日，那一次是以4比1的总比分将七冠王广东宏远挑落马下。这一次也是在2014年3月30日，以4比2的总比分战胜新疆广汇，第二次问鼎CBA。这一次夺冠历程北京男篮是从常规赛首战客场战胜新疆队开始，最后在新疆结束了赛季之旅。

与首次夺冠相比，北京男篮二次折桂的征程显得更加曲折不易。赛季之前，由于引进了孙悦、张松涛等四名北京奥神球员，在外界眼中北京男篮位置补齐了，替补球员增加了，实力大大增强了，俨然是一支豪华之师、夺冠之师。在媒体和球迷的厚望中，北京队的开局也确实打得不错，五连胜。然而，就

北京男篮
Beijing Men's Basketball Team

在客场不敌浙江广厦后，马布里做出了回美国治疗膝伤的决定，这就意味着起码他要缺阵六周以上。在老马疗伤的日子里，他推荐的"救火球员"威尔金斯以不俗的表现帮助了北京队。等到老马复出时，常规赛仅剩六轮，北京队积分排名暂居第三。当时球迷都期望复出后的老马能率队六战六胜，积分排名升至第二。孰料，老马的状态很差，受其影响，全队士气不高，最后六战竟然是胜负各半，常规赛23胜11负排名第四。季后赛首轮北京首钢队先是淘汰了"不能输"的浙江广厦，半决赛3比2淘汰了"不想输"的八冠王广东宏远。之后，主教练闵鹿蕾才透露，在无法超越常规赛亚军新疆队的排名后，他与马布里商定，就选择与广东队同在上半区了，因为他们自信能跟广东队掰掰腕子。无疑，这个选择是一招险棋。但在北京首钢队的心目中，没有万一，只有杀进总决赛。他们已经给自己堵死了退路。

在CBA联赛历史上，除两支各夺冠八次的八一队、广东队外，北京队是唯一一支四年三夺冠的球队。在八一队、上海队、广东队、北京队四支冠军队中，北京队常规赛23胜11负的战绩是最差的，常规赛排名第四也是最差的，但最终北京队却能实现登顶，这称得上又是一个传奇。从1983年的五运会称雄，到2012年CBA联赛首次折桂，这个冠军梦时隔29年。而第二次站在CBA之巅，北京男篮仅用时两年，第三次夺冠更是仅在一年之后，足见追求执着，精诚所至，令人钦佩。

虽然北京首钢队三次登顶。但不能否认外援发挥重要作用的事实，目前全队还没有一名出自闵鹿蕾调教的正选国手，新秀翟晓川是在2014年赛季结束后才成为正式国手的，这也是作为总冠军球队的北京队，与八一队、上海队、广东队三支总冠军球队的不同之处、差距之处。但是，也必须承认，北京队近几年的引援工作是最成功

2014年3月26日，2013-2014赛季CBA联赛总决赛，北京首钢男篮对阵新疆广汇男篮。图为北京队吉喆（白衣）和新疆队外援哈德森（蓝衣）在比赛中　CFP 供图

的。马布里是CBA史上最优秀的外援，他以自己的实力和人格魅力提升了北京队的实力，帮助提升了教练的执教水平，提升了本土球员的水平，也提升了联赛的观赏力。

四年三夺冠是历史，是荣誉，可喜可贺。但是，四年三夺冠也掩盖了一些问题，有的甚至是隐患。就眼下这支球队而言，虽然三获冠军，但还不是真正的王者之师、无敌之师，有不少人认为，北京首钢队是一支擅长打总决赛的队伍，还

2014年3月26日，2013-2014赛季CBA联赛总决赛，北京首钢对阵新疆广汇男篮。图为北京队外援马布里（白衣）带球上篮　新华社记者　孟永民 摄影

没到令人臣服、敬畏的地步，仍有待改进完善。比如，内线仍不够强硬，个人篮下攻击偏软乏术，主要依靠莫里斯的中投，内传内配合不多，篮板球不占优势；再比如，外线球员技术不够全面，特别是国内球员缺乏持球突破的本领，接、传、运、投、传衔接技术不过硬，配合意识仍有提升空间。再就是马布里状态虽好，但岁数不饶人。孙悦也年近三旬，培养拥有大局观的年轻后卫迫在眉睫。从长远看，北京首钢队后备人才的发现与培养仍处不利境地。

像所有行业的竞争一样，篮球这项运动的竞争也是人才的竞争。八一队和广东队之所以能先后统治CBA，就在于他们都曾较好地解决了新老交替问题。至于八一队后来的衰退，也是因为人才断档、青黄不接所致。八冠王广东队被打下神坛，同样是队伍老化的结果。教训在那明摆着，不能好了伤疤忘了疼。

从1956年建队到2015年夺冠，北京男篮共在全国篮球甲级联赛、全国男篮锦标赛、全运会和CBA联赛上夺冠10次，获亚军9次，这些成绩已载入史册，其必将激励北京首钢男篮去争取新的、更大的光荣。走下总冠军领奖台，北京男篮又踏上了新的征程。四年三冠的北京男篮已经把目光盯在了第四个冠军上，2016年若能实现三连冠，北京男篮才可以理直气壮地宣布："我们创建了北京王朝！"

2015年3月22日，2014-2015赛季CBA联赛总决赛，北京首钢男篮对阵辽宁衡业男篮。图为北京队队员夺冠后拥抱在一起，庆祝胜利
全体育图片社 供图

北京五棵松篮球馆鸟瞰（这里是目前北京男篮的主场） 新华社记者郭大岳 摄影

风云人物

北京男篮
Beijing Men's Basketball Team

程世春

新中国第一代国手
北京男篮创始人之一
老北京男女篮总教练
中国篮协顾问

中国男篮的"活化石"
——访新中国第一代篮球人程世春

 王 洋

他曾是中国男篮的主力球员，代表中国参加了1952年赫尔辛基奥运会；他也曾先后担任中国女篮和北京男女篮总教练，培养出一批批中国篮坛名将；他的拿手绝活"撤步跳投"被写入中国篮球发展历史，被后人奉为那个年代的经典技术，他就是新中国第一代篮球人——程世春。他的人生与篮球结缘，因篮球而辉煌。如今，虽不再是球员，也不再当教练，但篮球始终未曾远离他的生活。每当有世界大赛和中国男女篮的比赛，他还是会守候在电视机旁，聚精会神地看完整场比赛，然后通过微信与自己昔日的弟子们聊聊感受。

晓光校队 头角峥嵘

1930年，程世春出生在天津一户普通的人家，从青少年时期就展现出出众的篮球天赋。中学时代，他进入天津工商附中就读，这所学校有很好的体育设施，离教学楼不远处的一个篮球场就是程世春篮球梦开始的地方。

不过，年轻时的程世春一开始并非专项练习篮球，而是在学校的田径队里练习三级跳、跳远、跳高、铅球、铁饼、标枪等基础项目，这让他在接触篮球前就打下了很好的身体基础，尤其是对于球员来说最重要的四肢力量和爆发力。

通过校内选拔，程世春正式加入了校内篮球队——"晓光"队。在自己的历史老师兼球队教练的指导下，程世春很快爱上了篮球。那时候没有篮球馆，更没有什么灯光球场，为了磨炼队员的意志，教练把训练安排在每天下午四点。程世春现在仍能回想起那时夏天烈日当头、冬天寒风刺骨，内心却无比自由地奔跑在篮球场上的感觉。在不知苦也不觉累的训练中，程世春打下了此后受用一生的篮球基本功，球队也在当地逐渐打出了名气。

战绩卓著的"晓光"队在当地很快引起了关注，打球爱动脑子的程世春也成为球队的主力并小有名气。至新中国成立前，程世春已经先后在天津华胜和北京"木乃伊"队打过球。他投篮方式多，擅长定位远投、跑投、跳投，其中后撤步摆脱防守者的跳投更是当时享誉篮坛的绝招。在"木乃伊"队时，程世顺还经常同美国大兵打篮球，这让他无形中学会了很多美国篮球的技术动作和战术，这对他日后培养篮球运动员也起到了很大的作用。

新中国成立后，百废待兴。

20世纪50年代，程世春在国家队当队员时和妻子蔡明霞合影 程世春 供图

北京男篮
Beijing Men's Basketball Team

当上级部门决定组建新中国第一支国家篮球队时,"晓光"队向国家队输送的三名球员中就有程世春。从此程世春开始在更广阔的赛场上闪耀。

因地制宜 小快灵风格

来到国家队,有了统一的运动服、运动鞋,尤其是运动员胸前大大的"中国"两个字,让每名队员都有了更多的荣誉感和责任感。很快,程世春迎来了第一个出访任务——参加1949年8月在匈牙利布达佩斯举办的第二届世界青年联欢节和第二届世界民主青年联盟代表大会,作为150多人组成的中国青年代表团中的一员,程世春和队友们与来自世界多个国家的青年学生篮球队进行了切磋交流。

不过,由于那时交通不便,球队从北京上火车历经九天九夜抵达莫斯科,再从莫斯科转车,三天三夜后才抵达布达佩斯。舟车劳顿、水土不服,加上大部分欧洲球队占据身高和力量优势,中国队的首次亮相并没有惊艳世界,反而是每场都会输给对方二三十分。

这次出访让从小打球就不服输的程世春开始认识到中国篮球与世界先进国家篮球的差距,这次其他国家派出的几乎都是由学生球员组成的业余球队,但中国队在与对手的对抗中几乎占不到任何便宜。这也使他和队友们意识到——中国篮球要想崛起,必须有自己的特色。小个子如何战胜大个子?经过教练、队友多年的实践和总结,中国篮球日后便有了"小、快、灵"

1966年程世春(后排左五)率领国家队二访法国、卢森堡、波兰　程世春 供图

的风格和技术特点。对此,程世春总结道:"根据我国篮球运动的发展及其历史经验,必须以'快速'为中心,发挥'积极主动、勇猛顽强、快速、灵活、全面、准确'的风格和特长,提高快攻战术质量,积极地发展防守技、战术,在阵地进攻上进一步加强灵活性。"

针对当今我国篮球运动员的特点,程世春表示:"过去提'小、快、灵',是因为我们身高不如外国人。今天,我们队员的身高已达到世界级水平,在力量上,我们虽有提高,但短期内仍很难赶上欧美球员。但只要我们大个子足够灵活,我们就有与欧美强队相抗衡的本钱。"

除了与大家一起摸索出中国篮球"小、快、灵"的风格和技术特点,程世春还琢磨出一些克敌制胜的关键绝活。在那次比赛中没少被对手封盖的程世春随队回到北京后反复琢磨该怎么弥补身高的不足,给自己找到更从容出手投篮的空

间。身高不足1.8米的程世春有时候在队里要打中锋,当然主要是策应,从那时开始他就琢磨怎么出手能不被高个儿的球员封盖。

有一天,他看到球队器材室里有一根标枪,这让他回想起中学时期练习投掷的经历。能不能利用脚步配合手臂的固定姿势完成跳投呢?有了这个想法,程世春扔下标枪,小跑着返回了篮球场,练了起来。

"说起来科比、乔丹的撤步跳投都在我之后,我在20世纪50年代就做了这个动作。但你要说这个动作是怎么发明的,真是给逼出来的,个子不够高呗!我这个动作确切说属于后跨步跳投,向后跨大概一米的距离,让盯防的球员摸不着你。而乔丹他们那个仅仅是后仰躲避封盖。"

有了这个绝招,程世春在国家队里逐渐打出了些名堂。三年后的1952年,他随中国男篮参加了赫尔辛基奥运会,再次碰到欧美的大

高个儿，心里有谱了，中国队整体的战绩也有所提高。

做聪明的"老母鸡"

作为新中国第一批篮球人，程世春是国内少有的拥有海外执教经历的教练员。当时，他在担任国家女篮主教练期间成绩出色，国家体委给了他两次带队出访的机会。这让一直为队员寻求与外国球队对抗机会的程世春感到十分兴奋。

他至今仍记得当年出访的两个国家——阿富汗、马里。这两次出访也让体委领导看到了爱动脑子的程世春的执教特色，这也促使他成为国内出国任教的篮球人。1965年，应古巴全国体育运动文娱委员会邀请，程世春赴古巴担任男女篮总教练。在他执教期间，古巴国家男篮的水平迅速提高，并学会了中国男篮的拿手绝活——全场紧逼。

那时候程世春就意识到教练员的重要性，"教练员就是老母鸡，我们要培养更多优秀的、聪明的老母鸡，让他们'下蛋'，这样才能一拨一拨培养出更多优秀的年轻球员。"他是这样说，也是这样做的。尤其是后来他从国家队调到北京队担任教练的八年时光，为此后北京篮球的腾飞奠定了坚实基础。

程世春任教期间，北京男女篮学习京剧人才培养模式，采取"科班式"训练，不仅重视运动员的基本功训练，同时加强了篮球技战术理论学习。那时每天上午只要没有训练，队员们都在宿舍里和教练一起研究讨论各种攻防技战术问题。教练们也一样，几乎天天晚上在篮球班教研室一块儿讨论技、战术和训练中所出现的各种问题，所以老北京男女篮教练几乎很少召开教研组会议，因为天天都在讨论球场上出现的问题，可以说在教练员、队员们心中只有俩字——篮球。

程世春回忆，那时候大家痴迷篮球到什么程度，不仅在住地天天讨论技、战术，就是外出比赛坐在火车上也不忘研究业务。有一次球队到南方比赛，他看到车窗外有几名农民推着满载农作物的独轮车健步如飞，就开始思考球员在比赛中的脚步移动窍门。

经过仔细观察他发现，农民的脚步动作之所以灵活自如，与腰腹力量控制力有直接关系。这让他和其他教练员顿时豁然开朗："脚步动作是要靠腰杆子来当家的！这点和中国武术理论'脚不稳而拳乱'不谋而合。"

通过在火车上得到的启发，程世春等教练开始注重对运动员腰部肌肉的训练，并结合肌肉练习改善球员的脚步移动，并最终总结出"腰动脚随"的训练心得。有了脚步移动上的优势，"小、快、灵"的球风立马"活"了起来，北京男女篮此后在攻防的脚步动作上有了明显进步，无论个人摆脱防守，还是盯防对方持球人时，都可以从容应对。

程世春在做教练时也和做球员时一样，对胜利充满渴望。他常把《孙子兵法》挂在嘴边："'兵者，诡道也……凡战者，以正合，以奇胜。'这就要求教练员必须动脑子，琢磨战术，不能一种战术用顺手了就一成不变地使用。"

自力更生 培养晚辈

程世春当教练时提出的"母鸡论"，很快就在北京队展现出生命力。在20世纪50年代，作为首都的北京经常要担负迎接国际比赛的任务，所以北京篮球要发展壮大适应时代的需要，必须培养自己的年轻运动员，依靠自己的力量。程世春受北京体委的委托亲自抓球队建设并任体训班男女篮教练。当时体训班曾在全国范围内招收年轻运动员，程世春还到外地物色和招收过运动员。

对于年轻篮球运动员的训练，程世春一直认为，应当贯彻执行"独立自主，自力更生"的方针。

程世春说："我们篮球运动有广泛的群众基础和雄厚的后备力量，应有信心、有决心赶上和超过世界先进水平。要敢于创新，敢于破旧框框。要创自己的独特风格，走自己的道路，不能跟在别人后面跑。对全队力量的运用、训练方法、战术组织、课程起点等，应大胆创新。尤其对青少年的训练，应发挥群众的积极性。要依据当前世界篮球运动的发展趋势，结合我国的具体情况，考虑我国篮球运动员的特点，特别是青少年的特点。着眼其特点，着眼其发展。我20世纪60年代曾在北京带男篮青少年队训练过五六年，深深体会到青少年训练的重要性。"

程世春激动地说："解决我们的很多问题，都要从青少年开始，这是一个关键。一定要从青少年打好基础，为提高成绩创造条件。"

凭借多年的执教经验，程世春

认为在训练中应有意识地优先解决三个方面的问题：

"第一是身体训练。青少年时期是提高速度、灵活性的最好时期。在提高速度、灵活性的过程中，重点要求是伸展、收屈、突起、突停、后转、侧蹬，同时还必须抓住重心和腰腹这两个关键环节。这也是篮球运动特需独有的素质。有人说先解决力量，我认为少年力量差一些并不使人担心，它可随年岁增长而增长，我很担心的是速度和灵活性。

第二是技术训练。也就是基本功和基本技术的训练。基本功，包括手、脚、眼，要在这些方面下工夫。有的人用脚后跟作轴，从小打不好基础，对发展很有影响，我经常检查队员的球鞋，后跟坏了就说明用力不对了。

第三是战术训练。过去常说在青少年期间，不能打联防。我认为要看是什么性质的联防，如果是积极扩大半场或全场的2/3区域紧逼联防，那就要练。青少年时的训练就建立全场攻守的战术意识，形成很好的定型，这种积极的、有很强攻击性的区域紧逼联防是应该发展的，也适应青少年的特点。"

值得一提的是，作为首都，在外地招收年轻篮球运动员时绝不能挖人家的墙脚。如果发现了10名有潜力的球员，先得让当地挑选，北京只能挑选人家剩下的球员，也就是说，北京在外地所挑选的都是身体条件二流的球员。尽管如此，程世春等教练靠文化教育和有针对性的训练愣是把身体条件二流的运动员打造成技术一流的运动员。

1957年，程世春牵头组建男女篮体训班。一年后，体训班迁址先农坛。按照"三年打基础，五年出成绩，把专业体育队伍建成一个梯队式、宝塔形的大学校，训练出掌握高精技术的运动员，培养出一批有文化、有觉悟的体育干部"的五年发展计划，这批老北京队员无论理论知识还是篮球基本功，都走在了全国前列。1963年在北京举行的全国篮球甲级联赛，北京队获得亚军。两年后的第二届全运会，北京队拿到冠军。而这批运动员中的大部分在退役后直接走上了教练岗位。

科学训练 用脑打球

采访时正值2014-2015赛季CBA联赛开战之际，作为老一代球员和教练，程世春每周也会抽空关注目前中国篮球的发展状况。当听说一直没有系统训练的八一队37岁老将王治郅突然被安排打了一场联赛，而赛后大郅因心脏不适被紧急送往医院吸氧后，程世春说："这都是不尊重科学规律！运动员不是机器，你想让他啥时候转就按个按钮，你以为他就能转了？其实各行各业都是相通的，就跟京剧演员总说'台上一分钟，台下十年功'，运动员也是如此。想在比赛中出彩，那都是科学和刻苦的训练换来的。"

程世春说，自己当教练的时候，就特别崇尚科学训练，按照篮球运动的规律为运动员制定训练计划和目标。"我们那时候总说'三从一大'，虽然是强调大运动量，但也必须有个科学的前提作为指导，否则都把运动员练趴下了，上场的时候能打好才怪呢！"

在北京队执教期间，由于很多年轻运动员之前都没有篮球基础，所以程世春非常重视基本技术的训练。那时候可用的训练器材和道具没有如今这么丰富，他就让队员靠着墙排成一排，用指尖冲着墙壁点球，通过掌握篮球回弹的力度和角度来熟悉球性。这些简单实用的训练手段，让球员们很快就掌握到手与球之间接触的要领。

除了重视基础训练，程世春作为教练员最看重队员打球动不动脑子，因为如果队员是那种蛮干型的，比赛中就很难领会他的技、战术思路。"我带队打比赛其实就一个绝招——出奇制胜，让对方永远不知道我要怎么打，这就是我的执教特色。"程世春说，篮球场如战场，队员水平再高那只是你的武将能力强，可如果统帅是个糊涂蛋，一把好牌在他手里也不一定能赢。

他回忆，那时候北京队总和八一队比赛，而八一队的特点就是速度快，擅长反击。他就安排本队的控卫从对方半场开始骚扰八一队的控卫，嘴里还得喊着"断球啦"来虚张声势，以此做到延缓对方推进的效果，并给本队回防赢得了时间。"其实这个放到现在就叫全场领防，但那个时候没发明这个词，所以也没流行起来，但打八一队这招特管用。"程世春说，他不仅在一场比赛中采用多种战术，即便是一次防守，也会因对手的人员、战术而多次改变，或区域联防、或盯人卡位，总之就是让对方摸不着头脑。

进攻时，他擅长闪电战，三秒过半场，加快转移球速度，不等对方防守人落位，就马上策动进攻，正所谓攻其不备。"我最不喜欢控卫压时间，在本方半场运球，慢慢悠悠到前场，这时候不光进攻时间过了一半，而且对方已经准备好了，就等着你来呢。"程世春认为，"能快者成王，能变者成强"是他指挥队员比赛时的核心思路，他在这个基础上总结出"马不停蹄，手不黏球"的战术打法。

程世春有段时间在医院进行康复治疗，女儿为他买了一本篮球杂志，里面有一篇前NBA芝加哥公牛队和洛杉矶湖人队主帅菲尔·杰克逊的专访。看到是写"禅师"的文章，程世春认认真真地拜读了一遍。结果，他感到有些庆幸，因为在NBA取得如此伟大成就的教练，竟然采用的是和他当教练时基本类似的技、战术——全场紧逼，"我就赶紧告诉我那帮老朋友，咱们的东西没过时，也没落伍，现在NBA的球队都在用呢！"

程世春认为，在NBA，球队只有到了最后一节的生死关头才会使用全场紧逼，而这种战术非常适合中国球员，因此在他当教练时，全场紧逼是一种常规战术，看似重守轻攻，实则暗藏杀机。"我要给你讲我们当年的战术，那得写一本书了。"程世春笑着说。

光辉岁月 联赛首冠

其实，在程世春为北京队培养男女篮人才梯队之前，他就以教练兼队员的身份帮助北京拿到了全国比赛的冠军奖杯。

据程世春回忆，20世纪50年代的北京队其实就是国家队。那时由陈文彬和杨福鹿执教的国家男女篮在没有国际比赛任务时就代表北京队进行比赛。1956年10月，在重庆举行了首届全国篮球甲级联赛，不过当时国家男篮正在广州备战奥运会，无法帮助北京队出战，因此程世春临危受命，火线组队开赴重庆参赛。

那支北京队可谓人才济济，队员有张光烈、何诗荪、王忆诚、路廉翰、贾钦升、段其炎、庞世侯、周明镐、鞠汾庚和张福奎。由于接到任务十分突然，有几名队员在出发前一天才与队伍会合。就这样，临时拼凑起来的北京队未经一天合练，就去参加了这届全国篮球甲级联赛。

"这些人老在一起打球，互相之间非常默契。毫不夸张地说，闭着眼睛传球都不会传到界外去。所以大家就在北京到重庆的火车上开始统一思想，布置战术。"程世春说，那时候北京队的水平还是不错的，当时参赛的共12支球队，北京队刚开始就赢了几场，气势一上来，大家信心也足了。

作为教练的程世春不光给全队布置战术，还成为了每场比赛守住战果的关键球员。"11场比赛，我总共打了31分钟。我上场之前球队一般都是领先的，我的任务就是控制球，那时还没有现在的进攻24秒，所以我就通过运球、传球来消磨时间。你还别说，我一上好多对手都发怵，他们断不了我的球就更着急，我们趁机就巩固了领先优势。"

程世春至今还记得那次比赛颁发的巨大奖杯，足有半人多高，举起来可费劲了。而为了这座奖杯，程世春11场比赛愣是没洗被汗水浸湿的运动服。"就怕把这好运气给

20世纪80年代，中央电视台体育节目主持人宋世雄采访程世春（左一）执教的女篮国家队
程世春 供图

洗没了！"当时，杨福鹿执教的北京女篮也在那届联赛中拿了冠军，北京队可谓双喜临门。

从那以后，北京队成为国内篮坛一支不可忽视的力量，在职业联赛诞生前，老北京男女篮共拿到19个全国冠军和13个全国亚军。

晚年生活 健康范本

采访期间，家里的电话响了起来，有邻居约程世春打网球。程世春说自己是个闲不住的人，1990年退休至今一直坚持网球锻炼，只要有时间就会去打，而且约他打球的人特别多，还都比他岁数小。别看程世春已经80多岁了，跟许多五六十岁的人打网球，一点不落下风。

80多岁的程世春自称是"80后"，他鹤发童颜、精神矍铄，说话的时候双目炯炯有神，笑起来更好似返老还童。"秘诀？没啥秘诀，年轻时的底子打得好呗，嘿嘿！"程世春的笑声中透着健康和运动员的底气。科学健身、合理膳食、快乐生活。程世春的晚年生活堪称"健康范本"。

谈起自己的身体情况，程世春颇为自豪地说："都说做运动员没有没受过伤的，可我就没有。你看我的踝关节、膝关节都很好。其实老年出现的问题都是年轻时的问题，我就是基础打得好。"少年时，程世春就是"运动高手"，从小学就开始滑"轱辘鞋"，中学时三投、三跳的成绩名列前茅。程世春说："我的协调性、柔韧性都很好，正是这样的全面发展，为我的专业篮球员之路打下了基础。"

退休后，程世春依旧坚持锻炼，一练就是20多年。每周一、三、五上午，是程世春的网球课："我们有40多人，4块场地，打球之余大家聊聊天，交谈对老年人也特别重要。"下午天气好的时候，他会去放风筝，"我的风筝是自己按着F22战斗机外形做的，"程世春笑着说，"你走到天坛公园抬头看，只要能看到战斗机风筝，就说明我在那儿了。"闲暇的时候，程世春还要遛遛弯、上上网，晚年生活充实而健康。

程世春的生活十分规律，早晨五点多起床，晚上十点多准时就寝。醒后和睡前，他都会做一会儿自我按摩："早晨做20分钟自我按摩，腹部50次、头部100次，搓一搓脚心，晚上也做腹部按摩，顺时针、逆时针各200次。"

常年身体检查，程世春的各项指标全部正常，他笑称自己是"三好老头"，能吃、能睡、能玩。在饮食上，程世春也格外讲究，尤其是早餐。每天早晨起来，程世春先喝一杯温开水，洗漱完再喝一杯蜂蜜水。"我的早餐特别丰盛，豆浆、牛奶隔天喝，里面加上自己配的'五谷杂粮'，是用燕麦、黑芝麻、黑豆、山药、百合等炒制、磨好，再配上芝士、火腿、面包和鸡蛋。我看很多人有不吃早餐的习惯，简直是在慢性自杀。"程世春打趣地说。

推广篮球 完成夙愿

当然，鹤发童颜的程世春也有认真的时候。在程世春的书柜里最显眼的位置摆放着一本《探索中国篮球发展之道——中国篮球理论与实践》，这是他和老队友们留给中国篮球的最大财富。

为了纪念1955年至1979年的22年间担任国家和北京男篮主教练的老队友陈文彬，整理其生前所著相关篮球理论著作，程世春牵头，与前国家体委球类司副司长张长禄和自己的学生李隆等人一起，利用三年时间编辑出版了这本总结了近半个世纪以来中国篮球发展规律，并用于指导篮球教练员工作的实用型书。

"一位教练员能在国家男篮主教练这个岗位上任职长达20多年，这在中国篮球历史上是绝无仅有的，正是由于国家男篮主教练的人选稳定，才创造了'文革'前中国篮球的两次高峰时期。"程世春这样评价自己的老队友陈文彬。

在陈文彬的执教下，当时国家男篮先后战胜过欧洲劲旅保加利亚队、匈牙利队、捷克斯洛伐克队以及苏联国家青年队。1963年由陈文彬执教的国家男篮又在北京举行的社会主义国家友军篮球赛中获得亚军。1964年陈文彬率国家男篮出访古巴，取得了8战6胜2负的好成绩。

"他在'文革'前后根据执教国家男篮的多年经验，并搜集总结了当时各省市队的训练比赛经验，撰写了一部篮球理论著作，曾在北京篮球队内部作为学习教材。应该说中国篮球还是很缺乏这种书籍的，尤其是很多年轻的基层篮球工作者，更需要了解这些宝贵的经验。"程世春说,为了帮助已故老队友完成生前遗愿,他和几位圈内好友决定整理出版陈文彬篮球理论著作。

这本著作经过几位老教练、老队员的辛勤工作,后经多次反复校对在两年前完成编辑工作。在中国篮协、中国篮球博物馆和CUBA中国大学生篮球联赛的资助下,终于成功印刷出版并在CBA各俱乐部球队和CUBA内部发行,CUBA还将该著作为教练员必修教材。中国篮协曾在青岛举行过教练员培训班、CUBA也曾在北京举行过教练员培训班,程世春都会向全国各地的教练员们认真细致地讲解该著作。

有一次受邀赴培训班讲解,程世春问坐在下面的年轻教练员们,是否知道中国篮球"三把利剑"传统打法。教练员们纷纷表示不知道,程世春说:"这不怨你们,是我们宣传推广的力度不够。中国篮球要提高发展、要创新,必须了解和掌握传统打法,从传统打法中汲取营养和力量,只有了解和掌握了传统打法,才谈得到创新。你们要了解、掌握中国篮球'三把利剑'等传统打法,就应该好好学习陈文彬这本篮球著作。"接着,程世春以通俗易懂和形象的语言讲解了"三把利剑"的快攻打法,引起在座所有教练员、运动员的极大兴趣,会场气氛十分活跃,大家踊跃发言,积极互动。程世春悉心的讲解受到大家的热烈欢迎,报以热烈的掌声。

一位年已八旬,身体硬朗,身穿国家队队服的老人出现在全国各地的篮球讲坛上,以生动通俗的语言讲解着中国篮球"三把利剑"传统打法。程世春就是这样一位篮球人,他既平凡,也不平凡。说他平凡,是因为他是千千万万新中国篮球工作者中的一员,在自己的岗位上默默奉献青春、汗水和智慧,为我国篮球事业的发展贡献着自己的光和热。说他不平凡,是因为他的一生都在为我国篮球运动的发展而奔走,这种毅力是值得赞许的。程世春将自己的人生轨迹与篮球事业交织,将这项运动融入了他的血脉,成为他人生的图腾并外化在待人处事的点点滴滴中。

正谈着,电视里重播美国男篮梦之队在西班牙世界杯上的夺冠历程。"美国队也用全场紧逼,你看看他们的打法,都是曾经中国队最擅长的……"80多岁高龄的程世春坐在沙发上,喝了一口茶,连说带比画地讲起观看这届男篮世界杯的感受,眼神放光……

程世春和老伴合影　程世春　供图

王忆诚
新中国成立前后北京著名的"紫蔷薇"队队员
1956年北京男篮重庆夺冠和1965年二运会夺冠队员之一
老国家男篮队员
北京男篮主力队员控卫、教练员

控球后卫佼佼者
——访老国手王忆诚

孙保生

刚刚在加拿大庆过了自己80岁生日的王忆诚，在中秋节前回到了北京。岁月的画笔在他的脸上留下了沧桑，聊起往事，他滔滔不绝。王忆诚称得上是北京男篮历史上的标志性人物，他作为新中国第一代北京籍国手，第一批北京男篮专业队员和场上队长 经历和见证了北京男篮近60年的发展史。作为一名优秀控卫，他带领和团结队友创造了北京男篮史上的首次辉煌，斩获全国二运会冠军。作为国家级教练，他向北京队培养和输送了徐元生、刘建立、袁超等得意弟子，这批得意弟子在1983年勇夺第五届全运会桂冠，铸造了北京男篮史上的第二次辉煌。如今，北京男篮首夺全运会冠军的五名主力队员中，四名在北京的队员仅有他一人还健在，另一主力卢诗连在郑州。抚今追昔，令王老感慨万千。

"紫蔷薇"是我的成长摇篮

"我的祖籍是河北武强，我打小生长在北京，我八岁就开始打篮球了。八岁那年也就是1942年，我随家人去逃难，一路上见到了很多至今难忘的事。逃难路上，逃难的人不仅衣不遮体，且个个饥饿难耐，我亲眼见过饿极了的人从小孩子手里抢吃的。那时大人都嘱咐小孩尽量少拉屎，为的是别让肚子空着，要不然就饿得慌呀！我们才从北平出发，一路上千辛万苦，走了很长时间到了甘肃兰州。安顿下来后，我在兰园小学上了学。半年后，我们家又从兰州转到了甘谷县，我在甘谷县私立仁爱小学继续念书，这是所教会学校，学校有篮球场，篮板虽然很破旧，但终归有的玩儿了。在那个时候，学校里没有篮球，我和同学们就用旧毛线一层一层地缠成圆球形状，往篮筐里投，这就是我最早接触的篮球。

1946年，我们家从甘肃迁回了北平，我在汇文一小继续念书，读五年级了，我的老师就是著名的孙敬修，他讲课绘声绘色，非常生动。1947年下半年，我进了汇文中学读初一。那时的汇文中学坐落在崇文门船板胡同里，这是一所有100多年历史的著名学校，热爱体育运动是该校的一大传统。尤以篮球、足球、田径、体操开展得最为普遍。学校有校代表队，各个年级、班级都有自发组织起来的篮球队。每到课外活动时，运动场上一片龙腾虎跃，校代表队进行有组织的训练，各个自发的球队也在训练或打比赛。球场边上观看助兴的同学也很多，有看管衣服的，有计时计分的，既热闹又有序。在汇文中学我才打上了真正的篮球。到了初二，'紫蔷薇'队诞生了。当时初中二年级有四个班，分甲、乙、丙、丁班。丙班有个'醒狮'队，丁班有个'三星'队，两队实力不相上下，各有千秋。为了能在众多球队中争得一席之地，两队经过磋商合并，重新组建一支战斗力较强的球队。新球队就得起个新队名，这新队名既要响亮，又要新颖别致，几经筛选后，最终决定以'紫蔷薇'为队名。当时北京有好几个

1958年时的王忆诚　王忆诚 供图

北京男篮
Beijing Men's Basketball Team

篮球队，但以花的名字来命名的，我们还是头一个。球队由12人组成，第一任队长是张永亮，其他队员有我、刘兴燕、高洪敏、郭维峻、高庆芳、陈文智、张大元、朱仲元、秦正光、李孟光等，后来因为有的人入伍、转学等，又补充了尚绍霖、兰文明、闵力援、曹美生等人。

队员有了，接着就是聘请教练了，球队的四任教练都是汇文中学高年级的老大哥，第一任教练是"蜘蛛网"队队长张景余，因为他走路时撇着八字脚，故人称'张大扽'；第二任教练是毕业班的庞振宇；第三任教练是'北斗七星'队队长孙丕谊，他离校后把球队委托给了'北斗'队的张克福。这四任教练中，孙丕谊和张克福带队的时间较长。

教练们都很恪尽职守，注重言传身教，毫无保留地将个人所学传授给我们。课余时间，球队按制订的计划进行训练。要训练就得有器材，起码先要有个球，可当时学校规定的借球制度是'当天借当天还，不得隔夜。'怎么办？有人建议买球，但钱从哪儿来？那时的学生可不像现在，兜里都没什么钱，也不敢跟家里张口要钱，这买球的钱还真难凑。正在大家一筹莫展之际，享受助学金维持生活的郭维峻，毅然把一个月的助学金献出来买了球，他这一个月的伙食就由全队包下来，每个队员每天轮流给他带饭。这可难为了郭维峻，常吃凉饭菜不说，有时还碰上有的队员因为走得急，忘了给他带饭，弄得郭维峻忍饥挨饿。

俗话说：冬练三九，夏练三伏。学生练球就靠寒暑假。暑假时，我们顶着似火的骄阳，在发烫的场地上奔跑跳跃，个个晒得像个"小黑鬼"。寒假时，北风凛冽刺骨，我们的手指上都是冻裂的小口子，赶上雪天，我们要先清扫厚厚的积雪，等把积雪清扫干净了，人人已浑身是汗，有时练得兴起，索

"紫蔷薇"篮球队，图中前排（右二）为王忆成　王忆诚　供图

1958年国家队出访法国、瑞士、卢森堡和捷克，图中前排（左二）为队员王忆诚　王忆诚 供图

性光着膀子干。从基础技术到简单配合，我们反反复复地苦练，渴了喝口凉白开，饿了啃块烤白薯，大伙互相鼓劲，互相支持，横下一条心，非要练出个模样不可。光苦练还不够，还得向高手们学习。只要有优秀球队比赛，我们必定去看。看球可不是看热闹，得看门道，看人家怎么攻，怎么守，临场如何判断，怎么处理，各个位置有什么特长。那时平、津、沪三地高手经常在北平献艺，令观众大饱眼福，大长见识。像唐振声的妙传，赵振绵的单手投篮，李汉亭的低姿运球，黄柏龄的跳投，无不令人惊羡不已。我们就是从这些高手的出色表演中吸取了营养，找到了提高的门路。

那时我们也特想找到提高球技的'窍门儿'，有人听说用刀剁菜可以提高腕力，于是家里包饺子时，我们就会抢先把菜刀握在手里，把剁馅的任务包下来。有人听说喝豆汁儿能长大个，一些队员变成了东安市场豆汁儿铺的常客。像滑冰、游泳、中短跑，也是我们经常参加的锻炼项目。

功夫不负有心人。经过一段时间的苦练和学习，我们队有了长足进步，在校内联赛中逐渐处于领先地位，跃升为校队。1951年，我们走向社会的第一场比赛是在长安街体育场迎战育英中学少年队，该队多为高中生，训练有素，经验丰富，在市中学队里技高一筹，颇有名气。不过，我们经常看他们比赛，摸透了他们的球路和特点，因而做好了针对性的准备。我们队那时的首发阵容是中锋刘兴燕，前锋高洪敏、郭维峻，高庆芳和我打后卫。比赛开始后，我们按照赛前布置盯死了他们的中锋，还把他们的得分能手左前锋封堵在角落里，一下使育英中学少年队乱了套，攻守失调，而我们由于做到了知己知彼，从始至终占据了主动，最终居然以32比5狂胜。首战爆冷大捷，使'紫蔷薇'队一鸣惊人。随后，我们又继续奋战，斩获市中学生'国防杯'赛的冠军。这一年，我们队还与'未名'队、'木乃伊'队、'北斗'队、师大红队、育英少年队共六个队，一起光荣地参加了抗美援朝义赛。由此，我们队正式步入京城篮坛，每到周末都有比赛，比赛的对手更为广泛。我和刘兴燕等渐渐受到篮坛前辈的重视。'紫蔷薇'队是我们成长的摇篮，它奠定了我以后从事职业篮球运动的坚实基础。1952年，我和刘兴

北京男篮
Beijing Men's Basketball Team

燕入选了北京市队，集训了两个月后，迎战来访的波兰队和罗马尼亚队，球队的教练是崔文仲。1953年正读高二的我入选了华北区队，由此开启了我的职业生涯。"

我的风格就是掌控节奏清晰

"新中国成立后最先组织的是1951年全国篮、排球大会，那时各省市还没有组建篮球专业队，因此比赛是按华北、东北、中南、西南、华东和西北六大行政区组队参加的，这六大行政区队就是新中国成立最早的专业队。""对！"王忆诚接着笔者的话茬聊了起来，

"1953年我入选了华北区队，集训的地方是天津民园体育场，当时也没专职教练，由队长张珍山带着我们训练，那时的训练条件还是很艰苦的，但大伙儿热情很高，练得很苦。那年我19岁，是队里最年轻的，在这个球队里我学到了很多东西，也就是从这时起我打上了组织后卫，现在把组织后卫叫控球后卫，就是球队的核心。在当年于天津举行的全国比赛中，华北区队获得亚军，解放军队获得冠军。跟我一起入选华北队的还有陈文智，他是陈文彬的弟弟，他后来改打排球了。"

"在华北区队可以说我是崭露头角，那时我传球不错，投篮较准，弹跳力不是特好，但速度快、头脑清醒，行家们说将来我会是个很好的组织后卫。华北队的经历奠定了我向更高水平发展的基础。1955年，22岁的我入选了国家队，集训的地方是天津重庆道100号，教练牟作云，后来是陈文彬。那时国家队队员有20多人，为了便于训练和管理，分成了红、蓝两队，也叫北京红、北京蓝。红队有杨伯镛、钱澄海、张锡山、刘贵乙等，红队就是准备参加1956年墨尔本奥运会的那批队员，他们在广州集训。蓝队有我，还有张光烈、何诗荪、白金申、张福奎等。我们

1954年华北区队合影，图中第四排左五为王忆诚　　王忆诚 供图

蓝队的教练是李汉亭。1957年，北京体育馆落成后，国家队就从天津迁到了北京。

1956年，国家体委开始试行运动员等级制度，获批准的第一批篮球运动健将共有16人，其中有先后代表过北京队的王利发、杨伯镛、张锡山、刘二往、钱澄海、何诗荪、张福奎和我八个人。也就是在这一年，由于政治原因，中国奥委会宣布退出在墨尔本举行的夏季奥运会，国家男女篮等队随后暂时解散。准备组建北京篮球等专业队的北京市体委知道这一消息后，通过市政府向国家体委申请把这批队员留在北京，贺龙批准了这一请求，同意把这批愿意留在北京的国家队队员代表北京队，同时在有任务时仍然代表国家队。当年7月10日，我和张光烈、何诗荪、周明镐四人最先到北京市委报到，这一天也就成为北京男篮的建队之日。到1959年国家体委决定恢复重建国家男女篮之前，既代表北京队也代表国家队的这批队员，圆满完成了这期间参加世界青年联欢节篮球比赛和迎战来访的社会主义国家男篮的任务。这时期中国男篮的教练是陈文彬和张子沛，队员有钱澄海、王利发、杨伯镛、白金申、张光烈、何诗荪、刘二柱、张锡山、马清盛、姜桂明、米宝荣和我。

刚刚建立起来的北京男篮尽管人还没到齐，就开始在西四旃檀寺大街19号院开练了。1956年11月，首届全国篮球甲级联赛在重庆举行，当时以国家队为班底组成的北京女篮已经队伍齐整，教练是杨福鹿，市体委考虑到男篮还凑不齐12个人，便决定只派女篮参赛。我们听说这事后急了，这是北京建立了篮球专业队后的第一个全国大赛，怎么能不参加呢？我们几个早到的队员再三向市体委领导请战，最终市体委主任张青季拍板决定'北京男女篮共同参赛！'事定了，我们赶紧忙活报名，满打满算报了11个人，程世春是队员兼教练，10个队员有张光烈、何诗荪、周明镐、鞠汾庚、张福奎、贾钦升、庞世侯、路廉翰和我，另一个人是仅入队一天的段其炎，我们在北京一天也没有合练，就坐火车急匆匆去了重庆。参加首届联赛的有北京、公安军、八一、沈阳部队、沈阳体院、上海体院、天津、广州部队、北京部队、动力体协共10个男队，比赛采用单循环制。当时北京男队为什么人员不齐？这是因为钱澄海、杨伯镛等人为备战奥运会在广州集训，到1957年年初，我们北京男篮的人马才全部到齐。去重庆前，北京男女篮还商定：男篮比赛时如果程世春在场上，场外指挥的教练就由女队的杨福鹿担任。

我虽然代表华北队打过全国比赛，但那时规模没有全国甲级联赛大，我和队友们很重视这届联赛，特别想为刚刚建立专业队的北京市取得好成绩，心情既兴奋又有些紧张。就我个人而言，当时还有些不服气，不服气什么？参加奥运会集训没有我，我不觉得自己比他们差，很想在联赛中证明自己。在重庆比赛时，北京队的先发阵容是张福奎打中锋，何诗荪和张光烈打前锋，我和贾钦升或是周明镐打后卫。我记得在重庆多数队都不是我们的对手。但是我们输给了上海队。上海队是典型的海派打法，球打得细腻，打得黏，特能磨。除了打法不适应，另一个败因是我们对上海队缺乏了解，准备工作不细。按当时的循环积分，输给了上海队后，我们必须胜八一队才有可能夺冠，夺冠的对手是公安军队，而公安军队已经胜了八一队，因此对八一队只能胜不能败。跟八一队的比赛打得相当激烈、紧张，比赛还有20多秒钟的时候，我们还输着一分，这时我们获得了球权，杨福鹿教练要了暂停，他说我们必须打好这次进攻，八一队是盯人防守，最有把握的办法是控制好时间，最后突破上篮，球进则罢，不进还可以制造犯规罚球反败为胜。杨指导话刚说完，我就说我来完成最后一攻，杨指导同意了。比赛继续进行，我先是在外围控球，传完左侧再传右侧，控制球的我在圈顶做了投篮的假动作后，便运球从右边突破至篮下，盯防我的是八一队中锋范仲禹，身材虽高但不如我灵活，一下就被我甩在身后，在我跳起上篮时八一队打手犯规，裁判判罚球，这时距比赛结束还有三秒钟，我站在罚球线上，冷静地将两球'唰 唰'先后罚中，助北京队领先一分。八一队之后也获得两罚机会，但平时投篮很准的吴自秉紧张得竟然两罚不中，比赛结束后他沮丧地坐在地板上哭了。

险胜八一队后的那个夜晚，我兴奋得睡不着觉，这个经历给我、给我们队以很大信心，夺冠在望，最后一战对公安军队同样是只能胜

北京男篮
Beijing Men's Basketball Team

不能败。当时的公安军队由庞锡和执教，该队主要靠三人运转，中锋蔡集杰，前锋张德新，组织后卫郑礼。由于我们准备充分，再兼士气高昂，顺利赢下公安队，以八胜一负的战绩首夺全国篮球甲级联赛的冠军，为北京争取到了荣誉。北京女篮更是九战全胜夺冠，我们是双双夺冠凯旋。重庆之行使我认清了前进方向，那就是努力使自己成为一个优秀的组织后卫。

1959年年初，国家体委决定重建国家男女篮，陈文彬继续执教国家男篮，带走了大部分在京的男篮国手，何诗荪选择留在了北京队，贾钦升、周明镐回到了上海队，北京男篮由此进入了自力更生时期。对这个变化，市委、市政府和市体委早有预料，1957年就在旃檀寺成立了体训班，招收的队员既有北京的中学生，也有从外地挑选的青少年，这其中就包括姜忠俭、王瑞卿、卢诗连、马家驿等人。钱澄海、杨伯镛等人重归国家队，但他们为北京男篮的发展打下了坚实的基础，他们的技术风格也给我们留下了深刻印象，对北京篮球风格的形成有着积极的启发与影响。

在这一时期，首届全运会八月底在北京举行，对处在队伍变化之中的北京男篮而言，面临严峻考验。由于多数"国手"重回国家队，北京男篮不得不对队伍进行了调整，以新老结合的阵容参赛。教练由程世春担任，队员有张光烈、张志鹏、陶传孝、姜忠俭、鞠汾庚、刘二柱、张福达、王瑞卿、何诗荪和我，还借调了北京体院的张泰荣和吕长新，整体实力还是很强的。在全运会决赛阶段，我们和四川队一战打得相当艰苦，是打了一个加时决胜期后惜败的。这场比赛我们还是有机会的，但是因为在最后关头的一次致命失误，痛失夺冠机会。惜败四川队后，我们与解放军队一战的结果，关系到3个队的最后名次。当时四川队10胜1负，解放军队9胜1负，我们是8胜2负。如果解放军队胜，他们与四川队同为10胜1负，但因解放军队胜四川队，解放军队为冠军；如果我们胜，则冠军为四川队，北京队获亚军，解放军队为季军。在这场事关3队命运的决战中，我们打得非常顽强，比分一直胶着，最后关头是吕长新的一个出人意料的抢断球，接着把球传给我快攻上篮，助北京队以64比63领先。随后我们防住了解放军的最后一攻，并由鞠汾庚抢下了篮板球，解放军队犯规，鞠汾庚两罚全中，以66比63锁定胜局而获得首届全运会亚军。

从1960年年底开始，北京男篮正式开始了自力更生、自我造血、重新起家的时期，由于以前的北京男篮曾经代表国家队，因此那时的北京二队一直叫北京青年队，这个名称一直用，到1964年市政府才正式命名北京青年队为北京队。在这一阶段，球队又一次进行了大幅度调整，只留下我和何诗荪等个别老队员，补充了大批年轻队员，我和何诗荪担起了以老带新的重任。带领北京青年队的教练是张光烈。那时张光烈刚刚30岁，年轻有为的他，训练有计划，要求严格细致，也很有针对性，在防守上更是有独到之处。从1961年到1965年第二届全运会之前，北京青年男篮经过几年的不懈努力，终于走向成熟，形成了攻守平衡、战术灵活多变的技术风格。防守、篮板、快攻是老北京青年队的"三宝"，阵地进攻配合细腻，节奏清晰是我们队与众不同之处。那些年我一直是场上队长，是组织核心，因为带过我的教练很多，我始终用心琢磨各种战术与技术的合理运用，加上我打过太多的国内外重大比赛，这些宝贵经历丰富了我对篮球运动规律的认识与技术的提高，因此在比赛中我能做到处乱不惊，以变应变，准确把握战机与节奏。有些变化，不用场外教练布置，我就能做到随机应变。打了这么些年的组织后卫，我清醒地意识到，进攻虽然都是由我来组织发动，但一个枢纽有时不能适应比赛需要，必须还有一个策应点，这个策应点就是中锋。内外两个策应点，这球就打活了。教练张光烈给老北京青年队制定的战术配合，就是根据球队队员的特点来构思的，体现了约而不死，活而不乱。当时我们的主力阵容中锋是人称'王爷'的王瑞卿，左前锋卢诗连，右前锋姜忠俭，我和马家驿打后卫。有时我们的进攻就是通过中锋王瑞卿来策应的，'王爷'身高1米90多，有块头，虽然弹跳力不强，但他脑子好使，位置感好，手上活儿细，传球多样，策应出很多变化。我们这个主力阵容的进攻强调移动，强调节奏变化，强调多点进攻，每个人技术全面，特点突出。有很多人认为，当时北京青年男篮的进攻战术配合是很先进的，就像NBA公牛队的三角进攻，令对手防不胜防。

1965年第二届全运会在北京举行，这届盛会成功检验了当时北京男篮的实力，也是北京男篮完成自力更生建设的最好时期，从而迎来了北京男篮的首次辉煌。为了能实现全运会夺冠梦想，我们不仅进行了扎实系统的训练，而且重新整合了队伍，最终确定的12人名单有我、姜忠俭、王瑞卿、卢诗连、张志鹏、李树钊、杨殿顺、管文明、李东兴、黄频捷、张福达、张泰荣，教练是张光烈、王利发。12名队员中，杨殿顺身高2.30米，是专门用来对付四川队的巨人中锋石挪威的。那时，黄频捷进青年队仅一年，带上最年轻的小黄的目的是培养锻炼他。在我的记忆中，二运会最难打的球不是跟四川队，而是对阵'快、灵、准'的福建队，对福建队比赛的结果事关两队谁能进入前六名，因而都全力争胜。这场比赛是在人大临时搭建的看台球场上进行的，距比赛还有10多秒时，我们还落后一分，当时我们采用的是人盯人防守，我盯的是福建队国手赖敬忠，小赖年轻缺乏经验，运球时有些紧张，我大步逼上去，以迅雷不及掩耳之势将球抢下。见时间还够打一次阵地进攻，我就把速度降下来，经两次外围倒球后，我果断地在圈顶跨一步，单手跳投，完成了准绝杀。

从1956年在重庆首夺联赛冠军，到1965年北京二运会上称雄，时光流逝了9年。这9年的磨砺使我走向了成熟，也使我的竞技状态达到了巅峰。50岁往上的球迷都记得北京队有个4号场上队

1959年12月26日，第一届全运会篮球比赛决赛，北京男篮对阵河北男篮。图为北京队王忆诚（持球者）在比赛中　王忆诚 供图

长，那就是我王忆诚。打了这么多年的组织后卫，我深刻领悟到作为组织后卫，不仅要能得分，更要会传球。必须做到头脑清醒，胸有全局，因为你是场上的指挥员，遇到困难时队友都看着你呢，你要带着队友化险为夷。我自认为我最大的长处就是能准确把握节奏，该快则快，该慢则慢，否则就是欲速而不达。跟湖北队、福建队这样打快的球队，你就不能跟他们比快，不给他们快的机会。我认为北京队是融合了南北打法的球队，跟'沪闽南派'的球队你就要打得硬朗，跟辽宁、吉林这样的北方球队你就要打得聪明灵巧，这就叫避实就虚，以我为主。"

退役后致力培养新人

在京城老球迷的心目中，王忆诚就是他们当年崇拜的偶像之一。因此，有关他的一些习惯细节，可谓历历在目。"记得那时您的短裤后面的小口袋里，总塞着一块小方毛巾，是光用来擦汗的吗？"笔者问。"我从小就得了鼻窦炎　小毛巾主要是用来擦鼻涕的。""听说你有个绰号叫'王二虎，'有何典故？""嗨，那是我小时候父亲给我起的名字原先是王忆虎，是为了纪念我的生母，她的名字里带个虎字，我的生母是我3岁时病逝的，后来我的继母把我的名字改了叫王忆诚。我在家行二，同学们都知道我的名字的事，在紫薔薇队打球时，辅导过我们的教练王胜治看我打球勇猛，什么都不怵，他觉得我打球有股虎劲，就说干脆叫你王二虎吧，王二虎就这么叫起来了。"尽管时光已经过了几十年，但京城球迷们仍然忘不了王忆诚打球时的标志性动作，一个是跑投，一个是运着球突然跨出一步单手跳投，投

篮的距离挺远的，只是那时还没有三分球规定，不然的话，王忆诚一定是个"三分王"。

"我是打到38岁才退役的。在我打球的20多年生涯中，我感触最深的是，市委、市政府和市体委领导不仅想方设法提高我们的运动水平，也十分关心我们在政治方面的进步与成长。当时的市委第二书记刘仁同志非常关心我，有一次他问我们体工大队党支部组织委员麻仲凯，说王忆诚是党员吗？麻仲凯说还不是，他写申请书了吗？写了。于是，在当时的市委第二书记刘仁同志的关心下，我在各方面严格要求自己，终于在1962年光荣地加入了中国共产党。随着两岸关系的变化，1987年在香港我与分别了38年的父亲相聚，相聚的地点是在我的队友张泰荣的家里，张泰荣是归国华侨，是1965年我们二运会夺冠的队员，绰号地雷。

我的家称得上是篮球之家，我妻子孔令珍是20世纪50年代首批国家女篮队员，她是昆明人，1954年她在北京帮我们男篮二队训练，这期间我们接触较多，有了感情，后来就结婚了。孔令珍离休前在广东和崇文体校工作。我有两个儿子，王超和王越先后曾效力于北京部队队、空军队，都入选过国家青年队，哥俩后来都去了加拿大，在那里也经常打球。

退役后我先在北京青年队当教练，那是20世纪70年代初期，北京篮球面临新老接替，需要加紧培养出一批年轻队员。这拨队员有徐元生、刘建立、袁超、高华、刘世昕、蒋思远等，经过几年严格系统的训练，这批队员后来进入北京队，并逐渐挑起了大梁。后来他们在1983年的第五届全运会上战胜了解放军队，夺得冠军，铸就了北京男篮史上的第二次辉煌。从球员到教练，我圆满完成了角色转换。在执教的过程中，我总结继承和发扬了几代教练员的传统，注重抓作风培养，注重训练质量，注重身体素质全面发展，注重防守和拼抢篮板球，注重培养配合意识，注重攻守快速转换。我结合自身实践，告诉他们阵地战最难打，那是讲究真功夫的。同时我还告诉他们，篮球比赛比拼的是节奏，只有掌握好了节奏，你才能占据主动。要当好一个教练，还要坚持言传身教，以身作则。不光要教他们打好球，还要告诉他们怎么做好人。在1988年北京篮球划归首钢之前，我还执教过全国公安队和首钢队，还曾到过前北也门援助。在执教的那些年，我还把当运动员时的感性认识上升到理性认识，撰写出了《核心队员的培养》《篮球运动员的修养和锻炼》《新手、目标和其他》《时间、比分、策略、效果》等多篇论文，这里面汇集了我执教的实践和体会。北京篮球在划归首钢时，市体委是采取自愿原则的，去留个人选择，考虑到当时我已经不带队了，也应该休息了，于是就留在了市体委。

20世纪90年代至21世纪的头些年，我们这些老国手还组织了国家元老队，钱澄海当指导，我们还经常去四处比赛表演，为普及篮球发挥余热。后来，老国手们有的走了，有的打不动了，元老队也就散了。再后来我就打网球了，一周两次，活动活动，老人们在一块儿聚聚。每年我和老伴都要去加拿大儿子那儿住上半年，入秋前回国，为的是在北京过年过节，和老哥们儿互相拜个年，送上平安祝福。

北京首钢队的比赛我经常看电视转播，边看边议论。在市场经济情况下，北京男篮通过吸收内外援，暂时缓解了本土球员不足的困难，能三年两夺冠也算不容易。我很欣赏马布里，没有马布里，北京拿不了冠军。马布里是个很好的控球后卫，他在场上的作用就像当年我打球时一样。遗憾的是，北京篮球史上曾涌现出不少优秀后卫，但这些年一直依赖外国球员，这种状况令人担忧。当年我们老北京男篮的传统是出成绩、出人才，现在是出了成绩却不出人才，这是值得深思的问题，也是应努力解决的大问题。我很感谢《北京文史》，给了我们几代北京篮球人回顾和记录历史的宝贵机会，很多人已经不在了，再不抓紧的话，有些东西就失传了。北京篮球历史就是一部丰富生动的篮球文化，它展示的不仅是竞技夺标的过程，也是精神和文化境界的折射。在此，我谨代表几代篮球人再次向《北京文史》表示衷心感谢！"

（访于2014年夏）

王忆诚（左）和穆铁柱（中）、牟作云（右）在一起　王忆诚 供图

黄频捷

他是中国男篮1975—1979年实现亚锦赛三连冠的主要功臣
帮助北京队夺得两次冠军，三次亚军
曾任北京青年女篮、北京女篮和中国青年队教练

山高人为峰
——记新型控卫黄频捷

马冰峰

对于很多喜欢篮球的人们，甚至是一些资深球迷来说，这是个陌生的名字。但在回顾北京篮球历史、甚至中国篮球历史的时候，这又是个绝对不能忽略反而需要记上重重一笔的名字。他就是黄频捷——北京男篮乃至中国男篮历史上杰出的后卫之一。

一

1947年5月27日，黄频捷出生于一个军人之家，时值那个战火纷飞的年代，父母为他取名"频捷"，寓意"频频大捷"。

新中国成立后，黄频捷一家落户于北京，并在海军大院（海淀区公主坟附近）安了家。和后来很多军区大院都流行打篮球不同，20世纪50年代初，海军大院喜欢打篮球的人凤毛麟角。桑榆暮景，树影婆娑，海军大院仅有的几块篮球场上，鲜见篮球的影子，直到一个小男孩的出现，篮球场上才开始传出"啪啪"的声音，而场边也开始有一人驻足观看——这个小男孩儿就是时年七八岁的黄频捷。

据黄频捷后来介绍说，他最初开始打篮球的时候并没有谁教，完全靠的就是天性，甚至可以说是瞎玩儿。但打着打着，他渐渐地显露出很高的篮球天赋，以至于当时海军大院很多人都知道，黄家有个小孩篮球打得不错。与此同时，他在短跑、跳高、跳远、铅球、手榴弹、乒乓球等项目上也显露出极高的天赋，甚至在学校的运动会上一举囊括过这六个项目的冠军。

六冠加身后的黄频捷成了学校里的明星，所到之处同学们都投来钦佩和羡慕的目光，这让他充满了自豪感。于是，黄频捷打算开发新的项目，以获得更多的冠军，并将目光投向了撑竿跳。和短跑、跳高等项目只要有个差不多的场地就能练不同，撑竿跳至少需要有根专业的"竿"，而这个东西在20世纪50年代并不容易找到。于是，黄频捷开始了人生中的第一次DIY（注：比喻自己动手）。在他的想象里，撑竿跳的竿一要长，二要直，三要有弹性，而要同时符合这些特点，显然首选树枝。于是，黄频捷开始到处踅摸，并最终找到了一根三四米长的树枝，削枝去叶之后，一根"竿"就大功告成了。拿着这根竿，黄频捷兴奋异常，他开始想象自己腾在空中的样子，以及同学们

中国队队员黄频捷（持球者）在比赛中　黄频捷 供图

仰脖惊叹的神情，于是，迫不及待地开始了第一次训练：握杆、起跑、撑地、起跳……突然间，他听到了"咔"的一声，之后重重地摔在地上，后来到医院一检查，肋骨被摔断，不得已，只能与篮球、跳高、乒乓球等暂时告别，老老实实地躺在床上养伤——那段时间，是黄频捷整个小学时代最难熬的一段时间！

二

转眼间，黄频捷在海军七一小学度过了自己的小学时代，此时的他，身高已达1.81米，明显比同龄人高出一截——这既得益于他父母的遗传（黄频捷的父亲身高1.72米，母亲身高1.68米），又得益于他从小就热爱运动——所以，在升入北京师院附中之后，他顺理成章地成为了校篮球队的一员。

当时的北京师院附中篮球风气很盛，校队教练李明忠后来是篮球国际级裁判，对篮球训练也有相当高的造诣，所以，黄频捷在他手下开始了系统的训练，并有了飞速的提高。初中快毕业的时候，黄频捷的身高已达1.88米，臂展达到2.45米，百米速度是13秒多，原地纵跳能到80多厘米，俨然一个篮球明星的胚子。而事实上，初中三年，他每次率领校队参加市级比赛都能获得前三名，并且在场上有股"鹤立鸡群""一览众山小"的气势，而这一切，都被当时主管北京男篮小四队训练工作的范政涛看在眼里。

范政涛是20世纪40年代闻名平津的著名篮球好手，新中国成立前后曾长时间执教声震全国的北京'木乃伊'队和'未名'队，20世纪50年代起，先后在人民大学和北京市体委任职，后来主抓北京男篮小四队和小三队的选材和训练。他目光如炬，爱才如命，是名副其实的伯乐。所以，当他看到黄频捷在北京师院附中的表现后，立刻喜出望外，说什么都要将黄频捷招到北京队。对此，黄频捷也非常兴奋，恨不得早点进入队中。然而，黄频捷的母亲却不希望儿子走篮球运动员这条路，她更希望黄频捷专心读书，考上大学，出人头地。于是，黄母多次拒绝范政涛，并对黄频捷下了死命令。对此，黄频捷非常着急，他反复哀求母亲未果，之后干脆开始和母亲冷战，甚至长达半年多不说话。后来，黄母不得不妥协——1964年2月18日，黄频捷正式成为北京男篮小四队的一员，那年，他17岁。

三

客观地说，黄频捷小时候家境还不错，父亲是海军干部，母亲在某单位人事科工作，虽然家里共有5个孩子（黄频捷排行老三），但他从小并没有吃过什么太大的苦；而进入北京男篮小四队之后，黄频捷的生活条件更上了一层楼。就拿吃的来说，每顿饭他都和队友们围桌而餐，鸡鸭鱼肉蔬菜水果样样皆有，简直像是吃宴席。而日常，漫步在花园一样的北京先农坛体育场（北京男篮小四队的驻地），闻着阵阵芳香，黄频捷感到无比的幸福。不过，这一切并没有消磨他的斗志，对于训练，他愿意付出百分之百的努力。

每天早上，他都是队里起得最早的几个球员之一，简单洗漱之后，就参加6:00-8:00的训练；之后，队里通常会安排开会，黄频捷一次都不落；下午3:00-6:00，是球队训练最重要的时间段，一个球员能否有快速的提高关键看这个时间段的训练。对此，黄频捷心知肚明，每次训练都全情投入；到了晚上，球队一般没有什么要求，很多队员就聚在一起聊聊天、打打牌，但黄频捷不这样，他通常都会到球馆加练，久而久之，也带动了很多队友。

就是靠着这样的训练，加之天赋异禀，黄频捷的进步一日千里。所以1965年2月18日，在进入北京男篮小四队整整一年之后，黄频捷作为唯一的一个球员，跳过小三队和小二队，被破格提拔到北京男篮一队（成年队）。从此之后，黄频捷开始在中国篮坛书写专属于他自己的传奇。

四

黄频捷之所以能够从小四队"跳级"到成年队，首先取决于他自己的实力和态度，另外，当时北京男篮教练们的敬业和魄力也是不容忽视的一个重要因素，在这里，需要重点提及张光烈教练。

张光烈祖籍山东青岛，是前北京男篮和中国男篮的队员。1960年，年仅30岁的张光烈开始执教北京青年队，很快将当时处于困难时期的球队带上正轨,并带领球队于1963年获得全国篮球甲级联赛的亚军。张光烈性格豪爽,多才多艺,对篮球有很高的造诣,尤其善于发现和挖掘球员的潜力。所以,当他看到黄频捷之后,喜爱之情溢于言表,于是1965年他执教北京男篮备战第二届全运会后,黄频捷也得以直接从小四队升入一队。

所谓投桃报李,黄频捷进入一队之后训练非常刻苦,态度也非常积极,因此,他赢得了从教练到队友的喜爱。有一次训练,气氛相对沉闷,张光烈灵机一动,对着黄频捷说:"小黄,扣一个!"闻之,黄频捷有点犯难,因为他之前从未扣过篮,甚至都没有现场看过谁扣篮,但他没有退缩——只见他拿起球走到圈顶附近,拍了拍之后深深地吸了一口气,然后助跑、起跳,只听"砰"的一声,球被他重重地摁在篮筐里,霎时间,队友们的叫好声响彻球馆。

客观地说,1965年征战第二届全运会的那届北京男篮队,18岁的黄频捷是运动天赋最突出的,但综合技术、经验等各方面条件,他和队里的几个老大哥相比,还有不小的差距。比如王忆诚,司职组织后卫,善于运球和传球,其标志性的远距离抛投堪称一绝,甚至在当今世界篮坛都很少见;再比如李树钉,司职攻击后卫,突破、跳投、远投、防守、传球等样样在行,是当时球队的全能战士。李树钉长相英俊、气质潇洒,一度是黄频捷心中的偶像;还有王瑞卿,司职中锋,在罚球线附近的策应和传球如"手术刀般精准",而且他尤

1972年北京男篮队员黄频捷(跳起者)与解放军男篮在比赛中　中体在线图库　供图

善"砸眼"(中距离转身跳投),一度在中国篮坛无出其右……正是因此,在第二届全运会上,黄频捷并不是绝对的主力,只是替补的替补。对此,黄频捷依然心存感激,他明白,球队将他带到全运会上是为了让他感受气氛,增长见识,积累经验。因此,他暗下决心,一定要将北京队特别重视身体训练、特别重视基本功训练,且每个球员都有绝活的传统继承下去,并为这支球队带来更多和更大的荣誉。

1971年黄频捷入选国家队,他在北京队的训练断断续续,并且经常因为国家队的任务而不能代表北京队参加一些比赛。不过,1974年的全国篮球甲级联赛、1975年的第三届全运会和1979年的第四届全运会,黄频捷均如愿出战,但因各种各样的原因,前者只获得第九,中者屈居亚军,后者获得了第四,这一度成为了自视甚高的黄频捷心中最大的痛。"什么时候才能为北京队再夺取一个冠军呢?"黄频捷当时无数次问自己。

机会终于来了!1979年,全国篮球甲级联赛在广西南宁举行,当时黄频捷和张卫平都在北京队中,携第四届全运会第四名的余勇,北京队是夺冠的一大热门。果然,在两人的率领下,北京队最终毫无悬念地摘得桂冠。当时,一些场次的比赛中,主教练马家驿甚至对黄频捷说:"小黄,这球怎么打

你安排吧！"场下，每赢一场比赛，黄频捷就自己掏钱请大家喝汽水，而且乐此不疲。

就在打完这届联赛之后，黄频捷终因身体透支、伤病严重宣布退役。退役后，他无数次回忆起在北京男篮的点点滴滴，对他有知遇之恩的教练他也满怀感激，并在不同场合屡次激动地说："北京男篮的灵魂是什么？是高度的政治觉悟，是为北京争光的荣誉感，是为中国篮球献身的责任感。身负这个使命是极其神圣的，那时我们念念不忘的是一定要对得起'北京'这两个字！"

五

从1965年进入北京一队到1979年退役，黄频捷在15年间为北京队夺得两次冠军，外加三次亚军，可谓功勋卓著，但和他在国家队期间的成绩相比，这些成绩又稍逊一筹。因为从1971年到1979年，黄频捷在效力国家队的九年间，曾经帮助国家队连续三次获得亚锦赛冠军，另外还有一次亚运会冠军，堪称彪炳史册。那么，黄频捷到底是如何叩开了国家队的大门呢？

1970年，我国体育事业开始复苏，当时的国家体委对各地篮球专业队的情况不是很清楚，于是决定在当年举办全国12单位调赛。为了迎接这次比赛，北京队以何诗荪、陈文彬为教练，以黄频捷、张卫平、王瑞卿、李树钊、王维君、尹光环等为队员组建了球队。最终，凭借扎实的基本功，以及"文革"期间的不辍训练，北京队勇夺亚军。在这次比赛上，23岁的黄频捷越发成熟，司职组织后卫的他攻守兼备、张弛有度，令人耳目一新。因此赛后，国家体委一纸调令，黄频捷就披上了国字号的战袍。对此，黄频捷后来屡次回忆说："我是1964年2月进的北京男篮小四队，1965年2月进的北京男篮一队，1971年2月进的国家队，简直太巧了！"

中国男篮在1974年的亚运会上获得了第三名。这令黄频捷近乎完美的篮球生涯有了一丝遗憾。因为从那之后，黄频捷继续效力国家队期间共打了三届亚锦赛和一届亚运会，全部夺冠，而且未输一场。每场比赛，黄频捷都是主力组织后卫，打的时间也相对较长，而且在有所保留的情况下，动辄就得到二三十分，简直视得分如探囊取物。而值得一提的是1979年亚锦赛和韩国队的比赛，这场比赛开场没多久，穆铁柱、马占福、邢伟宁等内线就被罚下，最后黄频捷率领张卫平、郭永林、匡鲁彬等小个儿球员，硬是将比赛赢了下来，书写了中国男篮历史上最经典的传奇之一。

至此，或许有人会问，在好手如云的国家队，黄频捷为什么仍然这么出类拔萃，答案依然是"天赋"和"勤奋"。以天赋为例，正如前文所述，黄频捷跑得快，跳得高，心理素质绝佳，而且反应极快。记得有一次和队友们一起吃饭，期间一只苍蝇总是在众人耳边嗡嗡作响。见状，黄频捷语出惊人："我能用筷子夹住这支苍蝇，你们信吗？"闻之，众人起哄，但没想到的是，黄频捷其后果然"啪"的一下，用筷子夹住了苍蝇，惊杀众人。

当然，"天赋"是一个人成功的前提条件，但如果没有"勤

黄频捷近况　黄频捷 供图

奋",这些天赋也会被白白浪费。对此,黄频捷说得很明白。"天赋是练出来的,不是与生俱来的。说我弹跳力好,那不是天生的,那是我蹲杠铃、骑自行车练出来的。那时,早起刷牙我都蹲着,为的是练腿部力量。"诚如黄频捷所言,他是个非常愿意训练和喜欢训练的人,甚至到了病态不要命的地步。1966年,"文化大革命"开始,各行各业都受到冲击,北京男篮也停止了训练。当时,谁要训练,谁就是修正主义,甚至会被批斗游街,但对此黄频捷并不十分害怕,瞅着机会就偷着练,一练就是四年。所以,当1970年我国体育运动开始恢复的时候,黄频捷依然保持了较高的水平,并且一鸣惊人,进而一发不可收拾。对此,黄频捷却轻描淡写地说:"当时练习就是凭着兴趣,就是觉得当运动员不能不训练。"

然而,长时间的艰苦训练之后,黄频捷不可避免地落下了各种伤病。及至国家队生涯末期,他从膝盖到腰全是伤,平时两个膝盖不能弯曲,甚至连走路都疼。即使如此,为了在一些关键的比赛中出场,他都需要打封闭针维持,前后共打了200多针。终于在1979年,打完了名古屋亚锦赛之后,他实在坚持不下去了,就选择了退役。那年,黄频捷33岁。

对于自己的篮球生涯,黄频捷既满足又遗憾。满足的是,他从事了自己心爱的运动,并且在所征战的各级别比赛中,屡次获得最高荣誉;而遗憾的是,由于当时特殊的政治环境,篮球队像各行各业一样,也强调集体主义,限制个人英雄主义,因此黄频捷每场比赛在进攻时都会有所保留。"其实当时只要我愿意,每场比赛得三四十分也没有问题,但我不能这么做,我得更多地传球和组织。"黄频捷说。另外,他还说:"我们那个时代中国球员是不可能加盟NBA的,如果是现在,我相信我一定能进NBA。"言之凿凿,黄频捷遗憾之余的自信不免让人生疑:他是在吹牛吗?而答案或许能从下面两个例子中找到。

其一:1972年,世锦赛冠军南斯拉夫男篮访华,和中国男篮打了几场友谊赛,每场都赢中国队三四十分。不过,中国队的黄频捷在组织后卫的位置上却一点都不吃亏。和他对位的基恰诺维奇是世界级球星,根本防不住黄频捷,还被黄频捷断过几次。另外,南斯拉夫队的中锋乔西奇身高2.10米,是球队的头号球星,当时入选了NBA的全明星队(是首位获此殊荣的外国球员),但在比赛中也被黄频捷盖过帽。为此,乔西奇多次向黄频捷鼓掌,还在赛后表示,如果中国男篮有五个黄频捷,就一定能够夺得世界冠军!

其二:1978年,时任国际篮联主席基拉宁来华考察,期间观看了北京队和解放军队的一场友谊赛。当时的解放军队,有穆铁柱、吴忻水、邢伟宁、徐政文、陈楷等著名球员,实力明显高于北京队。但这场比赛,黄频捷发挥了非常高的水平,率领北京队战胜了对手。赛后,基拉宁对黄频捷不吝溢美之词,说他是两队唯一一名能达到国际水平的球员。而当时,黄频捷已经32岁,一年后就将彻底退役!

六

1980年,已经退役的黄频捷被任命为北京女篮的助理教练,对此,他稍微有点想不通。"我一直在男篮打球,怎么会让我去女篮当教练呢?"不过,黄频捷没有争,也没有闹,他的态度是"领导让干什么就干什么"。另外,当时北京女篮的主教练是白金申,而黄频捷对白金申非常敬重,所以后来他欣然领命。

白金申1932年出生于天津,球员时期先后效力于中国男篮和北京男篮,水平相当高。退役后,白金申历任北京女篮和中国女篮教练,还曾经到柬埔寨、阿尔巴尼亚等国援外,经验非常丰富,水平也非常高,被誉为北京篮坛的"三秀才"之一(另两位是陈文彬和张光烈)。他善于形象化教学,将孙子兵法等中国传统文化融入到日常的训练和比赛中,临场指挥沉着、果断和机敏,而且非常善于表达,是北京篮坛乃至中国篮坛公认的名嘴。所以,当得知去给白金申当助理教练之后,黄频捷潜意识里的不快随即就没有了,因为他知道,跟着白金申训练,绝对受益匪浅。

事实的确如此。经过一年多的耳濡目染,黄频捷对于篮球的理解更加地理性了,他初步完成了从一个球员到教练员的转变。对此,黄频捷深有感触地说:"白指导的训练相当有一套。他的训练很苦,但很系统,也很科学,非常正确。所以经过一年多的合作与学习，我学到了很多东西，特别是学到了很多训练和比赛的方法。"

正是有了这一年的学习和历练，1981年，黄频捷被任命为北京青年女篮的主教练，这是他人生中第一次担任一支球队的主教练。该如何训练这支球队呢？黄频捷开始琢磨了。思来想去，他决定沿用北京男女篮严格训练的方法，诸如早上6:00－8:00早操，下午3:00－6:00训练等都出现在他的训练计划中，而与此同时，他也打算做一些改变。"我国的篮球队需要封闭式管理，但这不等于要他（她）们什么都不知道。"黄频捷说。所以，在他的训练计划里，会议并不多，球员们放松、调整、相互沟通、交流的机会反而很多。对此，一度有一些领导表示反对，并给他扣帽子，称他是"右倾翻案风"。但随着黄频捷率领北京青年女篮接连在全国打出好成绩，对他的质疑也就烟消云散了⋯⋯

按理说，此时的黄频捷应该坐稳北京青年女篮主教练的位置了，甚至有可能更进一步，去担任其他球队的主教练。但令人意想不到的是，1984年，上级一纸调令，黄频捷不得不离开北京青年女篮，前往北京市体育运动技术学院学习。对此，黄频捷有过不解、疑惑、郁闷、痛苦，但他依然抱着"领导让干什么就干什么"的态度，不争也不闹，一学就是四年。直到1987年，上级又下了一个命令，让他担任处于低谷中的北京女篮的主教练，去征战第六届全运会。而和以往一样，黄频捷没有什么多余的话，又是欣然领命，并且经过半年多的努力，率队获得了这届全运会的第六名，赢得赞声一片。

"一下两上"之后，黄频捷的执教才华终获认可，于是1988年，国家体委向他抛来了橄榄枝，任命他为中国青年女篮的主教练，目标是这一年的女篮亚青赛。对此，黄频捷踌躇满志，他相信，凭着李昕、李冬梅、何军、刘军、初慧等天才球员的实力，凭着他多年的执教经验，中国青年女篮亚青赛夺冠有望。于是，他全身心地投入到新的工作中。然而，极其令人意外的是，仅仅过了几个月，领导就告诉他，他不适合继续担任中国青年女篮的主教练了。初闻这个消息，黄频捷有点懵，但他没有过多地询问和解释，毅然决然地就离开了中国青年女篮。殊不知，这是他人生中最后一次担任国内专业队的教练！

那么，黄频捷的这次国字号教练生涯为什么会戛然而止了呢？对此，他给出了解释。第一，在用人上，黄频捷和时任主管篮球的领导有不同意见，而他坚持己见；第二，黄频捷的思想比较前卫，和当时的环境有点格格不入。比如，他对严格管理有不同的理解，认为球员是有血有肉有感情的人。既如此，管理手段就相对温和，和当时提倡的"三从一大"（注：即"从严、从难、从实战出发、大运动量训练"的简称）有点差别；此外，黄频捷当时有辆摩托车，他每天都骑摩托车去训练，显得相当扎眼，而这也引起了一些人的不快⋯⋯凡此种种，致使黄频捷无法在中青女篮待下去了。

对于黄频捷的教练生涯，有熟悉内情的人介绍说：早在黄频捷效力于国家队的时候，时任主教练、中国篮坛教父级的人物钱澄海就对他青睐有加，认为他未来完全可以胜任中国女篮的主教练。但没想到的是，黄频捷的执教生涯步履蹒跚、半途终止，不免让人唏嘘叹惋。从执教水平来说，黄频捷完全有，而且也足够敬业。但他不懂得人情交际，不会曲意逢迎，而且自信、前卫、孤傲，终于"自绝于"那个时代。这是一个天才的悲剧，也是中国篮坛的一个损失！

七

1988年，失去了中青女篮主教练位置的黄频捷赋闲在家，此时，人生的岔路口出现在他面前。原来，为了响应和贯彻国家体委"体育向社会化发展"的思路，这一年，北京市体委和北京首钢签署协议，打算共建北京市男女篮球队。借此，北京的篮球队将正式划归首钢，从事业管理变成企业管理。而在划归首钢之前，北京篮球队的教练和队员采取自愿原则，凡自愿去首钢的教练员和运动员将变成名副其实的首钢人，不愿去的则留在市体委系统，而黄频捷选择的是后者。对此，他说："将篮球队交给企业管理，这是错误的，对北京的篮球发展没什么好处，我坚决抵制！"既如此，黄频捷就只能留在北京市体委，但由于没有了篮球队，他更加无事可做。所幸的是，这时北京搞了个"讲师团"，希望他加入，于是黄频捷就成为了其中的一员，一晃就是六年……

时间到了1994年，黄频捷的恩师钱澄海找到他，说印度尼西亚有援外的机会，月薪500美元，问他是否愿去。考虑到自己当时每个月只有1000多元的工资，同时也想换换环境，黄频捷欣然答应。然而，在向北京市体委递交辞职信的时候，相关领导劝他说："小黄啊，如果你去了印尼，这边可什么都没有了呀！"对此，黄频捷根本不在乎，毅然决然地对领导说："您放心，我以后绝不给国家找任何麻烦！"于是当年，他背井离乡，孤身一人前往印度尼西亚，一去就是四年。

在印度尼西亚的四年间，黄频捷多执教一些业余球队，虽赚得不少，但没有任何成就感。而且，他日益反感印度尼西亚的"华人圈"，加之老父亲病重，于是1998年，他打算回国。

回国前，黄频捷有一个非常大的顾虑，或者叫麻烦，那就是他的第二任妻子柯玲莉。柯玲莉是印度尼西亚华人，时年40多岁，前夫去世多年，自己做生意，颇有资产。1994年，黄频捷刚到印度尼西亚时柯玲莉就认识了他，在得知黄频捷已经离婚多年之后，就暗生情愫，后经人撮合，两人走到了一起。婚后的两人情意绵绵，美满幸福，但当黄频捷告诉柯玲莉他想回国的时候，柯玲莉产生了疑虑：自己留在印度尼西亚，势必要和黄频捷分开；跟着黄频捷来中国，就必须放弃印度尼西亚的一切，而且，她打心眼里不喜欢北京。于是最后，两个人和平分手，天各一方。

此情此景，不免让人想起黄频捷的第一段婚姻。黄频捷的第一段婚姻始于1976年，爱人叫喻晓莉，是他的队友兼"铁哥们儿"的喻洪胜的妹妹。两人的结合堪称郎才女貌，一度羡煞旁人。然而，由于黄频捷对篮球太过执着，以致对家庭有所忽略，兼之喻晓莉后来做生意，与黄频捷的生活理念也渐行渐远，于是七八年后，两人和平分手。时至今日，黄频捷和喻晓莉还偶有往来，回首往昔，他们既有甜蜜，也有苦涩，特别是膝下无子，令他们遗憾万分。"我当时确实对篮球太执着了，曾经四次有孩子都没有要，现在想起来，确实有点后悔。"黄频捷感慨地说。

当然，黄频捷的感情世界里并不是只有遗憾和后悔，他的第三任妻子就为他带来了更多的甜蜜。那是2000年，黄频捷从印度尼西亚回国刚两年，闲来无事，偶尔会去参加一些老年舞会。期间，他认识了现在的老伴彭阿姨。彭阿姨离异多年，美丽、大方、精明、能干，令黄频捷一见倾心。而面对高大英武的黄频捷，彭阿姨的心跳也开始加速。最后，两颗孤独的心走到了一起。婚后十多年来，两人相亲相伴，相濡以沫，不光在生活习惯上非常相似，在精神世界里也非常合拍。比如，两人都喜欢打扮，都喜欢时髦的东西，还都喜欢旅游。就在今年前不久，两人还一起到迪拜感受了异域风情，简直神仙眷侣。所以，近十来年，黄频捷偶尔也会参加和篮球有关的活动，如到宋晓波篮球学校当教练，到电视台做篮球解说，到CUBA的华侨大学当主教练，但每每因为彭阿姨的原因，他就离开了篮球，回到了家庭……

这就是如今的黄频捷，离篮球已经越来越远，离生活反而越来越近！

2001年12月13日，黄频捷（中）在北京宋晓波篮球俱乐部训练小球员　中体在线图库 供图

见证经历

北京男篮
Beijing Men's Basketball Team

尹光环

老北京男篮队员
北京市篮球协会副主席兼秘书长
CBO组委会副秘书长

承前启后 助力辉煌
——访市篮协秘书长尹光环

紫 晓

"北京男篮三年折两桂，可喜可贺。这个佳绩不仅是北京首钢男篮的荣誉，更是把北京的篮球运动推向普及与提高新阶段的动力。"北京市篮协常务副主席兼秘书长尹光环真是三句话不离老本行，在接受笔者访谈时一开头就来了个开门见山。

不认识老尹的人一看他那身板，就知道他曾是个篮球的练家子。熟悉老尹的人都知道，他曾在老北京男篮效力10年，在20世纪70年代初体育事业开始复苏时期，他与张卫平、张志翔、曹泽波、王维君等人起到了承前启后的重要作用，没有他们这拨队员的传承，也就不会有之后的北京男篮于1983年第二次登上全运会冠军宝座。在老北京男篮虽然只有10年，但却让老尹一生受益，一辈子都没离开篮球的老尹，聊起往事犹如记忆的河流奔流不息。

凭反应快进入先农坛

"我中学在35中，那是一所有百年历史的老学校，体育是富有优良传统的，我的班主任岳正陆老师经常带着学生锻炼身体，岳老师后来当上了校长。35中体育发展很全面，程维汉、赵荣深老师抓田径，刘英鹤老师抓足球，任佩章和苏毅老师抓篮球。这几位老师都是35中留校生，经过培养，后来都成了学校的骨干，这几位老师当时跟我们年龄差距不大，师生之间关系融洽。在这样耳濡目染的环境里，我们在专心学习的同时，都自觉参加了个人感兴趣的体育活动。我是高一时才迷上篮球的，带篮球队的就是任佩章老师。后来我就进了官园体校篮球班，教练是孔庆联。那时北京市中学篮球联赛男篮的冠军基本上是在35中、四中和师院附中三校之间产生，师院附中队实力强在于拥有黄频捷，他是在我之后进入北京青年队的。"

"我是怎么被选入到北京青年队的呢？那是在1963年的9月，我刚升入高二。看上我的是范政涛老先生，那时范先生就是北京队挑选和培养后备人才的。记得那天是在北海体育场打比赛，范先生来了，他就坐在我旁边和任老师边聊边看，体育场工作人员给范先生送来一杯水放在旁边的桌子上，后来不知是谁碰了一下桌子，桌子一晃悠，茶杯就从桌上掉下来了，说时迟那时快，我一把就用手接住了那个要砸到范先生身上的杯子，范先生笑了，说我反应够快的。就这么着，范先生相中我了。那时我身高1.85米，身体条件并不出众，但弹跳力还行，再一个是我胳膊比别人长些。范先生就告诉任老师，让我先去先农坛体校提高班训练，提高班就是对有希望进入北京队的队员再做进一步的考察。那时我学习成绩不错，在班里虽然不能拔尖，但也在前十之列，是数学课和化学课的课代表。我母亲是满族人，高中毕业，是西城区的首届人大代表，很开明，不反对我将来搞体育。可我姐姐不赞成，认为我上大学更有出息。投赞成一票的是我姐夫，他认为体育事业将会有大的发展。在姐夫的劝说下，姐姐同意了，我个人也愿意。但是，还有个问题，那就是我父亲那时还戴着右派的帽子，如果有出国比赛任务，能让我出国吗？姐姐考虑得很周密，合情合理。为此，姐姐又找了范先生。范先生说跟我学做人，没问题，尽管放心。至于将来会不会因为出身而影响事业，范先生说他不敢保证，得请示领导。那会儿我还不知道，范先生也被打成右派，后来是市体委主任张青季力主、市委第二书记刘仁同志批准给范先生摘了右派的帽子。当时，范先生哪敢答应

北京男篮
Beijing Men's Basketball Team

1970年，尹光环（右）与张卫平（左）在北京昌平合影　尹光环 供图

1966年尹光环在先农坛室外篮球场留影　尹光环 供图

呀！范先生把我的事跟张青季说了，张主任说这事还得请示刘仁。'文革'前刘仁经常到先农坛体育场转悠，跟教练员、运动员打成一片，有问题常常是当场拍板解决。有一天刘仁就转到我们提高班训练的室外场地来了，问范先生他说的那个孩子是谁？范先生就冲我指了指。那些天我脚崴了，跑不了，就在旁边看训练。刘仁问我能抓篮筐吗？我点点头，走到篮架下边来了个双手抓筐。刘仁乐了，要！范先生跟刘仁挺熟，赶紧又把我姐姐的顾虑说了，刘仁说：'要真是块好材料，我给他在档案上写个建议。'后来我才知道，刘仁说到做到，确实给我写了出国不受影响的建议。'文革'后北京队出访，我还顺利随队出国了。就这么着，我在1963年9月正式进了先农坛，成了35中第一个进入北京篮球队的学生。"

快准灵狠是北京队的风格

"进入先农坛，标志着我走上了专业篮球之路。那时候北京篮球的梯队建设是非常规范完善的，尤其是在培养后备力量方面是有长远规划的，我那拨队员在'文革'前是比较年轻的，范先生从提高班里筛选了几个队员，组成了小四队。我进小四队时代表北京市的是王忆诚那拨老队员组成的北京青年队，之前北京青年队二队就是北京工人队，三队是邰玉峰那拨队员。正式命名北京队后，北京工人队即北青二队解散了，小三队和小四队合并成了北京青年队。老北京青年队成北京队后，队员就穿印有"北京"两字的队服了，原来北京青年队队服就给了我们，一人一件背心，看着它心里美滋滋的，它代表的是荣誉呀！平时我们舍不得穿，只有礼拜天休息了才穿上它上街，好显摆显摆呀！

在先农坛的那些年，我经历了严格、科学的全面训练。进队一年后我的身高就长到了1.90米。一年能长5厘米，一靠练，二靠吃，先农坛的伙食好呀，营养搭配合理，基地的伙食在全国体工队都是有口碑的，一日三餐品种丰富。北京队在训练上强调夯实基本功，技术抠得细，教练讲究因人而异。既有全队训练的'大锅饭'，也给队员开针对性的'小灶'。我们小四队让范先生练了不到半年，各方面都有很大进步。1964年春节，篮球班把小三队和小四队的家长请到了先农坛篮球馆看汇报表演，小三队和小四队比赛。结果，我们小四队赢了比我们大点儿的小三队。春节后，两队合并成一队，我们小四队的队员全都留下来了。

老北京队的教练们确实水平高，既要求严格，又善于启发。这么多年下来，我体会到意练强于体练。体练经常会感到浑身酸疼，但有些东西光靠体练是不行的，得用脑筋琢磨，特别是一天的训练或比赛结束后，你得想想教练为什么这样要求，有些动作为什么要这样做，这球为什么要这样处理，得翻来覆去地想，想明白了，你在比赛中才能发挥得更好。我想这就是所谓的篮球智商吧。把二流的身体练成掌握了一流技术的队员，这就是老北京教练多年形成的传统。非常可惜，我们这拨队员接受正规训练不到三年，"文革"就开始了。

1970年，体育开始逐渐恢复，我们篮球班也开始恢复训练，但此时男篮已经由原来的四个队变成了两个队。这一年国家体委举办了全国12单位调赛，目的是摸清全国篮球专业队的现状。为了迎接这次调赛，北京男篮不得不对队伍进行了调整，当时姜忠俭在国家队，马家驿去阿尔及利亚执教，老北京队留下了王忆诚、王瑞卿、李东兴、李树钊、张志鹏等8个老队员，我们青年队的黄频捷、王维君、曹泽波、邰玉峰、张卫平、姜宜凯、张志翔和我3个年轻的，老少共16人组成了北京队。张锡山是队员兼教练。主教练是陈文彬。这是一支新老结合的队伍，尽管组队时间仓促，但凭借扎实的基础，再加上我们几个青年队的这几年一直没闲着，因而在这次调赛中夺得亚军，冠军是上海队。

这年冬天，国家体委篮球处在北京组织全国甲级队前十名球队冬训，那时的冬训要求非常严格，强调组织纪律性，各队之间还可以相互观摩，篮球处还专门组建了冬训领导小组，成员都是德高望重的篮球前辈，他们按各队制订的训练计划检查验收，并对冬训进行调研，肯定成绩，指出问题，提出改进意见。每天我们是早6点起床，6点至7点出早操，7点至8点吃早餐，然后是上下午各训练3至4小时，晚上打教学比赛，一天下来非常紧张，浑身酸疼，但大伙儿热情高，有股子拼命的劲头。在国家队当了十年主教练的陈文彬，执教经验丰富，训练不搞一刀切，早操和下午4点前这两个时间段，他让老队员自己调整，年轻队员则是集体训练，全队训练时强度虽然大，但恰到好处。下午的对抗训练就像打比赛一样，上来就是真刀真枪地干，有时就真跟要打架一样玩命，队内比赛教练把老队员分成一组，我们年轻的8个队员是二组，实际上就是给一组当替补，两组之间暗地里较劲竞争。有一次队内比赛张卫平篮下转身一掉屁股，一下子把'王爷'王瑞卿咕咚一声撞倒在地，'王爷'急了：'小平，有你这样的吗！'可实际上张卫平的这个动作很连贯，还真没犯规，'王爷'毕竟已不似当年。眼见两人脸红脖子粗地要干仗，陈指导一声哨音'训练结束'！看着好像是大伙儿不欢而散，实际上陈指导已经觉得今天的训练达到他的要求了，像这样的场面在冬训经常出现，但陈指导拿捏得特是火候，绝对不会让队员真的打起架来。观看我们队训练的兄弟省队在旁边说：'北京队真干呀！'我总结北京队打球的风格是快、准、灵、狠，这狠字的印象就是在那时留在脑海里的。号称'空中坦克'的张锡山，指导队员非常细致，他的防守、他的断球和卡位等堪称一绝，集中体现了狠字。比如他的断球就是切球，选好位置从对手的体侧上去的同时，他的手顺着对手的小臂切下去，球准被他切走，就像乔丹、马布里一样，不像有的人断球时手发出叭叭的声响；那还不犯规！那几年是我练得最苦，长进最快的几年，我的卧推最大重量是130公斤，后来听人说这是北京队的卧推记录，至今无人打破，当时我还真不知道。张卫平负重深蹲是队里最好的，有一次哥几个打赌，负重深蹲100公斤，看谁蹲起次数多，张卫平一口气蹲了50个，把哥几个看愣了。张卫平后来腿疼得连楼梯都上不去了。紧张、严格、量大、规范的冬训，使新老结合的北京男篮整体实力有了明显的提升，为打好转年的全国五项球类运动会积蓄了力量。

1972年6月10日，全国五项球类运动会篮球比赛预赛分别在

1973年北京男篮出访欧洲四国前在先农坛合影。前排左起：李东兴、王瑞卿、徐元生、教练张锡山、王维君、马晓东、袁超；后排左起：李树钊、张志翔、刘世昕、尹光环、高华、姜鸿林
尹光环 供图

北京男篮
Beijing Men's Basketball Team

北京、石家庄、保定、唐山、张家口等地举行，北京男篮在预赛脱颖而出，顺利杀进6月20日至30日在北京举行的决赛，并获得亚军，冠军是上海队。这也是新中国成立以来至2002年之前，上海队获得的唯一一次全国性比赛的冠军。通过这次比赛，北京男篮不仅圆满完成了新老交替的过程，也证明了我们这批北京青年队上来的队员已经具备了挑起大梁的能力。在我的记忆中，至今难忘的一场比赛是在全国五项球类运动会结束后在昆明进行的与上海队的比赛。那场比赛是在昆明足球场上临时修建的一块篮球场上进行的，是黄土场地，上海队风头正劲，他们拥有国手陈银宝、杨家训以及王重光、蔡国强等，典型的海派打法。赛前，陈文彬跟上海队主教练杨伯炎说：'我们队几个老队员感冒了，打不了啦，就是不感冒也打不过你们，年轻队员跟你们差着辈儿呐，你们放心打吧。'这番话犹如烟雾弹，吹得上海队员有点发飘。等比赛一开打，那阵势，几万人坐在足球场上看篮球赛，令人新鲜又兴奋。刚在北京首都体育馆赢了北京队的上海队，各个满脸轻松，没把我们当回事。陈文彬说他不舒服，把临场指挥权交给了张锡山。张锡山让我和张卫平、张志翔、王维君、曹泽波五人上场，并叮嘱道：'小哥几个防守时重心要低，脚跟上贴紧喽，玩命放开打！'哥几个依计而行，满场追着防，那场地是新压的，浮土一起跟汗水和在一块，个个灰头土脸。上海队打惯了地板地，觉得黄土地软，跳不起来，可我们常在北京露天场地比赛，没什么不适应的，抢断反击，篮下强攻，攻势一波接一波，上海队最终招架不住了，输了。赛后，不光我们队，连上海队的都说北京队小哥几个打得好，个个跟脚踩了弹簧似的。那时我打前锋，反击下快攻，阵地外投里突，不仅能抢篮板，且场场得20多分。2006年我到昆明组织全国CBO联赛，昆明市体育局群体科科长范云看到我问：'你还记得那年在足球场上那场球吗？你是北京队的18号，当年我是云南二队的，那场球到今天我还是记忆犹新！'

1972年可以说是我个人状态的巅峰时期，南斯拉夫国家队来访时，中国男篮主教练钱澄海曾调我去国家队，可惜那时我左眼得了麦粒肿，眼皮肿得跟烂桃似的，看不清东西，没法参加训练和比赛，错过了人生转折的大好时机。1973年我已经28岁了，决定结婚成家，因而离开了北京队。之后，我又参军入伍，在装甲兵部队打了六年球。转业后还是干起了老本行，在西城体校当教练，先后为北京队和国家队输送了焦健、张云松等队员。在西城体委工作的13年间，我从一名教练提拔为区体委主任。1991年，我们区体委在区政府的大力支持下，在月坛体育馆隆重举行了篮球运动诞生百年庆典活动，在京的中国篮球名人都应邀出席，其中包括当时身材最高的杨殿顺和穆铁柱，可谓盛况空前。

毕生为普及篮球奔波

离开西城区体委后，我下海了，但一直没有离开体育，没有离开篮球。在CBA创办初期，我们巴斯格伯公司负责新闻推广，先是收集电视直播录像，后来为媒体服务。在CBA最初那几年，还没有网络，我在蒲黄榆中诚宾馆租了几间房，买了几台传真机，给几家主要媒体传送各赛区的比赛技术统计。同时还邀请了几位记者轮流值班，把每轮比赛情况记录下来，搞一篇综述，再发给各大媒体。每到比赛日大家都很辛苦，经常干到凌晨一两点钟，然后到附近的小饭馆来碗卤煮，喝个小二，很是惬意。后来我们又在南三环赵公口附近租了房子，办了个记者之家，定期聚会，通报情况，相互交流，中国篮协的官员们也时常光顾，向记者们介绍有关事项。

那时电脑和互联网还不普及，但它与传统的通信工具相比，已经显示出很多的优越性，看着每到比赛日后我们一通儿忙活，但效率却不高，新华社记者梁希仪在1998至1999赛季开战之前向我建议，启用电脑网络，当时篮球联赛在国家体育总局举办的各项比赛中，篮球为媒体的服务已经是头一份了，但靠手写和传真机工作确实费力，还缺乏效率。我认为老梁的建议很好，于是在篮管中心的支持下，便招聘了专业技术人员，购置了一些必需的设备，开始了电脑网络的研制。经过一段时间的潜心研发，CBA联赛的电脑通信网络终于研制成功了，顺利地投入了使用。告别了传真机，进入计算机时代，是我们巴斯格伯公司的一大飞跃。现在的中国篮协官方网站就是在我们那个网络基础上完善发展起来的。

在我们做好CBA媒体服务工作的同时，我在1997年还接手了北京市篮协的工作。此前市篮协的工作由德高望重的白金申先生负责，秘书长是老北京青年队的詹殿舜，市篮协隶属北京市体育总会，是群众性的体育组织，没什么实权，经费也是靠自筹。在市体总任命我为市篮协常务副主席兼秘书长后，我把市篮协工作的重心放在了普及上，举办各种形式的群众性篮球比赛，吸引更多的人参与到篮球活动中，同时我还与市中小学体协合作，组织中小学生篮球赛和培训等工作，有时也为基层承办一些比赛，选派和培训裁判员。2005年，篮管中心决定把CBA官网升级改造，官网的工作便不由我们管了。作为交换，篮管中心把（CBO）全国业余篮球公开赛的承办权交给了我们北京市篮协，这就标志着我们的工作从北京市拓展到了全国。为了适应这一形式，我们对市篮协进行了整改，形成了今天一套人马两块牌子的模式，9个人干两摊事。近20年下来，市篮协有两大赛事已形成传统和规模，一个是北京市民篮球联赛，一个是世界华人篮球赛，华人篮球赛至今举办了十届，2014年在烟台举行的比赛规模最大，来自世界各地的100多个队参赛。由我们赛比奥公司承办的CBO联赛，也是从基层开始，层层选拔，最终由省市的冠亚军队会师全国总决赛，影响也逐步扩大，特步集团为CBO联赛提供了鼎力支持。在组织开展这些比赛的过程中，我看到了群众对篮球运动的热爱与积极性，实践告诉我光有金牌锦标是远远不够的，必须有广大群众特别是青少年的积极参与。篮球不仅是一项竞技，是文化，也是最生动活泼的教育。

在电视机前，年近七旬的我看到了北京首钢男篮三年两夺冠，作为老北京队队员，我为他们感到高兴，因为这支队伍为北京这座国际大都市增添了光彩。但是，我也看到，这两个冠军终归是靠外援拿下的，本土球员仍然面临危机。他们应该乘夺冠后的大好形势，下大力气抓好后备力量的培养。CBA史上先后有八一王朝和广东王朝，我衷心期望北京男篮的后辈们也能建立起北京王朝！"

（访于2014年夏）

2014年3月，北京市篮协与柏林篮球俱乐部签署合作协议。图为尹光环（前排左二）与外国友人在签约仪式现场合影　新华社记者 孟永民 摄影

袁超

20世纪70至80年代北京男篮主力
五运会冠军成员
后担任教练和管理工作，
亲身经历了CBA改革过程

见证北京男篮40年
——访首钢篮球俱乐部副总经理袁超

孔 宁

袁超，1953年出生，他是20世纪70年代至今北京男篮的见证人之一，也是北京男篮艰难转型的见证人。在当今众多京城篮球媒体记者眼中，袁超几乎代表着首钢篮球俱乐部，代表着北京男篮发言人，代表着如今这个时代的北京男篮。袁超也见证了北京男篮的低谷与辉煌，他经历的恰恰是北京男篮职业化改革大潮之下的波折与奋进。袁超给我们讲述了他的故事，这是北京男篮的一段岁月。

幸亏没去军垦

袁超说："当时我上新街口小学六年级，刚参加完毕业考试，没参加升学考试就赶上'文革'了。直到1968年1月才上的53中学，中学没上多长时间，一年多时间就毕业了，也就是1969年的毕业生。当时，我是应该去东北军垦的，或者去内蒙古军垦的。我身材比较高，近1.90米，部队看上了我，想让我当兵兼打球，所以我暂时就没去军垦。"

到了1970年春天，袁超考过很多专业队，比如北京体育学院（北京体育大学前身）青训队，第一个考的是排球，而不是篮球，但是人家没要，没看上。当时各地开始恢复专业队，有许多体育人才都是北京体育学院青训队培养出来的。那时还在国家队测试排球，结果还是没考上。后来1970年6月，他到了北京队的第一任篮球教练就是范政涛。那个时候有一批爱打球的人，每天包括姜忠俭、黄频捷、张卫平在内的成年队练完了，他们才有机会去训练。北京队就是想抓一批后备人才，在篮球方面增强实力，他们几乎每天都训练，训练了整个夏天。队伍到了10月份就解散了，说回去听消息，他还不知道是否要自己。当时，袁超还不满17岁。

时间到了1971年1月，当时袁超都准备去部队报到了，因为北京篮球队大本营先农坛体校两个月都没给他消息。袁超说："我知道自己肯定没被看中，就准备走了，也不错，干脆当兵去吧。后来，王忆诚教练见到我，就问我，是想当兵去，还是想留在北京。我说自己想留在北京，他就说那你明天就来吧。就这样，我在1971年就去先

1972年北京青年男篮队员合影，图中身穿4号球衣者为袁超。　王忆诚 供图

北京男篮
Beijing Men's Basketball Team

农坛了,当时田径、足球、排球、乒乓球、体操、篮球、水上运动都在一起练习。只是,篮球队暂时在东四块玉训练,1971年2月搬到先农坛。"

袁超能够被选中,并不是因为他条件有多么出色。他说:"当时我的身体条件很一般,我进专业队都17岁了。从1970年10月到1971年1月,北京队才决定要我,这期间实际上是很多人都去当兵去了,于是想起我们这些人。"

袁超的父母就是普通工人,并非是体育家庭,他直系亲属里没有搞体育的,就是有一个叔叔是浙江男篮的,后来出任武汉男篮教练。他说:"他想让我去浙江队,我也没去,留在北京了。我父母就说,只要我不去军垦,不去插队,你去打球就去吧。当时,自己对打球并不是很看重,能打就打,打不了,以后找个工厂好好上班去。我的哥哥、姐姐不是去东北插队,就是去陕西插队去了,所以父母还是希望我能留在北京。"

幸运赶上了好教练

袁超的篮球首任教练是范政涛,当时他参加的是业余篮球训练,范政涛教练带了他4个月。他真正到了青年队,教练是王忆诚、张光烈,还有刘二柱,他们三人是青年队教练。

袁超回忆道:"当时我们练得非常苦,我们这批人的条件并不好,但很快在全国就有了名气。当时八一队还没有青年队,八一青年队是体育学院青训队。那个时候和现在没法比,我们能穿上很普通的蓝色棉毛运动服就特别高兴,谁有回力篮球鞋那就很牛了。能吃饭,能练球,我已经很知足了。一个星期练6天,我们这些队员周六晚上回家,星期日下午就回来了。"

至于谁对他帮助最大,他觉得都很大。袁超说:"我进入成年队,关键是遇到了张锡山、鞠汾庚、马家驿等优秀教练。第一,他们水平都非常高了;第二,工作态度端正,北京队传承下来的这些优良传统得以延续,他们在'文革'后重振中国体育做出了突出贡献,范政涛、王忆诚、张光烈、马家驿等都很出色。进入成年队以后,我遇到了张锡山,鞠汾庚,后期是陈文彬、马家驿、华迪平、陶传孝,这可都是全国知名教练,应该说我确实幸运地遇到了这些优秀教练;第三,这些优秀教练在这段时间非常用心,这是他们非常努力的一个时期,恰巧让我赶上了。一名教练从教几十年,他不可能从第一天到退休都那样精力充沛,而我赶上了他们最好的时期。北京教练对我影响非常大,我很多的东西都是从他们那里学到的,包括如何打球、训练、为人。当然,我没进过国家男篮,但进过国家二队。"

敢碰八一穆铁柱

1983年五运会,袁超首次挂上全运会金牌,当时是他第一次拿全运会冠军,但不是第一次拿全国冠军。之前,他们拿过全国冠军。当时的主教练是马家驿,教练是陶传孝和华迪平,顾问是白金申和李东兴。

袁超说:"之前,我们拿过1975年全运会亚军,1979年全运会第四,直到拿到1983年全运会冠军。决赛是对公认的最强队八一

20世纪80年代北京男篮部分队员合影。前排左起:吴家骥(队医)、蔡星舟、袁超;后排左起:刘世昕、高华、马家驿 首钢篮球俱乐部 供图

男篮为主的解放军队，别人都觉得没戏，当然不仅因为他们有高中锋穆铁柱，但穆铁柱绝对是最强的一个点，别人打他们都不敢碰他。"

当时在袁超的印象中，北京队那几年的训练和沉淀到位了，全队连续三年夺取全国锦标赛冠军，当然这是在没有八一队的情况下拿到的荣誉。但是，实际上球队已经具备比较高的水平了，那个时候也就是江苏队、八一队等队能和北京队对抗。

全运会与解放军队决赛，实际上是一个心态较量，北京队当时就抱着已经打进了决赛，基本上完成了任务，剩下的就是去冲击这个冠军登场比赛。袁超说："大家有一种舍得一身剐，敢把皇帝拉下马的气势。解放军队是保这个冠军，我们是冲锋。"

那一场决赛出人意料，袁超说："在制定战术打法上，第一点就是：解放军队最强悍的地方，也许就是他们最薄弱之处。内线有穆铁柱，别人不敢碰。但我们就想打他们这一个强点，当时我们内线有冯维、刘建立，利用穆铁柱移动速度慢，第一要敢打他，不敢碰的话，你永远无法和解放军队抗衡，不碰就永远不知道他们到底有多强。在内线上做文章，实际上他们认为谁也不敢打他们的内线，当我们真打他们内线的时候，再从内线打出来，不总飘在外面，对手就感到了压力，这是进攻策略。"

防守穆铁柱就是一大课题。袁超说："防守策略是，你站在穆铁柱后面永远没用，你就试图绕到他前面去，阻挡穆铁柱接球线路，采

1984年北京男篮出国访问。前排左起：管振刚、徐元生、于京波、李劲松、冯维、胡晓钢、陶传孝；后排左起：教练马家驿、孙宝强、魏伟、袁超、董强、田怀新、闵鹿蕾、白金申
首钢篮球俱乐部 供图

用奇兵，在他前面跳，只要对方准备将球传给他，我们就影响他的视线，造成穆铁柱的不习惯，让他感到压力。于京波站在他前面扮演这个角色，不是40分钟都是于京波，因为他能跳，手臂长，利用他的优势碰穆铁柱，其他队员也是轮换冲击穆铁柱。"

比赛打到最后，恰恰是北京队心态上的胜利，对方出现了一些不应该有的失误，包括战术运用上，包括一些失常，紧张。袁超说："上半时我们输了十几分球，比分一接近，心态就起变化了。当时队里还有最年轻队员，他就是闵鹿蕾，而我年龄最大，闵鹿蕾还打了比赛，那是全运会第一场对阵云南队。"

这也是一次被动转型和改革

1988年，袁超出任北京男篮主教练，当时北京队正处于新老交替时期。当时他当执行主教练，马家驿是总教练，马家驿兼任北京队篮球班的班主任，也就是统管他们所有篮球队的总教练。袁超说："他已经很少到男篮队伍里来了，队伍平时训练计划的制订都是我，只是比赛时他才来。1984年下半年已经是这样一个局面了，一直到1988年，我正式出任主教练。而且，我们于1988年被划到了首钢，才任命我当主教练。当时一些老教练退休了，还有知名教练也没去首钢，一直是执行教练的自然就当了男篮主教练。"

"当时是北京队最困难的时刻，老队员留了8名，年轻队员调上来8名，1969年和1970年出生的队员成长起来，现在三队教练刘宏威就是这样，老队员闵鹿蕾留了下来。可以说队伍青黄不接，队任里有一个单涛。"袁超说。

1988年 随着改革开放的加快，市场化的潮水来了，企业办高

北京男篮
Beijing Men's Basketball Team

水平运动队成为发展体育事业的一条重要出路。北京市体委经过与首钢集团协商，决定将北京篮球队（男女一二线各两支队）都划归首钢，首钢对其实行党政领导，对其干部有任免权，北京市体委负责业务指导，各队既可以代表首钢集团，也可以代表北京出战全运会和联赛。

1988年11月21日，北京市体委、首都钢铁总公司交接共办北京篮球队签字仪式在首钢红楼宾馆举行，时任市体委主任的林炎志、首钢公司副总经理的李文琦分别代表双方在协议书上签字，标志着包括北京男篮在内的北京篮球队正式成为北京首钢篮球队。

离开传统体育体制，成为首钢集团的一员。北京篮球队这一在当时的惊天之举背后有着深刻的内因和外因。从内因来看，传统体制已经养不起篮球，不改革已经不行了。对此，袁超表示："当时受到经费紧张和金牌战略的影响，像三大球是投入大、人员多、金牌少的集体项目，在各省市相继被砍。因为对于一个体育运动学校，最重要的是多出金牌。大家想把三大球相继推到市场里，也就属于被动转型和改革，而不是主动去尝试。"

从外因来看，当时改革开放不断深入，国外的体育赛事和办队理念逐渐传入我国。随着NBA赛事频繁见诸报端，这种代表世界篮球最高水平的赛事和职业体育的理念一起，极大地开阔了国内教练和球员的视野，使国人意识到在过去的"举国体制"之外，还有另一种与市场经济高度融合的现代化职业篮球俱乐部形式。这也为北京市体委探索企业办队，提供了可资借鉴的先例，从而对北京篮球队最终划归首钢起到了推波助澜的作用。

此外，北京男篮在当时北京众多国有企业中"花落"首钢，也与时任首钢公司党委书记的周冠五有千丝万缕的渊源。正如周冠五在划归首钢签字仪式上说的："办高水平的运动队，能够带动整个企业群众体育活动的开展。首钢很重视职工文化技术的培训，这是企业改革的重要部分，也是体育战线的重大改革。要办好球队，一要承包，二要改革。对教练员和运动员要充分体现分配与贡献挂钩的原则。技术训练也要改革，跟上世界先进水平。"

最难能可贵的是从1988年至今，几代首钢领导始终支持北京男篮，并为球队的发展倾注了大量心血。对此，曾先后当过北京队主教练、领队、俱乐部副总经理的袁超说："首钢1988年义无反顾地把北京男篮接管过来，首钢领导几任领导一直认为他们为北京市体育做出贡献，为北京篮球做出无私的奉献。确实，从效益上没体现出什么，尤其是前几年没有成绩的时候更是如此，只不过这几年有成绩了，才叫响了首钢。现在北京市体育局领导见到他们，也表示感谢。首钢领导始终支持队伍，现在也把篮球当作事业来办了，也在遵循着职业道路在走，这样的贡献是相当大的。"

当然，改革从来不是一帆风顺的。当时，北京篮球队划归首钢在全国也是独树一帜的。作为年轻教练，袁超接受新事物较快。而一些老教练就非常想不通，不太理解合并，陆续都不干了，因为北京队和首钢队名字改变，性质也改变了。如今来看，北京队变成首钢队，实则是小了，影响了后来球队三线梯队招生，因为独生子女家长不愿意让孩子去一家企业，成为企业职工，而愿意享受北京队的名义，而且北京队名义很有价值，在孩子上学方面有利，当然这是后话。

袁超说："老教练不愿意去的原因就是我们过去不是赞助性的，而是所有都过去，包括人事、行政、劳资都过去了。当时自己也没想太多，我不去干什么去呀，于是我就去了。现在回顾起来，当时确实有点超前。袁超重点说了超前这两个字，他说："从现在看，的确超前，但这样走可能路还宽一点。但是，这种体制的变动，要有相应的政策、措施跟进，到现在跟进不够，比如体育后备人才问题，业余体校培养人才的问题，等等。"

"挽救"草原之子巴特尔

巴特尔是一名球星，但他曾经是一个调皮捣蛋的家伙，"挽救"草原之子巴特尔很有幕后故事。袁超说："巴特尔没按时到北京队报到，回到草原，我们就去寻找他。那是1993年年底打完联赛，他调到了国家队，国家队一解散，他就没回来，我们就找不到了。实际上，巴特尔这个人是一个喜欢无拘无束的人，跑了，并不是说很怕苦怕累，不想打球了，而是喜欢自由，他从小就是这种性格。"

2010年2月5日，2009-2010赛季CBA联赛常规赛，北京首钢男篮对阵八一富邦男篮。图为时任北京队教练组组长袁超（左二）在场边指导
刘平 摄影

袁超回忆道："记得他来先农坛第一天，才12岁左右，是他爸爸带他来的。上午来了，下午就找不着了。我们发现他沿着公交车牌子，一个人走到王庄井去了，这让他爸爸揍了他一顿。我就曾说，巴特尔一开始，在北京附近'流窜'，我和刘建立在首都体育馆附近的台球厅找到过他，刘建立开着摩托车将他拉了回来。后来他又跑了，听说跑回内蒙古鄂尔多斯了。第一次派人去找，找到了，但是就在买火车票的工夫，他又走掉了。后来，我们又找他，把他拉到火车上，在一个车站停车时，他又跳车跑了。第三次是我和姜兴涛去的，他有一个大爷，我到他家里一问，他大爷说巴特尔曾经来过。后来，我们听说他和交通警察不错，和警察打得火热，于是找到了交通大队，我们说有一个国家队的，两米多高，一下子大家都知道，说他天天在大街上骑摩托车。随后，人家拿起呼叫机，说见到巴特尔，给他扣下来，人家来找他来了。我们就往宾馆走，当回到宾馆，电话就打过来了，说找到了。当时我们没有手机，宾馆里有电话，警察说他在一个什么路口的岗亭那里。我们一出去，发现那个路口就在宾馆附近。一到路口电线杆子，就像鸟巢一样的东西岗楼，我爬上去，一探头，给巴特尔吓了一大跳，他在里面坐着呢。"

幸亏他接触的是交通警察，人都非常好，巴特尔和这些朋友非常要好。当天离开时，袁超他们请这些警察朋友吃饭，10多个警察。袁超感谢他们，说幸亏孩子遇到了你们，警察劝了他半天。第二天早上，巴特尔就和袁超说咱们走吧，后来他又说不想走了，袁超说那不行，必须走。袁超说："警察用警车带着我们到公路口，给我们拦了一辆大卡车，让我们坐在卡车司机旁边，带到了包头，坐火车回来的。"

巴特尔人很好，他就是这样一

北京男篮
Beijing Men's Basketball Team

个牧民大草原民族的性格，自由习惯了，不愿意受过多约束。

摸索前景认真执着

1994年年底国家体委推出篮球竞赛制度改革，开始实行主客场赛制，同时要求各省、市队必须成立职业俱乐部。为适应这一改革的要求，首钢和北京市体委于1996年11月联合发起成立了北京首钢篮球俱乐部。1997年1月24日，北京首钢篮球俱乐部正式挂牌，并举行了隆重的成立大会。1999年袁超成为北京男篮领队，与北京精狮俱乐部合并，马家驿一去世，袁超5月份就从精狮撤出来，两家又分开了。首钢公司找到袁超，接马家驿班，出任俱乐部副总经理。

袁超说："我感慨的是，中国职业体育没有可以遵循的东西，什么东西都得自己去摸索。知道目标在哪里，但是没有路，前面是冠军，但必须自己摸索。包括后备人才，包括孩子的吃饭、住宿、奖金、训练、体制等。"

一切没有可借鉴的东西，不像江苏队、上海队、浙江队、八一队、吉林队、山东队，都有体育局的背景，要不然像广东队，一半是体育局协助，北京队则没依靠。首钢终归不是搞体育的，只有靠自己摸索前进，队伍有变化，但也带来了很多问题。

资金是一家俱乐部赖以生存的基础，也是实行合同制的先决条件。中国篮协在《准入标准及评估明细》中明确规定，俱乐部的注册资金不得低于2000万，参赛保证金700万，同时还要有5000万元作为担保金。对于首钢篮球俱乐部的资金来源，袁超透露："首钢集团的资金投入是最大的，每年至少2000万元人民币的投入维持运转，还有北京市体育局每年不少于1000万的体育产业发展引导资金，这一资金主要用于后备人才的培养。此外还有中国篮协的经费支持以及广告、门票等收入。政府、中国篮协、市场等方面加在一起，都不如首钢投入大。"

这些资金投入看似数字庞大，实际上对俱乐部而言，仍然并不宽裕。袁超说："俱乐部的支出除了球员、教练的工资外，很大一块是奖金。如果男女篮联赛成绩好，球员的奖金就多，支出总额就会相应增加。"

今年恰逢是CBA职业联赛成立20周年。作为北京篮球职业化转型的当事人，袁超在摸索职业俱乐部前景的道路上认真执着。在他看来，中国篮球职业化道路的变化不仅表现在资金方面，还有队员的职业生涯、球员和教练关系的转变。袁超说："如今CBA20年了，如果让我谈谈这20年的变化，我认为目前仍然不是职业化。中国体育没有职业化，谈不上职业化，只能说中国向职业化进程中一点点走。中国体育目前没有职业运动员这个行当，运动员的身份有的是干部、有的是军人、有的是职工，有的是学生，都不一样。体工大队的运动员，身份有的是学生，或专业运动员。就说北京队引进外援，我们也没法在表格上填职业运动员，所以马布里、莫里斯填写的身份都是外国专家。"

很多人认为北京队能取得"四年三冠"，与成功引进马布里、莫里斯等NBA实力外援有着密不可分的关系，而作为负责引援的俱乐部副总，袁超对此表示："在引进球员方面，我们主要考虑，或者说首先要考虑的是这个球员是否合适，是否符合球队的需要，在这个方面重点要听取主教练的意见。其次，如果合适的话，我们再谈论价格。"至于具体操作，袁超说："比如选择外援，我们会找经纪人，或者自己寻找。现在CBA联赛外援水平越来越高，这个圈子越来越小。在NBA联赛能打上球的，或者说过去打过的，不是顶尖球员，而是那些边缘球员，还得是愿意来中国的，这个范围就那么大。至于选择国内球员，其实大家知道的就那么多，可谓一目了然。"

除了引进外援，袁超还要操心球队的日常饮食。袁超介绍说："俱乐部的日常饮食没有什么特别，因为队员都是成年人，不会有什么特别的运动灶，比较有特色的就是球员在比赛前有赛前餐。"袁超又补充说："联赛一般7点半开始，我们会在晚上5点左右给球员准备一顿赛前餐，有酸奶、香蕉、面条和点心，准备这顿餐的目的一方面是给球员补充体能，另一方面又不至于让他们吃太多太饱而在赛场上跑不动。"袁超补充说："每场比赛结束后，我们会为球员再准备一顿正餐，特别是在客场，大家一般都会吃。正餐主要由鱼类、肉类和蔬菜组成，具体的菜品由领队定。如果外援有要求，我们也会充分考虑他们的饮食习惯,让酒店为他们准备牛排等西餐。"

袁超说:"首钢篮球俱乐部是中国式企业化管理,因为它属于首钢集团,而不是什么NBA模式,也还不是真正意义上的职业化俱乐部,说白了就是搞篮球的企业,这种模式没有特别的借鉴性。"

袁超认为,俱乐部说是职业篮球,要转向市场,但远远没到那个层面,因为是首钢集团企业的一部分,就是首钢集团每年至少2000万元人民币的投入进行运转,除了五棵松体育馆万事达中心以外,自己主场就在首钢篮球中心,如今,北京队四年三次夺冠,主场搬到五棵松万事达中心,也完全是市政府做出的决定,他们具体去操作。

所谓的票房也是自己大多数职工消化,后来球队成绩好了,吸引了外来众多球迷。至于转会球员的费用,比如数百万元转一名好球员,或者说给好外援近千万元的费用,都是首钢集团和北京市体育局一起出。如今,北京市振兴三大球战略帮助了北京首钢篮球,北京市体育局每年的经费投入,加上首钢集团的投入,这才让北京篮球队出了好成绩。

欣慰联赛总冠军

近四年来,袁超见证了球队三夺联赛总冠军,他很高兴,很激动。他说:"我只是说作为我这个环节来说,我只是把我的工作做得尽可能好,不管是球队、俱乐部,都给他们创造更好的条件。当然,能不能夺冠可不是完全取决于你的工作,但是只有你的工作做到位了,你才有这种可能性。有什么问题,尽量给它解决,能解决多少就解决多少,这样离成功就近一点儿。解决不了的,我也没有办法。"

袁超说:"对于我来说,给教练员、运动员创造更好的环境,是我的想法。你想要的运动员,我千方百计给你弄来。然后就一条,减少球队不必要的干扰,就是教练是干球的,不让你操心。俱乐部能干的,我们都给你干了,就让你顺心地做事,别让教练总不太顺心,疙疙瘩瘩的,我们全俱乐部就围绕

2010年2月5日,2009-2010赛季CBA联赛常规赛,北京首钢男篮对阵八一富邦男篮。图为时任北京队教练组组长袁超给队员讲解战术
新华社记者 孟永民 摄影

北京男篮
Beijing Men's Basketball Team

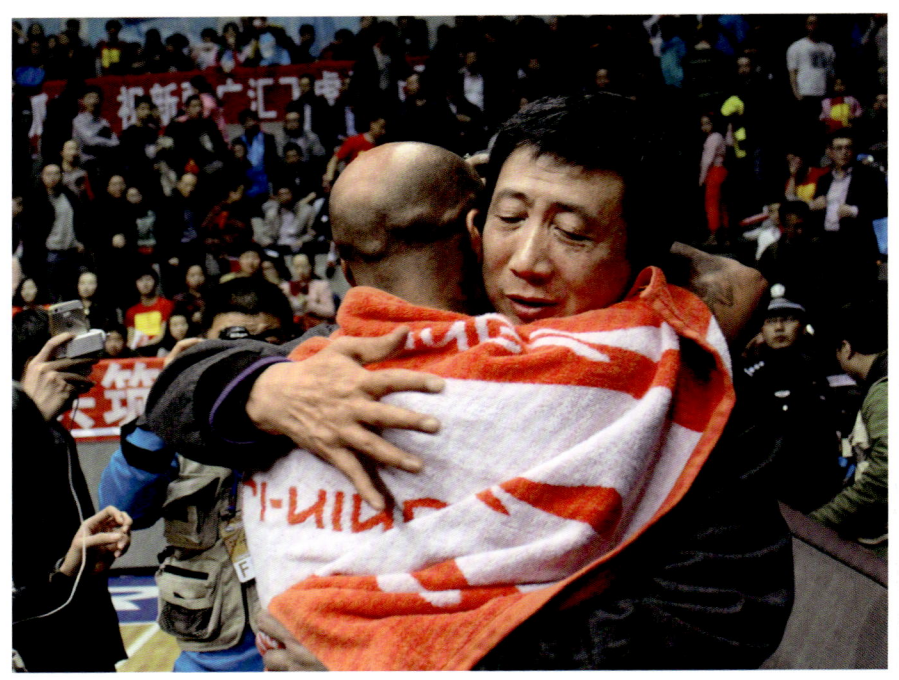

2014年3月30日，2013-2014赛季CBA联赛总决赛，北京首钢男篮对阵新疆广汇男篮。图为北京首钢篮球俱乐部副总经理袁超和马布里拥抱　　CFP 供图

你和球队展开工作。我们遵循体育规律，就是一切围绕运动员，一切围绕教练员，一切围绕训练和比赛。"

首钢俱乐部比较稳定，不像有的俱乐部乱事情比较多。袁超说："我曾说你以前没看到成功了是什么样子，但是你看到过失败是什么样子。否则，失败的事情在咱们身上会发生。这么多年，俱乐部，尤其是首钢集团领导在这个方面，对俱乐部工作非常信任，给了我们很大的空间去做。你解决不了的事情，他们想办法解决。"

袁超还特别提到媒体的作用。他说："媒体的支持对球队来说，是强大的一股力量。当你说不出来的时候，他们能帮助你说，你受委屈的时候，他们能保护你，当你想去宣传的时候，他们在呼吁，他们用舆论帮助你，比金钱更重要。再有就是球迷，于是我们腰杆子就硬，无论走到哪里，没有后顾之忧。"

关于和闵鹿蕾的长期合作，袁超说："我和闵指导合作这么多年了，一起当队员，后来我是教练，他是队员，他是教练，我是领队，现在是俱乐部管理人员。我知道他需要什么，他知道我需要什么。至于马布里，在我们接触的过程中，我感到他与其他外援相比不同。别的外援以挣钱为主，骨子里和你之间是雇佣和被雇佣的关系，显得生分，仅是一起打球。和老马接触不是，感觉合同签订之后，他想让这支队伍发生变化。当然，他想改变自己，他也知道只有改变这支队伍，才能改变自己。他真心实意为这支球队好，没有像过去外援仅是挣钱打球的关系。我们是很亲密的朋友，和他之间没有金钱的隔阂。"

成功之下有遗憾

北京女篮球员宋捷是袁超的夫人，青岛人，他们是1983年结婚，那是在全运会之后，国庆节结婚了。当时，袁超没领全运会金牌就回来结婚了。宋捷已经不打球了，1980年退役，已经到公安局工作了。她到北京市公安局篮球队打球，但是因为伤病没打多长时间就工作了。她在信访科，还被评为优秀共产党员，后来被调到政治处。她打过国家队，是不错的国手。袁超当北京男篮主教练的时候，工作挺忙碌，她在家里照顾孩子、老人。我能够有今天的成绩，也很感谢夫人的支持。

袁超说："我必须多干一些，不能懒惰，这样球队就更接近成功。经历了这么多事情，从低谷到冠军，正逢我俱乐部生涯的后期，我很欣慰，因为从20世纪80年代当教练开始，1984年以来北京篮球一直在低谷徘徊，好了前3名，5至8名，一度第9名，还到过第15名。我们知道目标在那里，总有一个梦想，是否还能夺冠。总感觉不太可能落在你头上，有时球队不具备这些东西。但是，我该做好自己的工作，而闵鹿蕾、许利民等教练都非常努力，直到最后的成功，还有什么比男女篮都夺冠更让人高兴的？"

但是，袁超也有压力，也有遗憾，那就是北京后备人才力量不行，袁超说："合并到首钢，北京队后备人才体系垮了，人家不想给首钢输送职工。篮球队是企业化管理，不能与未成年人签合同，我的队员要想参加工作，得慢慢地让他们上大学毕业才行。这一点来看，北京排球队就与我们完全不同。"这也就是之前说过的首钢作为一家企业的限制。

袁超说："我多么希望从北京多出一些孩子，后备人才能在全国范围内有一个稳定的供应渠道。如今后备人才不足，北京队全运会成绩一直没有亮点，感觉特别吃力，用俱乐部的力量和人家省里去碰不行。我希望源源不断出人才，全运会就能出好成绩。干一天少一天，我也不想什么，希望俱乐部能够找到一个很好的人和很好的机制，来运转首钢俱乐部。"

2013年10月11日，北京首钢篮球俱乐部副总经理袁超（右）与马布里（左）在新闻发布会上合影　CFP 供图

经典战役

北京男篮
Beijing Men's Basketball Team

广东省广州市天河体育中心　全景网 供图

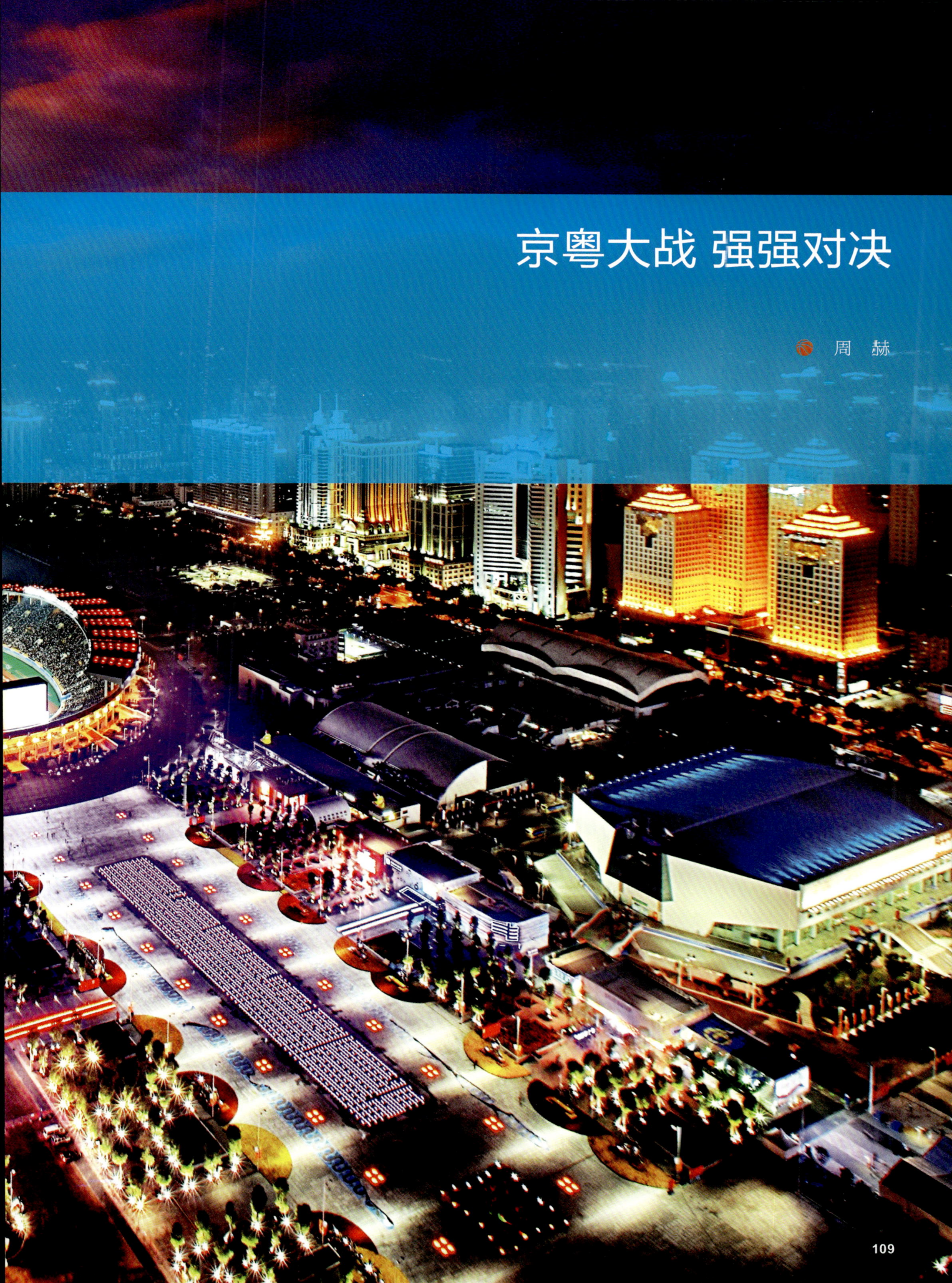

京粤大战 强强对决

周 赫

北京男篮
Beijing Men's Basketball Team

2002-2003赛季CBA联赛半决赛，北京首钢男篮客场对阵广东宏远男篮。图为北京队张敬东封堵广东队李群的进攻　　CFP 供图

在CBA短短的不到20年的历史中，只有两支球队能够称得上是真正的王朝，一支是在20世纪90年代叱咤风云、几乎一个赛季一场不败的铁军八一，而另一支就是CBA最成功的私企俱乐部——广东宏远。

广东宏远篮球俱乐部成立于1993年12月28日，由广东宏远集团公司创建，公司本部及俱乐部设在东莞市南城区，是全国首家职业篮球俱乐部。当时国内所有的俱乐部都属于省体育部门或个别国有企业，或者部队，只有广东宏远是一支由私营企业管理者运营的球队，这也给今天的CBA打开了先河，提供了一个全新的思路。当今的CBA几乎绝大部分球队都是私营企业赞助的球队，尤其是在东南沿海地区，这正是当年人们从宏远的身上看到了一种全新模式的结果。

CBA联赛始于1995年，1995-1996赛季是CBA的第一个赛季，也是广东宏远的第一个赛季。之前他们取得了全国男子篮球乙组联赛的第一名，和空军篮球队一起成功冲进了甲A。球队当时的主要成员，是一批退役的前国手、老将，黄云龙、张勇军、李春江、关德友等是这支球队的核心，球员的平均年龄达到了29岁，作为一支新军，这样的阵容组合在CBA中都算是年龄偏大的，不过也正是这套阵容，让宏远在自己的第一个CBA赛季就令人眼前一亮，老将们的经验在他们的处子赛季发挥了巨大作用，这个赛季他们超过辽宁队、北京队等老牌强队，一举夺得了联赛亚军，仅次于铁军八一。

广东宏远也凭借着这一年的成绩高调起步，不过球队的老板也知道仅仅依靠老将不是一个可持续发展的模式，于是他们开始大力抓球队的青训。一批青少年球员培养起来，三四年后老将们纷纷退役，广东也彻底开始他们换血的时期，虽然经历了几年的相对低迷，但2000年后，杜锋、朱芳雨、王仕鹏、易建联等新星逐渐崭露头角，广东宏远的势头不断上升。2002年后，王治郅、姚明、巴特尔等三大中锋相继加盟NBA，八一队的黄金一代逐渐进入职业生涯后期，而广东队则开启了属于他们的时代。2002-2003赛季，广东宏远就杀进了总决赛，但是他们最终不敌八一队。一年之后的2003-2004赛季广东队再次进入决赛，对手仍是八一队，他们这次成功雪耻，冲顶成功，也正是这一年，成为了宏远王朝的开端。一年之后，广东连续第三年晋级决赛，而这次他们的对手则是拥有常规赛MVP唐正东的江苏队，广东队在一度1比2落后的情况下最终实现大逆转，客场3比2击败江苏，卫冕成功。他们与江苏的第五战，也成了CBA历史上的一场经典之战。比赛第四节江苏队仍然一度领先16分，却在最后几分钟被广东队翻盘成功，实现大逆转。而这场比赛也是在2014-2015赛季北京与广东半决赛之前，唯一一场在抢五的比赛中客队获胜的比赛。

最近的这11年间，广东队八次夺冠。其中从2004年到2006年，他们赢得了一次三连冠，从2008年到2011年他们又赢得了一次四连冠，中间的2007年他们输给了王治郅回归后的八一队，但是从那之后可以说是所向披靡，每个赛季开始之前人们就可以断言总冠军将属于广东宏远，几乎没有意外。即便是2008年到2011年间新疆广汇投入近亿元，从全国各俱乐部挖墙脚，即便他们常规赛只输一场，而且季后赛也一度2比1领先于广东队，但最终也没能从广东队手里抢到总冠军。

广东队的强大在于他们极具天赋、实力超强的国手阵容。易建联、王仕鹏、朱芳雨、杜锋等人都是国家队一直以来的主力球员，论天赋这套阵容的这四个人平均身高超过了2.03米，论实力在国内几乎都是同一位置顶尖的人选，易建联身高臂长，弹跳好，弹速快，又有一手中远距离投篮技术，是继姚明和王治郅之后，中国天赋最好的内线球员，否则他也不会以首轮第六顺位被NBA雄鹿队选中。王仕鹏2006年在日本世锦赛对斯洛文尼亚一战中，三分绝杀对手，自此之后信心大涨，成了国内最好的外线投手，接球三分投篮技术是他的杀手锏。而朱芳雨体格强壮，又有着极为稳定的三分投篮手感，在面对国内同一位置球员的时候，他总是占据优势。如果只论水平，不在当年的"小李飞刀"李楠之下，而且早在2012年朱芳雨就已经超越了"战神"刘玉栋，成了CBA历史得分王，可见其在CBA历史上的地位。如果在年轻时训练得当，也许朱芳雨有机会到NBA打球，2007年他还曾经接到过太阳队的试训邀请，但是最终并没有成行。杜锋是他们当中年龄最长、成名最早的，他虽然身体瘦削，但是打球聪明，善于利用自己的身体，投篮精准，很早就成为国家队的成员，不过现在已经退役，并且成为了广东宏远队的主教练。

另外，很多在CBA效力过的外援都认为，广东队是CBA最有战术体系的优秀球队，他们之所以能够连续三年在总决赛中击败新疆队，就是因为广东队的战术体系稳定，球员战术素养高，不论进攻还是防守，他们的效率都很高，尤其是防守端，他们的轮转、协防几乎能够限制所有的CBA球队。以本赛季的数据来看，广东队场均得分100.3分，在重攻轻守的CBA，这个得分根本算不上高的，广厦队场均得分将近109分，福建队场均也差不多有108分进账，但广东队的防守却是CBA最好的，他们的对手场均只能得到88.6分，这是全CBA场均最低的失分，可见其防守功力。

就是这样一支王朝球队，却在最近三年中两次败在北京队手下，两次丢掉总冠军，这是令很多人都没想到的事情。除了北京队，恐怕也没有任何一支球队能够做到类似的事情，而这很大程度上都与马布

北京男篮
Beijing Men's Basketball Team

里的到来有关。

在两队的交手历史上，北京队一直处于下风，直到上赛季夺冠之后，才稍稍把两队之间的差距缩小。截止到2014年，两队一共交手53场，广东队30胜23负，其中常规赛38场，他们取得了24胜14负的战绩，而季后赛15场则是北京队占优，北京队9胜6负。从2003年开始，广东对北京取得了19连胜，直到2010年北京队才在客场击败了广东，结束了这个尴尬的纪录。当时是2010年12月19日，北京队还拥有阿巴斯、莫里斯和弗朗西斯三名外援，虽然弗朗西斯完全不在状态，甚至在场上一跑就会摔倒，但是凭借着阿巴斯和莫里斯的发挥，北京队却神奇地赢下了比赛，终于以80比78结束了面对广东的19连败。

第二年，马布里加盟北京队，正是从这时开始，北京队在和广东队的较量中展现出了一定的优势。双方的首次碰面就是北京队客场对广东队的常规赛，结果在马布里的带领下，北京队再次攻克了广东队的主场，不过在那场比赛中，易建联受伤离场，伤愈后他得到了NBA小牛队的报价，返回了美国，这也使得广东队的实力打了一些折扣。

北京队那个赛季的常规赛可以用跌宕起伏来形容。虽然可以击败广东新疆这样的强敌，但是也会输给佛山或者江苏这种排名靠后的球队，虽然开赛取得了13连胜，但是也在此后遭遇了9战7负的尴尬，不过好在季后赛开始的时候，球队重新回到了正轨，并且球员们

2012年3月28日，2011-2012赛季CBA联赛总决赛，北京首钢男篮对阵广东宏远男篮。图为北京队李学林（白衣）防守广东队布鲁克斯（蓝衣）
CFP 供图

的身体都保持了相对的健康。季后赛首轮，北京队3比0横扫广厦，次轮和山西鏖战五场，最终3比2晋级总决赛，心气儿、状态都在此时达到了巅峰。而作为卫冕冠军的广东队则不同，他们在季后赛前两轮没有遇到任何威胁，即便是面对新疆队，都赢得相当轻松，因此早早就没有了比赛任务，等着北京队与山西队比赛的胜者出现。其间因为需要，CBA总决赛一度被推迟进行，因此广东队在总决赛前休息了快两周的时间，这种情况前所未有，因此他们的状态多少受到了一定的影响。

在总决赛的准备上，北京队比广东队更加充分。首先经历了与山西的五场鏖战，北京队球员们的自信心、斗志和竞技状态都处在最佳的时期，而且在总决赛前又经历了四五天的休整，大家的体能也得到了充分的恢复，可以说兵强马壮。另外当时所有人都不看好北京队，认为北京队毫无总决赛经验，虽然北京队拥有马布里，虽然北京队在常规赛曾击败过广东队，但是季后赛是完全不同的比赛，他们根本无法与强大的卫冕冠军抗衡，双方都正常发挥的话，广东队很有可能横扫北京队，即便是北京队超水平发挥，最多也只能是1比4。正因为不被看好，北京队把自己的姿态和位置摆得很低，这恰恰有助于他们的准备和发挥，主教练闵鹿蕾在开赛前和马布里一遍又一遍地观看广东队的比赛录像，把他们的核心布鲁克斯、朱芳雨和王仕鹏等人的习惯、特点研究得非常透彻，并做出了很有针对性的布置。但在接受采访时，他谦虚地说："我们要尝尝总决赛的滋味。"丝毫没有说球队希望夺冠的想法。而广东也轻视了这支总决赛的"菜鸟"球队，他们认为就连最强大的新疆队都无法与其抗衡，连续三四年成为他们的手下败将，更不用说从2006年以来首次进入季后赛第二轮、从没打过总决赛的北京队了。在总决赛前漫长的休整阶段，主教练李春江给广东队每天安排了一次训练，而且强度都不大，而这最终也为他们总决赛表现不佳埋下了伏笔。

2012年的3月21日，总决赛第一场在北京的万事达中心举行，这是CBA第一次把比赛搬进NBA级别的场馆，在全场18000名球迷山呼海啸的加油声中，北京队打出了一场堪称经典的比赛。首节比赛在一度8比14落后的情况下，北京队打出了一个8比0的高潮，一举逆转比分，首节结束时，北京队以37比22领先广东队多达15分。

意外的落后让卫冕冠军也产生了心理变化，广东队主帅李春江在比赛第三节落后20分时撤下双外援，换上李原宇和任骏飞两名小将，起初人们以为这是广东队放弃了抵抗，结果发现完全不是这样，李春江让两名年轻队员上场对北京队球员"上腿"，扰乱北京队的心态，马布里在一次投三分时，广东队周鹏刻意地把脚垫到了马布里的脚下，当时在一旁的李学林也看不下去了，直接冲上去质问周鹏，还因此被吹了一个技术犯规。李学林说："当时对方的心理战很奏效，他们一派上全华班，我们就觉得不对劲，上来的球员就是来撞我们的，撞也无所谓，因为身体对抗也正常，但是我觉得不能有下脚这种伤人动作，所以我看到周鹏给老马垫脚，就过去质问他怎么回事，为什么这样！"不得不说，李春江的这步不太光彩的"奇招"的确起到了效果，这让北京队球员在场上比赛时不得不有所顾忌，同时加上朱彦西和莫里斯在最后一节开始后不久就6次犯规被罚下场，广东队顺势追上了比分，分差最小时凭借外援辛格尔顿的上篮，广东队一度追到98比101，只差3分，但好在北京队马布里和李学林两名球队的外线核心在比赛最后稳住了局势，关键时刻马布里包揽了球队的最后7分，而李学林很好地控制了比赛的节奏，最终北京队108比101赢得了总决赛的首场胜利。

也正是从这场比赛开始，北京队和广东队的总决赛让人们看到了一些悬念与恩怨。广东队主帅李春江也因为其让队员"上腿"等不当言论被电视转播捕捉到而"得罪"了京城球迷，很多球迷给李春江起了一个绰号叫"李上腿"。

作为"宏远王朝"的缔造者之一，李春江在CBA历史上也有着一席之地。他是辽宁男篮1983年一代的核心球员，1990年入选国家队 并帮助国家队获得亚运会冠军。1993年加盟广东宏远，并在联赛第一个赛季帮助球队获得联赛第二名的佳绩。2001年接替张勇军成为宏远主帅，随着杜锋、朱芳雨、王仕鹏和易建联等球员的崛起，李春江打造了一支CBA的王朝球队。

2006年，在率队夺得三连冠

北京男篮
Beijing Men's Basketball Team

时任广东队主教练李春江在场边指导　　李志岩 摄影

之后，李春江意外下课赴美深造，李群接过了广东队的帅位。丢冠之后交出帅位，这种情况在CBA历史上极其罕见，虽然广东宏远给出的理由是李春江赴美深造，但是实际上就是变相的下课。如果从成绩上来看，李春江的执教成绩几乎无可挑剔，但是从性格上看，他的个性鲜明，作风强硬，也因此引发了一些争议。当年作为篮协重点培养的中年教练员，李春江在带领国青队比赛期间一怒之下率队退赛，他也因此无缘国字号球队。

不过在李群执教的那个赛季，广东宏远在拥有易建联的情况下，总决赛中1比4不敌王治郅回归的八一队，丢掉了冠军。李群因此下课，李春江顺理成章地"学成归来"，重新执掌帅印。此后他又带领广东队取得了一个四连冠，包括面对历史上最强的新疆队，他们在一度1比2落后的情况下最终逆转夺冠，很多场比赛都堪称经典。不过，面对北京队的这个总决赛，算是李春江职业生涯中的一抹败笔，是他执教生涯中最惨痛的失利。

北京队带着1比0的领先优势来到东莞客场，球队下午4点下榻到酒店，5点就安排了训练。球队在1比0领先之后，也有一定的压力，毕竟总决赛与半决赛还是不同的，闵鹿蕾说："其实论实力，广东肯定比我们强，我们第一场之所以打得好，就是因为不想让主场18000名球迷失望，我们不想仅仅做总决赛的过客，不管最后能不能赢得总冠军，我们还是希望把比赛打得更精彩。"但是在上一场赢球之后，球员们的心理状态已经完全不同了，每个人都自信心爆棚，年轻的翟晓川、朱彦西全都跃跃欲试，莫里斯也说："看看这里挂着的总冠军旗，看看这里悬挂的每个球员的照片，论天赋他们是全联盟最好的球队，就像湖人在NBA中的地位一样，但是每支球队都会输球，湖人也会输球。而我们在这里已经赢下过几场比赛，加上前一场主场的胜利，我们知道应该怎样击败广东，我们找到了击败他们的方法。"类似的话，在近十年的CBA当中，几乎从来没有人敢说，但是此时能从北京队的球员口中说出，也证明了当时北京队的自信心之强。

双方的第二场比赛要比第一场来得更加惊心动魄，广东队做出了

2012年3月21日,2011-2012赛季CBA联赛总决赛,北京首钢男篮对阵广东宏远男篮。图为北京队外援马布里(白衣)冲出广东队周鹏、外援布鲁克斯(蓝衣)的包围
新华社记者 孟永民 摄影

北京男篮
Beijing Men's Basketball Team

调整,用周鹏死缠马布里,这极大地限制了老马的发挥,整个第一节他只得了2分,但好就好在马布里并非只会自己得分,他同样可以通过自己的进攻给队友创造机会。在赛前闵鹿蕾就想到广东队肯定会重点"照顾"马布里,所以让球队的其他球员都要做好准备,结果朱彦西一开场就连续命中三球,连得7分,队长陈磊也砍下了5分,以此弥补了老马被"防死"的进攻缺失。不过首节比赛北京队还是落后广东队8分。

分差最大时,北京队下半场一度落后广东13分之多。他们带着10分的劣势进入了最后一节的决战,结果在马布里和莫里斯的带领下,第四节一开始北京队就打出了一波6比0的高潮,迅速缩小了分差。比赛结束前4分55秒,布鲁克斯在李学林头上三分出手,结果球脱手,李学林抢到球后顺势快攻上篮得手,为北京队100比98反超了比分,这个球是比赛的转折点,至关重要,从这个球之后,广东队再也没能追上北京队。能在如此关键的比赛中逆转,让人们看到了北京队的实力与冷静,以及他们对总冠军的渴望。闵鹿蕾说:"就是一颗求胜的心!我们的经验没有广东队那么丰富,我们只能靠这样一颗求胜的心去努力,就算落后十多分,我们也不想放弃,这是我们最宝贵的东西。"

在0比2落后的情况下,即便是卫冕冠军的广东队也开始感受到了压力,他们开始反思自己前两场比赛失利的原因。时任总经理的刘宏疆说:"主要是总决赛之前我们休息的时间太长了,以前从没有这样的经历,这十几天的时间怕队员练得太多不兴奋了,所以就采取了每天一练的策略,但是在训练量上有所增加,结果比赛打起来一看,量没加上去,球队也完全不在状态,可以说我们是把北京队想得太简单了。第一场比赛一开打发现难度很大,可球队状态不佳,第二场则是由于球员们太想赢球了,所以比赛中心态有些着急。"

此时的广东队已经被逼到了悬崖边上,几乎所有的压力都在他们身上,因为一旦再输一场,卫冕冠军在总决赛里0比3落后,这不要说是否丢掉了总冠军,更将是一种莫大的耻辱。所以在第三场比赛之前,广东队下定了赢球的决心,同时也做足了准备。

北京队也做好了心理准备,闵鹿蕾和马布里都很清楚,总决赛不会那么轻松、那么顺利就赢下来,卫冕冠军一定会反扑。赛前,在球队的更衣室里,马布里就告诉队友们:"不要想带着3比0的领先离开这里,总决赛不会这么容易的。"

果然,一开场广东队就摆出了一副决一死战的姿态,布鲁克斯不再像前两场那样一个人强打,而是频频利用自己的突破给队友们创造机会,之前表现一般的朱芳雨在本场比赛中爆发,他的投篮更加坚决。0比2落后的广东队反而放下了所有的顾虑和包袱,北京队从一开场就落后,虽然第二节一度追到

2012年3月25日,2011-2012赛季CBA联赛总决赛,北京首钢男篮对阵广东宏远男篮。图为广东队朱芳雨(白衣)急停跳投
新华社记者 孟永民 摄影

只剩下1分，但是第三节比赛中北京队的朱彦西、吉喆和莫里斯都遇到了犯规困扰，分差也被广东队再次拉大，达到了10分以上。第四节一开场，莫里斯就领到了个人的第五次犯规，闵鹿蕾不得不把他换下，换上身背四次犯规的吉喆，仅仅30秒之后，朱彦西被吹犯规，六次犯满下场，莫里斯不得不再次被派上场，但是犯规的困扰令北京队的球员在防守端不得不更加小心谨慎，如此一来，广东队反而越打越放松，比赛的形势渐渐明朗。

这场比赛虽然北京队多次被广东队拉大分差，但是球队始终都没有放弃，多次迫近了比分。虽然最终还是输了18分之多，但是这场失利并没有让北京队失去信心，反而大家都觉得有实力和广东队一决高下。毕竟客场面对卫冕冠军，遭遇了犯规困扰，而且一度落后将近20分，球队还是将比分追上了，那么回到主场，北京队完全有能力赢下比赛。因此赛后，在北京队的更衣室里，球员们都没有因为输球而沉寂，相反大家的状态都非常亢奋，显得很不服气。朱彦西坚决地说："这场失利不会影响我们的信心！"闵鹿蕾也丝毫没有埋怨球员们，他显得很平静，说："广东队是卫冕冠军，肯定不好打，不能想着3比0领先对手，我们必须做好最困难的准备，毕竟总决赛这条路不好走。"

在输掉了比赛之后，马布里发了一条微博，写道："带着2比1回到北京，我们的背后将是18000多名尖叫的球迷，我们需要你们的力量。"马布里和他的北京队很清楚，决战将在自己的主场进行，万事达中心，最完美的战场。

在回到主场之后，闵鹿蕾一直在给球员们减压，希望球员们不要因为暂时领先、不要因为回到了主场就背上想赢怕输的包袱，他说："我们自己不能因为想赢怕输背上包袱，不能被自己压垮，虽然我们2比1领先，但是原本我们就没有什么可输的，所以球员们必须放开打，只有心态放松，有点小兴奋那种状态，球队才能发挥出最佳的水平。"而当时北京队的状态恰恰正是这样，每个人都有种跃跃欲试的感觉，赛前一天马布里就说："我已经等不及比赛了，我希望比赛今天就能开始。"

这场比赛北京队的准备比广东队更充分，北京队显示出来的求胜欲望也要强于广东队，针对广东队上一场的进攻和防守，北京队在这场比赛中做出了很多有针对性的调整。在马布里被限制的情况下，莫里斯成为了北京队的箭头人物，他在首节就被换上，全场砍下了32分和12个篮板，成了广东队的无解难题。

北京队小将朱彦西在比赛第二节还剩三分多钟时，被陈江华顶到了胸口，当时就感到呼吸困难，直接被送往医院。在医院的时候朱彦西甚至流下了遗憾的眼泪，相比自己受伤的情况，他更担心自己的队友们，他遗憾自己没能在场上帮助球队，他担心球队会有什么差池。

但队友们没让朱彦西失望，虽然他的下场使得北京队的内线用人有些局促，但是球员们不但没有失去信心，大家反而越打越好，马布里、莫里斯和李学林这个铁三角组合稳稳地掌控了局面，在广东队一度把分差逼近到81比82只落后1分的时候，先是马布里投中三分，随后李学林抢断并助攻莫里斯快攻扣篮，迅速地再次拉开比分，并一直将领先优势保持到了终场。闵鹿蕾说："这就是专注力，是决心，不论场上发生什么，都干扰不了我们的决心。我觉得第三场输球对队员们反而是好事，大家在这场比赛里求胜的决心更大了！"

比赛结束的那一刻，整个万事达中心沸腾了，所有的球迷都起立鼓掌欢呼，翟晓川、方硕这些年轻人就像已经获得了总冠军一样兴奋，球员们把手搭在一起互相鼓劲。而马布里则表情冷峻，这一刻他也是第一次经历，在他NBA的生涯中他从未距离总冠军如此近过，但是此时老马知道，他的梦想还没有实现。他距离实现自己的梦想，距离实现北京这个城市的梦想还差一场胜利。他冷静地说："我们还差一场胜利，那时才能庆祝。"

此时的北京队已经不仅仅只是想品尝一下总决赛的滋味了，3比1领先的他们已经把目光瞄准了总冠军，只需一场胜利，他们就能够创造历史。

2012年的3月30日，这个北京篮球历史上特殊的日子，万事达中心一票难求，就连120元的低价票当天也被炒到了上千元，人们都想在现场见证北京队夺冠的那一刻，几乎所有球迷都认为北京队的总冠军已经十拿九稳。但是北京队自己清楚，比赛不会那么简单。

2015年3月1日,2014-2015赛季CBA联赛半决赛,北京首钢男篮客场对阵广东宏远男篮。图为广东队易建联(白衣)和北京队队员(蓝衣)比赛中　全体育图片社 供图

北京男篮
Beijing Men's Basketball Team

比赛中北京队从一开场就大比分落后，首节结束25比36落后11分。但是第二节北京队在莫里斯被对手限制住的情况下，再次换上了马布里，老马带领着翟晓川、吉喆等人打出了一波15比0的高潮，一举追平了比分，并且在半场时实现反超。双方就这样僵持着进入了第四节，广东队在第四节一开始就打出了极佳的进攻，距比赛结束还剩7分钟时，北京队还一度落后10分，但北京队保持了之前的韧劲，迅速地逼平了比分。

比赛结束前1分21秒，两队战成121平，戏剧性的一幕出现了，马布里在防守布鲁克斯时犯规，但他根本没有意识到这已经是自己的第六次犯规了。在决战的时刻核心被罚下场，比赛的形势一下变得对北京队非常不利，马布里就站在场边看着队友们，虽然这场比赛他得到了41分，但是当时他的心里还是感到特别沮丧与不安。

队友没让老马失望，陈磊和莫里斯站了出来，先是莫里斯造成朱芳雨犯规，两罚全中，广东队进攻未果，随后陈磊再次造成对方犯规，两罚一中锁定胜局。124比121，北京队主场击败了卫冕冠军广东队，CBA历史上的新科总冠军诞生了——北京金隅！

夺冠的那一刻，很多人都哭了，闵鹿蕾、马布里、翟晓川、陈世冬，大家都留下了激动的泪水。马布里重新回到场地上，高喊着"我们是冠军！"享受着全场18000名球迷的欢呼与祝贺，球员们把他高高举起，抛向空中，这是老马职业生涯中最开心的时刻。主教练闵鹿蕾说，此刻就是梦想成真，他说："1983年我刚入北京队的时候，拿过一次全运会冠军，过了这么多年，当教练拿到的这个冠军，我觉得意义与以前不同，现在这种社会关注下，这个总冠军实在不容易。今天晚上这不仅是一场胜利，更是一种北京精神，是一种永不言弃的精神，我们在比赛中遇到了那么多困难，莫里斯状态不好，老马被罚下，但是我们依然坚持了下来，并且拿到了冠军，这是一种对胜利的渴望。"

广东宏远队没有看着北京队庆祝，而是早早地离开了场地，对于他们来说，丢掉这个总冠军是他们此前根本就没想到的，也正是这次失利，让他们做出了必须改变的决定。

在接下来的一个赛季中，广东队迎回了易建联。因为和小牛队合同到期之后，阿联在美国并没有得到一个打球的机会，因此他决定回国。起初新疆队也开出了高薪邀请阿联加盟，但是最终他还是选择了回到自己的母队广东宏远队。他的回归极大程度地补强了广东队的内线，不论是他的防守能力，还是进攻端的投篮都是国内最好的，甚至可以和外援相媲美。

2012-2013赛季的广东队重新成为了联赛的霸主，他们几乎所向披靡，唯独面对北京队的时候吃了瘪，两次交手全部吃到了败仗。双方的首回合交锋，是在2012年的12月25日，广东队的主场，北京队带着上一年夺冠的气势和广东队交手毫不落下风，并最终以110比100赢得了胜利。这场比赛很大程度上也加速了广东队做出改变。仅仅10多天之后，2013年的1月6日，广东队内部传出消息，李春江正式下课，理由是"因病请辞"，球馆里撤下了这位冠军教头的照

热情的广东男篮主场球迷　刘平　摄影

2014年3月13日，2013-2014赛季CBA联赛半决赛，北京首钢男篮客场对阵广东宏远男篮。图为北京队朱彦西（蓝衣）和广东队朱芳雨（白衣）在比赛中　刘平　摄影

片，取而代之的是曾经带领中国男篮在北京奥运会取得前八的欧洲名帅尤纳斯的大幅照片，杜锋接任广东队主教练，尤纳斯任执行教练、助理教练，实际上尤纳斯执掌全局，临场指挥，杜锋只是名誉上的主帅罢了。其实赛季初广东队就考虑更换主教练，让尤纳斯来接手，但是由于档期问题，当时计划没能成行。

尤纳斯全名尤纳斯·卡兹劳斯卡斯，来自立陶宛，在球员时期就年少成名，从开始的前苏联队，到后来的立陶宛国家队，他一直是国家队的主力后卫。退役之后老尤开始了自己的执教生涯，结果他的执教生涯同样辉煌，从1995年开始，六次获得立陶宛联赛冠军，两次在欧洲俱乐部联赛中夺冠，1997年接手立陶宛国家队，最好成绩是获得了悉尼奥运会的铜牌，当年老尤不但获得了立陶宛年度最佳教练的称号，还当选了欧洲最佳教练，被称作"欧洲恺撒"。

之所以有这样的绰号，是因为尤纳斯的铁腕。尤纳斯以强硬著称。在执教中国男篮征战北京奥运会期间，老尤多次公开抨击CBA联赛，抨击篮协的个别做法，一度引起了很大争议，但他得到了时任篮管中心主任李元伟的力挺，因此在2006年世锦赛仅仅获得了第十六名的情况下，仍然得以留任，最终比较出色地完成了自己的任务。2008年北京奥运会上，他带领着拥有姚明、易建联、王治郅、朱芳雨和王仕鹏等球员的队伍在主场打入了前八，追平了男篮奥运会历史最佳战绩。也正是因为这段经历，让老尤在易建联、朱芳雨、王仕鹏这几名国手心中有着不同于他人的地位。在尤纳斯抵达广东之后，他迅速地和球员们打成了一片，也得到了球员们的爱戴和拥护，因此广东队此时的士气得到了

北京男篮
Beijing Men's Basketball Team

2013年11月29日，2013-2014赛季CBA联赛常规赛，北京首钢男篮对阵广东宏远男篮。图为北京队王骁辉（白衣）封盖广东队王仕鹏（蓝衣） 新华社记者 孟永民 摄影

一定程度的提升。

在老尤加盟之后，广东队几乎所向披靡，但还是输了一场比赛，这就是客场对北京队的比赛。赛季初李春江率领的广东队已经在主场输给了北京队，现在来到了北京队主场，广东队很想复仇，但结果马布里在最后一节一分钟内连中三记三分球，直接拉开比分锁定了胜局，就连一向运筹帷幄的尤纳斯也只能望洋兴叹，无计可施。这场比赛，马布里砍下了41分，帮助北京队实现赛季双杀广东宏远队，人们都从这场比赛中看到了北京队在面对广东队时的信心与决心，也看到了原本被认为近乎无懈可击的广东队所暴露出的弱点。

不过2012-2013赛季，北京队在季后赛半决赛遇到了拥有阿巴斯、杰特和弗洛曼三名外援的山东队，因为内线的劣势，北京队在自己的主场先输一场，随后在两个客场接连失利，最终0比3被山东队横扫出局，山东队则与广东队会师总决赛。不得不说，这一年的总决赛是近几年来实力最悬殊、最没有悬念、观赏性最低的总决赛。面对广东宏远队，山东队根本没有任何斗志与求胜的欲望，赛前山东队主教练巩晓彬就明确表示："每支球队打总决赛的目的不同，我们的目的就是向广东队学习。"因此山东队不论是国内球员，还是外援，都没能在总决赛中表现出像半决赛那样的水准。广东队几乎兵不血刃地就以4比0横扫山东队，重新夺回了总冠军，这个冠军也是尤纳斯在中国夺得的第一个总冠军。

2013-2014赛季对于广东队和北京队两支球队来说，都有着不同的意义。对于广东队，他们需要在联赛中实现卫冕，这是尤纳斯执教的第一个完整赛季，他所面对的情况与此前半路接手是完全不同的。而北京队一边，在经历了令人难堪的被横扫之后，这个赛季厉兵秣马，准备卷土重来，重新对总冠军发起冲击。

但是这一次两队在常规赛的交手有些令人失望。马布里在常规赛进行了6轮之后，因为左膝半月板撕裂决定返回美国接受手术，而常规赛第八轮，北京队就将在主场和广东队相遇，老马的缺阵让这场较量减色不少。北京队在这场比赛只能派出莫里斯一名外援应战，为了能在主场给队友们加油，马布里特意推迟了返回美国的时间，留在北京来观看这场比赛。

在这场比赛之前,广东队已经有超过600天没有击败过北京队了,这在广东队历史上还是首次,因此他们对这场比赛胜利的渴望可想而知。而北京队也不想束手就擒,虽然没有马布里,但是全队都有着一股信心,都想和卫冕冠军拼一拼,看看自己到底有几分实力。比赛的进程完全出人意料,虽然广东队开场就取得了领先,但是北京队始终紧咬着比分,即便是下半场,广东队派上双外援,北京队只有莫里斯一名外援的情况下,北京队也仅仅是落后6分进入末节。

最后一节北京队凭借莫里斯、李根和孙悦等人的发挥,一度将比分扳成77平,随后广东队捕捉到了北京队联防的漏洞,由怀艾特在底角连中两记三分球拉开比分,这两球直接改变了比赛的走势。比赛最后9秒,北京队仅仅落后2分,重压之下莫里斯第一罚不中,第二罚故意罚失,却丢掉了篮板球,最终主场2分惜败。

这是一场非常特殊的比赛,赢球的一方虽然赢了球,但是心情却很沉重,朱芳雨说在没有马布里的情况下,本以为可以轻松击败北京队,至少赢十分以上,结果没想到北京队这么顽强。而北京队这边虽然输了球,但大家的自信却因为这场比赛而爆棚,翟晓川说:"广东队也不过如此,我们完全有实力和他们较量。"他的这番话几乎代表了北京队所有人的想法。而一直在场边给球队加油的马布里看到队友们这样的表现,心也踏实了下来。他说:"今天的比赛我没有打,我不知道如果我上场的话,我们究竟

能不能赢,但大家都看到了,我们的队员干得很好,我没有因为一次失败而觉得失望,我为全队的表现感到骄傲。我当然想赢,但总体来说,我更看重大家能打出怎样的水平,如果每场比赛都能像这样打,我们肯定能一路赢下去。"

看完这场比赛,马布里就将返回美国,在他离开更衣室的时候,每个队友都上来和老马拥抱道别,希望他手术成功,早日康复,大家再一起向总冠军发起冲击。

常规赛两队的第二次交手与第一次完全不同,此时的马布里已经回到了球队,只是他还不能参加比赛,只是跟队自己做一些训练而已。在离开北京之前,他向球队推荐了达米恩·威尔金斯来顶替他,

2015年2月25日,2014-2015赛季CBA联赛常规赛,北京首钢男篮对阵广东宏远男篮。图为广东队易建联(蓝衣)在比赛中　刘平 摄影

北京男篮
Beijing Men's Basketball Team

此时威尔金斯已经和球队磨合得比较顺畅，虽然他攻守均衡，又很踏实，但是相比马布里，却缺少了一些领袖的气质。

广东队在这场比赛把他们积蓄了很久的情绪爆发了出来，他们从第一节就取得了25比13的领先，随后北京队不但没能止住颓势，反而越打越乱，被广东队连续投进三分球，半场结束时分差已经被拉大到了23分。虽然下半场北京队没有放弃，一直试图追分，但是在防守端他们却总是漏人，让广东队打得十分轻松，从这场比赛的表现来看，两支球队完全不在一个水平线上，不像是一个级别的球队。一位北京队的球员赛后说："这场比赛把我们之前几个赛季建立起来的面对广东队的自信心全都给打没了。"

不过不得不说，常规赛的两次交手，对于这两支球队来说，都不太具备说服力，因为没有马布里的北京队，就像一辆没有了发动机的汽车，很难走得远，因此真正的较量要等到季后赛，等到马布里回归之后。但也正是这两次交手，尤其是首场比赛在北京队主场的险胜，让广东队意识到他们必须做出改变。面对北京队单外援，只赢2分，一旦马布里归队，他们输球的概率将大增，所以广东队开始计划更换外援，把队中没有大赛经验的外援怀艾特换掉，换来一位实力战将专门来对付马布里，实际上不仅仅是马布里，还有新疆队的哈德森，广东队希望能够找到一个能够限制这两名联赛中强力外援的新外援。

最近几个赛季，广东队都会在赛季后半段更换外援，他们的目的很明确：省钱。因为广东队内国手众多，每个人的工资都不是小数目，易建联更是国内薪金最高的球员，据称达到了1000万元，另外再加上尤纳斯的80万欧元的合同，广东队的开销巨大，因此赛季初期他们通常签下一名相对廉价的外援，到赛季后半段再签一名有NBA实力的外援，以此来节省开支。

这一次广东队签下了此前刚刚被雷霆队裁掉的外援罗伊·艾维，艾维在NBA名不见经传，以防守见长，进攻水平十分有限，甚至令人担忧。他代表广东队参加的全部14场比赛中，只有6场比赛得分超过了10分，其余的比赛得分全部在10分以下，他场均得分只有10.1分，而在CBA相同位置的球员平均得分也有10分，这说明艾维的进攻能力甚至不比国内球员高。但这些都是后话，在刚刚换来艾维的时候，广东并没有想到他的进攻会如此之差，他们考虑的是需要他的防守去限制马布里等强力外援，至于进攻端，有易建联、朱芳雨、王仕鹏、刘晓宇等国内同一位置最好的球员，进攻火力基本可以保证，但是也正是这次换人选择，为广东队最后的失利埋下了伏笔。

在季后赛首轮，广东队轻而易举地击败了外援四节七人次的上海队，而且可以说赢得非常轻松，除了首场比赛95比91客场赢下4分之外，其余的两场全都是十分以上的大胜。带着3比0的大比分，广东队早早晋级半决赛。而他们半决赛的对手正是他们的老对手北京首钢。

北京队在常规赛最后六轮才迎回了他们的核心马布里，老马回归后的状态并不好，这六轮比赛北京队仅仅取得了3胜3负的战绩，其中常规赛最后一场客场不敌上海队，马布里更是7投0中没有得分，这让很多人都不看好北京队的季后赛前景。但后来据北京队主帅闵鹿蕾介绍说，这是他和马布里在赛前就已经商量好的计划，两人认为如果球队在后六轮全力去拼，最多只能拼到第三名左右，但是这有可能会在首轮遇到天津，次轮还要碰新疆，相比之下北京队更愿意在首轮和浙江广厦交手，毕竟过去三个赛季季后赛首轮，北京队都以3比0横扫了广厦，因此不论从实力上，还是自信上，北京队都更占优势。至于半决赛要碰到联赛领头羊广东宏远，马布里说："如果要想得到总冠军，早晚都要碰到广东队，因此半决赛相遇，还是总决赛都一样，如果无法击败广东，就肯定拿不到总冠军。"

这次的半决赛，几乎没有人看好北京队，理由很简单，马布里受伤影响了状态，具体恢复到什么程度恐怕就连北京队自己都不清楚，另外，北京队在常规赛最后六轮的表现完全没有争夺冠军的实力，相比稳定得可怕的广东队，北京队没有任何胜算。

以后事实证明，任何事都不能想得太过绝对。

在季后赛首轮对广厦的第四场比赛之前，马布里在北医三院治疗膝盖的积液，医生从他的膝盖里抽出了一管混有血液的积水，虽然这些积水不会让他的膝盖受到更大的损伤，但是却会影响到他的跑跳能力。结果马布里在那场比赛砍下了32分，并且带领北京队进入了半决赛。这时人们已经看到了老马状态回升的迹象，而且在季后赛的四场比赛里，他的表现正在变得越来越好，越来越稳定。

半决赛首场比赛，在常规赛战绩落后的北京队主场举行，在万事达中心，这个北京队曾经击败广东队夺冠的地方，两队再次相遇。结果一开场，马布里就在进攻端为队友们创造了更多的机会，首节北京队29比24领先广东队，展示出了他们的决心。不过第二节比赛广东队一上来就打出了一波9比0的高潮逆转了比分。防守端，他们对于莫里斯的布置很有针对性，每次他拿球都会上前夹击，导致莫里斯进攻困难，北京队进攻受限，广东队不断拉开分差，半场结束时，北京队落后11分之多，场面上完全处于劣势。

第三节，马布里站了出来，他一开场就投中三分，带领北京队疯狂追分，他一次次地把球队从生死线上拉回来，在球队最需要他的时候，扛起了全队。第三节老马一个人就砍下了19分，北京队也从这时起拉开了反攻的序幕。最后一节，马布里、莫里斯两个人全都找回了状态，轮番轰炸之下，北京队最终90比87上演大逆转，赢下了半决赛的首场胜利。

马布里在这场比赛里得到了31分、5个篮板，并送出了4次助攻，而广东队专门来和老马对位的外援艾维在将近30分钟里，只得了7分，而且命中率超低，投篮8投2中，罚球8罚3中，就连一些轻而易举的上篮都无法打进，此时广东队才意识到之前更换外援的举措可能并不明智。

另外广东队执行教练尤纳斯在这场比赛里也出了昏招，比赛上半场广东队之所以发挥出色，就是因为他们坚持从易建联和鲍威尔打起，用他们的挡拆配合打开局面，但是第四节关键时刻，广东队内线两个优势点完全接不到球，而且比赛最后一分钟，尤纳斯本来还有一长一短两个暂停可以叫，可以为球队进行布置，打乱北京队的节奏，结果可能是因为比赛紧张，尤纳斯竟然忘记了叫暂停，任由球员们在场上打完了比赛，而且最终输了球。从这场比赛开始，广东队的管

2013年11月29日，2013-2014赛季CBA联赛常规赛，北京首钢男篮对阵广东宏远男篮。图为广东队外援（蓝衣）在比赛中　新华社记者　孟永民　摄影

北京男篮
Beijing Men's Basketball Team

理层开始对老尤有些质疑，质疑他的用人，以及临场指挥，而广东队的一些年轻球员也对尤纳斯固执用人感到不满。

赢下这场比赛之后，北京队信心爆棚，所有人都看到了击败广东队的机会，莫里斯说："就像两年前一样，我们找到了击败卫冕冠军的方法，如果我们像这场比赛一样坚决，坚决地去攻击对手内线，给他们造成杀伤，尽量打出我们最喜欢的转换进攻，那么我们就完全有机会去客场赢下比赛。"北京队是这么说的，实际上也是这么做的。

北京队希望像上一次总决赛的进程一样，在第二场比赛中击败广东队，但是谈何容易，有了两年前的教训，广东队也不想重蹈覆辙。因此双方的第二回合较量，广东队一开场就打得气势如虹，展现出了他们最强的实力，首节32比15领先，半场结束时63比38领先25分，第三节最多时，他们更是一度以72比41领先31分之多，眼看着比赛就要进入垃圾时间了。此时北京队主教练闵鹿蕾曾经想过鸣金收兵，把马布里等人换下，在征求老马意见时，马布里说："为什么把我换下？比赛还没打完呢！"老马拒绝放弃，事实证明他的决定是对的。如果比赛真的在此时失去悬念，北京队以30分的劣势输掉比赛的话，那恐怕球队的所有人都会失去信心，这会极大地打击全队的士气。而老马留在场上，他那股子不服输的劲头带着全队再次发起了反扑。带着21分的劣势进入最后一节的北京队完全没有放弃，马布里的抢断、突破，孙悦的三分远投，帮助球队打出了一波12比0的高潮，迅速缩小了分差。不过老马在比赛还有4分05秒时，就因为一次带球撞人，6次犯满被罚下场，很多人都认为此时的北京队已经输定了，但恰恰是这次判罚激怒了北京队，李根、莫里斯等人在没有老马的情况下爆发，在比赛最后一分钟里95比93神奇地实现了反超，比赛最后13.2秒，广东队国手王仕鹏接球之后出手命中三分，这个球就像是2006年日本世锦赛上，王仕鹏在中国男篮对斯洛文尼亚的比赛中的三分绝杀一样，一下改变了比赛的结果，王仕鹏再一次拯救了尤纳斯。随后北京队翟晓川三分远投不中，只得采取犯规战术，最终以三分惜败于广东队。

这场比赛是整个半决赛的拐点，如果这场比赛中，广东队赢下北京队30分以上，或者25分以上，可能北京队的自信心就会受到极大的打击，但是恰恰因为广东队在下半场让北京队看到了赢球的机会，虽然凭借王仕鹏的绝杀，他们最终扳平了大比分，但是北京队的信心和斗志却全都提升了一个档次。从闵鹿蕾开始，都对后面的比赛充满了渴望与信心。"今天好在看到了大家的斗志，我们是有这个能力去赢得比赛的，虽然输了几分，但是大家信心依旧，我们要的就是这个，大家站在这个舞台上，机不可失，失不再来！和广东队打半决赛，关键看这儿！"说着，闵鹿蕾用手握拳，捶了捶自己的胸口表明了决心，他说："谁这儿更坚强，谁更无畏，谁就能在场上赢球！"

左图：2012年3月23日，2011－2012赛季CBA联赛总决赛，北京首钢男篮客场对阵广东宏远男篮。图为北京队王晓辉（蓝衣）与广东队外援（白衣）争抢篮板球
CFP 供图

右图：2014年3月13日，2013－2014赛季CBA联赛半决赛，北京首钢男篮客场对阵广东宏远男篮。图为广东队易建联（白衣）在比赛中
刘平 摄影

在双方第三场比赛当天上午开会的时候，马布里给大家下达了必杀令，要求必须赢下广东队，而莫里斯也鼓舞大家说："不管你们怎么想，我今年是不打算再回这个客场了，要回就等到下赛季再来！"北京队的球员们都抱定了必胜的决心。

当天比赛一开场，马布里就身先士卒做出了表率，打出了自己在CBA最精彩的一个开局，他的前6投全中，其中包括3记三分球和3记两分球，而且这些球大部分都是在有对手严防的情况下投进的，马布里一开局就拿下15分，并且带领北京队打出15比8的开局，这迫使尤纳斯不得不换下防守马布里的刘晓宇和他们的内线进攻利器鲍威尔，换上艾维来限制老马，这多少也影响了广东队的比赛计划。

这场比赛双方一直鏖战到加时赛，结果就像是闵鹿蕾在赛前说的那样，决心更大的北京队表现得更加出色，马布里关键时刻弧顶投中

三分，紧接着莫里斯造成对方犯规罚中两球，为北京队锁定了胜局。带着2胜1负的战绩，拿到了半决赛赛点的北京队结束了这次客场之旅，他们有很大的机会回到自己的主场万事达中心去结束这轮系列赛，再次淘汰卫冕冠军。

这场失利，让广东队管理层对尤纳斯彻底丧失了信任，俱乐部内部对于他防守不住马布里意见很大，同时也有一些人质疑他的用人过于死板，不给替补球员机会，再加上在双方首场比赛的最后时刻忘记叫暂停，广东队最终决定让尤纳斯留在东莞，不再跟队。对外他们给出的解释是尤纳斯脚部有伤留下休养，但实际上已经收回了尤纳斯的兵权。之前一直站在尤纳斯身后的杜锋被扶正，来到台前指挥比赛。

其实杜锋执教会做出哪些变化，半决赛第四场之前人们就已经很清楚了，针对之前三场出现的问题，杜锋会在第四战中重新启用不被尤纳斯信任的年轻人们，董瀚麟、陈江华、李原宇甚至高尚都在这场比赛中获得了上场的机会，虽然起用年轻人会有一定的风险，但是却可以给易建联、王仕鹏、朱芳雨等老将难得的休息时间，他们利用这些宝贵的喘息机会恢复体能，才能保证在下半场不被北京队追分。毕竟过去的三场比赛，广东队几乎都是输在了下半场，而这场比赛则完全不同了。

双方在上半场战成48比46，广东队领先2分。而下半场体能充沛的广东队不但没让北京队追分，反而不断拉大了比分，三节过后领先北京队11分，第四节广东队始终保持着7分左右的领先，一直到比赛结束，北京队被压制了全场。这场比赛，双方的国内球员形成了明显的反差，广东队易建联得到了21分15个篮板，朱芳雨居功至伟得到了全队最高的25分，还抢下了9个篮板，而北京队方面只有马布里和莫里斯两名外援分别得到了34分和31分，其他再无人得分超过10分，被人们寄予厚望的孙悦全场比赛8投1中，只得了2分，却有6次犯规，李根也只得到了7分。赛后莫里斯说："我们需要其他球员能够站出来，不能只靠我和马布里两个人的发挥，看看今天的广东队，他们打得就像当年巅峰时期的广东队一样，充满了自信。"

就这样，不想再回到广东客场的北京队不得不重新回到东莞，去结束这轮系列赛，原本晋级机会大好的他们一下成了被动的一方。

第四场输球之后，马布里给队友们发去了一段长长的微信，上面写道："兄弟们，今天我们都没有打好，这没关系，我们之前也打过第五场，这样的情形我们经历过。有时候就是要面对最困难的形势去征服最重要的结果。我们现在对着镜子，看看我们到底是谁！我对你们的信任比你们想象得更多，我知道我们都有一颗冠军的心。"他希望自己的言语能够让大家保持自

2015年2月27日,2014-2015赛季CBA联赛半决赛,北京首钢男篮客场对阵广东宏远男篮。图为广东队队员周鹏(白衣)带球进攻 新华社记者 梁旭 摄影

信，能够激发球员们的斗志。闵鹿蕾也做了自己的工作，他专门找到了孙悦，和他谈心，告诉他他是球队的主心骨，是球员们的老大，他必须要在比赛中站出来有所担当，同时他还给孙悦下达了任务，要在第五场生死战砍下20分！

在准备这场比赛时，北京队下了很大的工夫，从北京到东莞的路上，老马一路都没有休息，一直在研究广东队上一场究竟哪里打得好，北京队哪里可以改善，四五个小时的时间，他几乎把每次攻防，每个细节都研究得非常透彻，然后和闵鹿蕾商量破敌之策，找到答案之后再传达给队友们，因此可以说，北京队在第五场生死战之前做好了充足的准备。

在这场比赛之前，老队长陈磊找到了主教练闵鹿蕾，主动请缨，想上场去防朱芳雨，闵鹿蕾在征求了马布里和莫里斯的意见后大胆变阵，把陈磊放进了首发阵容，并且告诉陈磊要相信自己。结果这一变阵收到了奇效，在第五场生死战的前三节，朱芳雨几乎被陈磊防死，没有太多得分机会。北京队在比赛中多次领先广东队10分以上，但都被广东队顽强地追上，他们凭借朱芳雨的三分球，一度在比赛最后追到91比94只差3分，但是此后马布里利用自己的突破频频造成犯规，获得罚球的机会，为北京队锁定了胜局。

110比102，这是北京队与广东队CBA半决赛最后一场的比分，最终笑到最后的是北京队。莫里斯说："广东队拿过太多的总冠军了，所以他们对于总冠军的渴望远不如我们。"这可能是一方面的原因，而另一方面，就是广东队就像中国男篮一样，也面临着核心球员老化的问题，朱芳雨、王仕鹏随着年龄的增大，他们的体能很难保证在一个赛季里一直保持很高的竞技水平，因此广东队对于比赛的掌控也不再像以前那样游刃有余。在输掉这轮系列赛后，广东队总经理刘宏疆也引咎辞去了总经理一职，球队老板陈海涛很有可能重新出山，执掌球队日常事务。

在2014-2015赛季的准备期，广东队是最早确定外援的球队之一，主帅杜锋赴美考察外援，2014年7月就确定了球队的核心外援——有着"全美第一高中生"之称、2015年NBA选秀"准状元"伊曼纽尔·穆迪埃。

穆迪埃当时刚刚19岁，身高1.93米左右，无论是爆发力、速度还是弹跳力，都是绝佳的。作为控球后卫，他的身高是他最大的优势，他对比赛有一种与生俱来的感觉，并且一直都在用这种感觉打球。他可以自己得分，也可以利用突破分球来为队友创造机会，总之他有着改变比赛的能力。这也是他能在选秀排名中名列前茅的原因。相比他在投篮技巧等方面的不足，穆迪埃征战CBA最大的缺陷在于他除了参加过高中联赛，没有任何职业比赛的经验。在当今的CBA，穆迪埃要学习的东西恐怕有很多，如何去应对商业联赛，如何去适应不断更换的主客场比赛，如何适应高强度的对抗，以及如何适应海外的生活。

在2014-2015赛季，广东两次更换外援，先是用老将威尔·拜纳姆替换了脚踝受伤的穆迪埃，随后又用强壮的阿德里安换掉了丹尼尔斯。其实这两次更换外援都让广东队变得更强大了，一方面拜纳姆的到来盘活了整支球队，他把易建联、朱芳雨和王仕鹏等人全都串联了起来，成了球队的发动机，而阿德里安则很大程度上分担了易建联的内线防守压力。他们也希望能够用这样的阵容去再次冲击总冠军。常规赛期间，广东队一度所向披靡，豪取单赛季26连胜的纪录，同时超过辽宁队锁定了常规赛冠军。

季后赛首轮，他们3比1击败同城兄弟球队东莞新世纪，表现出了不错的状态。结果半决赛，广东队再次遭遇了老对手北京首钢，京粤大战再一次在半决赛提前上演。

半决赛第一场，常规赛战绩稍差的北京队坐镇主场五棵松体育馆，从一开场北京队就占据了场上的主动。因为在赛前北京队非常认真地研究了广东队的战术打法，对于拜纳姆和易建联之间的挡拆，做了非常细致的部署，就是内线球员不换防，死盯易建联，宁可放拜纳姆空位三分，也绝不给易建联攻击内线的机会。结果这样的防守策略收到了奇效，这场比赛虽然易建联依然得到了36分，但是几乎全都是利用个人能力的内线强打，而拜纳姆也得到了35分，但是他的助攻只有3次，要知道拜纳姆赛季场均助攻超过了7次，高的时候几乎场均都有9次助攻。因此拜纳姆高分低助攻正是北京队希望看到的，广东队各自为战，没能形成整体，而北京队则打得更像一个整体，马

2015年2月25日，2014-2015赛季CBA联赛半决赛，北京首钢男篮对阵广东宏远男篮。图为广东队易建联（蓝衣）和北京队外援莫里斯（白衣）在争抢篮板球　刘平　摄影

北京男篮
Beijing Men's Basketball Team

2015年2月8日，2014-2015赛季CBA联赛1/4决赛，广东宏远男篮对阵东莞新世纪男篮。图为宏远队主教练杜锋布置战术
全体育图片社 供图

布里、莫里斯、孙悦分别送出了6次、6次和7次助攻，球队的发挥更加合理，再加上砍下24分的李根，北京队最终主场114比108赢下比赛，抢得了先机。

双方的第二场较量移师广东主场，在硬件几乎能和万事达中心相媲美的东风日产文体中心进行。但是显然广东队把这一场比赛想得过于简单了，他们以为回到主场就能扭转形势，却没有针对第一场比赛球队出现的问题，以及北京队的防守做出及时的调整。

这场比赛北京队仍然延续了前一场的防守策略，掐断拜纳姆和其他球员之间的联系，结果几乎和首战一样，北京队驾轻就熟，一开场就打得游刃有余，取得了领先，并最终以103比92再胜一场，大比分2比0领先。

此时广东队已经被逼到了悬崖边，CBA历史上还从没有球队能够在0比2的情况下实现逆转，纵使他们是联赛里最具实力的球队之一，这看上去也是一个不可能完成的任务。为了殊死一搏，广东队大胆变阵，用穆迪埃更换了阿德里安，放弃内线的防守悍将，准备用穆迪埃和拜纳姆组成的NBA水准的外线组合冲垮北京队的防守。但实际上这样的换人，完全是在赌博，谁也说不好变阵之后是好是坏。结果这一变阵收到了效果。北京队虽然赛前得知了广东队换外援的消息，但是还是没能控制住这对外线组合的发挥，最终广东队以110比99赢下了关键的生死战，把总比分扳成了1比2。

双方的第四场较量堪称CBA史上最经典的对决，拜纳姆在这场比赛中腿部拉伤，按说这样的情况下主场作战的北京队获胜应该毫无悬念，结果倒是广东队在上半场就确定了11分的领先。下半场在球队落后的情况下，马布里没有慌张，一次次地突破为北京队缩小了分差，比赛最后5.4秒，他在接球后仰漂移命中三分球，为北京队把比赛拖入了加时赛。加时赛中，老马包办了全队前9分，其中有1记三分球和3次上篮。北京队最后一投，有绝杀的机会，马布里在对方的防守下干拔跳投三分，球不进，就在人们都以为比赛会进入第二个加时赛的时候，结果斜刺里杀出的朱彦西高高跃起，把球拨进了篮筐，球进灯亮，比赛结束。107比

105，北京队绝杀广东队，挺进总决赛。连续第二年将曾经的联赛霸主广东宏远队挡在了总决赛的大门之外。

从这个系列赛、2013-2014赛季的季后赛半决赛以及2012年的总决赛可以看出，现在的广东宏远不再像以往那样所向披靡、没有对手，起码北京队就可以对他们构成威胁。而整个CBA联赛也从原来广东队一家独大，向着群雄逐鹿发展，拥有马布里、莫里斯、孙悦、李根的北京队，保持着阵容的稳定，使他们仍然非常具有竞争力。同时令人期待的还有2014-2015赛季表现抢眼的辽宁队，以及老牌劲旅新疆和东莞两支球队，签下了周琦的新疆队，利用好周琦，再加上强力外援，假以时日定是总决赛常客。而东莞通过多年的年轻球员培养，现在也到了收获的时候，李慕豪、顾全、孙桐林等都在国家队占据了一席之地。

四年三冠的北京队能否在未来的几个赛季继续夺冠，巩固属于自己的王朝，目前仍是未知数，但是可以确定的是，广东宏远的王朝正在终结，那个曾经由杜锋、朱芳雨、王仕鹏、易建联等人打造的王朝正在随着这些球员年龄的增大而逐渐退出历史舞台。虽然对于广东宏远而言这有些悲情，但对于整个CBA联赛来说，联赛有了悬念，有了竞争，这倒是一件好事。

2014年3月4日，2013-2014赛季CBA联赛半决赛，北京首钢男篮对阵广东宏远男篮。图为北京队朱彦西（白衣）在投篮时遭到封盖　　CFP 供图

载入史册的京新总决赛

龙培培

新疆维吾尔自治区乌鲁木齐市红山体育馆（这里是新疆队主场）

北京男篮
Beijing Men's Basketball Team

2014年3月19日，2013-2014赛季CBA联赛总决赛，北京首钢男篮客场对阵新疆广汇男篮。图为北京队外援莫里斯（蓝衣）封盖　CFP 供图

2014年3月30日，对北京男篮而言注定是一个不眠的夜晚。2013-2014赛季，北京队的比赛是从乌鲁木齐市红山体育馆取得的第一场胜利开始的，而在这个赛季最后一战中，北京队男篮又是以胜利收官，在这里捧走了阔别了两年的总冠军宝鼎。更加巧合的是，和北京队第一次问鼎联赛总冠军一样，再夺总冠军，又是在3月30日这一天。

"我们是冠军！"吉喆一声怒吼，撞开了乌鲁木齐红山体育馆客队休息室的大门，随后回来的每个人都在大喊着发泄心中的各种情绪，"北京最牛！""我们是冠军！"，整个休息室里肾上腺素都在飙升。只有老马一个人回到他紧挨着门口的座位上，脱下背心，用毛巾包裹住脑袋，足足哭了两分钟。这一刻，北京队队员们心中的兴奋、激动，难以用文字形容。

李宁公司的工作人员在急急忙忙地派发早就准备好的冠军衫、冠军帽，好多队员一边换衣服，一边抽泣，李根说："如果这个时候没有落泪，那就是泪腺有问题了。"

老马还在抽泣，就像两年前的那个夜晚一样，那一次，他回到更衣室的时候也哭了。但是时隔两年整的这一次问鼎却远比上一次要艰难得多,他在整个系列赛中从膝盖抽出的积水足有几百毫升,他用自己的行动诠释了什么叫作用生命在打球。

老马的英语本就带着许多俚语,他一边抽泣着一边更加模糊不清地说道:"感谢上帝,让我在这样艰难的情况下赢得冠军。这赛季对我来说太难了,身体上和精神上都是。因为我中途受伤,很多人对我提出质疑,所以这个冠军对我而言比在北京夺冠更有意义。"

最后回到休息室的闵鹿蕾同样激动,他和每一个球员重重地击掌,当他走到莫里斯面前时,大莫紧紧地把闵鹿蕾抱住,不停地对他说:"因为有你我们才有这个总冠军,你是最棒的教练,你是我们球队的心脏,你配得上这个总冠军!谢谢你!"

接受采访时,闵鹿蕾的眼泪就在眼眶里来回打转,他努力不让自己的泪水在摄像机镜头前流下,"我现在什么都想不起来了,我要感谢所有人,太不容易了这个赛季,我佩服这支队伍,谢谢大家"。

时任新疆队主教练蒋兴权在场边向队员作指导　全体育图片社　供图

12年过往结下恩恩怨怨

2013-2014赛季的CBA总决赛和过去七年都显得那么的不一样,因为对阵双方中没有不可一世的广东男篮,而变成了对总冠军更加渴望的北京队与新疆队。虽然这是两支球队历史上第一次在总决赛中交手,但是双方的过往渊源却延续了12年。

新疆广汇男篮出现在CBA的赛场上要追溯到2002-2003赛季,在那个赛季,新疆队作为一支联赛新军,在人员配置上还显得有些稚嫩,尽管在功勋教练蒋兴权的调教下,新疆队一鸣惊人杀入八强,但在季后赛首轮便遭遇北京男篮,最终不敌北京队,以第五名的成绩收官自己的第一个CBA赛季。

2005-2006赛季,巴特尔在NBA失去合同,联赛后半程回到北京,并帮助北京队在当赛季获得季军。2006-2007赛季,巴特尔的再次赴美,北京队成绩又一次出现下滑。赛季结束,正当北京队全心全意等待着巴特尔回归,为接下来的新赛季做准备时,资金实力雄厚的新疆队引援名单中,巴特尔赫然在

北京男篮
Beijing Men's Basketball Team

列。新疆队大打感情牌的同时，花费重金从北京队挖走了核心人物巴特尔。每当大巴身穿新疆队的队服回到自己最熟悉的首钢篮球中心的赛场时，等待他的欢呼变得越来越少，而嘘声却越来越多。

因为巴特尔的关系，北京队与新疆队的交锋开始成为联赛中的焦点之战，但也正是因为巴特尔的关系，原本实力在伯仲之间的两支球队出现了巨大的落差，历史交手占优的北京队这一回输给了对手，而且输得很惨。不过，在新疆队花了大价钱招兵买马的2007-2008赛季，势头强劲的天山飞虎却也恰恰折在了自己在重金买来的球员上。"官秀昌身份"事件让新疆队常规赛期间虽有过半数的获胜场次最终被改判为负，新疆队也因此从常规赛探花的位置跌到季后赛大门外。

被迫挤出季后赛的意外并没有击垮新疆男篮，经过一个夏天的闭门苦练，新疆队卷土重来，在巴特尔和外援艾伦的带领下，新疆队在2008-2009赛季一举杀入总决赛，并最终获得亚军。而在那个赛季，北京队的成绩却继续走低，最终排名第九，无缘季后赛。

之后的一个赛季，北京队主帅闵鹿蕾被俱乐部送去美国深造，球队迎来建队历史上的第一位洋帅蒙克利夫。没有了大个子的北京队在这个赛季开始改打"跑轰"战术，但是技战术水平上的欠缺让北京队成为笑柄，击败如日中天的新疆队成了根本不可能完成的任务。那个赛季，新疆队连续第二次杀入总决赛，并再一次拿到亚军。

洋帅的失败促成了闵鹿蕾的重新走马上任，学习归来的闵鹿蕾比以往多了些沉稳也多了几分对重振北京男篮辉煌的决心。凭借三外援政策的优惠，北京队请来了日后被球迷们笑称"京城板儿爷"的约旦外援阿巴斯，在内援方面，"宝岛第一控卫"李学林的加盟也极大地增强了北京队后卫线上的实力。虽然俱乐部高层的判断失误引来早已失去竞技状态的前NBA火箭队球星弗朗西斯，使得北京队白白浪费掉一个外援名额。但是2010-2011赛季的北京队却依然以极其强势的姿态重返季后赛赛场。1/4决赛上，北京队又遇到老冤家新疆男篮。

季后赛首个主场，北京队在家门口以34分的巨大分差输给新疆男篮。外界普遍认为，"京疆大战"是季后赛首轮最没有悬念的一组较量，但是有着遇强则强这一传统的北京队偏不信邪，在双方的第二场较量中用出色的发挥吓了所有人一跳。

双方的第二场比赛移师乌鲁木齐，客场发挥出色的北京队上半场结束时领先新疆队9分。几乎就要创造CBA史上第二个"黑八奇迹"的北京队下半场却倒在了裁判的昏哨上。失利后的北京队委屈至极，愤怒的部分北京媒体冲入场地将矛头直指裁判。这一次，篮协选择了息事宁人，技术代表口不择言地告

2014年3月19日，2013-2014赛季CBA联赛总决赛，北京首钢男篮客场对阵新疆广汇男篮。图为北京队王骁辉（蓝衣）封盖新疆队哈德森（白衣）
CFP 供图

2014年3月21日，2013-2014赛季CBA联赛总决赛，北京首钢男篮客场对阵新疆广汇男篮。图为新疆队西热力江（白衣）防守北京队孙悦（蓝衣）
全体育图片社 供图

知"裁判也是人，他们先入为主地认为北京队不可能赢"。就是这一偏颇的先入为主，让北京队失去了扳平大比分的机会，最终北京队没能更进一步，排名第八。而新疆队则在闯过北京队、江苏队两道障碍后，第三次拿到联赛亚军。

2011-2012赛季，是北京队历史上最不平凡的一个赛季。在顶级外援马布里的带领下，北京队第一次问鼎联赛冠军，翟晓川和朱彦西的双子星组合也大放异彩。这个赛季，北京队与新疆队之间只在常规赛上有两次交手，而这一次北京队获得全胜。2011年12月2日，北京队在主场以99比97惊险击败新疆男篮，终结了后者的六连胜。2012年1月11日，凭借老马贡献的25分和莫里斯最后时刻金子般的罚球，北京队101比100险胜新疆队完成主客场双杀，这也是北京队七个赛季以来第一次在新疆队主场赢球。回到休息室，无论是教练还是球员都显得异常亢奋，"这场胜利去年就该是我们的，他们欠我们的，我们把它要回来了！"

2012-2013赛季，北京队再一次完成了对阵新疆男篮的主客场双杀，双方的实力重新回到伯仲之间，恩恩怨怨也就此开始新的篇章，这也为此后一个赛季两队之间那六场堪称经典的总决赛大战埋下了伏笔。

总决赛第一场：
意料之外的大胜

2014年3月17日，结束了半决赛争夺的北京男篮提前一天飞往乌鲁木齐，开始为即将开始的总决赛做最后的准备。经历了与卫冕冠军广东队之间那场惊心动魄的定生死的半决赛第五场，对于北京队的将士们来说，好似打了一剂强心针，所有人都带着极其饱满的斗志与必胜的信念来到了客场。

总决赛首轮比赛的当天上午，北京队的训练气氛和往常相比虽紧张但又轻松，主教练闵鹿蕾在接受例行采访时表示，北京队和新疆队是老对手了，相互之间知己知彼，胜负取决于临场时哪一支球队的发挥更出色。而就在闵鹿蕾说完这番话的12个小时后，北京队便以优于对手的心态和表现，客场拿下了总决赛的开门红。

3月19日晚上7点，距离比赛开始还有半个小时，乌鲁木齐红山体育馆外人头攒动，体育馆内已经入场的球迷正在往身上套着象征主队球衣颜色的白色加油衫。就连场馆门口卖烤羊肉串的大爷，也在自己的招牌上加上了"新疆男篮必

北京男篮
Beijing Men's Basketball Team

胜"的字样。第四次杀入总决赛，新疆球迷和新疆队的球员教练们一样，急切地等待着球队第一次问鼎总冠军的时刻。

比赛开始后，西热力江开场就投中了三分球，此后新疆队迅速打出一波凌厉的攻势，新疆队15比5领先。10分的分差迫使北京队不得不叫了暂停，安排并布置在马布里被包夹的时候该如何进攻。这个暂停收到了奇效，双方场上的局势开始扭转。北京队迅速由吉喆完成两次快攻得手，再加上张松涛在马布里的配合下接连得分，新疆队此前10分的优势被北京队蚕食。在距离第一节比赛结束还剩下2分半钟的时候，张松涛接马布里传球上篮得分，北京队24比23第一次反超比分。在这一节比赛里，人们感受到了张松涛体内巨大的能量，这名身高达到2.13米的中锋，本赛季场均上场仅有12分钟，但是他拥有比新疆队唐正东和苏伟组成的内线组合更快的速度，闵鹿蕾也正是看上了张松涛这一特点，合理地使用，让其在总决赛中爆发。

第二节比赛开始后，由于苏伟早早地领到第四次犯规而不得不被换下场，这对于新疆队的内线来说无疑是一个巨大的考验。而北京队则趁机把比分差距的优势扩大。本赛季出手次数甚少的李学林，也在关键时刻命中三分远投，在信心上给了对手又一次打击。而新疆队方面在场上缺少有效的组织，进攻基本依靠外围投篮，一旦投不进就会遭到北京队的快速反击，进攻效率堪忧的新疆队最终以落后北京队7分结束了上半场的争夺。

专注的新疆男篮主场球迷　　刘平 摄影

下半场开始后，新疆队的超级外援哈德森开始发威，单节独得11分，但整个比赛的节奏还是牢牢地掌握在北京队手中。北京队的双外援继续主导着比赛，莫里斯得到23分13个篮板，攻防两端都力压新疆队内线。马布里也得到了21分和5次助攻，他在场上的串联帮助北京队多点开花。反观新疆队，全队表现低迷，哈德森打得比较急躁，而其他人在进攻端也无法给球队更多帮助。

或许确实是受到了半决赛后休息时间过长的影响，新疆队的手感冷得就像球馆外的温度一样。双方的分差就这样被北京队一次次的刷新，在距离整场比赛结束还有2分39秒时，北京队已经领先对手20分，比赛进入垃圾时间。

距离比赛结束还有3分多钟，红山体育馆里的观众却已按捺不住对主队的失望，开始提前离场。踩爆加油棒的声音不绝于耳，每个球迷的脸上都带着迷茫，开赛前那种热切的期盼和眼前的现实形成巨大的落差，这也几乎是新疆队本赛季打得最差的一场比赛。

终场的笛声响起，95比75，北京队用一场酣畅淋漓的大胜给这个系列赛迎来开门红。

本场比赛，张松涛的表现可圈可点，在和新疆队唐正东、苏伟两名国手级内线的缠斗中，张松涛不仅在进攻端砍下15分8个篮板2次抢断，防守端也仅让苏伟和大唐两人加起来得到15分和6个篮板。"我们赛前一直在强调一点，这是总决赛，不是一个人在战斗，我们不能单单指望老马和莫里斯或者孙悦去赢得比赛，每个人都要时时刻刻做好准备。"赛后，时隔多年才重返CBA赛场并一举随队打进总决赛的张松涛激动地说，"我只是把我自己的特点和与全队融入的特点打了出来。赛前准备会我们也说过，这个时候已经不需要说太多了，每个人都要打得更果断、更坚决、更勇敢、更努力。我们队人员配置比较齐,平时会有打多打少的时候,这个无所谓,但关键是平时训练要做好准备,总有一天会有那么一个时刻或者一个对手是需要自己站出来给球队以帮助的。"

总决赛第二场:
加时获胜超额完成任务

首战赢得如此轻松,也让北京队在惊喜之余信心倍增。赛后一天,正好是北京队锋线小将王骁辉的生日,尽管是在客场,球队也依然延续着这个赛季从孙悦开始"蛋糕洗脸"的传统。当被队友们涂得满脸都是蛋糕的王骁辉许下球队继续获胜的心愿后,幸运女神似乎像是听到了骁辉的心声,有心帮助这个小伙子实现他的生日愿望,只不过,这一次的过程有些凶险。

赛前,马布里用他的方式继续激励着年轻的队友们,虽然外界总在说,北京队到新疆的两个客场只要偷到一场胜利就算完成任务,但老马却很反感这种"偷"的说法。他告诉队友们:"我们来这里不是为了偷一场,而是要来光明正大地带走两场胜利。"

在经过第一战耻辱的失败之后,新疆队反倒是能够放下心中的紧张感,找回自己真正的状态。而面对对手的调整北京队方面却不得不接受最不好的局面,朱彦西脚部受伤返京治疗,北京队不得不开场变阵,让锋线球员李根临时顶在4号位上。尽管身高不如朱彦西,但是李根的身体却更加强壮,篮下也更有威力。"知道朱彦西的脚受伤是比赛当天的上午,突然打四号位会有些不适应。"李根说。

看到北京队阵容的变化后,新疆队对北京队内线的冲击非常坚决。西热力江、哈德森都杀入内线得分,刘书楠也连得4分,新疆队打出14比4的完美开局,迫使北京队叫了暂停。暂停回来,北京队的防守初显效果,逐渐将比分迫近,并实现反超。新疆队内线攻击受阻,外线手感依然未能苏醒,三分球15投只有2中。而北京队则深知,一旦新疆队的外线不打出来,那他们就完全失去了自己的特点。上半场比赛结束时,新疆队以33比44落后北京队11分,如果再次主场失利,几乎就提前宣告新疆队输掉整个系列赛。绝境之中,新疆队开始自我救赎。

2014年3月19日,2013-2014赛季CBA联赛总决赛,北京首钢男篮客场对阵新疆广汇男篮。图为北京队马布里(蓝衣)防守新疆队西热力江(白衣)　CFP 供图

北京男篮
Beijing Men's Basketball Team

下半场，首先找回状态的是新疆队的外援辛格尔顿，上半场一分未得的他，下半场一开始就内外开花连得9分。随后，西热力江、唐正东、杨敬敏也接连得分，新疆队渐渐找回了手感。全场比赛结束前2分钟，新疆队再度将比分扳平，比赛变得越发白热化。

终场前，波澜再起。还剩下23秒时，新疆队仍落后1分，哈德森在孙悦的贴身盯防下强行出手，命中了自己本场比赛唯一的一记三分球，新疆队将比分反超。哈德森就是这样一个神奇的外援，当他状态好时，新疆队的其他人也会跟着状态变好。正当全场观众为哈德森的爆发欢欣鼓舞时，马布里再一次挽救了北京队，他犀利的突破上篮将比分扳平，比赛被拖进加时赛。

加时赛上，北京队的另一名外援莫里斯突然爆发，在马布里手指受伤后接管了北京队的得分重任，成为球队最终获胜的英雄。加时赛一开始，莫里斯就表现出出色的手感，凭借连续的中投命中连得6分，将比分拉开。新疆队方面，西热力江6犯离场，而哈德森则一再投丢三分球。最终，新疆队以86比90再度主场饮恨。

在CBA的历史上，还从未出现过能在主场先失两场的情况下拿到总冠军的先例，在接下来的三个客场中，新疆队至少要赢得两场才能打回红山体育馆。赛后，看到球队如愿拿到了两个客场的胜利，孙悦开心地表示："我在开赛前准备会的时候就说了，我说我不知道你们怎么想，但是我不想再回来了。如果想达到这个目标的话，我们只能一场比一场更加努力。"

2比0的总比分看似足以让北京队吃下一颗定心丸，但在第二场比赛第四节末尾时，马布里在对抗中被苏伟撞到手指导致关节错位，尽管当时做了紧急处理，但赛后，老马肿得像个小包子一样的手指关节却成为北京队未来几场比赛中的定时炸弹。

总决赛第三场：
唱反调的蓝色主场

3月22日下午，带着两连胜的巨大优势，北京男篮搭乘航班从乌鲁木齐返回北京。因为航班延误的关系，原本应该比对手提前2小时抵京的北京队却在首都机场的国内到达大厅与新疆男篮相遇。两支球队默默地站在不同的行李转盘前做着自己的事情，尽管两支球队的主教练私交很好，北京队的朱彦西又曾经在崔万军的手下拿到NBL最有价值球员奖项，但那天，两支队伍无论球员还是教练之间都毫无交

左图：2014年3月26日，2013－2014赛季CBA联赛总决赛，北京首钢男篮对阵新疆广汇男篮。图为新疆队苏伟（蓝衣）突破北京队队员（白衣）防守
刘平 摄影

右一：2014年3月26日，2013－2014赛季CBA联赛总决赛，北京首钢男篮对阵新疆广汇男篮。图为新疆队外援哈德森（蓝衣）防守北京队外援马布里（白衣）
付建伟 摄影

右二：2014年3月23日，2013－2014赛季CBA联赛总决赛，北京首钢男篮对阵新疆广汇男篮。图为新疆队唐正东（蓝衣）和北京队吉（白衣）在比赛中
CFP 供图

流，大赛的紧张程度也让球队之间的气氛变得十分压抑。

这一次，首都机场T2航站楼的到达大厅里，并不光是站满狂热的北京男篮拥趸，几十名统一身穿印有"新疆劳道"字样红色T恤衫的新疆球迷更加引人注意。虽然新疆队输掉了前两个主场，但是新疆球迷却依然对自己的主队充满信心，而他们的热情更是直接感染了球队，很多球员都在微博、微信上表达了对球迷的感激之情以及打回新疆的决心。

比赛前一天的下午，北京男篮主场万事达中心里，工作人员正在向每张座椅上铺上一件与北京队球衣颜色接近的蓝色T恤。不过，主场的优势有时候却并不都是正面的，球迷的期待反而可能会让主队背上心理包袱，而最让北京队担心的事情最终还是发生了。

万事达中心不仅是北京队的福地，对新疆队来说也充满喜悦的回忆。本赛季常规赛期间，新疆队曾在这里攻克北京队，成为为数不多能在这块场地上赢球的客队之一。0比2的总比分落后，让不能再输的新疆队又一次在万事达中心的场地上找到了感觉。西热力江继首场比赛先得了3分之后，本场比赛又率先得到2分。与此同时，新疆队更加坚决地打唐正东这一点，在他身上设计了多套战术，并且收获了极好的效果。新疆队内线的爆发是北京队主教练闵鹿蕾最不愿意看到的，唐正东好像一下回到了自己MVP的时代，勾手、强攻无不精准，新疆队破天荒地在整个第一节压制住了北京队，让北京队无所适从。

随着比赛的进行，新疆队愈发自信，而主场作战的北京队却迟迟找不到状态。马布里虽然也打出了23分8个篮板5次助攻这样的成绩，但是上一场比赛中脱臼的右手食指依然肿胀，这也影响了他的投篮手感，让他在很多关键球上处理得力不从心。

第三节比赛，北京队失误不断，尽管手指有伤，但是马布里还是扮演着扛着炸药包往上冲的角色。膝盖的伤势影响运动，手指的伤影响投篮的准度。关键的第四节，马布里只得到2分。另一名内线大将莫里斯本场比赛也是手感冰凉，新疆队换辛格尔顿防守莫里斯成效显著，全场比赛莫里斯只拿到15分，与上一场比赛拿到31分的他判若两人。

关键时刻，马布里的三分没有投进，而新疆队则在外线接连开花。新疆队比北京队更好地保护了篮板，得到了更多二次进攻机会。这一战，新疆队真正做到了像个男

北京男篮
Beijing Men's Basketball Team

人一样去战斗，仅是篮板球一项就比北京队多出17个，表现出了强烈的求胜欲望。

最终，新疆队在客场以92比81战胜北京队，将大比分扳成1比2。赛后休息室里，新疆队的球员难掩激动的心情，这场胜利是对当天过生日的张庆鹏最好的礼物。相比之下，北京队的更衣室则是一片沉静。队医紧急处理着马布里的膝盖，翟晓川和吉喆拿着本场比赛的技术统计在研究。李根的一句话可能正是所有北京队员心中所想，"下一场我们一定用全部的状态打回去。"

总决赛第四场：
真正的天王山之战

篮球是一项斗智斗勇的竞赛，交战双方不仅要比拼硬实力，更要在心理上暗自较劲。对于北京队而言，尽管在大比分上还有一个胜场的优势，但是一旦处理不好被对手扳成2比2平，对于少一个主场的北京队来说，压力会呈几何倍数增加，目标只有总冠军的北京队是绝对不会允许这种失误接连发生的。

3月26日上午的训练课上，北京队又恢复了往日的气氛，紧张但不压抑，每个人都深知今晚这场胜利的重要性，坐在场地边接受膝关节按摩的马布里目光凌厉，又一次抽了膝盖积液的他想要的只有胜利。北京队训练结束后新疆队就到了，上一场的胜利使得他们整堂训练课气氛都很轻松，但新疆队的每个球员都明白，十个小时之后的第四次较量非常重要，新疆队要想获得一线生机，就必须再在客场拿下一场。

当晚，能容纳18000名观众的万事达中心里，每个座椅上都摆上了为北京队加油的T恤衫，这一次，衣服的颜色换成了象征北京队主场球衣的白色，而这个颜色又让人们联想到了两年前北京男篮在万事达中心首次夺冠的那个夜晚。

首节比赛，北京队很快进入状态，从上一场屡投不进的阴影中走了出来，北京队外线频频出手命中，仅三分球就达到了8投5中，看到北京队外线优势明显，新疆队就在内线还以颜色，随着杨敬敏的压哨三分命中，北京队第一节28比25领先结束。

第二节比赛刚一开始，莫里斯就一人连得6分。本节比赛后半段，新疆队外援辛格尔顿在一次拼抢中受伤下场，此时，新疆队落后北京队12分。但是新疆队的另一名外援哈德森发挥出色，用一次单打和一次快攻把比分拉近。半场结束时，北京队47比41领先6分。第三节，新疆队利用快攻反击逐渐将差距缩小，随着辛格尔顿的带伤回归，双方对抗的激烈程度也随之增加。在一次篮下暴扣过程中，莫里斯撞到了篮下补防的苏伟，后者眉骨被打裂，血洒赛场，而顶替苏伟上场的唐正东也扭伤了脚踝，内线连续损失两员大将的新疆队，分差已经落后北京队21分。

不过，永远不要小看新疆队那颗渴望着胜利的心，就在胜利的天平愈发倾向于北京队、看台上一片欢呼时，新疆队展示了他们的顽强，在第三节后半段打出了16比2的高潮，将分差缩小到5分。不过，每当顽强的新疆队要将比分反超时，更加顽强的马布里却总能在对方的严防死守下杀出重围、突入篮下得手。关键时刻，孙悦两记金子般的压哨三分球，帮助北京队锁定胜局。94比88，北京队距离自己的第二个总冠军只差一步之遥。

总有人说，北京队是一支对外援特别依赖的球队，没有马布里的北京队便失去了赢球的希望，这样的评价难免带有先入为主的错觉。老马的作用毋庸置疑，但是并不能因为马布里的核心作用而忽略了北京队其他人的重要性。和新疆队更多依靠球员个人能力完成战术的打法不同的是，北京队的打法要更加有耐心也更加团结。正是因为北京队除了外援以外几乎不存在让对手难以招架的强点，因此，北京队才需要在任何时候都保持团队篮球的打法。老马手指受伤，也刺激了球队中的其他人，无论是莫里斯、孙悦，还是翟晓川、吉喆，每个人都做好了随时冲锋陷阵顶上去的准备。

赛后，找回手感帮助北京队最终稳住大局的孙悦描述着自己关键时刻不手软的心情，他说："还是要坚决吧，自己要相信自己，如果你自己都不相信自己的话，那投篮的动作肯定就会变形，我觉得还是要自信一些。"

总决赛第五场：
错失主场加冕

3月28日早晨，没有蓝天白云，抬头看到的只有灰蒙蒙的天。

2014年3月28日,2013-2014赛季CBA联赛总决赛,北京首钢男篮对阵新疆广汇男篮。图为新疆队苏伟(蓝衣)和北京队吉喆(白衣)争抢第一球 李志岩 摄影

2014年3月26日，2013－2014赛季CBA联赛总决赛，北京首钢男篮对阵新疆广汇男篮。图为新疆队哈德森（蓝衣）突破北京队队员（白衣）防守　　CFP 供图

北京男篮
Beijing Men's Basketball Team

这一晚，北京队将迎来整个系列赛中自己的最后一个主场，要么在万事达中心再次封王，要么被迫重返乌鲁木齐再打第六场，甚至第七场。就在外界一片看好北京夺冠，事先就开始彩排各种庆祝活动时，压力又一次悄悄地爬上了北京男篮将士们的心头。

北京队当天上午的训练和以往没有任何不同，甚至比平时要更安静，唯一不同的是缺战两场的朱彦西参加了训练，但他能否上场队里没有给出明确的答复。马布里依然坐在场边一边接受治疗一边观看训练，只是这一次他没有抽取膝盖的积液，而肿胀的膝盖势必会影响他的运动能力。

北京队将赛前训练时间提前了半个小时，这样就避免了与新疆队在赛前的直接碰面，也让赛前气氛变得更加紧张。这是本赛季万事达中心的最后一场比赛，北京队极其希望能在这里夺冠，而新疆队想要延续对冠军的追逐就必须拿到这场胜利。

10点抵达万事达中心，新疆队照旧将赛前训练延长了半个小时。除了新加盟的刘书楠和杨敬敏，新疆队其他球员都曾有过总决赛经验，苏伟和哈德森更是拥有总冠军戒指。哈德森是本赛季常规赛外援MVP，他在半决赛第一轮绝杀东莞时给人们留下了深刻印象。赛前训练，哈德森的三分投篮手感依然火热，苏伟在上一场比赛中眉骨受伤处缝了五针，好在并无大碍。同样在上一场比赛中受伤的辛格尔顿就没那么幸运了，左手手腕缠着绷带，缺席了训练。

训练结束后新疆队玩起了半场投篮的游戏，西热力江和哈德森分别在中线投篮命中，西热力江还和主教练崔万军开玩笑说"你要是中线投篮投进，今晚就有绝杀"。崔万军果然命中超远距离投篮，讨得好彩头的他开心得像个孩子一样跑跳步扭了起来。

比赛打到第五场，心理层面的较量意义更大。比赛一开始，几乎没有铺垫就直接进入了白热化的争夺，北京队比分一直领先，新疆队死死咬住。新疆队的刘书楠在一次防守中被撞断鼻骨，但他仍然坚持

时任新疆队主教练崔万军在场边指导　刘平 摄影

比赛。北京队占据了场上的主动，新疆队则始终没有被击垮，第一节比赛结束，北京队19比13领先。

第二节比赛开始，马布里在场下接受队医治疗，他受伤的膝盖需要尽快恢复，从半决赛开始，22天里马布里拖着一条伤腿已经参加了10场比赛，体能对他是最大的考验。新疆队利用马布里休息的时间，不断缩小比分差距。由于辛格尔顿的受伤，新疆队下半场只能以单外援作战，因此要想获得比赛胜利，在都是单外援的前两节必须缩小甚至反超比分才有希望。然而，北京队始终占据着场上的主动权，并且以10分的领先结束了上半场的比赛。

就在很多现场球迷以为总冠军今晚就能到手时，双方球员的心态却再一次发生了变化。如果说上半场比赛还算是平稳的话，那么下半场比赛只能用瞬息万变来形容。下半场比赛开始仅2分钟，新疆队主力唐正东就领到6次犯规提前"毕业"，加上外援辛格尔顿伤停，新疆队最为强大的内线只剩下苏伟一人。此时，北京队更衣室里的工作人员早早的准备好了冠军装备，损兵折将的新疆队似乎已经不能阻挡北京队主场夺冠的脚步了，但是绝境之下，新疆队却再一次让人们领略到他们的顽强。

唐正东的离场激发了新疆队剩余队员的斗志，西热力江、哈德森、可兰白克在外线轮番进攻得手，面对新疆队的突然爆发，北京队主教练闵鹿蕾一再强调要加强进攻，但是北京队的进攻却突然哑火，新疆队外线发挥出色，内线

2014年3月26日，2013-2014赛季CBA联赛总决赛，北京首钢男篮对阵新疆广汇男篮。图为北京队孙悦（白衣）和新疆队苏伟（蓝衣）争抢篮板球
付建伟 摄影

则完全依靠苏伟，不论是盯防莫里斯还是抢篮板，苏伟都完全站了出来。第三节结束，新疆队把比分追到了60比61，双方只差1分。

第四节，两队一上来就打出了决战的架势，比分不断交替上升，63平、65平、67平，比赛接近窒息的时候，马布里出手了，命中了自己全场第一个三分球，万事达中心沸腾了。北京队乘胜追击连得7分，74比67迫使新疆队叫了暂停。暂停之后，局势再度突变，莫里斯领到第五次犯规，张松涛替换莫里斯上场给了新疆队机会，内线的角力造成了比赛的几次转折。更让北京队雪上加霜的是，膝伤给了马布里很大影响，老马打出了这个

系列赛中个人进攻命中率最低的一场。新疆队全队爆发，每个人都在全力拼抢，几乎打满48分钟的哈德森成为北京队整晚的噩梦，还剩下2分49秒时，哈德森打进三分球，新疆队将比分反超。

全场比赛结束前35.8秒，马布里再次投中三分球，双方战成80平，北京球迷的热情已经完全释放出来。新疆队叫了他们最后一次暂停，在全场观众犹如雷动的"防守"呐喊中，哈德森再一次上演奇迹。尽管北京队已经预料到哈德森会在外线进攻，并且安排了孙悦盯防，后者也防守到位了，但是幸运女神这一次选择眷顾新疆队，哈德森后撤一步，投中了一记匪夷所思

北京男篮
Beijing Men's Basketball Team

左图:2014年3月26日,2013-2014赛季CBA联赛总决赛,北京首钢男篮对阵新疆广汇男篮。图为新疆队外援吉普森(蓝衣)和北京队外援莫里斯(白衣)比赛中
刘平 摄影

右图:2014年03月30日,2013-2014赛季CBA联赛总决赛,北京首钢男篮客场对阵新疆广汇男篮。图为新疆队外援奥克萨(白衣)扣篮
CFP 供图

的超远距离打板三分球。11.8秒,北京队落后三分,球交到马布里手上,老马选择"强投"三分,投篮不中莫里斯补投却遭到封盖。全场比赛结束,新疆队绝处逢生,比赛真的又要移师新疆。

赛后,北京队的休息室里十分压抑,主教练闵鹿蕾表示,自己最反感比赛还没结束时就有工作人员在安排夺冠的庆祝活动。不管自己怎么强调,不管球员们多么尽力,可比赛还是输了。不过,就像孙悦说的那样,北京队还拥有一个赛点,他们还有弥补过错的机会。

"可怕"的对手
成就伟大的比赛

伟大的比赛成就于势均力敌的对手,正是因为站在北京男篮对面的是三届联赛亚军新疆男篮,最后挂在北京队员脖子上的冠军金牌才显得更加成色十足。

16年前,新疆广汇男篮正式成立,在完成了三年从一支乙级球队跻身甲A行列的第一个目标后,十几年间新疆队一直在为了完成自己的总冠军梦想而不懈努力着。

2010年8月18日,2010-2011赛季CBA联赛开赛前,新疆广汇男篮在召开的新赛季见面会上,广汇集团副总裁、俱乐部前任董事长侯伟雄心勃勃地说:"新疆男篮的目标只有一个,就是CBA的总冠军!"但是很可惜,2011年4月27日,CBA总决赛第六战,新疆队在主场负于广东队,最终以大比分2比4第三次与总冠军擦肩而过。

对篮球事业的执着加上对新疆这片土地的热爱,使得新疆男篮在近十年来成为CBA联盟当中进步最迅猛、投入资金数额最大、产出最快的豪强俱乐部。从2010-2011赛季开始,财力雄厚的新疆男篮正式开启"烧钱"模式,该赛季投入超过8000万元,而在之前十年中,新疆队总计投入不过才7600万元。

除了天文数字般的高投入外,新疆广汇俱乐部也是一支有着极强造血能力的俱乐部,通过票务推广、招商合作、开发俱乐部附属产品、创办球迷协会、打造面向青少年的小飞虎训练营等方法,广汇俱乐部近几个赛季的年收入也超过了3000万元,在整个CBA联盟中屈指可数。

新疆男篮依托新疆广汇集团的雄厚实力,在乌鲁木齐市水磨沟区的温泉度假区内拥有自己的训练基地。那里也是乌鲁木齐市东部地区最著名的风景旅游区,拥有全市唯

一的一处温泉,水质独特,历史悠久。广汇集团曾在这里建造过一座设施齐全的温泉度假村,并在度假村中建有一座国标游泳馆。馆长姜延亮介绍说:"1996年是温泉度假村生意最好的一年,当时全乌鲁木齐就这一家软硬件齐全的综合休闲场馆,客人来自全疆各地甚至国外,当年全年营业额1800万元,最高的时候一天日营业额就有10万元啊!"

尽管如此,2003年上半年,广汇集团还是做出决定,在这个度假村的基础上将其改建成西北最好的篮球馆,用作新疆广汇男篮的训练基地,为球队未来的发展提供了更完备的保障。

现在新疆队训练用的几块场地,是在当年的标准游泳馆的基础上填埋建造的。这一次改造历时21天,耗资700万元,2003年10月正式动工。为了在不浪费资源的前提下填平游泳池,100多吨槽钢和龙骨被运进了游泳馆。将钢制龙骨按照泳池深浅截成不同长度固定在泳池底部,再在龙骨上焊接搭设槽钢,之后再将近2000平方米的实木地板一块块拼接起来覆盖在槽钢和龙骨之上,一个按国家标准打造的篮球馆地面终于完成。

拥有了自己的训练基地,工作人员对待它也是格外地用心呵护。不能让木地板上尘土飞扬,也不能因为清洁材料的异味影响球员健康,还要保证地板的湿度合适,防止木地板上翘。每天早上6点,工作人员就会用航空煤油把三块场地的地板拖一遍,再用两个小时的时间让煤油的气味挥发,不耽误球员们9点训练。

球员是一个俱乐部最大的财富,新疆出生新疆长大的俱乐部工作人员们深知,能够从内地来到遥远的新疆,为这个边陲大省的篮球事业做出贡献的都是俱乐部的贵人。无论是管理层还是普通的工作人员,每个人都在尽心尽责地保障着球员和教练员们的日常生活和训练。

和联盟其他球队相比,新疆队是一支比较特殊的队伍,球队地处西北,有来自多个省份、多个民族的运动员。除了大部分球员是汉族外,还有蒙古族、维吾尔族、哈萨克族等少数民族球员。全队在饮食上,除了要均衡营养外,还要尊重这些少数民族球员的饮食习惯。为了让这些来自五湖四海的球员们吃上可口的饭菜,俱乐部食堂的大师傅们每天都在用心地工作着。"送行的饺子、回家的面",新疆俱乐部希望从生活中的点滴细节为球员们打造一个家一般的温馨环境。

有了幕后工作者们的努力,新疆俱乐部的将士们才有了更安心的训练和生活环境。从2010年俱乐部空前规模的加大投入开始,新疆队几乎每个赛季都成为夺冠大热球队,并在常规赛中保持了非常好的战绩。但是,和北京队、广东队、八一队这样的老牌劲旅相比,新疆队前些年在青年队建设上出现断档,基本靠"买人"来维持阵容,这也使得球队花了不少冤枉钱、走了不少冤枉路。特别是在请来NBA大牌外援马丁和时任国家队主帅的邓华德的2011-2012赛季,新疆男篮遭遇了人为原因造成的最大危机,外援中途罢赛落跑,辞去洋帅中途更换主教练,临时寻找接替外援,种种困难使得新疆队险些跌出四强。

2012-2013赛季,新疆队重新调整阵容,有魄力地请来从未有过CBA联赛执教经验、但曾带队夺得NBL联赛总冠军的崔万军执教,并为球队制订了一个长远的五年夺冠计划。因为新外援、新阵容、新教练还处在磨合阶段等多种原因,当赛季新疆队的成绩并不特别理想,但依然排在联盟第三位。直到2012-2013赛季,新疆队总结过往多年的经验,不再寄希望于盲目地砸钱买人,而是把钱花在刀刃上,一方面加强青年队伍的建设,一方面花合适的价格买对的人,裁掉了年龄较大的巴特尔,续约辛格尔顿,请来得分机器哈德森,内援方面引进中国台湾的小前锋杨敬敏

151

2014年3月28日,2013-2014赛季CBA联赛总决赛,北京首钢男篮对阵新疆广汇男篮。图为新疆队众多队员(蓝衣)防守北京队马布里(白衣) 付建伟 摄影

北京男篮
Beijing Men's Basketball Team

和国字号内线苏伟，只用了年度预算的一半，便完成了第四次杀进总决赛的任务。

因为球队的技战术合理，各个位置上的配置充分，在总决赛开始前，外界对新疆队夺冠的呼声很高，远远超过了对北京队夺冠的预期。

不过，最终经历六轮苦战，新疆队还是遗憾地收获第四枚银牌，但这支强大的球队并没有放弃梦想，依然坚定地走在自己长远的夺冠之路上。

自从引进18岁天才中锋周琦，新疆青年队一举夺得2014年俱乐部杯青年联赛冠军，新疆队的未来一片辉煌，他们仍是整个CBA联盟中最耀眼、最活跃的一支豪门球队，他们也依然是北京队延续冠军王朝梦想中最可怕的对手。

如果说，对于总冠军的渴望北京男篮是最纯粹的，那么新疆男篮就是最迫切的。"自从我们开始投入这支球队的第一天，我们就希望做大、做强、做永久，我们投入这么大，两个原因：一个是新疆地处偏远，人才匮乏，我们要引进好的教练和队员必须给人家提供好的环境和待遇，这块是我们投入比较大的地方；另外，竞技体育背后拼的也是经济实力，只有老板愿意投入，CBA可能才会发展得越来越好，才会越来越接近市场，所以是应该的，也是值得的。"新疆广汇男篮俱乐部董事长郭舰表示，"我们新疆队对于总冠军，太渴望了，我们希望用体育去向全国人民传递一种真正的、积极向上的新疆精神。新疆队就是由各个民族组成，来自全国各地不同地域的人到新疆来，支援新疆、建设新疆，新疆的发展离不开他们，球队也是这样，当球队反映出了这种良好的精神面貌之后，新疆人民觉得确实能够代表他们的形象和精神，才能引起他们发自内心对你的承认和关注。"

总决赛第六场：
命中注定的总冠军

3月29日，和与广东队的第五场决战一样，北京队又一次不情愿地踏上了客场之旅，想要尽快结束战斗的心情和想夺取总冠军的心情同样强烈。第五场比赛结束之后，马布里又连夜去了医院抽取膝盖积水，只休息了三个小时就踏上了飞往乌鲁木齐的航班，他在用坚强的意志鼓舞着北京队的每个人。北京队选择了和新疆队不同的出发时间，因此也错开了等在乌鲁木齐地窝堡机场上千人的新疆球迷团。

因为辛格尔顿的受伤，新疆队临时找来了替补外援，对于这名新外援北京队几乎没有任何信息，但这并不会影响北京队的备战。马布里把所有球员聚集到场地中央，他只告诉队员们一件事，那就是专注于比赛。那个上午，北京队每个球员的眼里露出的都是杀气，每当有随队记者问他们"我们明天能回家吗？"，无论从谁的口中得到的都是一个坚定无比的"必须能！"。

当晚的比赛，气氛紧张到令人窒息，对于双方而言都不容有失。第一节比赛刚进行了三分钟新疆队就遭到重创，西热力江腰部受伤下场，随后马布里表现神勇，在他的带领下北京队将比分拉大。新疆队稍有犹豫，马布里就命中一记三分球。首节，北京队以27比19领先对手8分结束，马布里一个人就拿下16分。

第二节比赛开始，新疆队外援依然是哈德森，新外援奥克萨还在场下热身，北京队依靠吉喆和莫里斯两人牢牢把握住内线优势，此时新疆队终于派上了新外援奥克萨。防守端，奥克萨的主要任务就是盯防莫里斯，但他显然对莫里斯的中投能力估计不足，几次被莫里斯当面中投得手。新疆队临时派上苏伟盯防莫里斯，暂时遏制了莫里斯凌厉的攻势。在防守端苏伟分担了奥克萨的重担，这让奥克萨的攻击力显现了出来，篮下进攻和远投，三分钟内得到8分。

就在新疆队玩命追分的时候，北京队这赛季很少发挥的李学林突然爆发了，快速突破加上远投三分，帮助北京队保持着领先。带着14分的巨大优势，北京队来到了第三节，但接下来的五分钟，北京队遭遇了一次可怕的得分荒。为了抑制新疆队的尖刀人物哈德森的进攻，北京队派出了此前防守哈德森比较成功的王骁辉，采用纠缠式防守死盯哈德森，而在进攻端，同样是王骁辉打破了北京队五分钟不得分的低谷。手风正顺的王骁辉在第三节中段的一次三分远投，却因为计时器没有走表而被判无效，这对北京队的气势带来影响，全队都有些激动，北京队果断叫了暂停调整心态。暂停归来，孙悦投入了稳定军心的一记三分球。第三节末尾，两队手感都热到发烫，凭借老马两次搏命似的造犯规，北京队才以1分优势进入第四节。

末节，哈德森已经5次犯规，可兰白克和苏伟的犯规也累计达到4次，新疆队的防守出现困难。双方你来我往，战局的激烈达到极致，比分也在多次打平中交替上升。可兰白克在这一节命中三次三分球，双方展开拉锯战。就在比分胶着时，莫里斯站了出来，两次中远距离跳投帮助北京队稳住局势。习惯性慢热的莫里斯又是在最后时刻找到手感，每当新疆队把比分迫近时，北京队总能依靠莫里斯的投篮来稳住局面。距离全场比赛结束还有2分15秒时，北京队仅仅领先4分，总冠军宝鼎的归属还有悬念。但随着莫里斯最后时刻的一个拉杆扣篮，再加上孙悦的决定胜局的关键三分，北京队将分差拉到11分，刚刚还紧张到不行的北京队替补席瞬间沸腾了。

距离全场比赛结束还剩下36秒时，可兰白克出现一次传接球失误，北京队断球快攻，老马运球突破到篮下，已经胜券在握的北京队没有选择贸然进攻，而是开始消耗时间。当北京队完成这次进攻后，尽管终场的笛声还没响起，尽管新疆队还有最后10秒的进攻时间，但现场的所有人都已经明白，这个总冠军已经有了最后的归属。大批的摄影摄像记者不顾裁判员的阻挡冲进了场内，他们不想错过马布里掩面哭泣的那个画面。98比88，北京队赢了，时隔两年后的又一个3月30日，好似命中注定一般的，北京队第二次问鼎了CBA联赛总冠军。

早已被大批记者团团围住的闵鹿蕾用哽咽的声音几乎是喊出了自己的肺腑之言："太难了，这帮孩子太好了，真的感谢这些队员们，他们太出色、太顽强了，我作为教练带这支队伍，我真的佩服他们！加油北京！"

直到夺冠后很长时间，闵鹿蕾在回忆起总决赛第五场到第六场那种从地狱重回天堂的感觉，都还是有些不平静。"第五场比赛，因为在主场，非常想尽快拿下来，出现了很多不稳定因素，包括辛格尔顿不打了，我直到晚上才知道，我们队员心理起了变化，那天老马和老莫都出现了那种非常规的低命中率，那场比赛输了之后大家心态又出现了变化，大家尽快去调整，确实非常历练人。"闵鹿蕾说，"到最后时已经没有退路了，只有大家调整心态，收拾心情，每个人不能有任何的沮丧和遗憾的心情，我们调整得不错。这帮队员经过这些年的历练，心理素质还是非常过硬的，对弱队的时候可能会有些懈怠，但是打强队的时候反而会激发他们心里的一些东西。"

2014年3月28日，2013-2014赛季CBA联赛总决赛，北京首钢男篮对阵新疆广汇男篮。图为新疆队哈德森（蓝衣）单膝跪地庆祝 CFP 供图

北京男篮
Beijing Men's Basketball Team

北京队夺冠是必然而非偶然

2011-2012赛季，北京男篮第一次在五棵松篮球馆捧起总冠军至尊宝鼎时，赞许和非议同时扑面而来，很多对北京队怀有恶意的媒体认为北京队是靠"关系"才拿到了当年的总冠军，质疑和褒奖的声音同样铺天盖地。但无论怎样评价，北京队的那次夺冠都开启了CBA列强争霸的一个新篇章。

和常胜将军广东队不同的是，北京队经历过好几个赛季徘徊在季后赛大门外卧薪尝胆。曾经的首钢篮球中心，若不是首钢职工在赛季中拿着内部福利票去现场观赛，一个拥有6000座位的中等场馆都会显得空空荡荡，现场观众的喝倒彩声，是站在巅峰太久的广东队和四次夺得联赛亚军的新疆队从未感受过的，但这样的情景北京队却经历了不止一个赛季。

正是因为知道"最苦"是什么滋味，球员才更加渴望最甜的甜，而曾经尝到过一次那种无与伦比的夺冠滋味后，北京队才有了其他球队无法比拟的对于总冠军、对于被所有人肯定的渴望。

"我不敢乱加评论，但我有点感觉，从总决赛第一场前我在场边看他们的队员做准备活动，当时就觉得他们内心对打我们还是很有信心的。队员脸上都有些趾高气扬的表情，感觉只要我们队把广东打下去了，总决赛上他们遇到我们队，总冠军理所当然就应该是他们的一样，那种感觉之下，我觉得他们从准备开始就稍微有些懈怠。但那场比赛，我们最后大胜新疆，对他们从心理到各方面刺激还是非常大的，以至于后面的比赛我们在心态上还是占优的。"直到总决赛全部结束后，闵鹿蕾才能够确定自己最初的预感是完全正确的。

对于球队的最终夺冠，主教练闵鹿蕾也认为这绝非偶然，而是一种必然。"有些东西确实有底蕴的问题，有平时训练的问题，有团队凝聚力的问题，有临场发挥的问题，有对总冠军渴望的问题，有我们把常规赛从一般状态，经

2014年3月26日，2013-2014赛季CBA联赛总决赛，北京首钢男篮对阵新疆广汇男篮。图为新疆队西热力江（蓝衣）封盖北京队李根（白衣）上篮
CFP 供图

历1/4决赛、半决赛慢慢调整到总决赛最佳状态的经验，所有这些，都是我们最终能够拿到总冠军的重要基础。"闵鹿蕾说，"总决赛不是一场比赛，它是七场四胜制的比赛，不是凭借偶然性就能够夺得总冠军的。我们之所以能够夺冠，肯定是有必然性的，和我们的底蕴以及平时的工作有很大关系，包括这么多年我们的努力。当时赢了两场之后，我一点放松的心情都没有，这两支球队，说心里话实力相当，新疆队常规赛成绩说明了他们的稳定性方面甚至还会比我们强一些。只是我们心态更好，我们的准备更充分。去比较两支队伍打总决赛的经验、团队凝聚力、对总冠军的渴望，还是我们更强一些。"

京辽首演经典总决赛

● 紫 晓

辽宁省本溪市本溪体育馆（这里是辽宁队主场） 昵图网 供图

北京男篮
Beijing Men's Basketball Team

在CBA联赛20年的历史上，先后上演过军辽争霸、军沪争雄、军粤争冠、粤苏对决、粤辽争王、粤新争冠、粤京争冠和京新争冠，2015年"千年老二"辽宁队东山再起，以常规赛亚军和季后赛两个3比0横扫对手的雄姿，率先站在了总决赛的舞台边候场，等待着京粤两队间胜者的产生。当北京队以3比1淘汰广东队晋级总决赛后，CBA史上终于首次上演京辽巅峰对决大戏。是北京队成功卫冕？还是辽宁队精彩上演城头变换大王旗？

夺冠前景：舆论看好辽宁队

除京城媒体和球迷外，多数其他媒体和球迷都看好辽宁队夺冠。

CBA不断扩军后，京辽两队从未在季后赛相遇过。在2007-2010连续四个赛季北京队都无缘季后赛，也就更不会与辽宁队过招。2010年起，闵鹿蕾重掌帅印，次年北京队虽重返八强，但季后赛也仅仅是"一轮游"。近五个赛季京辽两队也仅仅是在常规赛谋面，2010-2011赛季两队各一胜一负，2011-2012赛季各一胜一负，2012-2013赛季北京队两胜，2013-2014赛季北京队两胜，2014-2015赛季北京队两负，总体战绩北京队6胜4负，但为什么多数媒体舆论却看好辽宁队呢？很简单，2014-2015赛季常规赛北京队主客场皆被辽宁队双杀，主场是在领先的形势下惨遭辽宁队逆转，客场更是净负24分，输得很没面子。上赛季仅名列第七的辽宁队，本赛季强势出击，不仅豪取17连胜，且以33胜5负的战绩获得常规赛亚军。常规赛亚军对常规赛第四，孰优孰劣岂不一目了然？在一些行家眼中，如果辽宁队与广东队争冠，广东队称王；倘若京辽两队争锋，辽宁队有戏。但在笔者看来，两队夺冠当是五五开，如果北京队能在客场首胜，就有望成功卫冕。总决赛的进程最终印证了笔者之见。

辽宁省历来是我国名列前茅的体育大省，不仅仅是篮球，各体育项目人才济济，在如今CBA的20支球队中，几乎每个队都有辽宁籍的选手，北京队不还有吉喆、陈磊吗？但是，似乎命里注定，自CBA诞生后，辽宁队无论是李戈、蒋兴权、吴庆龙还是郭士强挂帅，不仅始终无缘总冠军，反而还落得个"千年老二"的称号。一批又一批的辽宁篮球人暗下决心，一定要甩掉"千年老二"这顶帽子，为此奋斗的球员可谓前仆后继，但却难圆梦想。有付出就有回报，机遇终于出现了，在衡业集团入主辽宁篮球俱乐部后，运转逐步走上正轨，球队也呈现良好氛围，哈德森从新疆转投辽宁队后，全队信心和实力得到大幅提升，内因的变化也带动了外因的变化，本溪作为辽宁队的主场，在市政府的斡旋下，众多产药企业斥资冠名为辽宁本溪药都队。号称中国药都的本溪药企，冠名一是为了激励球队力争上游，二是想要借助辽宁队扩大本溪药企在国内外的知名度，可谓一举两得。在内外环境的有力推动下，顽强拼搏的辽宁队终于雄姿勃勃地于七年后杀进了总决赛，决心圆一冠军梦想。

知己知彼：北京队备好韬略

舆论既然看好辽宁队，自有其道理。那么北京队又是如何看待辽宁队的呢？主教练闵鹿蕾认为，辽宁队是传统强队，属典型北派打法，球风粗犷硬朗，大刀阔斧，队员人高马大，擅长投抢。眼下的这支辽宁队，在风格上与北京队有相似之处，扩大防守凶狠且多有变化，注重防守反击，守转攻快打对手立足未稳。阵地战突破有两条线，哈德森和郭艾伦，两人或突破上篮直接得分，或突破分球给同伴远投，外线投篮点较多，中锋韩德君进攻区域主要在低位，但时而到高位与哈、郭打挡拆后顺下，也就是说辽宁队也注重内外结合、快慢结合。就主力阵容的年龄结构而言，北京队的平均年龄接近30岁，而辽宁队平均年龄是26岁，显然辽宁队更年轻更有冲击力。平均身高的优势也在辽宁队这方，那么篮板球北京队自然也就处于劣势。比较锋线、中锋和后卫各个位置，辽宁队在明处也优于北京队。

事实确如闵鹿蕾分析的那样，辽宁队拥有优秀外援哈德森，他是CBA联赛的老面孔了，上赛季效力新疆队。31岁的哈德森攻击力极强，能突能投能传善抢，是辽宁队打进总决赛的首席功臣。辽宁队势头凶猛，在于本土球员实力雄厚。中锋韩德君身高2.15米，体重240公斤，能攻善守，是当今国内中锋的佼佼者。另一控球后卫郭艾伦，运球技术娴熟，突破快速灵活，是现役国手。中锋李晓旭身高2.06米，现役国手，篮板球凶狠，有"篮板魔兽"之称。前锋贺天举身高2.06米，动作灵活，是三分球投手。另一大外援汤普森的能力不太出众，但中投精准，拼抢篮板凶猛。替补球员杨鸣，司职控卫，打球机敏，突投皆灵，曾进入国家集训队。刘志轩身高1.97米，身板虽瘦，但动作干练，远投颇佳。辽宁队比赛主要靠上述八名球员。郭士强近年带队在训练、指挥上有长足进步，与队员关系和睦。辽宁队之所以被人们看好，一是这批队员正值当打之年，该冒头了。二是该队在常规赛屡次上演末节翻盘好戏，媒体惊呼"辽宁队末节惹不起"。而辽宁队能屡次上演逆转好戏，既与其实力有关，更与少帅郭士强的临场果断变阵和沉着指挥有关。正是在郭士强的调教下，眼下的这支辽宁队，在继承了北派传统

2015年3月12日，2014－2015赛季CBA联赛总决赛，北京首钢男篮客场对阵辽宁衡业男篮。图为辽宁队主教练郭士强在场边布置战术
全体育图片社 供图

2015年3月15日,2014-2015赛季CBA联赛总决赛,北京首钢男篮对阵辽宁衡业男篮。图为辽宁队外援哈德森(蓝衣)一对三上篮奉献准绝杀
全体育图片社 供图

北京男篮
Beijing Men's Basketball Team

风格的基础上又有创新，战术以突破、挡拆、外投、强攻、反击等配合为主。变化之大，令人刮目。与郭士强相比，闵鹿蕾已经在主教练岗位上打拼18年，不仅是CBA史上执教时间最长的主教练，也是北京男篮史上挂帅时间最长的。18个春秋冬夏，闵鹿蕾经历了太多的起伏沉沦，这些起伏沉沦，自然使闵鹿蕾的经验胜于郭士强。京辽两强争冠，有些优势在表面，有些优势在心理。心理优势一旦迸发出来，远比表面优势强大。打总决赛经验起着至关重要的作用，这方面四年三进总决赛并两次摘取冠军的北京队，显然更占有优势。如何把经验转化为赛场上的优势，是闵鹿蕾一直潜心琢磨的重要课题。辽宁队不同于广东队和新疆队，要战胜这个强大的对手，必须周密策划，同时要做好打满七场的准备。就比赛计划而言，首先，是争取客场首胜，两个客场一胜一负是正常，但拿下首胜就坚定了本队信心，挫伤了对手的士气。三个主场要力争两胜，但前提是主场首胜强于次战。一旦战成2比2平，那就要竭尽全力抢下赛点。如果赛点在握，就赢得了主动权。计划出炉了，但还要有应变准备，毕竟比赛是两队厮杀，瞬息万变。万事俱备，北京队斗志昂扬地兵发本溪。

首战告捷：北京队反客为主

2015年总决赛仍沿袭2014年2-3-2赛制，常规赛亚军辽宁队拥有四个主场，常规赛第四北京队三个主场，故总决赛前两场在辽宁队主场本溪市进行，本溪体育馆观众座位不足6000个，但赛场气氛热烈，"辽宁队必胜"的标语口号比比皆是。在辽宁队3比0横扫青岛队晋级总决赛后，本溪市政府立即奖励俱乐部800万元人民币。辽宁球迷大都认为，辽宁队迎来了CBA联赛史上最佳的夺冠机遇。众望势必会给辽宁队带来巨大压力，但欲成功卫冕的北京队也有压力。京辽两队谁能把压力变为动力，谁就可以掌握比赛的主动权。

2015年3月10日，总决赛首战在本溪打响。这是以防守促进攻为主旋律的比赛，谁备战细致、防守具有针对性，进攻坚持以我为主、扬长避短，谁就能赢得主动。比赛开始后，双方的核心人物都受到重点盯防，北京队打得不如辽宁队放松，在孙悦投中一记三分球后，全队近五分钟内9投仅1中。而辽宁队"双控卫"哈德森、郭艾伦却是突投结合。值得一提的是，北京队年轻的后卫方硕在半决赛没得到上场机会，但却在总决赛首战首节末段上场，第二节开局又打了近三分钟，在六分多钟的时间里，方硕得到7分并有1次抢断。在次节与双外援的碰撞中，北京队虽然有较多的失误，但凭借李根的强攻内线，上半场仍以43比37领先。易边后，北京队继续加强对篮板的拼抢。常规赛有"末节惹不起"之称的辽宁队，在第四节发起了反扑，一度将分差缩小至5分，但北京队不仅未显慌乱，反而打得更加沉着。孙悦远投手感极佳，老马便不断给他传球。防不胜防的辽宁队这下乱了阵脚，北京队以其人之道还治其人之身，终场以103比84大胜。首战结果既出人意料，又在情理之中。北京队不仅准备充分，且应变灵活，心理素质和经验占优。在核心人物的较量中，38岁的老马在大局观上确实高出哈德森一筹。客场首胜更加坚定了北京队成功卫冕的决心与信心，没能表现出真正实力的辽宁队势必要保证主场一胜。否则，总决赛就失去悬念了。

强势回击：辽宁队扳回一城

辽宁队主教练郭士强认为，首战失利不是战术问题，而是队员心理压力过大，第二场比赛就是要放下包袱，轻装上阵。同时，要调整防守策略，贯彻战术要统一思想。次战于3月12日晚开打，辽宁队依旧派出了哈德森、郭艾伦、韩德君、李晓旭、贺天举五将首发，北京队则以马布里、孙悦、张松涛、吉喆、翟晓川五将应对。士气高昂的辽宁队不仅打得有章法，且进攻十分坚决，反观北京队却打得有些沉闷，不但失误多，而且篮板球保护不力。随着北京队防守强度下降，落后的分差越来越大。辽宁队哈德森和郭艾伦轮番轰炸，两人单节合力砍下全队38分中的32分，力助主队以108比94大胜，将总决赛前两战扳成1比1平。北京队此役失利的最大原因是失误多达19次，后场篮板球丢了19个之多，仅这两项就让辽宁队直接得到30分。防守反击也受到抑制，快攻仅成功1次，而辽宁队是6次，在控制哈德森、郭艾伦两点上，也不及首场到位，败在情理之中。辽宁队打出了

2015年3月12日，2014-2015赛季CBA联赛总决赛，北京首钢男篮客场对阵辽宁衡业男篮。图为北京队方硕（蓝衣）防守辽宁队外援哈德森（白衣）CFP 供图

自己擅长的得分模式，重演了末节惹不起的神话。不过，1胜1负的战绩也符合北京队的预案。

主场失守：北京队1分惜败

按照赛程，总决赛第三战至第五战移至北京队主场进行，北京队的预案是拿下其中的两场，力争在主场抢到赛点，而这三战中北京队应力保主场首胜。然而，天有不测风云，在3月15日晚于万事达中心展开的第三场厮杀中，从未在这里打过比赛的辽宁队，却凭借哈德森在最后2.2秒时的准绝杀，以109比108险胜。这场比赛两队打得难解难分，是两队实力的真正较量。当比赛还剩下半分钟时，北京队以105比107落后，马布里控球到前场后以一个迅捷强硬的突破上篮打成2+1，助北京队以108比107反超，此时距比赛结束还有18.8秒。辽宁队要了一个短暂停，布置了最后一攻打法。北京队预料到这最后一攻会由哈德森完成，闵鹿蕾吩咐孙悦盯防哈德森，其他四人守联防，他估计哈德森会用远投搏命。孰料，哈德森却没有远投，而是连续变向运球突至篮下，在北京队的封盖下用侧勾手将球打板进筐，比分变成109比108。比赛还有2.2秒，老马在底线飞快地把球掷向前场快下的李根，但李根忙中出错球碰到他的腿上出界，北京队遂以1分之差惜败。观战的行家认为，北京队此时采取的防守策略还有一种选择，可以采取犯规战术，而且上手要早，即使哈德森两罚两中，北京队还有进攻机会。但是，两种防守策略都是在赌，能否成功就看运气了。赌的结果是北京队运气没有辽宁队好，但回顾整场比赛不得不承认，在这场以防守为主旋律的抗争中，辽宁队打得比北京队活。有数据为证：北京队全场助攻仅9次，而辽宁队是16次，其中哈德森一人就送出助攻12次，此外，他还砍下31分、抢到11个篮板，从而成为CBA总决赛史上第一个奉献"三双"的球员。北京队马布里虽然掠下全场最高的42分，但助攻仅3次，这项数据对比，足以说明辽宁队打得比北京队更讲究整体配合，因而能够后来居上。哈德森不仅在最后关头拯救了辽宁队，而且串联起了全队的攻防，显然，这一战哈德森的作用超过了老马。北京队另一个败因是国内球员的表现不及辽宁队，京辽两队国内球员得分为42比61。客场首胜，2比1领

2015年3月15日,2014-2015赛季CBA联赛总决赛,北京首钢男篮对阵辽宁衡业男篮。图为辽宁队郭艾伦(蓝衣)运球
全体育图片社 供图

先，让辽宁队在心中升腾起夺冠的憧憬，主教练郭士强觉得胜利的天平已经倒向自己，他踌躇满志地表示，一定要在北京万事达中心举起总冠军奖杯。北京队主教练闵鹿蕾则给队员鼓气说："我们要忘掉失利，全力以赴打好第四战。同时我们要吸取教训，在排兵布阵上做出调整，务必要将比分扳平。"

绝地反击：骁辉上阵成转折

1比2落后，压力转移到了北京队身上。下一战是让辽宁队抢到赛点，还是北京队奋力将比分扳平？悬念又一次升起。3月17日晚，总决赛第四回合拉开战幕，北京队首发阵容进行了微调，朱彦西取代了吉喆，另四将仍是马布里、孙悦、张松涛、翟晓川，辽宁队仍然是哈德森、郭艾伦、李晓旭、韩德君、贺天举。北京队首节表现不错，守转攻快，阵地战内外结合，辽宁队以外线攻击为主，单节虽命中5记三分球，但仍以27比32落后。次节，两队你来我往，算是打个平手。上半场结束北京队以53比49领先。第三节辽宁队攻势猛烈，靠哈德森的神勇发挥，辽宁队在第三节结束时以84比72反超！在接下来的12分钟里，北京队不仅要填平这12分的大坑，更要把防守做得更加强硬严密。同时，国内球员一定要敢于分担老马的压力，拼死一搏。闵鹿蕾在阵容上又进行了调整，派王骁辉上场，任务是盯防哈德森，让孙悦以进攻为主。一股置之死地而后生的勇气给北京队增添了激情，王骁辉不同于孙悦的防守方式，不仅阻碍了哈德森的进攻，而且在抢攻中毫不犹豫投中三分球。接着，孙悦、朱彦西也相继远投得手。辽宁队没料到北京队竟然打得这么勇猛顽强。经过11分钟的激战后，老马命中的一记三分球终将比分扳成108平！此时，距比赛结束还有50.9秒，双方各有一次进攻机会。辽宁队韩德君篮下强攻造犯规，他两罚一中，109比108，时间还有23.9秒。北京队急叫暂停，闵帅布置最后一攻由老马完成。老马没有选择外投，而是利用吉喆的掩护快速突破上篮打成"2+1"，111比109，辽宁队还有11.6秒的时间。闵帅让莫里斯换下老马，意在抢篮板球。郭士强也通过暂停布置了打法，前场发球后哈德森见无外线出手机会，便把球传给了左侧的刘志轩，刘志轩见左底线的韩德君面前无人，用击地球传给了空切的韩德君，韩德君上篮时北京队吉喆防守犯规，又将韩德君送上罚球线，此时还有1.7秒比赛结束。就在大韩准备罚球时，记录台鸣笛，北京队原想让老马重新上场，但取消了这次换人。重压之下的大韩第一罚命中，但第二罚没中，球被莫里斯抢下，比赛结束，111比110，北京队1分险胜。北京队又一次实现了末节逆转，单节得39分，比辽宁队多得13分。王骁辉此节三分球5投3中，在贡献9分的同时还有一次关键的篮板球和一次抢断。于是，赛后王骁辉就成了奇兵。不过，实事求是地讲，王骁辉既是奇兵也不是奇兵，因为他在季后赛中屡屡上场替换孙悦，算不上是雪藏，这一次敢在末节落后时让王骁辉上场，闵帅也是在赌，希望他能像去年总决赛一样去干扰哈德森。没承想，王骁辉不仅防守拼命，而且在进攻上也爆发了。王骁辉赛后说："当时已到悬崖边上了，没想太多，再犹豫不投的话可能还是输，就是跟对手拼了！"老马则称赞骁辉是当场MVP。闵帅在赛后表示："落后时我们奋起直追，这不仅仅是技战术，而更是依靠着顽强的意志和超强的责任感！我要感谢队员们，我们也要收拾好心情。马上准备后面的比赛。"有记者问，经过此役球队是否重拾了信心时，闵帅有些激动地大吼："我们从来就没有失去过信心！"两场比赛都是最后关头一分定胜负，过程如此扣人心弦，媒体认为这是CBA总决赛史上最有悬念、最精彩的巅峰对决，堪称经典之役。两场激战也进一步证明，辽宁队既不同于广东队，也不同于新疆队，北京队欲成功卫冕的难度超过前两次总决赛。如此势均力敌的碰撞后，媒体和球迷关注的下一个热点，是谁能成为天王山之战的胜者呢？

斩获赛点：北京队后发制人

争夺赛点的天王山之战于3月19日晚揭幕。上半场京辽两队打得比较拘谨，虽然各有得分高潮，但也都出现起伏。上半场结束，北京队以44比48落后。在核心人物的比拼中，老马手感不佳，仅得6分，哈德森则取下16分，辽宁队略占优势在情理之中。第三节北京队仍然没能走出低迷状态，防守篮板球保护

北京男篮
Beijing Men's Basketball Team

不力，进攻缺乏配合，人球时而出现停滞，一度以54比64落后10分之多。北京队请求暂停后，加强了个人攻击，后四分多钟几乎成了老马闯关拔寨的独角戏，只见他频频突破上篮奏效，辽宁队阵中竟无人能防得住，个人连得10分的老马力助北京队在第三节结束时将比分追成68比70。为了让老马能多休息一会儿，闵帅在末节大胆派方硕和莫里斯出战。方硕表现十分坚决，不仅先后造成韩德君和哈德森各犯规一次，而且四罚四中，将比分反超。在场下休息了将近四分钟的老马在比赛还有8分52秒时重新登场，在他的带领下北京队随即打出一波6比0的小高潮，在这波反击中，李根一马当先，推土机般地在篮下生吃，比赛的天平倒向了北京队一边。在将胜势化为胜果的关键时刻，老马又开启了他的得分模式，突破加中远投，一鼓作气将领先分距扩大。在这段时间里，得而复失的辽宁队又一次乱了阵脚，进攻断断续续，命中率下降。老谋深算的马布里最终带领北京队以105比93拿下天王山之战。能逆转对手抢下赛点，在于北京队根据前四战的经验，成功使用了后发制人的谋略，这集中体现在核心人物马布里身上，如何用好38岁的老马，体能是关键。论整体实力，辽宁队不在北京队之下，但北京队心理素质占优，总决赛经验占优，这两点又在关键之战起着决定性作用。在开局和相持阶段，北京队的策略就是咬住对手，看你有何变化和招数，我不露声色沉着应对，老马更是不急于显露杀气，而是养精蓄锐，等待时机。一旦找到时机，老马便适时杀出，而且能找准突破口，一举打乱辽宁队。此外，末节变阵让方硕上场，颇有田忌赛马之味道，真乃变则通也！北京队末节"一大四小"阵容的换人之变，又一次令辽宁队始料未及。再一次被北京队逆转，辽宁队士气遭受重创，他们还有信心把总决赛拖入"抢七"大战吗？

2015年3月19日，2014-2015赛季CBA联赛总决赛，北京首钢男篮对阵辽宁衡业男篮。图为北京队方硕（白衣）上篮　全体育图片社　供图

一鼓作气：北京队成功卫冕

带着3比2领先的优势，挟着攻下天王山之战的余勇，北京队又来到了本溪，球队事先没向媒体透露，他们不仅只预订了两天的酒店，而且已订好了3月23日返京的机票。在北京队心中已抱定决心在第六战结束总决赛，既不给自己更

不给辽宁队留退路。尽管辽宁队打过总决赛,但却没尝到过夺冠的滋味,第六战只能胜不能败。但是,怎么取胜心里却没底,而北京队却清楚自己距成功卫冕只差一步之距,对打好最后一役已做好充分准备,部署了针对性的防守,王晓辉防哈德森,孙悦防贺天举。3月22日晚,总决赛收官战在热烈的气氛中开打。看台上是数不尽的"辽宁必胜"之类的横幅标语,看似是给辽宁队以动力,实则是给他们施加了更大的压力。上半场辽宁队也确实打出了背水一战的气势,而北京队在将比分打成8平后便陷入了短暂的低迷,两分多钟不得分,辽宁队一气呵成打出一波8比0的高潮,迫使北京队叫了暂停,并将李根派上了场,意在改善进攻。这次暂停和换人奏效,北京队很快扭转了局面,李根独取10分,力助本队在首节结束时将比分战成24比25。次节,两队"双外援"比拼,马布里想方设法给莫里斯喂球,莫里斯手感不错,作用明显胜过辽宁队大外援汤普森,他连投带罚单节贡献12分。辽宁队得分仍以哈德森为主,两队比分5次战平。由首发变为替补的翟晓川在上半场结束之前抢下一个前场篮板球,并远投命中,从而助北京队在上半场结束时以53比50反超。易边续战,北京队越战越勇,接连构成内外开花之势,翟晓川远投的手感更是火热,老马见状便不断地给他施以妙传,第三节结束,北京队以79比69领先。战到此时,辽宁队有些泄气了,但还是强打精神在末节奋力一搏。无奈的是:北京队越打越轻松,干净利落的配合此起彼伏,在临近比赛结束时已领先18分之多。见胜券在握,北京队便不再严密防守,放辽宁队投了几记三分球。终场结束,北京队以106比98再胜辽宁队,以4比2的总比分蝉联总冠军,马布里众望所归荣获总决赛MVP。翟晓川打出了本赛季最出彩的一战,上场32分钟砍下全队最高的27分,另有六个篮板球贡献。

又一次没能圆上冠军梦的辽宁队,赛后不断地反思自己。主教练郭士强承认他们输在心理素质差和经验欠缺上,特别是第四场和第五场。主力队员、现役国手郭艾伦在收官战中还扭伤了脚踝。在家养伤的他说:"输球认了,对方确实有实力,发挥比我们稳定,这球输

2015年3月19日,2014-2015赛季CBA联赛总决赛,北京首钢男篮对阵辽宁衡业男篮。图为辽宁队郭艾伦(蓝衣)传球
新华社记者 公磊 摄影

2015年3月17日,2014-2015赛季CBA联赛总决赛,北京首钢男篮对阵辽宁衡业男篮。图为北京队孙悦(白衣)上篮　全体育图片社 供图

北京男篮
Beijing Men's Basketball Team

得不冤。但对于这个结果，我还是感到很伤心，真的很伤心。北京队赢得这个总冠军是他们的实力，我恭喜他们。我们发挥不稳定，整体打得不如对方，系列赛不可能只是打好一两场球就可以拿到冠军的，经验上不如他们，他们值得这个冠军！"

北京队喜获CBA联赛第一个两连冠的当晚，市委、市政府欣闻喜讯发来贺电，贺电中说："北京男篮追求卓越，突破自我，披荆斩棘，四年三冠，充分展示了首都体育健儿奋发进取的精神风貌，奉献出不畏艰难、勇攀高峰的宝贵精神财富，为首都赢得了新的、更大的荣誉，极大地激励和鼓舞了北京市民。望你们继承与发扬这笔宝贵的精神财富和体育的优良传统，毫不懈怠，继续努力，发挥示范效应，提升北京三大球水平，打造城市名片，展示首都良好形象，激发群众健身热情，丰富市民文化生活，繁荣首都体育产业，助力经济社会发展。"

北京队能成功卫冕，老将马布里居功至伟，总决赛老马场均贡献29.6分、5.6次助攻、4.8个篮板，这个数据大大高于常规赛。荣获总决赛MVP，对老马来说是实至名归。如果把老马比作北京队四年勇夺三冠这部连续剧的唯一主角，那么主教练闵鹿蕾就是这部连续剧的总导演，他为队员们设计了不同的角色与台词。主教练闵鹿蕾说："这个赛季实行末节单外援新规，老马又年长了一岁，这对我们的确是很大的挑战与考验。为了不影响球队的实力，我们的确在常规赛后半段进行了调整，核心就是进一步挖掘国内球员的潜能，一方面他们要做好随时上场的准备，一旦在换上他们时要给予鼓励。同时，我们也一直在琢磨末节老马与莫里斯的上场时间问题。从队里的需要和实践结果看，让老马在末节担当重任是正确的。换个队员就是一个变化，打得好不好，那就要看队员的心理素质了。让我感到欣慰的是，国内球员表现不错，关键时刻我们的心理优势在赛场上都显示出来了，这是我们能够最终战胜辽宁队的一个重要因素。比较而言，我们队要比辽宁队成熟一些。郭士强是个很用心、有追求的教练，今后还有很大的提升空间。我十分感谢辽宁队，他们是很强大的对手，他们和我们一道为全国球迷奉献了一个精彩的总决赛，一个载入CBA史册的经典总决赛！"

的确，这是一个经典的总决赛，是一个势均力敌的总决赛，是一个不断求变的总决赛。六场较量京辽两队都打出了各自的风格与特点，使比赛具有很强的观赏性，球迷感到很刺激。北京队虽然能成功卫冕，但从有关数据看，两队实力非常接近：六战京辽两队总得分为627比602，场均得分为104.5比100.3，两分球命中率52%对47%，三分球命中率42.8%对35%，罚球命中率77%对81%，篮板球254对268，助攻92对74，抢断48对48，失误77对79，快攻18/24对19/24。数据是最直观的注脚，北京队最终能三度称王，缘于在关键之战中主动在人员和打法上做出针对性的调整，诚如《孙子兵法》中所云："兵无常势，水无

常形","善变者称强。"

在北京队四年勇夺三冠后，有些媒体和球迷称北京队已经在CBA建立了北京王朝，佢也有不同看法认为八一队和广东队之所以能称王朝，因为他们不仅仅是八冠王，且八一队拿过六连冠，广东队拿过三连冠，北京队欲称王朝怎么也得拿个三连冠吧？北京队主教练闵鹿蕾对此的态度是："王朝不王朝的让别人去评判，我们要做的就是以此为动力，继续抓好队伍建设，认真刻苦地搞好夏训，为争取夺得第四个总冠军而奋斗！"

2015年3月22日，2014-2015赛季CBA联赛总决赛，北京首钢男篮客场对阵辽宁衡业男篮。图为北京队队员（蓝衣）庆祝成功卫冕
新华社记者 李明 摄影

2014年03月30日,2013-2014赛季CBA联赛总决赛,北京首钢男篮客场对阵新疆广汇男篮。图为北京队孙悦(蓝衣)带球过人　刘平　摄影

快速流畅的运动战
——北京首钢男篮战术浅析

紫晓

北京男篮
Beijing Men's Basketball Team

北京首钢男篮能在四年内完成三次夺冠，得益于其鲜明的战术特色，这个战术特色就是快速流畅的运动战，而成就这个战术特色的就是队伍的灵魂马布里。范政涛、程世春、陈文彬、张光烈等京城篮坛前辈早年一致认为，一支球队的战术制定，使这支球队的特点能最大限度地得到发挥，那么这个战术体系就是成功的。北京队主教练闵鹿蕾充分意识到了马布里的核心球员价值作用，与马布里共同制定了以其为核心的战术体系，通过这颗大心脏激活了全队。马布里在北京队充分显示出了他娴熟的个人技术和丰富的比赛经验，马布里与其他外援最大的不同之处，就是不仅能个人强攻，而且拥有大局观。视野开阔的他，能敏锐地观察到场上的变化，审时度势地把握住比赛节奏，以点带面，避实就虚地率领队友攻击对手的软肋，用针对性极强的、看似复杂实则很简单的配合来瓦解对手的防线。从2012年首获冠军，到2015年实现两连冠，四年来北京队战术素养得到明显提升，心理素质日趋稳定，队伍更加成熟，打法更加丰富多彩。与四年前相比，如今已有了脱胎换骨的变化。

2012年3月28日，2011-2012赛季CBA联赛总决赛，北京首钢男篮对阵广东宏远男篮。图为北京队马布里（白衣）带球突破 中体在线图库 供图

移动是本质

无论是FIBA还是NBA，尽管篮球场上长人如林，但移动是这项运动的本质。随着防守不断得到重视，随着对抗的加剧，不断的有目的地移动，尤其是无球者的移动，就显得极其重要。无论你战术设计得多么严谨，但如果没有不断的有目的地移动，配合就打不出来，也就寻觅不到投篮的良机。站死跑活，就是对移动进攻的最好诠释。而有球有戏，无球无戏，是球员和全队战术素养不成熟的表现。

北京男篮历来都是具有培养造就优秀中锋的优良传统的。远的不说，在征战CBA的历程中，先后就涌现了单涛、巴特尔两大中锋。在CBA初期，两人就构成"双塔"配合，在移动中屡屡强攻奏效。行家始终认为，当时拥有"双塔"的北京队就具备了夺冠实力，但受各种因素影响，北京队失去了夺冠的最佳时机。单涛离队后，巴特尔一人撑起了内线，他或个人强打篮下，或利用对方包夹之机给队友创造得分机会。张敬东之所以能成为三分王，就在于他利用巴特尔在内线的牵制，不时在外线移动中得到出手的良机。但是，北京队一旦使球停滞在某个队员手中，其他无球队员没有移动时，进攻就受到了制约。在那个时期，北京队以阵地战为主，防守反击速度不快。巴特尔转投新疆后，没有了内线核心的北京队实力迅速下跌。在2007年至2010年，北京队不仅连续四年无缘季后赛，且曾名列联赛倒数第二名，队伍跌至谷底。

球队重生的转机出现在2010-2011赛季，北京队引进了宝岛球员李学林，开始了球队转型。李学林虽然身材较矮，但他技术全面，快速灵活，能突能分，用速度带起了全队的进攻，移动中经常打出精彩的配合。大外援莫里斯就是在不断的移动之中捕捉到中投机会的，亚洲外援阿巴斯同样是在不断移动之中完成二次进攻的。那个赛季如果俱乐部不在挑选第二外援上失策，北京队完全有可能打进四强，而绝不是勉强名列八强之末的成绩。尽管如此，李学林已经为北京队注入了快速、移动两大变化，为马布里后来加盟北京队实现球队根本转型奠定了基础。

马布里来到北京队后，心情舒畅的他很快与球队产生了化学反应。马布里最擅长的是个人突破，在突破的过程中，他用余光观察移动中的队友，一旦发现队友移动到了得分更有把握的位置，便毫不犹豫地将球迅速传给队友。当突破上篮和突破分球成了北京队得分的一大利器之后，各队便将马布里视为防守重点，使尽各种招数。马布里遇变则变，把球及时转移。他无论是在训练中还是在比赛中，总是提醒队友要移动，特别是无球队友要有目的移动，在移动中形成配合，从而创造出投篮良机。正是由于不断移动，马布里才能与莫里斯、朱彦西、吉喆、孙悦、李根等轮番在不同区域打成挡拆配合。大家对2011-2012赛季常规赛第三轮北京队主场对青岛队的比赛印象深刻，张松涛不止一次接马布里的妙传后空切得手，原因就在于张松涛意识到马布里随时可能把球传给他，他必须跟进马布里。在马布里加盟北京队的四年中，他运用自己的能力激发了队员的潜能，用言传身教告诉队友篮球就该这样打。无论是在CBA还是在NBA，篮球规律都是相通的，多种方向、多种形式的移动，就是在某个区域形成多打少。在上赛季季后赛的争夺中，特别是在半决赛对阵广东队的生死较量中，北京队正是靠移动进攻挫败了对手，如愿挺进总决赛。

京粤两队相互摸底，各有所长。然而，近四年广东队已非强盛之时，本土国手老化，外援实力大不如前。北京队正是抓住了广东队的这两大软肋，在比赛中坚决贯彻执行了针对性部署战而胜之。而广东队却过于倚重老将，这就必然使这几个老将体力透支。在最后决定胜负的时刻，北京队却迸发出能量，在移动中屡屡完成进攻，将胜势变成胜果。在半决赛第五战生死较量的第四节，广东队将比分追成91比94之际，马布里用连续突破制造罚球机会而重新将分距拉开，最终以3比2将广东队淘汰。本赛季北京队依然选择了与广东队同处上半区，半决赛如法炮制，以3比1再胜广东队，胜利挺进总决赛。

北京队始终坚持移动进攻，在于很好地落实了"双控卫"战术。孙悦来队之前，李学林与马布里打"双控卫"。这就使北京队在场上有两个进攻枢纽，你防了马布里，马布里正好能借机喘息调整，让李学林把握节奏，穿针引线。一旦球交到马布里手里，马布里就可以根据自己所处位置和队友落位情况，或攻或传。孙悦来队后，他与马布里构成新的"双控卫"。与李学林相比，孙悦具有身高臂长弹跳好的优势，又是左手投篮，作用自然大于李学林。广东队、新疆队和辽宁队最终不敌北京队，在很大程度上就是吃了"双控卫"的亏。

北京队这个赛季另一最大收获是李根，此前李根来北京队已两年，本赛季终于融入北京队，李根不仅成了北京队锋线上的"推土机"，而且丰富了北京队的攻击手段。之前，北京队只有马布里能强行突破，如今李根也成了强攻内线的一个点，内线火力不足时，李根便利用身体之优坐镇篮下错位生吃，内线打开后李根又拉到外线，或突破或远投，构成内外开花之势。有"第三外援"之称的李根，给北京队注入了强硬作风，使北京

北京男篮
Beijing Men's Basketball Team

队的进攻显得更加活跃。随着北京队两次夺冠，球员的心理素质日趋成熟，战术意识明显提高，在与辽宁队进行总决赛的第四战中，莫里斯在高位策应，右侧的朱彦西上前给翟晓川做后掩护，后者摆脱了对手空插到篮下，莫里斯将球传给翟晓川篮下进攻，完成了一次漂亮的内传内的配合。正是靠连续性的整体配合，北京队战胜辽宁队而蝉联冠军。赛后，辽宁队也承认在整体配合上他们不及北京队。

速度是特征

速度是现代球类运动的生命特征，篮球场上除了高空之争，就是速度之争。速度也不是一味打快，而是动静相间快慢结合。无论是防守反击、抢断反击，还是阵地战的局部进攻，都必须讲究速度。马布里加盟北京队后带来的一个最大的变化，就是北京队的进攻不仅提速了，而且频频打出了多点的快速反击战，令人赏心悦目。

已故的陈文彬指导，生前在执教国家队和北京队期间，强调快攻是一大利器，快攻得分要占全部得分的1/4以上。为此，他对球队进行了多种形式的快攻得分训练，收效明显。快，早已不是小个队员的专利，当今世界篮坛都强调速度，强调下得快，传球快，高大中锋也参与到快攻发动和过程中。夺得北京奥运会冠军的美国男篮，快攻是其一大利器，场均快攻得分20分。四年之后，美国男篮又摘取了伦敦奥运会的桂冠，场均快攻得分达到了25分之多，一波又一波的快攻，打得对手喘不过气来，也令观众大呼刺激。

北京男篮从成立专业队的那天起，近60年来无论是谁挂帅执教，都一代一代强调快、强调速度、强调攻守转换快、强调打对手立足未稳，闵鹿蕾也不例外。在北京队沉沦的那四年，实力大幅下降，还谈何快攻？当李学林、莫里斯、马布里先后加盟北京队后，球队才重现生机，才重新有了速度，有了快攻。在NBA闯荡多年，也曾参加过世界大赛的马布里，阅历丰富，他深知北京队必须打出速度，这一想法与闵鹿蕾不谋而合。两人共同制定了球队打法，在训练中加强了全场和半场的速度训练，并在比赛中大胆实践。在很多场的比赛中，北京队之所以能多次逆转对手，正是靠的速度。防守反击、抢断反击、一传快攻、三人快攻、阵地战中的空切、反跑，快攻中的暴扣，长自己志气，灭对手威风。在今年与辽宁队展开的总决赛中，北京队能多次反败为胜，也正是靠防守反击振奋了士气，正如央视体育频道解说嘉宾、前国家队主教练王非所言："北京队一旦坚决地打出快速反击，辽宁队就控制不了局面了。"

速度讲究变化，北京队特别是马布里将速度变化演绎到了极致。马布里的个人突破是多种多样的，有变向，有减速后的突然加速，还有慢三步，这些变化令对手防不胜防。也正是在速度的变化中，马布里敏捷地选择或个人上篮，或施妙传给队员。在其他配合中，马布里同样自如地运用了速度变化，比如他与莫里斯的挡拆，与朱彦西的挡拆，他在利用莫里斯或朱彦西为其掩护的一刹那，总能及时准确地把球回传这两人，莫里斯往往选择中投，朱彦西则在三分线外出手，常令对手顾此失彼。

不过，北京队的快攻得分还不多，场均在10分左右，还达不到占全部得分的1/4或1/5，还应努力挖掘潜力。

防守是基础

注重防守是北京队的悠久传统，几代教练都注重夯实队员防守的基本功。20世纪60年代自力更生时期的北京男篮，就是在张光烈的精心打造下形成了多变的防守。那时的北京队在防守上就体现了世界篮球的先进发展趋势，如全场主动出击紧逼、半场扩大、局部区域突施夹击、一盯四联、联防中的轮转等，正是靠出色多变破坏性的防守，北京队才得以荣获第二届全运会冠军，铸就了北京男篮史上的首次辉煌。18年之后，北京男篮在第五届全运会的决战中，在上半场落后解放军队15分的困境之下，下半场解放思想，大胆变阵，以矮防高，以动制高，用针对性极强的攻防策略，完成了不敢想象的逆转，创造出了北京男篮史上的第二次辉煌。毫不夸张地说，视防守为基础，以守促攻，已融入北京男篮一代又一代的教练和运动员的血液之中。

如今的北京男篮，与改革开放之前有质的不同，过去是依靠本土球员竞争，如今则是引进外援，中

2011年03月28日,2011-2012赛季CBA联赛总决赛,北京首钢男篮对阵广东宏远男篮。图为北京队李学林(白衣)传球
新华社记者 孟永民 摄影

北京男篮
Beijing Men's Basketball Team

外球员并肩作战。但是，防守仍然是北京队的看家本事。NBA是注重防守的，在不允许守联防之前，比拼的全是人盯人。以美国球员为主体的NBA，球员身体条件出众，反应快，移动快速，臂长手大控制范围大，因而防守更具攻击性和破坏性，就好像中国武术中的空手夺刀枪一样。久经NBA沙场的马布里，把这种防守意识和防守技术带到了北京队，曾赴美学习的闵鹿蕾在观念上也有了变化，两人合力打造了北京队的防守体系。与其他队根本不同的是，马布里实际上发挥的是队员兼教练的作用，在攻防两端他扮演的都是场上指挥员和战斗员的双重角色，从而确保全队攻防战术得到贯彻实施。

防守形式无外乎盯人与联防两大类，看似两者之间有很大不同，但实际上两者是相通的，球员不仅要具备良好的个人防守技术，还要拥有整体协防意识与能力。应该说北京队在赛前的备战集训中，在防守上是下了一番苦功的。CBA本赛季联赛北京队有19个对手，这些对手大致分三类，一类是外线能力强的，一类是内线实力占优的，还有一类是内外兼修的，而这最后一类在目前的CBA中几乎没有。这19个对手中，绝大多数是靠外援得分，而这些外援一般都是一内一外，而其中外线队员的冲击力优于内线球员。北京队在与这些对手的厮杀中，做到了区别对待，各个击破。像广东队的拜纳姆、辽宁队的哈德森，都是北京队防守的重点人物，孙悦承担了重任，王骁辉等为辅。防守这两人的重点不是不让他俩得分，而是切断其与队友的联系，破坏对手的运转。

眼下的广东队，看似内线占优，实则是以外线得分为主。易建联虽然身高、弹跳好，但他缺乏篮下强攻的技术，支配球能力较差，因而没能在NBA站住脚跟。外线上的朱芳雨、王仕鹏虽经验丰富，但早已不复当年之勇。欲战胜广东队，就要防好他们的外线。北京队在与广东队的四年交锋中，不怵广东队，堪称广东队的克星，心理上有一定优势。但要把心理上的优势化为赛场上的优势，就必须在防守上制约住对手。北京队采取盯人与联防相结合的防守，加强对朱芳雨、王仕鹏的盯防，增加他们得分的难度，同时，努力把易建联挤出三秒区。如此一来，被追得四处奔跑的朱芳雨、王仕鹏气喘吁吁，体力严重透支，投篮命中率下降，易建联也难以找到自己习惯的投篮点。而他们的外援控球能力，无法与几年前的帕克相比，在决定胜负的关头组织不起来有效的进攻，两次半决赛被北京队淘汰可谓是劫难逃。

第四次冲进总决赛的新疆队，拥有唐正东、苏伟两大中锋，此前也曾有不错的发挥。但是，唐正东同样状态下滑，脚步移动更加缓慢。半路出家的苏伟，虽然很拼命，但无奈活儿太糙，防守上还有所作用，进攻却不能指望。因此，新疆队的火力点同样是在外线，得分主要靠哈德森、西热力江、可兰白克和替补张庆鹏等。辛格尔顿力量和弹跳出色，得分也多在中远投和二次进攻。针对新疆队的特点，北京队以防外线为主，辅以协防内线，酌情对唐正东或苏伟施以夹击。总决赛次战，新疆队变外线为冲击内线，哈德森、西热力江等轮番突破至篮下，一度置北京队为被动。闵鹿蕾见状，及时改变防守，变盯人为联防，收缩防区，保护内线，很快将场上形势扭转。正是靠极具针对性的防守，北京队在总决赛客场两战中，出人意料的凯旋。之后，新疆队虽然把总决赛拖入了第六场，但北京队依然在防守上制约了对手，并在末节的进攻中彻底解放了莫里斯，莫里斯不负众望，单节取下17分，助北京队再夺CBA之冠。

在上赛季常规赛中，因马布里中途赴美疗伤，北京队战绩仅为23胜11负排名第四，场均得105分，场均失分98.6分，能把对手的场均得分控制在100分以下，说明北京队的防守还是不错的。场均净胜6.4分，则表明北京队在与一些实力接近的球队的较量中，赢得艰辛，胜在对关键球的处理更为合理。季后赛不同于常规赛，争夺搏杀更为残酷，胜一场就使自己占据主动，失一场则使自己陷于被动。上赛季北京队15场季后赛场均得分低于常规赛，为99.8分，场均失分93.9分，场均净胜5.9分，足见厮杀之激烈。在这15场季后赛中，3分定胜负的有4场。值得欣慰的是，在1/4决赛、半决赛和总决赛最后一战中，北京队先后以8分和10分之优获胜，这说明北京队在关键之役中，不仅保持了高强度、高质量的防守，而且在进攻上做到了以我为主、扬长避短。

攻防是构成篮球运动的两个重要组成部分，相互作用，相互促进，攻为矛，守为盾，矛尖盾硬表明北京队更加趋向于攻守平衡。2014-2015赛季北京队与辽宁队争夺冠军，辽宁队在打法上不同于广东队，也不同于新疆队，他们内外均衡，作风强硬，唯一欠缺的是总决赛经验。拥有总决赛经验的北京队，采用不同而又相似的防守策略，以变应变，盯人与联防交替使用，关键之战中限制了对手，从而成为笑到最后的胜者。

北京队这个赛季的首发阵容基本上是马布里、孙悦、吉喆、朱彦西、王骁辉，季后赛又做了微调，翟晓川有时也成为首发队员，本赛季发挥出色的李根成为最佳第六人。排出这样的首发阵容主要出于两点，一是外援四节六人次，末节单外援。为了打好开局，马布里必须担任首发控卫，孙悦协助，中锋只能由吉喆担任，朱彦西和王骁辉打前锋，这三个人的主要任务是防守。其中王骁辉取代了老将陈磊，与孙悦轮换负责盯防对方的控卫。在巴特尔离队后，张松涛来队前，北京队没有名副其实的传统中锋，莫里斯、吉喆、朱彦西实际上都属于大前锋。为了能让莫里斯不至于过早地六次犯规下场，吉喆、朱彦西就把更多的精力用在了防守对方中锋上。在引进了李根后，北京队又引进了孙悦、张松涛等原北京奥神球员，从而补齐了位置，增强了替补阵容。锋线上的替补队员除翟晓川外，还有身体强壮个人强攻能力不错的李根，可谓兵多将广，令人羡慕。但是，常规赛中，北京队在决定胜负的第四节时而出现起伏，令人担忧。常规赛后期北京队有意识地在末节试阵。到了季后赛，北京队末节上场阵容基本以马布里为主，莫里斯为辅，为了加强内线防守，北京队充分发挥全体上场球员的积极性，大范围移动协防，有效地制约了对手。

孙子云：兵者，诡道也。讲的就是用兵要有变化。在主动求变方面，主教练闵鹿蕾已经从过去的缺乏魄力，逐渐变成敢于大胆变阵的指挥者。在与辽宁队进行的总决赛中，他先后派方硕、王骁辉上场，这两人不负重托，敢于发挥，变化了本队，打乱了对手，起到了奇兵作用。四年三冠不是终点，北京男篮应在保持稳定的基础上，进一步丰富攻防战术，提升实力，在迎接新的挑战中把自己打造得更加强大无敌！

2015年3月15日，2014-2015赛季CBA联赛总决赛，北京首钢男篮对阵辽宁衡业男篮。图为北京队李根（白衣）跳起投篮
刘平 摄影

篮坛骄子

北京男篮
Beijing Men's Basketball Team

前排左起：李学林，朱彦西，兰多夫·莫里斯，斯蒂芬·马布里，吉喆，孙悦，陈磊
后排左起：解立彬，王骁辉，翟小川，李根，方硕

北京男篮
2011–2015主力球员阵容一览

我们从未失去信心
——访北京首钢男篮主教练闵鹿蕾

潘天舒

闵鹿蕾，1963年出生于北京大兴，1982年至1997年效力于北京首钢男篮，司职主力后卫，曾多次入选国家集训队，现为北京首钢男篮主教练。在中国男篮CBA联赛2011-2012赛季，执教生涯第一次获得总冠军。2013-2014赛季，再次获得CBA总冠军，并当选该赛季最佳主教练。2014-2015赛季，带领北京首钢队成功卫冕。

出身篮球世家

闵鹿蕾出生在一个篮球世家，有着浓厚的篮球氛围。父亲闵力援20世纪50年代曾是北京工人队队员，还参加过全国教工篮球队。后来在劲松职业高中任党支部书记，还当过体育教师。大哥叫闵鹿蓓，身高1.89米，是个天生打球的材料，没想到20岁那年，一场严重的肝炎断送了他的运动生涯。比他小六岁的闵鹿蕾当时还没跨出初中的校门，却已迷上篮球，原是跟在哥哥后面玩玩的，后来理所当然地顶替接班了。

闵鹿蕾从小就喜欢玩球，11岁就进了北京市业余体校，16岁被选到北京青年队，三年后升入北京一队。如果别人把成长道路比作翻山越岭的话，那他的路看上去就是一马平川了。说起来，他印象最深的竟不是打球，而是每天从家里到体校的那段路程。那时闵鹿蕾才11岁，从管庄到什刹海要换三趟车，往返路途要花三个多小时。有一次，闵鹿蕾从家里出来刚上车，右手的中指就被车门夹住，疼得他直叫唤。闵鹿蕾只好跳下车来往回跑，鲜血如注的伤口使他心慌意乱。幸亏一位好心的骑车人把他送到家，母亲领他上医院缝了九针。至今，闵鹿蕾那个手指还有点儿歪。

也许是他持之以恒的精神感动了教练，也许是他灵活的脑子、准确的投篮弥补了身高的不足，几乎所有带过他的教练都很喜欢他。工人体育场体校的巩义教练把他推荐给北京市体校的王文禄教练，结果市体校教练不到三个月就给他转正了。果然，闵鹿蕾出手不凡，先是代表小学获得朝阳区小学生篮球赛冠军，继而得到北京市中学生联赛的奖杯，全国青年联赛冠军也与当时在北京青年队的闵鹿蕾有过缘分。

创造黑八奇迹

1982年，19岁的闵鹿蕾进入北京男篮。他身高并不出众，但是其稳健的球风深得北京队主教练马家驿的青睐。经过他的不懈努力，闵鹿蕾很快成长为北京男篮的核心控球后卫。

1983年五运会，刚进入北京男篮一年的闵鹿蕾就不负众望，为北京男篮出了一把劲。五运会前，北京男篮主教练马家驿狠心拿掉了几个老队员，把几名年轻队员包括闵鹿蕾在内，推上了国内大赛的战场。在与解放军队的夺冠战中，北京队硬是在上半场落后15分的劣势下，最终反败为胜，创造了国内篮坛罕见的战例。在这场鏖战中，闵鹿蕾不仅立了功，而且经受了毕生难忘的洗礼。由此，他逐渐走向成熟并成长为北京队的绝对主力后卫。1985年，著名教练钱澄海把闵鹿蕾选入国家队。但那时孙凤武等在国家队担纲，闵鹿蕾和吕锦清一样，没有显山露水。尽管如此，国家队作为球员职业生涯的最高层次，在闵鹿蕾的履历上留下了光彩的一笔。

五运会后，闵鹿蕾一直在球场上拼搏。但北京男篮在六运会前出现滑坡，再也没能跻身全国三强。六运会上，北京队仅名列第六，但闵鹿蕾表现出色，个人获得最佳

北京男篮
Beijing Men's Basketball Team

进攻奖杯。看重集体荣誉的他，没有兴奋，而是默默地把那尊奖杯锁进柜子。由于在联赛和全运会上有不俗的表现，他也几次被招入国家队，不过由于身体素质并不出众，闵鹿蕾始终难以在国家队得到首发的位置。

1993年七运会后，闵鹿蕾深感长期在紧张的环境中打球，身心已极度疲惫，更何况自己已过而立之年，体能大不如前，遂萌生退意，可领队和教练却真诚地希望他能够留下来，带一带这些技术和经验均未成熟的年轻队员。球迷们更是舍不得他走。这一来，重感情又仁义的他也觉着在北京队当时困难的节骨眼上一走了之不够意思。他最终选择留了下来，在场上为全队穿针引线，左冲右杀，外投内插，当好一名攻击型后卫。

1997年，闵鹿蕾正式宣布退役，并接过了北京首钢男篮主教练的教鞭。自他上任以来，北京队都是整个CBA速度和节奏最缓慢的球队。球队以中锋巴特尔为核心，强调防守和阵地攻坚。在当时CBA大多数球队场均得分都超过100分的大环境下，北京首钢场均失分在80分左右，得分90分上下。靠着巴特尔的威力和内外结合，北京在CBA四次位列四强。在2002年年初，巴特尔远赴NBA，北京队失去了核心。但在接下来2002-2003赛季，北京男篮却创造了CBA历史上唯一一次"黑八"奇迹（注：黑八奇迹是指比赛中排名第八的球队击败排名前四的球队，并非夺冠）。

"当时，我以为都没戏了。"闵鹿蕾说，"我记得非常清楚，若不是上海队输球，我们根本进不了季后赛，那个赛季季后赛是采取抽签挑对手，前三名的球队都没挑我们，把我们留给了排名第四的新疆队。那时新疆队的投入还没有现在这么大，袁超指导告诉我这个情况时，我正在爬香山放松。我当时就感觉，有戏。"当时球队的配置不错，外援是克里斯和齐门尼，本土球星有焦健和张云松。大巴不在，闵鹿蕾根据当时的人员配置，彻底重建了北京男篮的风格，让球队从CBA最慢突然变成最快的球队之一，从一支失80分得90分的球队，变成一支失110分得120分的球队。击败新疆队那一夜，北京首钢体育馆变成了欢乐的海洋，那是闵鹿蕾执教生涯的第一个巅峰。

之后的赛季里，北京男篮外援一般，本土球员也没有真正的核心人物，深陷降级泥潭。随之而来的是媒体的质疑和球迷的责骂声，当时，几乎每场比赛，首钢体育馆内都会响起"闵鹿蕾下课"的呼声。"我对这个成绩有心理准备，毕竟大巴去NBA后的那个赛季，'黑八'奇迹确实有些运气的成分。我告诉自己，球队一定不能在我手里降级，如果降级我就是千古罪人，所以，那个赛季球队成功保级后，我也特别激动。"闵鹿蕾的执教生涯，差不多都是在跌宕起伏中度过的。2004-2005赛季，大巴归来让北京男篮重归强队行列。2005-2006赛季，北京男篮本来有机会进入总决赛，但由于球队自身等原因输给八一男篮，未能如愿，不过第三名已经是非常不错的成绩。之后，大巴出走新疆，北京男篮再度陷入低谷，闵鹿蕾连续三个赛季未能率队杀入季后赛，各方面的压力让闵鹿蕾感到窒息。"有些东西，真是我无法改变的，我无奈，但我也只能去接受。"2009年年初，一向在教练方面没有任何大动作的北京首钢篮球俱乐部突然宣布，引进前金州勇士队助教蒙克利夫出任球队顾问。果然，接下来的赛季，蒙克利夫出任主教练，闵鹿蕾远赴美国学习。

2013年3月10日，2012-2013赛季CBA联赛总决赛，北京首钢男篮对阵山东黄金男篮。图为北京队主教练闵鹿蕾在场边指导
刘平 摄影

签下大莫、学林

2010年4月6日是北京首钢队为2010-2011新赛季准备、集中的日子，下午三点，俱乐部给队员们召开会议，正式宣布闵鹿蕾回归，出任下赛季主教练。赴美学习一年后，闵鹿蕾瘦了不少，不过却显得格外精神。看到相熟的记者，闵指导风趣地来了一句："欢迎大驾光临。"

之前的2009-2010赛季，闵鹿蕾赴美学习，北京队启用了美国教练蒙克利夫。俱乐部希望在时隔三年后，重新打回CBA的季后赛，但蒙克利夫的球队却输得让人心寒，这一年北京队常规赛战绩是8胜24负，蒙帅在赛季后半段就提前下课。以往人声鼎沸的首钢篮球中心，观众寥寥，队里的老球员也失去了打球的动力，一切百废待兴，这让再次执掌首钢队教鞭的闵鹿蕾颇感压力。"过去我带队连着三年没进季后赛，再加上今年这个成绩，坦白讲带队非常具有挑战性，不过我愿意接受这个挑战。咱是北京的孩子，北京队又一手培养了我，现在球队有困难，那我没啥可说的，迎难而上。我对我自己、对北京队都有信心，这个夏天是新的开始，我会尽我最大的努力，率领北京队翻身。"闵鹿蕾说，既然已经定下了目标，那么下一步就要落实到行动中。闵鹿蕾认为恢复凝聚力、重建信心自然是第一步。接下来的一周，他带着全队14人，破天荒地前往昌平开始了为期一周的军训，闵鹿蕾说："这可不是走什么形式。上赛季把大家伙的凝聚力给打没了，我们得通过军训给找回来。"

凝聚力是一方面，技战术的提升更为关键，过去半年，闵鹿蕾一直在美国盐湖城观摩学习，犹他爵士和下属的NBDL球队闪电队是闵指导的主要观摩对象。他感慨地说："人家有太多东西值得我们学习了，球员恢复、赛前侦察这些专

北京男篮
Beijing Men's Basketball Team

业东西咱先不说，光是训练内容，上场时间分配咱就得改。"通过半年的观察，闵鹿蕾发现爵士也好、闪电也罢，两支球队每天的训练内容完全一致，而且规定两小时内的训练里，全队永远只练一套战术。闵鹿蕾说："过去咱们就怕队员们练一套战术觉得枯燥、没意思，所以两小时的训练我给他们换好几套战术，先练联防，再练盯人。结果队员们一到场上就懵了，哪套防守战术也没练明白。以后咱们队训练跟人家一样，一个阶段就专盯一套练，球打到哪儿，队员就知道该往哪去跑。把战术融入到球员的血液里，场上只遵循这个基础原则，样样通不如一样精啊。"正是从这个赛季开始，北京队的训练内容开始变得科学、系统，先是每年5月份的体能拉练，然后在7、8月，前往美国的旧金山，进行力量、战术、防守体系的强化，最后在10月份达到临战状态。闵鹿蕾坦诚地说："要说训练内容，其实咱也没什么特别的，最重要的是让球员们的精力都投入到训练中。训练就是训练，不能三心二意。特别是拉体能的时候，我知道很多大个儿球员都吃不消，但这是咱们必须坚持的，球队主打的就是快速反击、多转移球，没体能保障怎么行。你看每年的CBA体测，北京队基本在折返跑测试上都是第一名，这就是咱们坚持训练的结果。"在CBA，北京队的训练量大是出了名的，NBA球队每天训练两三个

小时，CBA球队一般是四小时，北京队是五六个小时。

球队足够团结，又有合理的战术，对北京队来说，接下来最重要的就是提升球员的实力。在这方面，北京市体育局也为俱乐部投了不少钱，这让北京队选援走在了前面。宝岛第一后卫李学林来了，大外援莫里斯在8月份就开始跟队训练。当时的莫里斯默默无闻，在NBA鲜有出场机会，曾在俄罗斯闯荡。面对质疑，闵鹿蕾心中有数。他摇摇头，跟记者说："你们可别小看他，上赛季的外援哈里森是NBA的正牌球员吧？但和这个比不了，莫里斯厉害啊，这么大个子，能有这种手感的真不多，以前我们从来没遇到过，等打比赛你们就知道了。"果然，在李学林、莫里斯的帮助下，北京队的战绩飙升，时隔4年后，以常规赛第8名的成绩重返季后赛。

当时的常规赛最后一轮，北京队在客场输给了吉林队。不过在确定晋级后，滴酒不沾的闵鹿蕾也喝了些酒，他心情有些复杂，既高兴，又有些遗憾。高兴的是球队终于回到了季后赛的舞台，遗憾的是受到赛季初期大牌外援弗朗西斯状态不佳的影响，北京队这一个赛季都没能解决好小外援的问题，否则排名应该还会有提升。无论如何，从李学林、莫里斯身上，他看到了北京队的未来。评价李学林时，他说："学林这孩子非常少见，打球认真，人品也有目共睹。他唯一的毛病是太谦让了，我希望他能多攻一攻，他有这个能力。我跟学林说过很多次，这个队在场上就是你的，想进攻就进攻。学林总想着大伙儿。"自闵鹿蕾退役后，北京队多年以来没有一个严格意义上的组织后卫，直到李学林的出现，颇有老闵当年的影子。"他比我强多了，你看学林的灵活性、速度，可比我强多了。"对于那个赛季在CBA大杀四方的莫里斯，闵鹿蕾已经摸准了脉："他什么都好，就是性格不够狠，不适合当领袖，气质还不够，往往到第四节时，他需要有人带着他。下个赛季，争取给他找个大哥。"这个赛季，北京队完成了从"鱼腩"球队重新回归联赛强队的提升，同时李学林、莫里斯的到来，为后来夺取总冠军打下了基础，闵鹿蕾实现了他回归后的誓言。

突圆冠军梦想

有了2010-2011赛季重返季后赛的基础，2011-2012赛季结束后，北京队开始大手笔建队。闵鹿蕾一直期待的马布里终于来了，又从二队提拔上来了两个新人翟晓川、朱彦西。球队的目标是联赛四强，令人惊喜的是，在老马的带领下，季后赛北京队坐镇万事达中心，一路高歌猛进，最终击败联赛霸主广东队，为北京市赢得了第一座CBA的冠军奖杯。

从1997年执教北京男篮开始，2012年是闵鹿蕾退役后任教的第15年了。冠军奖杯放在他面前，让这个老实人如释重负："就是开心。我对球迷有交代了，对媒体有交代了，对领导有交代了，对家人有交代了，对我自己也有交代了。"说完，老闵还爆了个小料："夺冠后的第二天早上6点，儿子闵伟凡还跑到我房间跟我说：'爸，昨晚的事咱不是在做梦吧？'是啊，这一切就跟做梦一样，但过去拿总冠军是在梦里我都不敢想的事。"

赛季初期，首钢俱乐部提出的目标是联赛四强。实际上，这让闵鹿蕾很头疼，因为那个赛季NBA停摆，各家CBA俱乐部都开始烧钱，有的找大牌外援，有的挖来了

闵鹿蕾在指导北京首钢男篮队员训练
全体育图片社 供图

2015年3月22日,2014-2015赛季CBA联赛总决赛,北京首钢男篮客场对阵辽宁衡业男篮。图为北京队主教练闵鹿蕾在场边指导 刘平 摄影

著名教练。闵鹿蕾说:"我们的内线始终是短板,在配置上明显还有不合理的地方。"即便开局13连胜,到季后赛接着淘汰广厦队、山西队,再到杀进总决赛,也很少有人相信北京队能够夺冠。说到第一次打总决赛前的想法,老闵笑了:"我真没想过要夺冠,只觉得到了这一步,可别被广东队横扫。不过拿下第一场后,我和球员们开始有了信心,因为我们知道自己有能力赢球。总比分打成2比1时,我们回到北京,当时我和队员互发短信,就连那么老实的虎子(韩崇凯)给我的回复都是:'放心吧,闵导,这两个主场咱干倒他们!'这些球员真是好样的,他们有极强的取胜信心,打到这份儿上,没人跟我提一句奖金,他们就是要拿冠军。"

正是这个冠军,让马布里成了北京的城市英雄。闵鹿蕾对他也从不吝惜夸赞之词:"马布里和其他外援不同,他不是为了挣钱,他有更大的目的,要融入北京这个城市,要融入中国文化,他要证明自己,他要开启自己在篮球事业的'第二次生命'。夺冠那天晚上我就说了,北京队可以没有闵鹿蕾,但不能没有马布里。没有老马,北京队就没这个冠军,这就是马布里的作用。场上他能执行好所有我布置的战术,场下他也会参与战术的制定,很多时候我们的赛前会都是我说完他补充,他的作用比助教大。"

千斤顶 大孝子

荣誉的背后,也隐藏着很多当年的辛酸苦涩。首次夺冠当晚,闵鹿蕾早早离开赛场,常年身患高血压的他还不习惯如此兴奋的场面。对此,其母亲深有体会,她描述了自己眼中的儿子。

"他是一名非常实在的人,通常有苦都自己吃,不会让别人不高兴。"闵鹿蕾的母亲说道,"记得在2003年全明星的时候,大家都有一个绰号,他就叫'千斤顶',这一点我是真佩服他,什么都能自己顶住。在家里,他是一个大孝子,虽然因为工作关系不能经常回家,但每次只要一打客场,刚下飞机他就打来电话。我的鞋子比较大,每次他来看我都会带来一两双鞋,我所有的鞋子都是他买的,特别合脚。吃饭时,他会把好东西留给家里人,自己总说已经吃过了,纯粹的大孝子。"闵母继续说道,"他的血压特别高,160、180左右,我希望他能注意好自己的身体,按时吃药。"

一提到自己的家人,闵鹿蕾的表情自然柔和起来,他说:"这个冠军离不开他们对我的支持。我觉得这么多年,最幸福的时候就是每当我们主场赢球后我和妻子、儿子去吃夜宵,那比什么都好。" 不喝酒、不抽烟、不泡吧、没有任何不良嗜好、输了球从不会跟家里人撒气、回家抢着干家务……这是闵鹿蕾对作为丈夫的自己的总结。从1982年进北京队到现在,闵鹿蕾在北京队已经待了30多年,这些年跟着球队南征北战,每年都有至少半年的时间不在家。他一直觉得愧对家人,所以,放假的时候,他除了锻炼身体,就是趁机多做一些家务。"什么擦地呀、抹桌子呀、洗碗呀,我都主动抢着干。"闵鹿蕾说,"其实我最讨厌洗碗了,但是你想,总不在家,回来还不帮着干点活儿哪行啊,这是个态度问题。"谈到自己的爱人,闵鹿蕾欣慰地笑了:"她以前不是球迷,但是自从我们拿冠军那年开始,她也迷上篮球了,几乎每场比赛都会去现场支持北京队。她身边的朋友都找她要球票,都去给北京队加油。因为迷上了篮球,现在家人都特别支持我的工作,这也是让我感到最幸福的事。"

玩命承受压力

自打2012年夺冠之后,北京队成了CBA真正的强队,这也让他们成了各支球队的"众矢之的"。闵鹿蕾对此最大的感悟是:"现在所有的球队见你都要玩命,因为你是卫冕冠军,有些球队可能这个赛季打不进季后赛,但能在常规赛上赢一次卫冕冠军,赛季总结的时候就有交代了。比如江苏队,如果主场赢下我们,听说单场的奖金就有上百万,所以对我们来说,太困难了,场场都是硬仗。"

2012-2013赛季,几乎所有的球队都对北京队有所提防。"我们在明处,别人在暗处。"闵鹿蕾说。其中,有几支球队在打法上,的确对北京队有所克制,山东队、天津队等几个近邻,每次见到北京队,比赛都打得难解难分,这给他带来了不小的压力。2012年12月7日,北京队主场对阵山东队。比赛开始前,闵鹿蕾并没有像以往一样早早出来看队员们热身,他仰着头半躺在主队休息室里,微闭着眼睛,表情十分痛苦。并没有太多的人知道闵鹿蕾的病情,他从前一天就开始头晕、恶心,一直高烧不退,直到赛前还多次呕吐。他非常清楚对阵山东队这场比赛的重要性,特别是在上场比赛刚刚输给了天津队的情况下。

直到比赛快要开始,闵鹿蕾才裹着厚厚的羽绒服从休息室里出来,走向主队替补席的路上,他并没有像往常一样和身边相熟的记者微笑击掌,而是低着头默默地走了过去,所有人都能看得出来,闵鹿蕾的身体一定非常虚弱。当现场播报员宣布比赛马上开始的时候,他赶紧脱下了羽绒服扔到一旁,露出了他标志性的微笑,和对方教练巩晓彬,裁判,技术台的人员一一握手致意,这一刻,他显然不想让人看到他憔悴的一面。比赛的开局打得并不顺利,山东队一上来就频频快攻,打了北京队一个9比2,整个上半场,北京队一直被对手压着打,直到第二节后半段,北京队才凭借马布里的个人强攻把比分逐渐

2014年3月30日,2013-2014赛季CBA联赛总决赛,北京首钢男篮客场对阵新疆广汇男篮。图为北京队夺冠后主教练闵鹿蕾喜极而泣　　刘平 摄影

北京男篮
Beijing Men's Basketball Team

追了回来。"就这么打！！！这个进攻挺好的！没问题！大家尽量攻内线。"暂停的时候，闵鹿蕾的吼声撕心裂肺，此时他已经忘记自己糟糕的身体。最终，北京队赢下了这场至关重要的比赛，但闵鹿蕾却病倒了，赛后他在妻子、儿子的陪同下，前往首钢医院打针，整整七个小时的输液让闵鹿蕾的左手手背已经肿得像个馒头一样了。"我的手机呢？"闵鹿蕾坐起来问了第一句话。从儿子手中接过手机后，闵鹿蕾给助理教练张敬东发了一个短信，只有四个字："我去训练"。此时，距离北京队赢下排名榜首山东队过去了仅仅10个小时。两个小时之后，主教练闵鹿蕾出现在了首钢体育中心的训练场上，队员们的脸上还挂着疲惫，显然还没有从昨晚的那场殊死搏斗中完全恢复过来。闵鹿蕾打开自己厚厚的战术记录本，开始给队员们讲解周日晚上对阵青岛队的注意事项。

老大心有不甘

2012-2013赛季，卫冕冠军北京队再次杀进了季后赛，不过在半决赛的交锋中，北京队最终还是输给了拥有三外援的山东队。输球后的第二天一早，北京队乘坐火车返回了北京。在北京南站，数百名球迷不离不弃，几百人声嘶力竭地高呼："金隅是冠军！金隅是冠军！"还有人打出了那句最经典的标语："赢就一起狂，输就一起扛。"

看到这些可爱的球迷，闵鹿蕾也流下了眼泪："要是我们带着冠军回来多好啊。"他感叹说，"季后赛我们也没打出那种激情四射的比赛。虽然山东队很强，但如果我们能找回过去的那种劲头，我想至少比分不该是3比0。我最怕的是我们拿完冠军后，第二个赛季出现大滑坡，这种事果然发生了。"

北京队作为卫冕冠军出战，教练闵鹿蕾身上的压力可想而知，所以这个赛季，他在场边痛斥球员的时候越来越多。说到这儿，他自己也不好意思地笑了，他说："我不回避这个，有时候队员确实需要刺激。有时候是我个人需要有个发泄的平台。我这人性格两面性明显，私下还挺低调的，但到了球场上，我这脾气就压不住，有时候骂他们、踹他们都有。这肯定不好，但如果一个教练，在球员心里没威信，在休息室没话语权，还怎么当教练？当然这一切都有个度，我尽量控制。如果我觉得有时候自己说的也过了，我一定会跟队员们道歉的。"

多年的威信，让闵鹿蕾在球队有个"老大"的绰号，所有的球员都管他叫"老大"。闵鹿蕾说："不光老大，还有叫CEO的。什么外号无所谓，关键是大家心里还支持我。我非常喜欢现在的日子，我们队训练出勤率绝对是CBA最高的，没人偷懒，没人请假，有伤能坚持也坚持。一个运动队如果今天你请假，明天他请假，训练就没保证。而且我们队也没派系这一说。我真的很幸福。像晓川，总是要求带伤上场。吉喆、朱彦西这些我骂得多的，他们总会告诉我没事，该骂就骂。"当然，和一帮年轻人在一起时间长了，闵鹿蕾也知道如何给这帮孩子空间。他笑着说："作为一个主教练，还是要和球员们有一定距离。比如吃饭，我不能和他们一桌，那样他们怕我，老吃不饱就赶紧走了。但如果有什么情绪，那我和球员之间必须说开了，有问题大家就解决。就像夫妻过日子，摩擦肯定有，但有事要说出来，别藏着掖着。"一方面是对球员严格要求，和球员保持距离，但另一方面，他对球员们的爱护也无微不至。他非常注重保护自己的队员们。一次北京队全队在秦皇岛进行CBA赛前体测，球队参加一项测试的时候，曾经因为场地安排不合理被测试员在两块测试场地间推来推去，闵鹿蕾一怒之下带着队员们直接离开了场地，拒绝了那天上午的测试。这并不是闵鹿蕾摆什么架子，他说："我们的队员已经穿着裤衩、背心在那儿冻了三个小时了，我不想把孩子们冻坏了。"在负责体测的工作人员向闵鹿蕾道歉之后，他在下午第一时间带队员们回到了场地参加测试。

经受严峻考验

2014年3月30日，北京队在乌鲁木齐击败新疆队，三年内两夺总冠军，闵鹿蕾用成绩再次证明了自己。夺冠当晚，老闵的血压达到了175/110mmHg，虽然是打心眼儿里高兴，但一口酒都没敢喝。他微笑着说："终于能歇歇了，明天再也不用布置战术，提前做功课了。"

夺冠之夜，闵鹿蕾再次热泪盈眶，核心球员马布里赛季中途受伤，这在他17年的执教生涯里还是第一次。由于老马的休战，北京队成绩起伏很大，最终只排在常规赛第四，不过球队最终还是一路过关斩将，连续击败广东队、新疆队两支CBA的王者之师，夺得总冠军，这让他的压力得到释放。当晚回到酒店，闵鹿蕾先是应酬了两个小时，然后静静地坐下来，整个人慢慢放松了，不过嗓子也喊哑了。球队的庆祝晚宴来了不少领导，但他没敢喝酒，他笑着说："刚量的血压，高压都175了，真得好好歇歇。我现在最高兴的是明天终于不用安排训练了，也不用制定战术、给大家做思想工作。从明天开始，我得恢复爬山、跑步、锻炼身体，赛季太熬人了。"

话题还是从与新疆队的最后两场比赛开始说起，这是地狱到天堂的差别。北京队在全城球迷的瞩目下，令人沮丧地丢掉了主场最后一个赛点。不过到了乌鲁木齐，北京队没有让大家失望，他们在客场、本赛季连续第四次击败了新疆队，捧起了总冠军奖杯。

闵鹿蕾说："我同意'极度失望'这个词，不光是球迷，我们自己也是这样。在万事达的走廊里，我也问自己到底怎么了？人家辛格尔顿（外援）都没打，我们又在自己的主场。回来这一宿也基本没睡，第二天到这儿之后开始跟大家沟通，队员们真是好样的，每个人心里都憋着一股劲，我们必须挽回自己犯下的错误。赛前准备会，我们就开了五分钟。我问吉喆，内线怎么防？问骁辉，哈德森怎么守？问大树（张松涛），什么最重要？等等。在大家回答之后，我最后说了两点。一，球迷喜欢你们、热爱你们，包括我。作为教练，最佩服你们的就是团结奋战、扭转局面的勇气。二，我把毛主席诗词拿出来了——宜将剩勇追穷寇，不可沽名学霸王。"说完，闵鹿蕾拿起了自己的战术本，给大家看记在上面的毛主席诗词，他笑着说："我给大家念了一遍，你们共勉吧。按我的解释就是，你们必须以最高昂的斗志开场就把对手击倒，没有退路了。这场比赛，大家开局的确做得不错，虽然第三节一度被反超，但这支队伍最可贵的地方就是团结，彼此信任，这让我们笑到了最后。"

2012年夺冠后，闵鹿蕾有句名言："北京队可以没我闵鹿蕾，但不能没有马布里。"如今再次夺冠，他的态度依然如此，他说："在这支队伍里，不光是老马，所有人都是主人，队员们永远比我重要。"

当晚的颁奖仪式，北京队队员

北京首钢男篮主教练闵鹿蕾参加球迷互动活动　新华社记者　孟永民　摄影

依次接过奖牌、奖杯，陷入狂欢。闵鹿蕾则和助理教练张敬东微笑地站在七八米外的地方，两个人看着大伙们庆祝，始终没有过去。摄影师对此都很为难，根本拍不出一张北京队将帅一同领奖的照片。回到酒店闵鹿蕾得知将有大量球迷前往首都机场接机，他自己打定了主意走在队伍最后一个。闵鹿蕾说："这都没什么，队员的价值要靠他们自己的表现去争取，教练的价值要靠队员来体现。现在是值得庆祝的时刻，所以当然要让他们尽情享受，他们高兴我就高兴。来乌鲁木齐之前我就想好了，如果我们凯旋，我就最后一个出去。如果我们输了，那我就走第一个。"

听起来，闵鹿蕾的境界实在是"高、大、上"，但他其实也留了"心眼儿"，"这么干也有私心，无论你怎么指挥，为你赢球的都是球员们。这时候必须要让他们接受足够的褒奖，他们才能心甘情愿地为你打球。我哪能抢这个风头，这不是傻吗？"

2014-2015赛季，北京队引进了真正的国内大牌球员孙悦，孙悦在赛季开始前刚刚成家，在管理上，闵鹿蕾对其算是恩威并施，生活上给了孙悦比其他队员更大的空间，但在球场上，孙悦必须一切听教练的。"让你加强进攻、多投篮，就得坚持去干。投不进没关系，我兜着，但你得执行。这样才能让老马多歇会儿。"闵鹿蕾对孙悦说。

正是有了这样的心态，北京队成了队员主导的球队。每场比赛前，球队都会开队会，老马讲、莫里斯讲、孙悦讲，这是闵鹿蕾安排好的。有时候莫里斯不愿意说，老马甚至会吼他："你不要憋着，这是教练给你的权利。"闵鹿蕾说："一支十几个人的团队，你说平时要是一点儿不愉快都没有那是不可能的。有时候，我躺在床上没事，会给球员发短信谈心。有时候，我觉得队员们烦了，我就不说话，让老马、孙悦、莫里斯，你们自己找个地方沟通去，你们是这支球队的核心。咱们都想拿冠军，有些问题干脆跳过我让队员自己去解决，其实效果更好。"一次训练，全队等了孙悦和马布里足足20分钟，直到两人针对球队的打法形成一致意见，才开始训练。闵鹿蕾告诉孙悦："你是老大你是领袖，你经历的多，我就是要看到你站出来说话。"

给马布里核心权利，闵鹿蕾有时候甚至让老马布置战术。有人说："闵鹿蕾还不就是靠着马布里？"但一个教练敢于这样信任队员，甚至有时候因此被外界误解为自己没有权威，这并不是每一个教练都能够做到的。马布里绝对是个可以让身边的队友变得更好的球员，但怎样才能把马布里的能力最大化？这一点，山西队没有做到，佛山队没有做到，但北京队做到了，老马待在这支球队，三年两个冠军，这就是闵鹿蕾的成功。

赴雍和宫祈福

乌鲁木齐的华瑞酒店是CBA客队的指定酒店，2014年的总决赛，北京队带着3比2的比分回来，可以说两队几乎到了你死我活的地步。但闵鹿蕾的低调、谦卑，甚至让他在乌鲁木齐也有了球迷。这次入住华瑞酒店，原本他的房间只是单人间，但酒店经理主动表示："我们喜欢您、尊敬您，同样的价格，闵指导你就住套间吧，没问题。"

在客场有这样的待遇，闵鹿蕾自己也是受宠若惊，这也让他更加坚信，善待他人终究会有好的结果。本赛季的季后赛，闵鹿蕾手戴佛珠、画十字祈祷赢球的图片传遍了整个网络，说到这事，他自己都笑了："我其实就是工作压力大，干教练这行不容易，特别是北京队的教练，球迷多、舆论多。关键场次谁不想赢啊。比赛前我有时候睡觉做梦，梦里想给家人打电话，但就是想不起来电话号码，后来就被急醒了，浑身全是汗。这种压力一般人很难体会，所以就是找个精神上的寄托。我什么都信，最信的是你认真工作、孝敬父母、善待他人总能有好报吧。你想拿冠军，有时候就是需要一些运气。"

自从挂帅北京队以来，赛季前闵鹿蕾都会去祈福，内容也大致相同：球队成绩出色、队员无伤无病、大家出入平安。说起这点，老闵说："就是当教练的年头太长，形成了很多习惯。除了去祈福外，比如上大巴车的座位在哪儿，更衣室的座位在哪儿，我都有固定的位置。比赛之前我都会午睡，然后下午4点56分起床，5点06分穿西装，到球馆进行完最后的布置后，我会在6点30分准时去厕所，距离比赛开始前16

2015年2月25日，2013-2014赛季CBA联赛半决赛，北京首钢男篮对阵广东宏远男篮。图为北京队主教练闵鹿蕾与技术代表沟通　刘平　摄影

分56秒，我肯定会去技术台登记处。这些连老马都习惯了，一到固定时间，老马嘴里就嘟囔着："到点了，到点了！"

老闵觉得，这些都是习惯："如果这些能帮助球队赢球，那也没什么不好。"

彰显王者之气

2015年3月22日，106比98，北京队在本溪击败辽宁队，以4比2的总比分夺得2014-2015赛季总冠军。四年三冠，这无疑是CBA一个新的王朝，但北京男篮的成功总是伴随着各种争议和质疑。第一冠，有人说那是运气，甚至是"内定"。第二冠，有人说他们只是靠外援。第三次举起冠军鼎时，还有人说卫冕不算王朝，三连冠才是王朝。

苛责和赞誉，两种声音总是不断地围绕着闵鹿蕾，但是他很少回击。他用行动，展现了北京队的王者之气。

郭士强是个与闵鹿蕾性格十分相似的主教练，低调踏实，在他的努力下，辽宁队今年的进步有目共睹。本赛季常规赛，辽宁队是唯一一支主、客场双杀北京队的球队，外援哈德森风头正盛，他是常规赛的MVP。总决赛开始前，即便北京队才是CBA正牌的卫冕冠军，但几乎所有的冠军预测都倒向了辽宁队一边。前三战，"辽小虎"的确给了北京队极大的冲击，三场比赛打完，他们以2比1领先，这其中还包括在北京队的魔鬼主场——万事达中心赢下的一场。"压力能不大吗？"闵鹿蕾说。"在辽宁的前两场比赛，打成1比1。来北京前，辽宁队甚至喊出了在万事达夺冠的口号。言下之意，他们要在我们的家门口连赢三场。这是无论如何都不能接受的，全队上下都憋着一股劲，特别是在主场的第一场球，一定要打出自己的东西，给对方一个下马威，结果第一场球我们输了。总比分1比2，一方面我们形势不妙，没有主场优势。另一方面有那么多支持我们的北京球迷，在玩命给我们加油，我们绝对不能让大家失望。"

巨大的压力没有压倒北京队的"冠军之心"，总决赛第四战，当北京队逆转击败辽宁队后，伴随着万事达中心震耳欲聋的欢呼声，向来低声细语的闵鹿蕾对着镜头，霸气地高声喊出了一句："我们从来也没有失去过信心。"这场比赛是本赛季CBA总决赛的分水岭，随后北京队连胜两场，以总比分4比2逆转夺冠。回忆起那句怒吼，闵鹿蕾笑着

北京男篮
Beijing Men's Basketball Team

说:"这句话代表了全队每个队员的心情,这支球队经历了几年历练后,越是困难,我们战斗力越强,只是我们嘴上从来不说。过去与广东队、新疆队的比赛让我们明白了一个道理,那就是坚持自己,不因为对手是谁而轻易调整战术、变换阵容,相信我们的训练内容,相信我们积累的实力。辽宁队实力是不错,但我们对自己始终充满信心。"

四年三冠,大部分人都认为这就是北京篮球创造的王朝,但也有不同的声音:"八一王朝之时,他们是当仁不让的霸主,不少球队碰见他们,主动排上替补阵容,反正咋打都赢不了。四十八连胜、六连冠,这是八一队的标签,是他们统治一个时代的标志。宏远"王朝"之时,他们几乎是从常规赛第一战起就全程领跑,人见人怕。北京队却并非如此,他们真就如哀兵那般,常规赛时毫不起眼,起伏很大。直到季后赛,北京队才会开启王者模式。"对于外界的评判,闵鹿蕾不想听得太多,他只是按自己的想法走。他说:"我一直对于王朝没有太明确的概念,当年的八一王朝、广东王朝,一方面是成绩非常好,另一方面是培养出来一大批人,基本上都是国手,但北京这支队情况完全不同,我们的队员有自己培养出来的,也有其他地方引进的,他们来自五湖四海,彼此之间信任、团结,才走到了今天这一步。就这个成绩说,三次打入总决赛,三次获得总冠军,这本身是可以进入CBA史册的。至于说王朝,我现在对这个说法还是比较模糊吧,我觉得只要大家不满足,我们就向着第四个总冠军去。"

闵鹿蕾当球员时,不喜欢开冗长的会议,痛忆队史一类的宣教在他看来用处不大。"好汉不提当年勇,就别提那些事了,那是什么时候,现在这帮孩子是什么时候啊,有什么就说现在的。""现在是市场经济了,体现得特别明显。运动员赶上了最好的时候,你们手上有一份非常好的工作,可能是世界上最好的工作。你不抽大麻、不酗酒、保持好身体,你训练好、打球好,在物质上得到的就多,就能通过自身的努力,改变家人的生活状况。你要是天天小病大养、无病呻吟,教练看到后不再用你,打球少了,那跟打球多的队员差别就太大了。"闵鹿蕾说。

三夺总冠军,球队中20岁出头的小伙子都成了城市中耀眼的明星,也让闵鹿蕾看到自己的球队超越篮球领域的影响。细心的他准确地说出今年央视直播总决赛最后一场比赛的收视率:"如果央视体育频道有一个节目收视率能到0.5%,就好得不得了了,但是现在我们的总决赛是2.05%的收视率,六场比赛有超过两亿人次观看。除了球迷的关注,还有赞助商的投入、媒体的报道。CBA创办20年了,前10年跟后10年确实没法比,去年跟今年又没法比。从现在看,我们四年三冠,关注度是每年上一个台阶,这就是一个项目兴旺的表现。"

2012年3月30日,2011-2012赛季CBA联赛总决赛,北京首钢男篮夺得总冠军后,主教练闵鹿蕾(右)与外援马布里(左)等队员一起庆贺
新华社记者 王毓国 摄影

马布里
——北京首钢男篮夺冠的圆梦人

周 赫

2015年3月22日，在辽宁本溪的本溪体育馆里，北京队的球员们创造了历史性的一刻。比赛还没有完全结束，他们就已经开始相拥庆祝，这虽然不是在他们的主场五棵松体育馆，不能和北京的球迷们一起狂欢，但这一点都没有影响到他们的心情，他们沉浸在自己的喜悦里。106比98客场击败辽宁队，4比2蝉联CBA总冠军，四年里第三次举起了总冠军的宝鼎。这次，总决赛的MVP众望所归地由马布里当选，当老马把总决赛MVP奖杯举过头顶的时候，他脸上带着笑，甚至还在摄影记者们面前做起了鬼脸，这是老马的计划，是他的梦想，他知道属于自己、属于北京队的王朝终于建立了。

这次夺冠，马布里的反应和一年前有着很大的区别。人们都还记得2014年3月30日，在乌鲁木齐的红山体育馆里，当比赛时间耗尽，北京男篮98比88领先于新疆广汇男篮，比赛失去了悬念的时候，马布里早已泣不成声，他的眼泪夺眶而出，就像2012年的3月30日一样，这一刻是他人生中最幸福的时刻。

说马布里是一个追梦人，一点都不为过。篮球是他从小的梦想，但是他的职业生涯并不一帆风顺，甚至比绝大部分篮球运动员的职业生涯都要坎坷得多，就在他人生最低谷的时候，他曾一度放弃了自己的梦想。可是也正是这时，中国的CBA联赛向他抛出了橄榄枝，最终他在大洋彼岸的北京，这座异国他乡的城市实现了自己的梦想，三次帮助这座城市夺得CBA总冠军。

NBA之路坎坷

斯蒂芬·马布里出生于纽约布鲁克林区最边上的科尼岛，家里的条件并不好，一共有兄弟姐妹七人，马布里排行第六。马布里一家人都酷爱篮球，除了单纯对运动的热爱，他们也希望能够通过篮球改善自己的生活，因为当时对于很多经济相对并不富裕的黑人家庭来说，孩子能够进入NBA可能是最理想、最快速地成为百万富翁、脱贫致富的方法。马布里的三个哥哥都打篮球，都在自己的校队和科尼岛上小有名气，但是他们都没能进入NBA。大哥埃里克绰号"天狗"，司职小前锋，他获得了佐治亚大学的奖学金，在校队里和名噪一时的"人类电影精华"多米尼克·威尔金斯做过队友，但是因为他学习成绩太差，没能毕业，并且在NBA也没能获得一份工作。二哥多尼，是一个出色的投手，但他参加选秀，同样落榜，无缘NBA。三哥诺曼当年是布鲁克林最好的后卫，但也因为考试没有达标而无缘大学，没能登陆NBA。

正因为三个哥哥都没能进入NBA，他们就把自己的NBA梦想寄托到了小马布里的身上，在马布里两岁的时候，哥哥们就开始教他打篮球，大哥教他作风强硬，二哥教他投篮，三哥把自己运球和传球的技艺也都传授给了马布里，同时三个哥哥还教他进行俯卧撑和仰卧起坐的练习。对于一般人来说，这是很难想象的，几乎没有人见过一个孩子从两岁开始就进行篮球训练，练习俯卧撑，但马布里就是在哥哥们逼着训练的情况下开始接触篮球，也正是从那时开始，马布里也有了自己的篮球梦。马布里从能走路时就开始练习运球，为了增加耐力，每天在14层的楼梯上跑上跑下，等到能投篮的时候，他就自己背个书包，揣上一双球鞋坐地铁到离家很远的洛克公园去打球。人们都知道洛克公园，就像是北京的东单，只不过要比东单的水平高出许多，美国最顶尖的街球好手都经

北京男篮
Beijing Men's Basketball Team

常在这里过招。马布里一直和比自己大很多的人一起打球，和高手过招让马布里的球技进步神速，到了9岁的时候，马布里就已经小有名气，到11岁的时候，大家都知道这个来自科尼岛的孩子篮球才华横溢，甚至已经有球探开始关注他，把他称作"世界上最强的六年级生"。在回忆起那段时期时，马布里说："在洛克公园与比我年纪大、比我球技高很多的街头球员切磋，让我提高很快，慢慢地，大家都知道了纽约有个孩子马布里，他将来也许能够打上NBA。"

NBA是马布里的目标，因为他知道自己肩负着哥哥们的梦想，他肩负着全家人的期望。

在选择中学的时候，马布里决定延续家族的传统，选择了林肯中学，他的三个哥哥都在这里读书，都在这里打球，马布里也希望像哥哥们一样，他把兄长们的目标作为了自己的目标，就是带领林肯中学赢下纽约市高中联赛的冠军，虽然他的三个哥哥都未曾做到，但是马布里希望自己能够实现目标。也是从那时开始，他选择了3号作为自己的球衣号码。马布里在中学时代就表现出了超强的能力，运球极其出色，球性极佳，这与他从小就接受三哥的训练有关，也与在洛克公园和那些街球高手过招有关，作为一个小个子后卫，运球是他必备的能力。同时他的身体素质极佳，突破速度极快，在同龄的球员中，马布里是速度最快的后卫之一，这使得他的突破可以轻松过掉任何对手。比赛当中，马布里可以用速度一个人破掉对方的防守，也可以利用队友的掩护撕破防线。在17岁那年，马布里终于圆梦，为林肯中学赢下了冠军，他也因此成为了林肯中学篮球队历史上最著名的球星之一。

18岁马布里顺利进入了大学，成为了佐治亚理工大学的一名学生，也是那里篮球队的当家球星，是全美最出色的球员之一，是NCAA里的明星球员，此时他已经感到自己距离NBA越来越近，并且决定大一之后就参加选秀。这时正是1996年，NBA近20年来最著名的选秀大年，那一年的出色球员不胜枚举，阿伦·艾弗森、科比·布莱恩特、雷·阿伦、史蒂夫·纳什、阿卜杜·拉希姆、马库斯·坎比和佩贾·斯托贾科维奇等，但是即便如此，在这些球星当中，马布里依然是佼佼者。1996年的6月26日，在NBA的选秀大会上，时任NBA总裁的大卫·斯特恩在首轮第四顺位念出了马布里的名字"Stephon Marbury"，也是从这时开始，马布里的NBA梦想实现了。

到此为止，马布里的篮球生涯可以说是一帆风顺，但也正是这一切都太顺利，造就了马布里乖张、张扬、桀骜不驯、独来独往的性格，因此后来人们才会送给他一个绰号叫作"独狼"。俗话说性格决定命运，这句话用在马布里身上再合适不过了，他的性格也给他未来NBA职业生涯的起伏埋下了伏笔。

当年选秀中选中马布里的是密尔沃基雄鹿队，但是就在马布里拿到雄鹿队的帽子后不久，他就被通知自己被交易到了明尼苏达森林狼队。森林狼用第五顺位选中的雷·阿伦作为筹码换来了马布里，森林狼队希望让马布里和他们阵中的高中生天才凯文·加内特一起搭档，打造一个属于这对年轻人的未来。马布里和加内特从中学时代就彼此相识，而且关系不错。带着刚进入NBA的新鲜感，马布里和加内特搭档的第一个赛季就让人们看到了他们的巨大潜力，他们率领森林狼队打入季后赛，而这是森林狼队史上首次进入季后赛。

不过慢慢地事情发生了变化，来自大城市纽约的马布里无论如何也无法喜欢上冰天雪地的明尼苏达，他无法融入当地的文化，没法适应那里寒冷的天气，思乡之情在他的心里滋生，他想回到纽约打球，回到他从儿时就一直支持的球队纽约尼克斯队去打球，即便这一切不能成为现实，他也希望能够尽量去一个大城市，去一个他能够融入的环境去打球。当时年轻气盛的马布里不想隐瞒自己的想法，在森林狼队效力两个赛季之后，他把自己的想法告诉了球队的老板，也告诉了时任球队总经理的凯文·麦克海尔，他明确表示希望球队交易他，否则当他新秀合同到期之后，他可能会选择不与球队续约。

麦克海尔成名于绿衫军凯尔特人队，他和"大鸟"伯德、"酋长"帕里什等人在20世纪80年代开创了一个时代，是典型的强硬派。1987年，麦克海尔的右脚严重受伤，但是即便如此，他一直忍着剧痛，带着这只早该赛季报销、接受治疗的伤脚打完了当年的总决赛。当年凯尔特人队2比4不敌湖人队，输掉了总决赛，但是总决赛的六场比赛，麦克海尔每场都要打40分钟左右。每次赛后回到酒店，他的伤脚都疼得几乎寸步难行，后来麦克海尔也承认，那次带伤出战可能缩短了他的职业生涯，也直接导致了他日后的跛脚。

麦克海尔对自己尚且如此，更不要说对手下的球员。他的13年职业生涯只效力过一支球队，那就是凯尔特人队，他特别看重忠诚。因此当他听到马布里说想要被交易的时候，麦克海尔非常不满，这不但打乱了他作为球队总经理的建队思路，更是挑战了他的价值观。他认为马布里是一个自私的人，是一个不忠诚的人，他把这些话告诉了媒体，而媒体又把这些话传到了马布里那里，年轻气盛的马布里对着媒体进行回击，一来二去，他和球队之间的裂痕已经无法修复。马布里说自己要求被交易，也是出于对球队好的角度考虑的，他说："之所以这么做，是因为我希望球队可以通过交易，得到其他优秀的球员，这样可以尽量不让森林狼受到损失，或者把损失降低到最小。"但是森林狼队显然不这么认为，双方就这样走到了尽头，在1998－1999那个赛季，马布里被森林狼队交易到了新泽西篮网队，那里距离他的家乡纽约近了很多，只有一河之隔。在这里马布里的心情变好了，他场均得分从17.7分蹿升到了23.4分，他成了篮网队的招牌球员，成了这支球队的老大。2001年作为篮网队的当家球星，马布里首次入选NBA全明星赛，他和当年如日中天的艾弗森一起搭档后场，也正是这两位超级后卫，在比赛最

2003年11月15日，菲尼克斯太阳队主场对阵底特律活塞队，图为太阳队队员马布里（白衣）篮下传球　CFP 供图

后时刻帮助东部全明星队逆转，在西强东弱的大格局下，击败了西部明星队。

打出了身价的马布里，在一年之后被篮网队交易到了太阳队，篮网队通过这笔交易得到了贾森·基德，并打造了一支拥有打入总决赛实力的强队，而来到菲尼克斯的马布里则又开始了一段迷茫的旅程。在NBA中，每年只有一支球队能够问鼎总冠军，马布里所在的太阳队显然没有任何机会。2004年1月太阳队和尼克斯队进行了一笔涉及八名球员的大交易，马布里终于如愿以偿，加盟了尼克斯队，这支他从小就无比崇拜和向往的球队，这支

来自他的家乡纽约的球队。马布里说："当球队把交易的消息告诉我的时候，我几乎高兴得要跳起来了，因为这次我将被交易到纽约尼克斯，那支我做梦都想加盟的球队，回到我做梦都想回去的地方——纽约。"

几乎所有的NBA球员都愿意为尼克斯队打球，因为麦迪逊广场花园球馆有"篮球麦加圣地"之称，在这里一个球员的优点可以被媒体和球迷们无限放大，可以促使一个人成为炙手可热的超级球星。在马布里刚刚加盟尼克斯队的日子里就是这样，人们称他为"纽约之子"，这个生在纽约、长在纽约的

孩子，回到了自己的家乡，人们都希望他能够带领家乡球队去冲击总冠军，那将是多么传奇和励志的故事。但不得不说，在纽约，一个球员的缺点也会被无限放大，一点点的问题，就可能会让你成为过街老鼠，让你从宠儿变成弃儿。

在纽约的经历并不像马布里憧憬的那么光鲜。2004年，马布里随梦四队参加了雅典奥运会，结果那届奥运会他们只拿到了铜牌，这也是美国男篮第一次在派出NBA职业球员参赛的情况下未能拿到金牌。而在那届奥运会上，马布里和美国男篮主帅拉里·布朗就曾经因为训练的问题产生过一些矛盾，两人之间的关系并不算好。

2005年，纽约尼克斯队三顾茅庐，以千万年薪力邀拉里·布朗入主，而这也成了马布里NBA生涯的转折点，他和布朗关系不断恶化，甚至当着媒体互相指责，尼克斯队的战绩也一落千丈。结果短短一个赛季之后，布朗就被球队解职，此后马布里的日子也没好到哪里去。

2007年时任球队总经理的"微笑刺客"伊赛亚·托马斯兼任主教练，因为球队的战绩不佳，他把马布里从首发安排到了替补席，这让从一进NBA就打首发的马布里感到非常不满，他对球队的怨气越来越大，与此同时生活上的打击也接踵而至。赛季开始不久之后，马布里接到电话，他在中学的启蒙教练罗先生去世了，仅仅过去六天，他母亲的好友海伦·托马斯阿姨也离开了人世，就在托马斯阿姨去世不到两周的时候，2007年的12月2日，在尼克斯队主场对太阳队的比赛中，马布里的父亲在麦迪逊广场花园球馆的看台上心脏病发作，被救护车送往医院。当时球队得知了这个消息之后，并没有及时通知比赛中的马布里。直到尼克斯队输掉比赛之后，工作人员才把消息告诉他，马布里闻讯马上赶往医院，但还是晚了一步，他到医院的时候，父亲已经离开了人世，他没能见到父亲最后一面。这使得马布里和尼克斯队之间的裂痕越来越大，他不理解球队的做法，为什么不第一时间通知他。

球场上打得不顺心，球场下又接连失去亲人，接踵而至的打击让马布里对自己的工作、对自己的生活产生了怀疑。

一个赛季之后，尼克斯队再次换帅，当年带领太阳队取得成功的德安东尼入主尼克斯队，马布里本以为自己迎来了新生，但没想到他的噩梦依然在延续，因为在与拉里·布朗和伊赛亚·托马斯交恶的同时，他也彻彻底底地得罪了尼克斯队，尼克斯队已经决定弃用他，球队对着媒体和球迷攻击马布里，说他是球队的"毒瘤"，一个自私、不忠、没有职业道德的坏人，是球队最近几个赛季战绩不佳的罪魁祸首。此时的马布里，从当年万人景仰的纽约之子，一下子变成了球队的毒瘤，纽约球迷们的全民公敌。

尼克斯队希望和马布里分手，马布里也不想再留在这里，但是双方就如何买断马布里的合同进行了旷日持久的谈判，2009年尼克斯队终于以高达2000万美元的年薪买断了马布里，随后他加盟了凯尔特人队，但是在那个赛季，马布里在凯尔特人队过得也不开心，他不是球队的首发控卫，只能作为拉简·隆多的替补登场，凯尔特人队也没能延续之前一个赛季夺冠的势头，甚至没能进入总决赛。失落至极的马布里在这个赛季之后，做了一个决定：暂时离开篮球。此时的他对篮球已经失去了兴趣与热情。

在离开篮球的几个月里，马布里的生活过得很糟糕，所有人都认为马布里完了，他的职业生涯结束了。

中国重启梦想

起初就连马布里自己都觉得可能将来不会再打篮球了，他的生活很迷茫，甚至有些混乱，完全失去了目标和动力，即便他很清楚自己还有能力去帮助一支球队赢得胜利。直到有一天，一个朋友对他说，为什么不考虑去中国打球呢？朋友给他推荐了一位常年在NBA采访的中国记者，并给了他那位中国记者的电话号码。马布里真的给那个记者打了电话，一打就是两个多小时，马布里把自己的经历和故事告诉这个陌生人，令他意外的是，电话另一端的对方告诉马布里，他相信他所说的一切，并且给了他一些关于去中国打球的建议。

此时马布里才开始认真地考虑到中国发展的问题，对于马布里这样一个从小生长在纽约的孩子来说，中国是一个非常陌生的国度，他对中国的了解也就仅限于他刚刚在网络上挑衅过的姚明，以及所有人都知道的长城。但是马布里的心里却蠢蠢欲动，有些倾向于去中国，因为他觉得那里也许能让他摆脱现在糟糕的生活，能够为他的人生开启一个新的篇章，而不是就这样消沉下去。于是他做出决定：到CBA打球！

马布里到中国打球的第一站是山西队，当时山西队赛季正打算在中途更换外援，他们的老板王兴江酷爱篮球，当他知道马布里愿意来CBA打球的时候，他表现出了足够的兴趣和诚意，双方就加盟一事达成了一致。于是2010年1月26日，马布里从美国飞到北京，又在当晚从北京飞抵太原。当他走出太原机场的时候，他就感到自己的决定是正确的，因为他在这里看到了球迷们对他的喜爱和尊敬，而不是在纽约时的厌恶和轻视，马布里没想到会有那么多球迷在机场等他，有人拿着横幅，有人拿着鲜花，直到他乘坐的中巴车开走，马布里依旧透过车窗看着那些喜爱他的球迷，他笑了，他已经很长时间没有这么开心地笑了，那一刻他感受到了爱。

马布里在山西的赛季算不上成功，他没能带领山西队打进季后赛，因为当时山西队全都是年轻球员，整体实力上和其他球队有一些差距，但是马布里却通过这几个月的时间找回了比赛的状态，并且慢慢熟悉了CBA联赛和中国篮球，在山西队的15场比赛里，他场均可以得到22.9分和9.5次助攻。

赛季结束时，山西队对马布里表达了希望续约的意愿，而马布里也愿意留在这里，帮助这支年轻的球队一步步地向着总冠军发起冲击。但是双方并没有签订正式的续约合同，马布里以为一切万无一失，但结果真的出了岔子，山西队在这个赛季换了球队的主教练，更换了总经理，这新来的总经理用打算签马布里的钱，签下了亚洲外援道格拉斯和另一名美国外援，而这一切都是在私下秘密进行的，马布里毫不知情，直到赛季临近开始，马布里乘坐航班回到中国后他才发现，一切都变了。

被山西队裁掉之后，马布里一度不知道自己能加盟哪支球队，因

2011年1月7日，2010-2011赛季CBA联赛常规赛，北京首钢男篮对阵广东佛山男篮。图为佛山队外援马布里（绿衣）上篮　孟永民　摄影

北京男籃
Beijing Men's Basketball Team

为当时联赛已经快要开始了，大部分球队早已经确定了外援的人选，唯一没有确定外援的球队只有一支：佛山队。此时马布里一直住在北京，住在朋友的家里，从这时马布里就与北京结下了缘，他喜欢这座城市，也差点在那个赛季就加盟北京队。

通过经纪人的运作，马布里得知北京队对他很感兴趣，但是那年夏天北京首钢俱乐部高层已经通过美国公司找到了姚明曾经的队友、火箭队前当家球星史蒂夫·弗朗西斯，俱乐部还专门派主教练闵鹿蕾到美国去考察了弗朗西斯的状态。弗朗西斯当时已经有一年多的时间没有打过任何比赛了，不要说没有比赛的状态，甚至因为经常喝酒泡吧，连体形都没能保持，变得十分消瘦。闵鹿蕾对弗朗西斯的状态感到担忧，他从心底里更想签下马布里，毕竟马布里已经在CBA的赛场上证明过自己了。当时马布里也一直留在北京，等待北京队最后的通知，他非常希望能够加盟北京队，能够为北京队效力，但是迫于俱乐部领导的压力，以及出于诚信的角度，最终北京队还是签下了弗朗西斯。后来事实证明这是一个极大的错误。

马布里得到北京队的消息后，只能和佛山队签约，去了佛山，但是在签约时他明确表示自己只打算签一年合同，因为他更希望将来能到大城市效力。那个赛季，马布里在面对卫冕冠军广东队和北京队的时候，都砍下了四五十分的高分，尤其是他率领佛山队在主场击败了北京队，在北京队客场也表现神勇。而反观北京队的弗朗西斯，因为完全没有比赛的状态，不得不被中途换掉。整个赛季，北京队都没能利用好三外援政策的优势，也正因此他们对马布里愈发渴望。

那个赛季，马布里所在的佛山队依然没能进入季后赛，而北京队也仅仅是止步季后赛首轮，他们被新疆队横扫出局。赛季结束后，北京队就和马布里开始了接触，双方就加盟一事开始了正式的谈判。其间，马布里也曾考虑过另一支球队，就是卫冕冠军广东队，广东温暖的天气对老将的身体有好处，可以减少受伤情况的发生，同时加盟强者可以让马布里肩上的担子轻松许多，有他加盟的广东队几乎可以说夺冠有如探囊取物。而北京队也有自己的优势，北京队相比广东更有诚意，马布里也喜欢北京这座城市，在经过了深思熟虑之后，马布里决定还是加盟北京队，他坚信要想成为强者只有两种方法，一是加入强者，二是击败强者，而他选择了后者。2011年8月，双方正式敲定加盟事宜，并对外宣布。

北京冠军圆梦

马布里终于加盟了北京队。

在马布里第一天和球队合练的时候，大批媒体来到了位于北京西五环外的首钢体育中心，在训练结束后，马布里接受采访时说："我要为北京队赢得总冠军，我的目标就是赢得冠军，一直以来都是。"当时人们都认为马布里不过是说了一句套话，因为类似的话，报道CBA的记者都听到过很多次，几乎每个外援到CBA之后，都会把冠军挂在嘴上，但是真正帮助球队拿到过总冠军的外援却寥寥无几。此时人们都没想到，马布里说的并不仅仅是一句套话，他并不是为了走个过场、打发记者才这样说的，因为他真的怀揣着这一颗总冠军的心。

马布里说："我清楚地记得刚到北京的时候，有记者采访我，问我新赛季的目标是什么。我说是：'冠军！'我知道他们都不信，包括我的队友，那时都认为我只是随便说说，就像其他所有外援一样，但其实不是。我们经历了最艰苦的训练，40多天，每天6个小时，比NBA的训练还要艰苦得多，正是这些训练让我们成了赛季开始后'化学反应'最好的球队，球员们彼此信任，彼此支持，为了胜利每个人都可以做出牺牲。"

新赛季开始后，马布里加盟后的北京队表现让人眼前一亮，他们打出了一个近乎完美的梦幻开局，13连胜，创造了球队历史上的最长连胜纪录。他们也成了那个赛季CBA最耀眼的球队。在这样一波连胜当中，人们看到了马布里给球队带来的变化。老马到来后，他把北京队的进攻梳理得更加清晰，原先球权在李学林手里，他负责球队的进攻组织，而马布里到来之后首先是增加了一个把握性极高的外线攻击点，在困难时刻马布里可以挺身而出，帮助球队打开局面。同时，当队友们出现空位机会的时候，他也会及时地传球，这样全队的进攻体系更加流畅清晰，所有球员的能力和积极性都被调动了起来。另外，马布里给北京队带来的更是一

2014年3月30日，2013-2014赛季CBA联赛总决赛，北京首钢男篮客场对阵新疆广汇男篮。图为北京队马布里罚篮　刘平 摄影

种精神，一种面对困难时坚强的精神与性格。在13连胜期间，经历了多场硬仗，在关键时刻，因为有马布里这样的领袖带头，因为球队的领袖从不放弃，因此球队总是能上演逆转翻盘的好戏。也是从这时候开始，北京队"啃硬骨头"的能力提升了很多。

球场下，来到北京之后的马布里尽自己所能融入这座城市，因为这里与他之前效力的太原、佛山都有着很大的差别，相比之下这里更像他的家乡纽约，人山人海，车来车往，高楼林立，外国人众多，更加国际化。当年还没加盟北京的时候，每次只是路过，老马都忍不住要在这里多逗留几天，现在真的身处这座城市，加盟了北京队，马布里很想好好感受北京的生活。因此他每天坐地铁到首钢训练，还为此专门跟朋友要了一张公交卡，做公益、听相声、看国安，他似乎对北京的一切都很感兴趣。以前几乎从来没有交流的首钢队和国安队也因为马布里的到来有了联动，两支球队的球员互相访问，在对方比赛时去观赛加油，这让很多国安球迷爱上了马布里，进而爱上了北京篮球、爱上了首钢，也为首钢带来了大批的忠实球迷，从那个赛季开始，北京首钢队的球票才真正开始变得一票难求。

球场上能够鼓舞激励队友，串

2014年3月3日,2013-2014赛季CBA联赛半决赛,北京首钢男篮对阵广东宏远男篮。图为北京队马布里运球　刘平　摄影

北京男篮
Beijing Men's Basketball Team

马布里在天安门　王猛　供图

马布里与相声演员同台表演
全体育图片社　供图

马布里看国安足球赛　刘平　摄影

联带动全队，让全队都有了更高的目标和追求，球场下为球队聚拢人气，受到球迷们爱戴，受到全市人民的接纳，球迷们渐渐地都爱上了马布里，大家还给他起了一个响亮而又贴切的绰号"马政委"。

一位球迷评价马布里说："马布里跟一般的外援不一样，有的外援就是来中国挣钱的，球队成绩好不好无所谓，但是马布里不一样，感觉他特别有责任感，有感染力，他是一个真正的领袖。更重要的是，他爱北京，爱这座城市，愿意为这座城市付出，这么局气的外援，我们没法不支持。"

那个赛季，北京队留下了内线外援莫里斯，他的进攻能力得到了全队上下所有人的肯定，可以说他是CBA当中进攻水平最高的内线外援之一。中国台湾的控球后卫李学林也通过一个赛季的磨炼后在球队里站稳了脚跟，他们和马布里组成了这支北京队的三叉戟，队长陈磊这一年状态正佳，攻守平衡，他是球队外线最重要的得分点和防守尖兵。再加上日趋成熟的吉喆和王骁辉等人，北京队已经初步组成了一套比较有冲击力的阵容。

另外，当年北京队从二队调来了两名年轻球员，朱彦西和翟晓川，结果在老马身边，两名小将在他们的CBA处子赛季就打出了令人惊艳的表现，这一切都与马布里有着很大的关系。朱彦西的外线三分，翟晓川的空切和冲抢篮板是他们的杀手锏，作为球队的控球后卫、核心和当家球星，马布里很清楚应该如何调动起全队每个人的积极性，发挥每个人的特点。只要马布里在场，北京队的绝大部分战术都是从马布里发起，他和朱彦西的挡拆配合成了球队的一个固定打法，每次朱彦西为他掩护之后，都会向三分线外回弹，利用对方内线球员没有防出来的机会三分出手。

马布里乘坐北京地铁　全体育图片社　供图

而翟晓川每次空切,或者是快攻中,马布里都能很准确及时地把球传到他的手上,让他获得轻松得分的机会。因此在老马身边打球,两个年轻人的进步很快,几轮过后就成了联赛最闪亮的新星。

北京队的13连胜,在佛山被终结。随后随着李学林腰伤发作,他休战了将近半个赛季,北京队经历了一段时期的低谷,不过在漫长的赛季有高潮和低谷对一支球队来说再正常不过,好在北京队在常规赛临近结束的时候,把状态调整到了最好,球员们都以相对健康的状态进入了季后赛。季后赛首轮,北京队遇到了浙江广厦队。由于NBA停摆的缘故,这个赛季浙江广厦队引进了效力于NBA丹佛掘金队的外援威尔森·钱德勒,钱德勒在CBA可以算是实力超强,但是也正因为如此,在常规赛结束后,他就急着返回NBA去和掘金队签约,因此广厦队不得不在季后赛开始前更换外援,他们换的外援是CBA老熟人罗德尼·怀特,不过此时的怀特已经错过了巅峰状态,因此北京队几乎赢得兵不血刃。首场比赛,复出不久的李学林在比赛最后时刻投中三分绝杀,北京队106比103击败广厦队,这场失利让广厦队失去了击败北京队的最好时机,同时也失去了整个系列赛的势头。回到主场后,北京队没给广厦队任何机会,3比0横扫对手。

半决赛时,北京队的对手是马布里的老东家山西中宇队,此时的山西队已经摆脱了当年的颓势,他们引进的两名外援号称"裤衩组合":马库斯·威廉姆斯和查尔斯·甘尼斯。这两人都是CBA旧将,实力超强,尤其是在进攻端,堪称是CBA最好的外援组合,完全可以和马布里、莫里斯的组合相媲美。因为之前续约的爽约事件,每次马布里遇到山西队的时候,都会格外有动力去争取胜利,到了季后赛更是,他不想错过这次绝佳的晋级总决赛的机会。对于北京队来说,这的确是一个绝佳的机会,因为常规赛结束时北京队排在第二名,他们成功地在季后赛前两轮避开了广东队和新疆队这样的超级强队。不过山西队也想抓住这难得的机会,因此在这个系列赛,北京队和山西队打出了极为经典、火药味极浓的对决。双方一直鏖战到第五场生死战,其间在山西客场,一度出现了球迷围攻北京队大巴的严重事件,但第五场回到主场之后,北京队毫无悬念地大胜对手,俱乐部历史上首次拿到了总决赛的入场券。

在总决赛开始之前,北京队主教练闵鹿蕾在接受采访时表示:"我们要尝尝总决赛的滋味。"但在马布里心里,远不止尝尝总决赛滋味这么简单,他渴望总冠军,渴望能够在中国的CBA赛场上证明自己。队友方硕回忆那次夺冠时说:"我觉得如果不是马布里,就算是一个和他能力一样强的外援,2012年我们都很难夺冠。因为马布里给我们带来的不仅仅是球场上

马布里训练中学篮球爱好者　刘平 摄影

马布里在光彩体育馆与四川女排队员合影　全体育图片社 供图

北京男篮
Beijing Men's Basketball Team

的贡献，不仅仅是他的球技，更是一颗雄心壮志，他把他的总冠军梦想带给了整个北京队，让大家都开始对总冠军有所憧憬，在他来之前，我们可能从来都没想过要去争夺总冠军。"

北京队的总决赛对手是卫冕冠军广东宏远队。广东队是当代CBA毫无争议的霸主，在之前CBA的历史上，一共只有三支球队夺得过总冠军，八一队、上海队和广东队，其中上海队只在姚明去NBA之前拿过一次冠军，算不上真正的王朝。从2004年开始，广东队在八年间七次夺冠，只有2007年输给了大郅回归的八一队一次。其余的年份全部夺得了冠军，即便是遇到最兵强马壮的新疆队，他们也从来没有失手过。

这个赛季，广东早早地就结束了半决赛，算上总决赛推迟的一周时间，他们已经休息了将近半个月的时间。这段时间，广东队并没有保持高强度的训练，因为在他们眼里，北京队算不上一个难缠的对手，几乎所有人都认为首次进入总决赛的北京队不会对广东队构成任何威胁，北京队最多也就赢一场，更有可能会被广东队横扫。此时，相信北京队能够夺冠的人恐怕少之又少，就连队员们自己也不会想到他们能够创造奇迹。

结果总决赛第一场，北京队就在主场万事达中心赢得了胜利。面对没有易建联的广东队，北京队有着一定的优势，莫里斯令广东队的内线难以防范，相对于中锋王征、苏伟，莫里斯的身高虽然不占优势，但是速度更快，投篮范围大，如果对手不防上来，他可以中距离投篮得分，如果对手紧贴防守，他又可以利用速度突破到内线杀伤。如果广东队用辛格尔顿或董瀚麟防守，莫里斯又能够利用身高和体重到内线去强打。另外，马布里也让广东队头疼，他能突能投能传球，不但能够用传球调动队友得分，在关键的时刻更是能够自己扛着炸药包去冲锋，能够身先士卒。相比之下，广东队的外援阿隆·布鲁克斯虽然得分能力超强，但是却相对没有马布里那么强硬，尤其是在打硬仗的时候，布鲁克斯把握不住全队的节奏。

找到了赢球方法的北京队在接下来的第一个客场比赛也赢得了胜利，2比0领先卫冕冠军，此时广东队才意识到问题的严重性，而北京队的自信心已经起来了，大家都开始相信马布里的话，不想在总决赛里只当一个看客或者过客。不得不说，CBA总决赛1-2-2-2的赛制相对来说，对排名靠后的球队比较有利，因为可以先在自己的主场打一场，然后在两个客场中，如果能偷下一场，再回到主场的两场比赛就有很大的机会夺冠了。北京队就是如此，虽然输掉了第三场，但还是带着2比1的领先回到了北京，然后顺利地赢下了第四场，3比1拿到赛点。

2012年的3月30日，总决赛第五场在万事达中心打响。大批的北京球迷或来到了赛场，或是等在电视机前，就是为了见证北京队历史上的首次联赛冠军。结果并没有让他们失望，比赛最后两分钟，马布里因为六次犯满被罚下场，但

（左图）2012年3月30日，2011-2012赛季CBA联赛总决赛，北京首钢男篮对阵广东宏远男篮。图为北京队马布里（白衣）运球突破
CFP 供图

（右图）2012年3月30日，2011-2012赛季CBA联赛总决赛，北京首钢男篮战胜广东宏远男篮夺得总冠军。图为北京队队员将马布里高高抛起
CFP 供图

是莫里斯和陈磊在老马不在场的时候，先后站了出来，用罚球为球队锁定了胜局。

比赛结束的那一刻，队友把马布里举过头顶，抛向空中，他们一起喊着"我们是冠军！"整个万事达中心都沸腾了，马布里哭了，泪如雨下，他知道这一刻对他有多么重要，从他打篮球的那一天起就憧憬着自己能够夺得总冠军，虽然在NBA没能实现，但是在中国，在北京，在CBA，他终于实现了梦想。马布里说："这种感觉是那么的美妙，任何美梦都无法与之相比。我感谢上帝给了我打篮球的天赋，感谢他把我带到中国，感谢他给了我重获新生的机会，感谢他让我赢得了自己梦寐以求的总冠军。"由于联赛规定，外援不能当选MVP，因此最终总决赛MVP颁给了李学林，但马布里并不在乎，因为他在乎的只是冠军。

马布里在队友中间从时任北京

市市长的郭金龙手中接过总冠军宝鼎，并高高举过头顶的那一刻成为了北京篮球历史上最经典的一个瞬间，也成了马布里职业生涯中最经典的瞬间。当年马布里被北京市政府授予"长城友谊奖"，这个奖项是表彰在各领域为北京市发展建设做出突出贡献的外国专家的最高奖项。而马布里获此殊荣，也是此前在北京队历史上从来没有过的。

北京王朝初建

夺冠军难，守冠军更难。

在接下来的一个赛季，马布里带领着北京队再次向着总冠军发起了冲击，但是在季后赛半决赛，他们遇到了山东黄金队，那个赛季山东队上升势头迅猛。他们拥有杰特、弗洛曼和阿巴斯三名外援，尤其是阿巴斯，作为曾经在北京队效力过的旧将，他的水平和作用被大部分CBA球队所认可，在面对北京队时，阿巴斯起到了非常大的作用。山东队强硬的球风本来就与北京队的球风相克，北京队在面对山东队强度极大的防守时表现得极为不适应，防守端北京队又限制不住阿巴斯的快攻，控制不了杰特的投篮，最终主场先输一场，到客场也未能取得胜利，卫冕冠军在半决赛被山东横扫出局。

当北京队乘坐的火车抵达北京南站的时候，数百名球迷早已在这里等候，他们打出了"赢就一起狂，输就一起扛"的条幅，他们依然像迎接胜利的英雄凯旋一样欢迎北京队，很多球员都流下了感动的泪水。主教练闵鹿蕾说："要是我们拿了冠军该多好啊。"

这次失败刺激了马布里，让北京队认识到了夺冠难，守冠军更难。也正是从那时开始，马布里下定了决心，一定要把总冠军再夺回来！他说："去年当我们在半决赛被山东队横扫出局之后，我感到极度失望和羞耻，我当时就把这作为了我自己努力训练的动力，我让自己时刻准备去完成我的目标：重新夺回总冠军奖杯！"

2013-2014赛季对北京队来说有一个好消息。借着全运会的契机，北京市体育局把孙悦、张松涛、李伟和黄海贝招募到北京队阵中，这对球队来说是一个极大的补充，尤其是在前一个赛季球队暴露出了内线的极大软肋之后，这四名球员特别是孙悦和张松涛的加盟，让北京队重新成为了总冠军的有力争夺者。

而马布里也早已做好了准备，虽然年龄又大了一岁，但是他却通过训练保持了不错的状态，而且在赛季开始前，他和北京队将之前的合同作废，重新签订了一份为期三年的合同，这就意味着他将在北京队一直效力到39岁，马布里知道这很可能将是他篮球职业生涯中的最后一份合同，他希望能够在这三年中重新品尝总冠军的滋味。

但是在这个赛季里他却经历了前所未有的困难。

赛季的前六轮，北京队打得可以说顺风顺水。赛季揭幕战，在新疆乌鲁木齐的客场，北京队轻松大胜老牌劲旅新疆队，而马布里作为球队的领袖，一开场就冲击对手的篮筐，为比赛奠定了基调，同时他和孙悦、张松涛等人的配合也显示出了一定的威力。不过第四战主场对江苏队的比赛，为马布里的整个赛季埋下了隐患。比赛当中，马布里的头被对手打破，更严重的是他的左膝被对手撞了一下，起初马布里只是觉得有些疼痛，以为恢复几天就没事了，但是没想到疼痛感并没有减弱，四五天之后甚至他的跑动都受到了影响。

在北京队客场不敌浙江广厦队，遭遇了赛季首场失利之后，马布里回到北京对膝盖进行了检查，结果显示他的左膝半月板有轻微撕裂，那几天马布里每天晚上都会和美国的医生商量治疗方案，医生建议他回美国进行手术治疗，因为是微创治疗，所以恢复的时间不会太长，他还可以赶上赛季的后半段和季后赛，同时医生也告诉马布里，他也可以选择带伤坚持，虽然伤势恶化的可能性不大，但是疼痛感很可能会影响他的跑跳，影响他的发挥。起初马布里决定坚持带伤打完整个赛季，但是2013年11月27日的凌晨，老马改变了主意，决定回美国接受手术治疗。马布里说："如果这是赛季后半段，或者季后赛，我一定会带伤打完。之前夺冠的赛季，我也这么做过，当时我的脚趾受伤了，一直带伤打完了总决赛，我才回美国接受手术。但是现在赛季才刚刚开始，我们有足够的时间恢复，我还能赶上赛季的后半段和季后赛，我希望自己以最好的状态去面对季后赛，去夺取总冠军。"

当天早上，马布里就把自己的决定告诉了主教练闵鹿蕾。赛季中临阵更换球队主将，在过去的十多年里，北京队几乎从没遇到过类似的困难。闵鹿蕾说："当时老马走的时候特别的突然，晚上对东莞队，上午8点老马告诉我自己打不了了，还要去美国做手术，当时外援也没着落，确实特别困难，好在我们平稳度过了那段时期，直到后来老马回来。老马回来之后，我从心里一直信任他，但是对于他的腿伤能恢复到什么程度，我也说不好，因为毕竟要让我看到他的比赛，不过对于老马的精气神这方面，我一点都不怀疑。对于老马和这支球队来说，常规赛是一个阶段，季后赛是一个阶段，总决赛又是一个阶段，一个队也好，一个队员也好，如果把状态放在季后赛和总决赛当然是最好的。老马回来之后，可能低迷了一两场，可能让大家稍微担心了一点，但是从季后赛开始他就进入到了他的状态。"

在离开北京的当天，马布里给球队推荐了一名外援，达米恩·威尔金斯，NBA名宿"人类电影精华"多米尼克·威尔金斯的侄子，他与老马的特点不同，是一个全能型的锋卫摇摆人，在串联球队方面能力稍弱，但是整体攻防均衡，算得上是一个称职的外援。

2013年12月初，马布里回到美国就接受了手术治疗，而且在治疗后的第二天就开始了他的康复训练。比赛的时候，正是美国的清晨，每场北京队的比赛，马布里都会通过网络上的直播来观看，比赛当中他还和北京队的记者们建立一

2015年3月23日，凯旋的北京首钢男篮队员回到首都机场。图为热情的球迷给马布里戴上鲜花
李志岩 摄影

2014年3月30日，2013-2014赛季CBA联赛总决赛，北京首钢男篮客场对阵新疆广汇男篮。图为北京队马布里（蓝衣）上篮　刘平 摄影

三负的战绩，尤其是常规赛最后一场在上海客场的比赛，马布里打了18分钟，7次投篮无一命中，最后交出了白卷，因为这场失利，北京队常规赛的最终成绩也从之前的前三名滑落到了常规赛的第四名。很多人都认为马布里完了，北京队完了，总冠军的梦想已经离他们越来越远。

当时还相信他们能够去冲击冠军的恐怕只剩下北京队自己，马布里一次又一次地告诉记者说："任务一定会完成！我们的目标只有一个，就是夺冠！"而队长陈磊也说："我相信老马！"

"我相信老马"这五个字当时就像是座右铭一样，印在北京队球员们的心里，也正是这份信念支撑着北京队继续向前。

事后闵鹿蕾说，之所以选择常规赛第四名，北京队也是有考虑的，很大程度上是听从了马布里的建议。马布里不希望在季后赛首轮就碰到天津队这样打法相克的球队，相比之下他更希望去挑战广厦队，毕竟在过去的两个赛季，北京队全都在季后赛首轮击败了广厦队，而且都是横扫对手，赢得并不困难。这个赛季虽然广厦队换帅请来了李春江，但是论实力，北京队还是更胜一筹。至于季后赛第二轮会与广东队提前相遇的问题，马布里认为既然想要夺冠，就必须要过广东队这一关，如果没有实力击败对手，那么肯定无法夺得冠军，因此早晚相遇都一样。所以北京队最终才选择了第四名。

马布里知道自己的状态还没有恢复到最好，他的膝盖虽然不再疼

个微信群，和大家针对比赛中出现的问题进行交流。马布里始终对球队充满信心，他相信队友们能够在他缺阵的这段时间完成好任务，他说："这的确是一段非常困难的时期，是我们都没有经历过的困难，但这也是一个成长的机会，对于我们的球队来说，在我缺阵的情况下，努力打出好的表现，可以帮助球队进步成长，等我回来的时候，我们会变得更加强大。"

马布里的恢复并没有像预期的那么顺利，他在春节后归队，此时留给他寻找状态的常规赛比赛只剩下六场，而这六场比赛中，马布里的状态并不好，球队取得了三胜

北京男篮
Beijing Men's Basketball Team

痛，但是会感到疲劳，而且因为没有完全康复，他的伤处每当跑跳的时候，都会产生积液。积液过多又会影响他的运动，因此在常规赛最后，马布里的状态低迷也与他有所保留的发挥有关。

季后赛首轮，北京队连续第三年面对广厦队，结果球队在首场比赛就以110比113遗憾地输掉了比赛，广厦队外援吉布森在比赛里独得54分，但广厦队除他之外，只有约翰逊一人得分上双，得到了16分。而北京队则五人得分上双，马布里拿下了21分、3次助攻和4次抢断，这场比赛他打了40分钟，人们都能看出老马的状态在回升，而且他也不再留力，真正开始发力了。

回到主场后，北京队没给广厦队任何机会，连下两城，就在双方第四战之前，马布里到北医三院给自己受伤的左膝进行了治疗，医生从他的膝盖里抽出了一管混有血的积液。马布里说："本来我现在还在恢复过程中，一旦我跑跳运动，恢复的过程就停止了，积液也因此产生，不过这并不会对我的膝盖造成更大的伤害。"也许是受到了马布里抽积液的激励，在第四场比赛中，北京队打得非常坚决，最终99比91客场取胜，晋级半决赛。而他们半决赛的对手正是卫冕冠军——老对手广东宏远，广东队在季后赛首轮3比0横扫上海队，干净利落地晋级半决赛。

北京队和广东队在半决赛里鏖战五场，堪称CBA历史上最精彩的半决赛之一，强度和激烈程度甚至超过了总决赛。双方的前四战，两支球队各有两个主场，却都在对方的主场赢下了一场，最终带着2比2平的比分，半决赛来到了第五场生死战。就在北京队主场输掉第四战之后，马布里给队友们发了一条微信，写道："兄弟们，今天我们都没有打好，这没关系，我们之前也打过第五场，这样的情形我们经历过。有时候就是要面对最困难的形势去征服最重要的结果，我们现在对着镜子，看看我们到底是谁！我对你们的信任比你们想象的更深，我知道我们有颗冠军的心！舞台已经准备好，是时候我们去做些神奇伟大的事情了！我们无数次不知疲惫的磨炼就是为了现在，能在别人的场地上去赢得第五场胜利，挺进决赛！无所畏惧！"

马布里知道自己要做什么，他知道作为球队的领袖，他必须在这种时候激励球队，同时还要在比赛场上带领球队去赢球，马布里是这么说的，也是这么做的。在第五场去广东的路上，马布里一直都在观看上一场比赛的录像，针对比赛中广东队的一些配合，和北京队出现的一些问题进行分析，他希望把这些问题全都挑出来，帮助球队做出改变，让球队抢占赢球的先机。比赛中，马布里作为球队的核心首先站了出来，在他的串联下，北京队开局打得格外好，朱彦西、陈磊、吉喆、翟晓川和张松涛每个人都打得格外坚决，北京队首节就取得了8分的领先，老马知道，只有全队都能发挥，才能击败广东宏远。

不过广东队毕竟是卫冕冠军，拥有易建联、朱芳雨、王仕鹏等国手，实力超强，因此他们在第二节一度反超比分，虽然北京队再次反超，他们依然在第四节一度把分差缩小到1分。这样的危急关头，又是马布里拯救了北京队，他一次次像扛着炸药包一样冲击内线，连续三次造成对手的犯规，也是他连续两次突破，在空中扛开了易建联的封盖，上篮命中，在比赛最后三分钟把领先再次扩大到9分左右，才为北京队锁定了胜局。

"关键时刻，是马布里站了出来，他是我们的领袖，他一个人扛着球队前进，在关键时刻他连续两次突破，为这场比赛奠定了基调。"赛后莫里斯对老马的表现赞不绝口，每个人都过来和老马击掌庆祝，主教练闵鹿蕾更是走到老马面前和他来了一个熊抱。

总比分3比2淘汰广东宏远，让卫冕冠军12年来首次无缘总决赛，北京队做到了所有人都不相信会发生的事情。马布里说："有信念是一回事，但是真的把自己的信念付诸实践，又是另外一回事。我信任我的队友，我信任我自己，因为我知道我们的准备，我知道他们有多刻苦，我知道他们有多么自律，我知道我们一直在进步。主教练闵鹿蕾很好地完成了他的工作，他让球员们为新赛季做好了准备，做好了准备去'战斗'。而我要做的就是配合他给队友们坚定信念，在比赛中做出表率。"

经历了广东一役之后的北京队，就像是升级了一样，已经与常规赛末段完全不是同一支球队了。与新疆队的总决赛激烈程度甚至远不如对阵广东队那么精彩。在总决赛开始前，绝大部分所谓的媒体专家都更看好新疆队，其中很大的一部分人的理由就是：马布里的膝盖。很多人认为和广东队鏖战五场之后，马布里的膝盖已经不堪重负，作为一名37岁的老将，膝盖又有伤，已经抽过两次积液，硬撑着带领球队进入总决赛，已经是强弩之末。

但马布里再次用自己的表现让所有质疑声消失了，总决赛前两场在新疆队客场，马布里给球队定下目标，必须夺下两场胜利！结果北京队真的出人意料地连取两场胜利，带着2比0的领先回到了主场。虽然没能在第五场比赛主场夺冠，但在回到新疆的第六场比赛，北京队顺利地赢得了冠军，没有再让意外发生。

巧合的是，这一天又是3月30日。马布里说："这是非常棒的一天，这些事情在我们的生命中发生，本身就是一个奇迹。"

这是马布里篮球职业生涯中最浓重的一笔，甚至超过了首次夺冠，他说："我知道这个总冠军有多么的来之不易，今年是我职业生涯中最艰难的一年，我以前从来没有遭遇过这样的膝盖伤病，我也从来没有设想过，我能够在遭遇伤病的情况下，克服伤痛，赛季中重新回到赛场上，而且这些困难并没能分散我的注意力，没有改写我赛季前就定下的目标，并且我最终完成了它。这个赛季，有很多人质疑我们，厌恶我们，甚至以前很多我认为原本应该是我们朋友的人，也开始站在了我们的对立面，我很高兴能有这样的人，因为他们促进了平衡，让我更有动力前进，帮助我不断地在给自己补充'燃料'。"

马布里获北京市荣誉市民　　李志岩 摄影

为了表彰马布里，在这次夺冠之后，北京市政府将北京市荣誉市民的金钥匙颁给了老马，他是北京市的第30位荣誉市民，对于一个运动员来说，这是一种莫大的褒奖与肯定。老马也心怀感恩，他知道自己获得的荣誉是空前的，此前从没有一位外国运动员能在北京受到如此高规格的褒奖，因此总冠军金牌和北京市荣誉市民的金牌是马布里最珍惜的东西，在夺冠之后的日子里，老马几乎不管在哪，不管穿什么衣服，不管去做什么，脖子上都会挂着这两块金牌。马布里很清楚现在自己收获的是什么，不单单是两枚金牌，或者两个冠军，而是一座城市的认可。过去他在自己的家乡纽约也曾经一度被人们喜爱，但最终却成了媒体笔下的"毒瘤"。而现在在北京这座与纽约相隔万里的城市，马布里不但被人们喜爱，更是成了城市的英雄，老马知道这是自己做梦都想要的生活，因为他在这里收获的不只是荣誉，更是一种承认和认可。

这就像是我们在人生中遇到赏识自己的人，知遇之恩总会令人心存感激，且更有干劲。在马布里的思想里，能够报答北京这座城市的，只有为这座城市赢得更多荣誉，只有自己在球场上更加努力地去付出。

马布里说，三年两冠的北京队还称不上是一支王朝球队，他已经开始构思接下来的赛季了，他和北京队的合同还剩两年，他也希望能够在自己结束篮球职业生涯之前，为北京队、北京这座城市打造一个真正的"王朝"。他说："我认为在我们赢完这个冠军之后，我们已经开始打造属于自己的王朝了。在我的思想里，今年的冠军已经过去了，我的下一个目标就是再夺一个总冠军，在我退役前的每一年，这

北京男篮
Beijing Men's Basketball Team

都会是我的目标，我也想通过自己的目标，给我们年轻的球员们、我年轻的队友们提供一个大的思想框架，让他们有目标去追寻。"

2014-2015赛季，北京队虽然没有再遇到马布里膝伤这么大的困难，但是由于赛季开始之前中国篮协改变了外援使用政策，北京队面对的挑战实际上反而更大了，而且是贯穿整个赛季的。同样是四节六人次，但最后一节，球队不再可以使用双外援，要知道下半场双外援一直是北京队的杀手锏，马布里和莫里斯之间的挡拆，过去三个赛季几乎无人能敌，现在末节拆散了这对组合，显然是联赛当中的很多球队希望通过这样的方式去削弱北京队。到底比赛怎么打，尤其是最后一节怎么打，成了摆在北京队主教练闵鹿蕾、摆在马布里和整支北京队面前的一个难题。

这个赛季北京队同样经历了磕磕绊绊，并不一帆风顺，在常规赛揭幕战，他们击败了广东队，却在主场遭遇了辽宁队的大逆转。客场在面对广厦队、山东队、山西队和新疆队这些老对手的时候，北京队都没能取胜，大家都觉得北京队的竞争力随着末节单外援政策的推行在下降，常规赛结束，北京队再次排到了联赛第四的位置，和上一个赛季一样，几乎没有人看好他们，没有人看好马布里还能率领这支球队创造奇迹。

季后赛首轮，横扫拥有三外援的吉林队。次轮，北京队再次遇到了老对手广东宏远。马布里知道，从这个系列赛开始，真正的战斗就算打响了，要想重新杀到总决赛，成功卫冕总冠军，就必须迈过广东队这一关。对广东队的四场比赛里，马布里的场均出场时间超过了39分钟，对于一个38岁的老将来说，这并不是一件容易的事，尤其是在双方的第四场比赛。手握赛点的北京队在比赛常规时间结束前9秒一度落后3分，是马布里神奇的接球后反身跳投三分球帮助北京队扳平了比分，并将比赛拖入了加时。加时赛他先是一记三分，随后又三次突破上篮得手，包办了北京队加时赛的前9分，比赛最后一投，老马再次三分线外干拔跳起出手，结果虽然球没进，但是却被队友朱彦西抢到前场篮板，并直接将球拨进筐内，绝杀广东队，四年内第三次杀进总决赛。

这一次的总决赛和前一年格外相似，仍然没有人看好北京队，大部分专家预测七年来首次杀入总决赛的辽宁队将成功问鼎，他们的理由很多，其中有人认为，马布里和北京队已经拿过两冠，所以失去了冲击冠军的动力。但这样的猜测只能说他们并不了解马布里，也不了解北京队这支球队。

作为一支被低估的卫冕冠军球队，马布里和他的队友们在本溪开始了总决赛的征程。"这是一场战斗，一场让你乐此不疲的战斗。"马布里在总决赛前把这次的卫冕之旅比作了一场战斗，事实也的确如此，这次他们所面临的困难，一点也不亚于去年，辽宁队的整体实力要超过新疆队，国内球员的天赋堪比卫冕冠军广东队，而且外援哈德森又是联盟常规赛MVP，作为本赛季最擅长打第四节的球队，辽宁队在面对任何对手时，他们都有自己的优势，韩德君、李晓旭组成的内线甚至比广东队还要均衡，他们与外线的哈德森搭档能够让对手顾此失彼，这也是为什么辽宁队能够客场逆转新疆队、逆转北京队、逆转广东队等诸多强队的原因。他们是末节单外援政策受益最大的球队，而北京则是受影响最大的球队，双方此消彼长，外界自然不看好北京队。更不用说，常规赛时辽宁队双杀北京队，占据着绝对的心理优势。

正因如此，摆在马布里面前的困难才更多。作为球队的领袖，他知道自己必须要把责任扛在肩上，他知道只有他身先士卒，球队才能保持旺盛的斗志。这是马布里证明自己的一个系列赛，在这个系列赛里，马布里让人们看到了一个球队的领袖应该如何面对逆境。

总决赛第一场，北京队赢得轻松写意，但随后连续遭遇了两场失利，尤其是在总决赛第三场，北京队回到主场的首场比赛就被哈德森在比赛最后时刻上篮绝杀，1比2落后，北京队已经被逼到了悬崖边上，没有任何退路，再一场失利，几乎就意味着失败。马布里在这样的时刻担起了球队的全部重担，第四场他用上篮绝杀辽宁队，第五场再次率领球队取胜。三个主场比赛，38岁的马布里分别砍下了42分、36分和30分，更神奇的是在这三个主场的第四节，马布里的命中率是100%，无论是突破、中距离投篮还是三分球，他的命中率都是100%。在第五战这个夜晚，老马上半场4分，下半场26分，第四节14分。在球队危急的时候，他一次次地突破内线得分，而辽宁队的哈德森在球队逆境的时候，更多的是依赖自己的三分球，很显然马布里更清楚怎样才能帮助球队赢得总冠军。

总决赛第六场，北京队带着3比2的赛点来到本溪，所有压力都在辽宁队一边，这是考验辽宁队的时候，他们未曾遇到过这样的困境。而北京队没有给辽宁队任何机会，翟晓川下半场爆发，一举奠定胜局。

整个总决赛六场，马布里场均得分29.7分，居功至伟，相比去年莫里斯的发挥，这个赛季马布里的表现更加令人赞叹。所有人都在这个系列赛里看到了马布里与哈德森的对比，相比哈德森这样的"杀神"，马布里更像是一个领袖。所有人都看到了一位38岁老将对于总冠军的渴望与追求。

在人们都觉得马布里拿到三个冠军，已经没有追求和梦想的时候，老马依然有着激励自己前行的目标，就是为北京这座城市建立一个"王朝"。四年三冠，当北京王朝已经初建的时候，马布里仍然希望自己能为这支球队做得更多，他说自己在这份合同到期之后，还希望再打一到两年，继续为北京队贡献自己的力量。将来他还想成为中国男篮的主教练，搭档北京队主帅闵鹿蕾一起，打造一支成功的、有着北京篮球印记的中国国家队。38岁，但老马的梦想还很多。

马布里，就是这样的一个北京篮球的圆梦人。

2012年3月18日，2011-2012赛季CBA联赛半决赛，北京首钢男篮战胜山西汾酒男篮挺进总决赛后，马布里和主教练闵鹿蕾拥抱　刘平 摄影

登上CBA巅峰的莫里斯

刘 茹

北京队主教练闵鹿蕾已经习惯将莫里斯叫成老莫儿，但这个长相老成的大个子加盟北京队时只有25岁。自2010年加盟北京队以来，莫里斯在北京队后四个赛季中帮助球队拿到了三座总冠军奖杯。默默耕耘了五年，莫里斯从马布里的助手，华丽转身为北京队赢得总冠军的大功臣，并成为CBA联赛创办至今第一个拿到总决赛MVP（注：最有价值球员）的外籍球员。第二次夺冠后，莫里斯刮掉了一脸的胡子，这是队友孙悦眼中最年轻的莫里斯，也是登上篮球职业生涯巅峰的莫里斯。

中产家庭

莫里斯1986年1月2日出生在美国得克萨斯州休斯敦市一个中产阶级的家庭，父亲曾是达美航空公司的IT工程师，后又跳槽到另一家大公司继续IT工程师的工作，母亲是特殊儿童学校的教师。莫里斯排行第二，家中还有一个哥哥和一个弟弟，与很多在篮球圈打拼的黑人球员截然不同的是，莫里斯从小就接受良好的教育，他最初打篮球也只是出于爱好。

事实上，在美国的NBA中，有很多非洲移民的第二或第三代，他们原本生活贫困，社会地位比较低。而在美国的非洲后裔却也沿袭着他们非洲部落的习俗，一旦家族中有人生活条件得以改善，必将带携亲人朋友共同发达。所以我们常常会看到一位NBA球星周围围绕着诸多类似于助理之类的同龄人，他们大多是这些球员的表兄弟或是发小。而现役的很多NBA球员都是出生在贫民窟，为生存、为改变生活才苦练篮球，以达到最终改变社会地位的目的。

但莫里斯却不同，他天资聪颖，情商不低，待人宽厚，彬彬有礼，完全具备在美国中产阶级圈子内生存的基本条件。在北京四年的生活中，他既热情地与人们交往，又保持一定距离。他在训练的同时，坚持要有自己的生活。篮球或许是他生命中非常重要的部分，但他并不会因此而失去生活。闲暇时间，他很喜欢看书或者学习。这么看，生活中的莫里斯似乎是一个接近完美的人。然而在篮球赛场上，莫里斯这种随遇而安、略带懒散的性格似乎并不吃香。特别是对外援格外依仗的CBA，人们对他的期待显然更多。

有可能是在北京首钢队的比赛中，有一个永远把责任扛在肩上的马布里，无须更多人去争抢这种球队里的地位，也可能是因为他相信自己在关键时刻就自然会站出来，承担必要的责任。因此莫里斯在常规赛，特别是后半段老马回归的那段时间里所表现出的球场上的懈怠，甚至激怒了一部分球迷。

NBA生涯

在篮球路上，身高2.11米的莫里斯算是大器晚成。最开始打球时，莫里斯打后卫，即便是现在，他还有运球过半场的习惯。因为通常都会有对方球员试图过来抢断，而莫里斯也总能造成身体接触，然后"咣当"摔倒在地，接着听到裁判的哨声。莫里斯喜欢运球，这是从小养成的习惯，那时候他身高有限。可有一年夏天，莫里斯长高了20厘米，他说："那时候我甚至能感觉到骨头在生长时的疼痛。"就这样，他从后卫变成了前锋，从小前锋变成了大前锋。高中生涯备受期待，在亚特兰大兰德马克基督高中就读期间，莫里斯就经常能够打出接近三双（注：指在得分、篮板、助攻、抢断和盖帽这五项基础的数据中至少有三项都在两位数以上）的惊

北京男篮
Beijing Men's Basketball Team

2009年12月16日，2009-2010赛季NBA联赛常规赛，亚特兰大老鹰队对阵孟菲斯灰熊队。图为老鹰队莫里斯在比赛中
全体育图片社 供图

人成绩。高中时期，莫里斯就入选麦当劳全美高中全明星阵容。

高中毕业那年，莫里斯曾经一度被看好直接进入NBA，在权威选秀网站Rivals的2004年全美前150位高中生排名中，他位居第十，在中锋位置高居次席，排在他前面的包括霍华德、利文斯顿、艾尔·杰弗逊、特尔菲尔以及乔·克劳福德等，被他甩在身后的也有如格伦·戴维斯、奥尔德里奇、隆多、洛瑞、霍福德等如今在美职篮功成名就的球星。

然而莫里斯并不急于从高中直接跳级参加NBA选秀，而是选择了先去大学打一年球。2004年，莫里斯选择进入美国篮球名校肯塔基大学。进入肯塔基的首年，莫里斯成为球队内线的绝对主力，场均能够贡献8.8分及4.2个篮板，但犯规过多的问题始终困扰着他，还曾与现凯尔特人队的全明星后卫拉简·朗多与乔·克劳福德并肩作战。2005年，莫里斯也决定试试运气，报名参加了当年的NBA选秀。预测能进第一轮的莫里斯，却因为没有经纪人等原因最终没有获得NBA任何球队的青睐。

2006年1月，莫里斯不得不重回肯塔基大学继续读二年级。经历了选秀风波，这些历练让莫里斯更成熟，在NCAA（注：美国大学体育协会）的球场上，他每天都在进步。虽然莫里斯NBA选秀落选，但他的中投能力足以让他立足NCAA，绝对是大学里出类拔萃的4、5号位球员。进入三年级后，莫里斯的成绩更上一层，入选了第一阵容。而NBA也终于再一次步入他的生活。

2007年3月，莫里斯以自由球员身份与纽约尼克斯队签订了一份两年160万美元的合同，正式进入职业球坛。莫里斯成为NBA历史上首位在一星期内完成从NCAA进入NBA的球员。当年的尼克斯队阵中有克劳福德、弗朗西斯、马布里、昆汀理查德森等名将，那时候的莫里斯并没给马布里留下太多印象，他只记得莫里斯在更衣室里默默无声的样子，就像如今在北京队的很多时候一样。

然而在尼克斯队的两个赛季，莫里斯却表现平平，仅仅为球队出场了23次，场均得到2.6分两个篮板。2008年7月，兰多夫·莫里斯再次改弦更张，代表亚特兰大老鹰队出战夏季联赛，并得到一份为期两年、价值170万美元的合同。在老鹰队，他并没有得到更多的上场时间，场均出场在五分钟左右，其他内线球员如霍福德、史密斯、帕楚利亚以及贾森·柯林斯等的出场序列均排在他之前，在老鹰，他也得到篮球生涯仅有的六次NBA季后赛经验。

独立成长

2010年10月，与亚特兰大老鹰队结束合约的莫里斯来到中国，参加了北京队的试训。在刚刚进入球队时，主帅闵鹿蕾对莫里斯还不是太满意，称其在内线球风偏软，对于是否签他也一直非常犹豫。不过很快，莫里斯在五棵松体育馆进行的洲际俱乐部冠军赛中展现了自己的实力，首场比赛，他疯狂地砍下33分22个篮板4次盖帽，赛后，闵鹿蕾仍在找莫里斯的缺点："他确实表现不错，进攻手段、篮板都不错。我希望他能往内线攻击得更凶一点，更主动一点。"次战，面对实力更强的墨尔本老虎队，莫里斯再次轰下22分9个篮板，北京队如愿夺冠，获得30万元奖金。赛后，闵鹿蕾满意地说："这两场比赛来看，我们对莫里斯的表现还是满意的，不过，是否与他签约还需要进一步考察。"因为在前几年外援选择上走了不少弯路，所以今年北京队显得比较谨慎。莫里斯在北京并没有等待太久，10月8日，莫里斯正式加盟北京队，参加2010-2011赛季的中国男子篮球职业联赛。

刚到北京队的那个赛季，莫里斯很快成长为球队的核心与第一得分手，帮助球队取得了六连胜。那一年他只有25岁。正像每一个美国中产阶级家庭一样，家庭虽然也温暖，但他们都早早培养孩子们独立，莫里斯也不例外。不爱做家务事并不意味着生活不能自理，事实上，莫里斯在老婆安德莉娅不在中国的时候，把自己照顾得很好。

随着年龄的增长，莫里斯也变得越来越独立，他自备了一个特大的箱子，里面全是从美国背来的先进理疗用具，其中有一条冰敷裤和一个超声理疗仪。每场训练或比赛过后，所有的球员无一例外，都去找队医小梁、赵大夫放松。但莫里斯除了比赛过后会找兰体能师推一

次肌肉外，都是自己打理身体。善于摸索的莫里斯自学了一些运动生理学知识，疲劳程度怎样，如何进行身体调理，他对自己最清楚。

事实上莫里斯也是比较懂得自我保护的球员，由于身体肌肉力量好，又具有大个子里首屈一指的柔韧性，所以在北京的四年时间里，莫里斯很少受伤，唯一受过伤的就是莫里斯的牙齿。

那是2010-2011赛季，北京队在常规赛遇到当时的夺冠热门广东东莞队，莫里斯在场上防守东莞队的弗罗曼，弗罗曼大肘一挥狠狠地打中了莫里斯嘴部，顿时嘴里鲜血直流。弗罗曼的胳膊肘也一直流血，被送到场下紧急包扎。莫里斯更惨，他捂着嘴，一副十分痛苦的表情，直接跑回更衣室处理。经过简单治疗后，莫里斯重返赛场，尽管他坚持打完了最后几分钟，但伤情不容乐观。赛后，莫里斯被紧急送到附近的口腔医院。诊断结果，莫里斯一颗门牙被打得向内倾斜，而另外一颗牙齿被打折断成半颗，从那以后莫里斯多场比赛一直带着牙套出战。莫里斯曾表示："虽然牙套很好，可还是不大管用。"他还做了一个拳击动作，那意思是说，这里某些时刻是"拳击场"。后来，莫里斯装上新门牙了，他说："首钢俱乐部给我买了保险，所以装牙也不用自己交钱。后天我就会去做手术，装上新牙，看上去一定会帅不少。"

个性倔强

莫里斯的篮球技能毋庸置疑，

甚至在有很多业内人士看来，只要莫里斯的态度更积极一些，不那么倔强，他完全可以在NBA打上球。倔强？是的！莫里斯的性格当中绝对还有倔强这个词，只要是他认定了的道理或者原则，九头牛都拉不回来，脾气上来的时候，谁劝都没用，这个时候他不在乎外界对他的评论，不在乎人们给予他的压力，他不会跟你争辩，也不会解释，只坚持自己的做法。

就像2013-2014赛季常规赛后半段质疑声四起，包括经纪人和朋友甚至也提点他要注意的时候，他仍然充耳不闻，坚持认为没必要每场比赛都百分之一百地拼尽全力，要把劲使在季后赛。尽管常规赛后半段北京首钢男篮以及莫里斯都是在质疑声中度过的，但有一点无法否认，在马布里出现伤病刚刚回美国疗伤的那段日子里，莫里斯对球队排名的稳定起到了至关重要的作用。

其实马布里不在球队的时刻也是北京队最要命的时刻，那时联赛刚刚过去了六场，各队的排名还不够稳固，球队间胜负场次差距不大。如果此时北京队阵脚大乱，很可能就会陷入万劫不复的境地。在老马不在的前提下，主帅闵鹿蕾立刻把莫里斯提到了最重要的位置，一开始，莫里斯并不适应这样的"器重"。毕竟，作为一名年仅27岁的篮球运动员，一直不是球队的灵魂人物，突然之间所有的压力都向自己袭来，有些不适应也在情理之中。但事情就这样突如其来地发生了，莫里斯不得不连续五场比赛上场时间超过42分钟。更让他不适

北京男篮
Beijing Men's Basketball Team

2014年1月8日，2013—2014赛季CBA联赛常规赛，北京首钢男篮对阵八一双鹿男篮。图为北京队莫里斯（白衣）封盖八一队张博（红衣）　刘平　摄影

应的是，本来少言寡语的他不得不与闵指导有了特别多的交流。不过当事情真的落到自己头上的时候，莫里斯选择了毫无保留地接受。

特别是2013—2014赛季第16轮比赛，北京队客场对福建队一役，莫里斯甚至很大程度上参与了战术上的部署和安排。12月下旬的福建晋江仍然是北京秋天的感觉，球队一进酒店，闵鹿蕾、莫里斯和翻译王岚甚至没来得及换下厚厚的冬装，也没有把行李送回房间，就已经开始在酒店大堂研究针对福建队的战术对策，这次对话长达一个半小时，说的都是如何抵御福建队最有特点的内线组合。当时福建队排名联赛第五，上升势头凶猛，特别是王哲林、麦克唐纳组成的内线双塔，让很多球队在面对福建队时都叫苦不迭。那场比赛里，北京队打得很顽强，执行力果断，莫里斯打拼了40分钟，得到全场的最高分。这场比赛让很多球队都对没有老马的北京队产生了敬畏，也让很多内线球员都深深体会到了北京队的莫里斯何等厉害。

事实上，那段时间里，北京队打出了很多场精彩的比赛。仅以一分之差主场败给了广东队，接着连擒两只华南虎，再有，就是经常客场不胜的东北征战，在老马不在的情况下却连番告捷。在马布里回归北京队之前，首钢男篮的排名稳稳地守住了第三位。事实证明，莫里斯并不是危难时刻没有担当的软脚蟹，只是他似乎不想刻意证明这一点，他显得更不在乎，也不需要有人为自己歌功颂德。在他的成长经历当中，家庭教育中更多的大概是谦逊和礼让，鲜有凡事争抢和出风头。

性情温和

2013—2014赛季，是莫里斯效力于北京首钢男篮的第四个赛季，在来中国之前，他就为自己制定了目标，只希望在北京打球。一是因为北京是座现代化的国际大都市，基础设施的完善和便利化程度便于他在这里生活，二是他不喜欢闷热潮湿的气候，更喜欢北京的四季分明。

而在北京度过了他的第一个赛季，也大致了解了CBA其他球队之后，莫里斯更加肯定了自己的选择。虽然首钢男篮俱乐部隶属国企，或许不像一些南方的私人俱乐部老板那样豪爽、一掷千金，但相对稳定的人际关系，轻松包容的氛围，以及闵鹿蕾严格、而又不失人性化的球队管理，都与莫里斯少言寡语、沉稳内向的性格相融合。所以大多数时间里，他都是快乐而又简单的。队友里与莫里斯最有共同语言的原来是解立彬，后来是吉喆，而王岚更是他最亲密的朋友。这些人的性格都跟他相似，平时爱读书、喜欢学习、性格温和、脾气好。

解立彬曾表示，莫里斯很善于体谅队友。"莫里斯在球场上作风比较凶悍，其实在场下很好相处，经常嘴里会蹦出几句中文，把大家逗得很开心，是我们的活宝。而且他是个很细心的人，善于体谅队友的想法。前一段时间我的发挥不好，也有球迷对我提出了怀疑，当时确实挺受打击的，莫里斯就劝我：'不要管别人说什么，我们都相信你，你也要相信自己，出手再坚决些！'"

作为莫里斯邻居的马布里，对这位同样来自美国的队友的评价是：他比我想得开。"我和莫里斯现在是邻居了，我们一起训练，有时候一起去看女排，感情就像亲兄弟。按理说我比他经历得多，想法应该更成熟。事实上，他比我想得开。和山西队那场比赛，我说出了

'我们5个打他们8个'的话，我真的气坏了。莫里斯就在一旁笑着劝我放松，告诉我'过去的事就让它过去。'"

在人际关系相对复杂的中国，莫里斯深谙与人相处之道，他还懂得言多必失的道理。即便在一件事上他坚持自己的做法，也很少与人们在言语上产生交锋。

还有一件事情能够展现莫里斯的绅士风度和他对家人的关爱。莫里斯在生活中同样有些懒散，所以家务事基本上都是妻子安德莉娅包干，但莫里斯也把家里最好的东西都让给了老婆。新上市的手机、触屏电脑等，都是先紧着老婆用。所以直到2012年，大家发现莫里斯的手机还是iPhone 3GS。

大莫蜕变

有些突然，又有些让人吃惊，北京队的主心骨老马于2013年11月29日返回美国，接受膝盖微创手术，治疗他长期以来的左膝半月板伤病。因此2013-2014赛季常规赛老马将缺阵六周。在顶住了马布里不在北京的九场比赛之后，九战七胜的战绩让北京队仍然排在联盟第二位，莫里斯大大松了一口气。然而老马刚一回到主场，北京首钢队就经历了一场输球。那是CBA联赛常规赛第17轮，北京队在五棵松篮球馆迎战新疆队。上半场，莫里斯和救火队员威尔金斯一起把比赛打得有声有色。虽然双方实力相当，但无论是气势上，还是技战术运用上，北京队都高出新疆队一筹。

然而中场休息之前，刚从美国治疗结束飞回北京的老马，突然出现在比赛场地边上。老马的到来让整个球场为之沸腾，球迷们都把目光和欢呼声送给了老马。教练和队员们也为之兴奋、雀跃，中场的球员休息室里，媒体记者簇拥着老马，把休息室挤成了一锅粥，是主教练闵鹿蕾的大声劝阻，才把闲杂人等请出了房间。

不可否认，球队因为老马的归来稍稍分了点神。下半场北京队表现判若两人，威尔金斯更是形同梦游。在来到北京之前，威尔金斯在NBA刚刚失去了工作。而北京延续了他篮球的梦想，尽管知道自己只是"打短工"的，但自从他来到北京队，就一下子适应了状态，并成为球队依赖的一个重要角色。直到马布里一出现，满场欢呼声四起，老马就像回家一般轻车熟路。威尔金斯这才从现实中真正意识到，马布里才是这座城市的英雄，他真的只是救火队员，自己的中国之旅可能马上就要结束了。这样的现实或许一直充斥在他的脑海里，尽管在之后的比赛里，职业的威尔金斯重又回归专注、敬业，但那场比赛的下半场，威尔金斯始终无法集中注意力。最后，北京队输掉了与新疆队的比赛。

事实上，老马归来之后，就马上参与到球队的日常训练当中，同

2013年12月29日，2013-2014赛季CBA联赛常规赛，北京首钢男篮对阵山西汾酒男篮。图为北京队莫里斯（白衣）带球突破 李志岩 摄影

北京男篮
Beijing Men's Basketball Team

北京男篮外援莫里斯（左）与北京女排队员薛明（右）合影　　CFP 供图

证明自我

2011-2012赛季，北京队季后赛第一场与莫里斯来北京的前两个赛季相同，都是对阵浙江广厦队，人们都希望北京队用一场胜利扫去常规赛连败的阴霾。在比赛前一天的下午，北京队全队在宾馆的会议室里开会。谁都不知道，早在那个时候，当外界还在质疑北京队季后赛能打到哪的时候，北京队就已经明确地把夺冠当成了自己的目标。闵指导充满激情的一番话打动了每一个人："你们宁愿整整一个夏天的汗水白流吗？你们忘记了上个赛季失去总冠军时的懊悔了吗？从现在开始我们要向着总冠军进发，我们要掰着手指头数我们即将赢得的胜利。而要赢得总冠军，就要牺牲、就要拼命，每个人都要拿出拼搏到底的气势，从现在开始，晓川，你就是冲锋队队长，骁辉，你就是敢死队队长……我们要向着我们的目标进发……"

在那次会议上，每个球员都说出了自己的想法，轮到莫里斯的时候，他仍然想保持沉默，但闵指导坚持要听听他的想法。于是，队友们听到了或许是莫里斯入队以来说得最慷慨激昂的一段话："我不想再回到这块场地，我相信我们能做到。是的，只要能赢得第一个客场比赛的胜利，北京队就很可能会像前两年那样以总比分3比0晋级下一轮。"

而莫里斯也从那时候开始，变了一个模样。来北京队四年，莫里斯第一次在赛前一个多小时就来到比赛场地练习投篮。他下定决心，不管老马状态怎样，他都会站出来为球队争

时也恢复了参与球队的其他事务。而莫里斯也顺其自然地回归故我，包括场上时不时出现的懈怠，以及不再参与赛前的战术讨论。而老马不在，威尔金斯慢慢融入北京队战术体系的这段时间里，北京队一直以莫里斯为核心打球。在这样的情况下，核心突然变得懒散，就会格外明显。北京队开始连续地输球，在输给了江苏队和广东队的客场之旅后，外界对莫里斯的质疑声也达到了顶点。媒体上"出工不出力，不配做球队领袖"的骂声四起，一些极端的球迷更是在莫里斯的微博中留言，请他要么好好打球，要么就离开。

然而莫里斯依然故我，因为每个赛季的下半段他都会出现些小懈怠，而这并不会影响他在季后赛的拼命。他是高水平的篮球运动员，也了解CBA联赛的所有状况。同时他还知道，只要再坚持几场比赛马布里就会回归，那时候球队就会不同。所以即便听到了质疑的声音，

莫里斯仍然不以为意。

然后，马布里终于回归了，只是这一次，与以往稍有不同。在过去，有马布里百分百的专注与责任心，莫里斯偶尔的懒散人们甚至选择忽视。但这一次，老马因为伤病出现了一段时间的低迷状态。这个时候在人们眼中，莫里斯的不够投入就成为球队输球的主因，联赛还剩下七场，北京队的排名却在这时开始下滑，球迷们显然并不能接受这样的事情发生。

或许是因为外界的压力过大，也或许是闵鹿蕾担心这样的状况发展下去会影响到季后赛。总之，在季后赛即将来临的时候，闵指导和莫里斯之间进行了一次长谈。这次谈话让莫里斯有些触动，来北京四年，闵鹿蕾第一次谈到了合同，谈到了签合同时他做出的许诺，谈到了他的表现会直接影响到球队的命运。莫里斯像突然明白了什么，尽管仍然保持一贯的沉默，但行动上，莫里斯发生了彻底的转变。

取每一场比赛的胜利。只是事与愿违，在与广厦队的第一场较量当中吉布森54分的神勇发挥以及裁判的几次误判将北京队的胜利夺走。但包括莫里斯在内的球员们丝毫没有气馁，他们知道胜利必将属于他们。

第二场较量，莫里斯疯狂爆发，他在第四节使出撒手锏，为球队胜利奠定了胜局，全场独砍41分，北京队取得大胜，扳平了总比分。第三场比赛，莫里斯再取35分和10个篮板的两双，北京队再次大胜对手。回到广厦队的主场，莫里斯丝毫没有懈怠，再用34分、14个篮板，保送北京队成功晋级。

季后赛来临之后，莫里斯不再依赖任何人，他像老马一样，把球队的输赢扛在了肩上。

当比赛进入第二轮的时候，人们欣喜于球队拼劲十足的同时，也发现莫里斯巨大的转变。人们常常发现莫里斯在做好本职工作——在篮下为北京队遮风挡雨的同时，还常常会跑到三分线外去补防。与广东队的第一场比赛在五棵松体育馆举行，莫里斯用24分、5个篮板、3次抢断和1次助攻让人们真正体会到北京队快速灵活的风格。然而在莫里斯身上吃尽了苦头的广东队在第二场比赛中把防住莫里斯当成了重中之重，莫里斯整场比赛被"关照"，尽管最后一节他的发挥稍见好转，但北京队在全场比赛并不处于劣势的情况下，被王仕鹏投入致命三分球，客场惜败。

赛后，闵指导对莫里斯全场仅得14分并不满意，他给莫里斯提出了要求，下一场比赛只要你能拿到33分，球队获胜就有希望。闵指导

北京队莫里斯在场边训练　　全体育图片社　供图

知道比赛中莫里斯只是暂时陷入了困境，他仍然具备很强的实力、足够的篮球智商，莫里斯仍然是CBA无人能敌的中锋，是北京队获胜另一个最关键的法宝。

正如闵指导所料，莫里斯的爆发再次带给球队胜利，四节比赛，双方打成了93平，但加时赛一开始莫里斯果断地连续两次跳投命中，让广东队无奈地看着胜利溜走。那场比赛，莫里斯真的得到了33分，应验了闵鹿蕾的预言。北京队再一次改变了战局，总比分2比1让卫冕冠军处于被动。

后面的事情大家都知道，这一切都还没完。本以为胜利已经收入囊中的北京队主场作战却输给了广东队。这场比赛中，国内球员的集体低迷，也让马布里和莫里斯30+的得分于事无补。不过这个时候北京队，已经不懂得什么叫作放弃。重返东莞，斗志不减，全队爆发，众志成城。北京队创造了奇迹，艰难地进入了总决赛。

2011-2012赛季的总决赛上，莫里斯与马布里的高位挡拆配合堪称神奇。两人这一配合的成功运用也成为球队取胜的必备战术之一。总决赛第四场京广大战在众人的高度关注中拉开帷幕，北京队在进攻和防守方面的战术都非常成功。莫里斯和马布里一里一外都打得相当出彩，莫里斯在这场比赛中"砍"下32分12个篮板。他在内线无人能防，单打成功率极高。老马在前三节比赛表现平平，但到了关键的第四节，他与莫里斯再次打出了经典的高位挡拆配合，莫里斯在挡拆中连续接到马布里传球进攻得手。反观广东队的防守，既要严防死守老马，同时又要夹击莫里斯，难免出现漏洞。最终，凭借两人的精彩挡拆战术，北京队在关键时刻一锤定音，奠定了胜局。

荡气回肠的决斗

2013-2014赛季的总决赛在

北京男篮
Beijing Men's Basketball Team

北京队的先发制人中开始，比赛中莫里斯也成为发挥最出色的球员。他连续两场拿下全场最高分，并且场场都是大两双（注：得分20+、篮板20+）入账，他以前所未有的决心想要帮助球队夺冠。前面的两个乌鲁木齐客场之旅几乎没有悬念，总决赛直到第三场比赛才开始惨烈而又荡气回肠。

令人们感到奇怪的是，这场比赛开始之前，莫里斯的投篮练习并没有持续太久就提前离开。当时只有翻译王岚知道，在比赛开始之前一小时，莫里斯突然肠胃炎发作，眼看就要比赛，莫里斯却连续腹泻，接着又在洗手间里呕吐了两次。但当王岚询问莫里斯是否可以上场比赛的时候，莫里斯给出的答案是："能"。当时甚至连主教练闵鹿蕾都不知道莫里斯身体不适的状况。

那场比赛里大莫的发挥很差，只得到14分，整场比赛都有点恍惚，防守也显得力不从心。北京队错失良机，输掉了总决赛第一个主场的比赛。赛后的更衣室里，他像以往一样回答记者们的提问，没有提及身体不适，用他自己的话说，他不愿为自己的发挥找任何借口。但是不知情的人们大肆在微博上批评莫里斯不敬业、懒惰、没有责任感，莫里斯再一次选择了沉默，结束了更衣室的采访之后，翻译王岚带着莫里斯直奔医院输液，莫里斯也毫不迟疑，因为后面还有比赛等着他。

北京队被顽强的新疆队扳回一城后，第四场较量几乎可以用血腥来形容。莫里斯大概是第一次在CBA打伤了别人。在一次狠狠的劈扣当中，他的手臂不小心打到了苏伟眉骨，鲜血瞬间滴在了球场的地板上。

曾经有一位篮球界的老前辈评价过，莫里斯的球打得很漂亮、合理，最重要的是莫里斯球品很好，打球很干净。所以在CBA球场上受到伤害的往往都是莫里斯，尽管他的自我保护意识强，但他在CBA的比赛中还是失去了五颗门牙。莫里斯的这次无心之失导致苏伟受伤，在几个回合过后，他抽空跑到场边请求苏伟原谅，两人击掌言和。就在那场比赛中，莫里斯的发挥全面至极，25分、8个篮板、7次抢断、3次助攻，外加2个盖帽，北京队取得了赛点。

第五场比赛，所有人都觉得北京队已经不用再费什么劲就可以把冠军拿到手。莫里斯也不例外，他是多么渴望在主场就夺得总冠军。

2015年3月17日，2014-2015赛季CBA联赛总决赛，北京首钢男篮对阵辽宁衡业男篮。图为北京队莫里斯在场边热身　刘平　摄影还有一个不为人知的原因就是，他的爱妻安德莉娅已经怀胎十月，即将临盆了。他也惦记着他即将出生的宝宝，担心孩子会提前出生，自己又不能陪在她们身边。但莫里斯不愿向任何人提起，他的性格如此，不希望自己的事情影响到什么。这时的他也是激动又兴奋的，他特地买了一瓶特大号的香槟，在赛前就偷偷放在了休息室里，他想在夺冠那一刻到来时，就像在NBA主场夺冠后的更衣室里一样，跟大家一起狂欢。

然而世事就是如此难以预料，心态失衡让北京队的战术打得简单，过于依赖老马和莫里斯也让北京队失去了更多的攻击点。北京队遗憾地错过了主场夺冠的良机，季后赛以来第一次，闵鹿蕾感到了一丝无助。但他没有批评任何人，他所做的只有鼓励、鼓励再鼓励。

来到乌鲁木齐的所有人，媒体记者、圈内人士，都有半决赛再次回到东莞时候的感觉，认为北京队错失良机，前景堪忧。

而第六场比赛一开始，人们便发现自己想错了。北京队把憋足了的劲儿全使了出来，新疆队的西热力江腰伤复发离场，北京队在上半场取得14分的领先优势。但之后情势急转直下，新疆队的防守掐断了北京队一次又一次的进攻。从领先到第四节被追平，北京队的气势一落千丈。所有人都屏住了呼吸，觉得这场比赛恐怕又要凶多吉少。

然而就在第四节，莫里斯突然发力了。他在进攻中以一个个精准无比的投篮和一记充满了霸气的扣篮，让新疆队无奈至极。此时的莫

2015年2月25日，2013-2014赛季CBA联赛半决赛，北京首钢男篮对阵广东宏远男篮。图为北京队莫里斯（白衣）投篮　　李志岩 摄影

里斯，忘记了铺天盖地的质疑声，忘记了即将临盆的爱妻，忘记了在之前一场比赛中受了伤还隐隐作痛的膝盖，他只知道这一刻他要把球投进去，他要让人们知道，一切无须辩解，只有得分，不断地得分。而莫里斯做到了，在那一刻，无比精准而漂亮的投篮征服了所有人，他在这场比赛中的果断真的配得上球队灵魂的字眼，这样的表现无可争议地得到总决赛的MVP。

北京队拿下CBA总冠军后，莫里斯结束一切活动后立即起程返美。莫里斯妻子的预产期是4月8日，没想到他刚回美国不到两天，儿子就等不及提前出生了。儿子降生后，莫里斯通过微博写道："2014年4月4日凌晨3点19分（美国时间），我的儿子出生了。我太高兴了，这是我人生中最美好的一周。"

如今的莫里斯享受着幸福的烦

2014年3月28日，2013-2014赛季CBA联赛总决赛，北京首钢男篮对阵新疆广汇男篮。图为北京队莫里斯（白衣）运球过人　刘平 摄影

北京男篮
Beijing Men's Basketball Team

恼，他说："我要开始训练了，这次练的不是篮球，而是如何去照顾孩子，这可不比打篮球简单。"莫里斯还透露，他和妻子已经为孩子选好了名字："哈里森，因为听起来很好听，而且我妻子也很喜欢这个名字。"

儿子的出生让莫里斯体会到前所未有的责任，他把儿子放进他的总决赛MVP奖杯里，告诉所有人他已经完成了人生中最重要的两件事。但人生不如意事十之八九，北京队和莫里斯都没有料到，一个更大的难题已经横在他们面前。

2014年10月，莫里斯如往年一样回到北京，这次回来他还带上了自己的妻子和儿子，他希望生活更完整，家庭生活与他的事业相伴。他夏天勤于练习，身材保持得不错，完全可以应对即将到来的联赛。但他没想到的是：他在球队中的角色将不得不发生改变——就在那时，联赛又出台了新规：为了让国内球员在比赛的关键时刻能够起到重要作用，联赛开始施行末节单外援的政策。这一规定对北京队来说影响巨大。

马布里和莫里斯一里一外配合默契，尽管他们的挡拆战术人尽皆知，但就是难以破解。然而如今最后一节最犀利的武器被卸载，让北京队一整个常规赛都难以适应。而为季后赛蓄力，为避免伤病，莫里斯再次出现常规赛阶段性的懈怠表现，这让他再次成为舆论焦点。但莫里斯依然故我，因为他太了解这支队伍在季后赛的张力，也看到了北京队在老马年迈的状况下很难取得常规赛的好成绩。只是莫里斯没有想到的是这个赛季不同以往：由于赛制的原因，莫里斯到了季后赛都迟迟没有发挥的空间。于是莫里斯只有依靠努力，甘愿做配角，把季后赛每一场比赛当中的每一次防守做好。进攻重心的转移不能说没让莫里斯感到失落，但他也只有无奈，因为关键时刻必须要有一个灵魂在场上，那必须是老马。

直到总决赛第三场，拥有主场之利的北京队在最后时刻为了把马布里留在场上以备进攻之需，而放弃了莫里斯的防守，结果哈德森比赛结束前才出手，让身高处于劣势的北京队防不胜防，遗憾地以1分失利。这场败仗让北京队在大比分上处于劣势，再输下去，北京队就会被对手夺到赛点。幸好在第四场比赛中，北京队发挥一贯的顽强作风，落后16分不放弃，王骁辉、孙悦、马布里相继发挥，把双方比分拉近，比赛的最后时刻，出现了与第三场类似的状况，但这一次，主教练闵鹿蕾改变了思路，把马布里撤下，换上了莫里斯。当韩德君的罚篮偏出之后，莫里斯奋力跃起，挽救了最致命的一个篮板，同样是一分，只是这次取胜的是北京队。

关键时刻一个小的改变取得截然不同的结果，莫里斯再次证明了自身的价值，他始终是联盟中难以抗衡的大个子。他观察比赛的能力、他在关键时刻所做的决断、他

2014年3月30日，2013-2014赛季CBA联赛总决赛后，北京首钢男篮莫里斯（蓝衣）荣获总决赛最有价值球员　刘平 摄影

出众的才华，都是很多球员难以企及的。

后来发生的事情至今让人记忆犹新，北京队用绝地反击的气势压住了对手，他们在最后两场比赛中继续顽强拼搏，再次取得了CBA的总冠军。在北京电视台总冠军的庆功晚会上，莫里斯谈笑风生，与队友们开着玩笑，他已经完完全全地融入这支球队，他爱这支球队。同时，他也在准备着，继续为这支队伍奉献自己的青春、天赋和激情。

曾几何时，莫里斯放弃了从高中直接跨越到NBA打球的捷径，而选择了读大学。如今莫里斯在中国CBA总决赛的舞台上用自己的好学、聪慧和诚实勇敢登上了职业的巅峰。

孙悦
——北京首钢男篮夺冠路上重要的拼图

龙培培

2015年3月22日，北京男篮历史上第三次捧得CBA联赛总冠军宝鼎，也成为近几个赛季以来第一次成功卫冕总冠军的球队。在获得总冠军的那个夜晚，更衣室里，孙悦和他所有的队友一样狂喜，叫着，闹着，他的情绪要比上个赛季更加释放。

能在出走CBA联赛九年后第一赛季回归就问鼎总冠军的人不多，而就在半年前，孙悦还因在国家队的糟糕表现而饱受舆论攻击。总冠军对于孙悦来说意义太多，他不仅证明了自己的价值，证明了自己的能力，还为他的职业生涯开启了一扇新的大门。而给他这个机会的，正是北京男篮。

奥神队改变了孙悦

1985年12月6日，孙悦出生在河北省沧州市的一个篮球之家。孙悦的父亲是名业余篮球运动员，母亲也曾入选过河北青年女篮队，但幼年时的孙悦却并没有因为父母的原因而对篮球产生兴趣，反倒是因为家乡沧州有着武术之乡的美誉而对学校的武术队心驰神往。

基因决定了孙悦和武术无缘，从父母那里遗传来的过人身高并不适合练习武术这个项目。直到后来，孙悦被父母送去地方体校，才真正地接触到了篮球训练。2000年，15岁的孙悦迎来他人生的第一次转机。那一年，北京奥神男篮和美洲风暴队在沧州有一场商业比赛，孙悦在体校的组织下前往观摩，就在那时奥神队相中了孙悦，为孙悦打开了通往职业篮球运动员的第一扇大门。

"当时的情况是，在省体校上学每年要交4000多块钱，这还不包括别的费用，而被奥神选中，不但分文不收，每月还能领到5000元工资。孙悦进入省体校是从初二读起，读到中专毕业需要五年，而他父母都是工薪阶层，比较一下，他们家还是让孙悦选择了奥神。"孙悦的启蒙教练、沧州市体校教练张国强说道。

刚进奥神队时，孙悦继续出任组织后卫，但是由于年龄和经验上的差距，他经常在比赛中出现失误，在球队进攻的组织环节也做得不甚理想。经过奥神队主帅的精心调教以及队友的帮助，尤其当时奥神队的主教练是美国教练，为孙悦灌输了很多美国篮球的理念，加之孙悦的理解能力很快，进步非常明显。

2002-2003赛季，17岁的孙悦第一次获得征战CBA联赛的机会。在当赛季联赛的首轮较量中，北京奥神男篮主场遭遇广东宏远男篮，结果在终场前六分钟尚落后对手13分的情况下，奥神队最终神奇地实现了逆转。尽管那场比赛中立下大功的是奥神队的两位外援，但刚满17岁的孙悦一亮相，就吸引了很多人的目光。菜鸟赛季里，孙悦场均得到3.6分1.8个篮板1.3次助攻，虽然这个数据并不算显眼，但是身高2.05米的孙悦已经成为了中国篮坛少见的高个子控球后卫。

奥神队的独特篮球理念影响了孙悦的篮球思想，这也为后来中国男篮主帅尤纳斯相中他、无论如何都要将他招入中国国家队埋下了伏笔，孙悦篮球事业的发展也因此得到改变。十运会预选赛孙悦代表河北省男篮参赛，赛后尤纳斯对这位2.05米高的后卫孙悦大加赞赏。

2004年，由于奥神俱乐部未能与中国篮协达成协议，拒绝让孙悦到国青队报到，奥神队因此遭到中国篮协开出的禁赛一年的最严厉处罚。2005年6月，中国男篮第二阶段集训名单公布，在主教练尤纳斯的再三坚持下，孙悦又一次进入国字号大名单，不过由于奥神俱乐

北京男篮
Beijing Men's Basketball Team

部仍未与中国篮协达成协议，俱乐部再次拒绝放行孙悦。经过中国篮协的不懈努力，6月23日，孙悦终于在广州与中国男篮大部队会合。但此次事件直接导致了CBA历史上的第一次俱乐部退赛事件的发生。

6月30日奥神俱乐部向中国篮协递交书面申请，放弃参加CBA联赛。而奥神与篮协的分歧主要在于涉外转会问题，按照篮协的相关规定"一旦运动员输送到国家队，俱乐部方面将失去对所送球员的涉外签约权，俱乐部的权益很难得到应有的保障。"奥神俱乐部则认为"北京奥神篮球俱乐部是纯粹的民营企业，运动员的培养完全依靠企业来支撑。北京奥神篮球俱乐部为培养优秀球员投入了大量资金，若按现行规定，俱乐部的投资难以收回，可能挫伤民营俱乐部投资培养优秀运动员的积极性，损害民企的合法权益，对国家、企业和中国篮球均无益处，这是大家都不愿看到的情况。"最终，篮协接受奥神俱乐部提出的退出CBA联赛的申请，从此之后，孙悦、张松涛等一批当时正处于事业上升期的年轻球员失去了在CBA联赛继续征战的机会，而这一离开就是九年。

失去了CBA联赛的参赛机会，奥神队转战美国。2005年10月，美国篮球协会宣布，北京奥神队在接下来的赛季正式加盟美国篮球联盟（ABA联赛），孙悦等人也开始了自己的ABA之旅。

有过国家队历练的孙悦进步很快，在ABA中也迅速大放异彩。2005年11月14日，北京奥神队在ABA联盟的首场常规赛中，以122比120险胜弗雷斯诺热浪队取得开门红，孙悦ABA处子战打了45分钟，虽然只有8分进账，但是他送出了10次助攻和3次抢断。2006年1月6日，孙悦砍下12分14个篮板12次助攻的三双成绩，同时送出8次盖帽4次抢断，帮助奥神队85比76击败ABA余震队，这也是孙悦在ABA的第一次三双表现。此后，在对阵橙郡俱乐部的比赛中，孙悦取下赛季个人最高的22分，并凭借出色表现，与队友黄海贝一起入选了ABA西部明星队，参加全明星赛。赛季结束，孙悦入选了ABA联赛2006年度最佳阵容第二队。

孙悦在ABA的表现也得到了美国篮球专家的肯定，在2006年的模拟选秀中，他被很多专家预测将

2010年3月21日，2010年成都国际篮球邀请赛，北京奥神男篮对阵西雅图登山家男篮。图为奥神队孙悦（红衣）突破上篮
全体育图片社 供图

2007年10月18日，2007年度NBA中国赛第二场比赛中，奥兰多魔术队对阵中国男篮明星队。图为中国男篮明星队队员孙悦（白衣）在比赛中 CFP 供图

被选中，在当年新秀水平整体不理想的条件下，甚至有专家认为孙悦有在首轮被选中的实力和可能性。但是20岁的孙悦最终决定退出当年选秀，继续留在ABA锻炼。

2007年3月14日，奥神队在ABA的常规赛结束后，孙悦在各方面都有了非常大的提高。在20场的比赛中，孙悦投篮命中率为45.5%，其中三分球命中率为29.4%，罚篮命中率70.7%，三项数据比过去一赛季均有了大幅提高。在场均39分钟的出场时间里，贡献13.5分10.5次助攻6个篮板2次盖帽1.9次抢断，尤其是在组织进攻方面，他的传球能力有了更进一步的提高，也更成熟稳定。

2007年4月28日，孙悦进入ABA联赛2007年度第一阵容，成为入选国外篮球联盟第一阵容的首位中国球员。

国家队成就了孙悦

2005年6月，20岁的孙悦被时任中国男篮主帅的尤纳斯看中，并要求中国篮协无论如何一定要把这个身高达到2.05米的高个控卫收入自己麾下。正是尤纳斯的坚持，才改变了孙悦整个职业生涯的轨迹，也正是多年的国家队经历，才开始让所有人记住孙悦这个球员，才让他日后进入到北京男篮选择内援的视野。

在入选国家队的头几年，孙悦在队中只是个年轻后卫，并不算绝对主力，但他在1号位上过人的身高臂展以及防守能力，还是得到了主教练尤纳斯的青睐，成为重点培养的对象。

2006年的日本世锦赛上，孙悦出战了全部六场比赛，场均13.5分钟，贡献1.3分、1.1次篮板、2次助攻，孙悦较好的传球意识也让他得到了NBA球探的认可。

2007年，孙悦决定去美国参加NBA选秀大会，但在此之前却因为主教练尤纳斯的一句中肯的"牢骚"而引起奥神俱乐部的不满，后者甚至扬言要与尤纳斯打官司。

2007年6月13日，在中国男篮一堂例行的媒体公开课后，许多记者就孙悦参加NBA选秀一事向尤纳斯提问，后者当时回答："我认为在中国队里具有NBA水平的球员是姚明，易建联也能算一个。至于孙悦，那要选上了并且获得一定的上场时间才能算。"同时，因为队内主力缺失为下一阶段热身赛带来诸多麻烦，老尤也发牢骚道："因为易建联不参加训练的事我们早就知道并做了准备，所以他不在不会有太大影响。但孙悦不同，我们并不知道他会中途离开，并且按之前的沟通他应该10日后回来，但现在他没有回来。"第二天，以"尤纳斯认为孙悦不够NBA水平"为主题的报道见诸各大媒体报端。奥神俱乐部认为尤纳斯此言是对孙悦的否定并对其造成了伤害。因此，俱乐部在当天正式发表声明，声称要追究尤纳斯的法律责任。后来，在中国篮协的出面解释以及调停下，这件事才不了了之。而尤纳斯的担忧并不是没有道理，他最害怕的就是

北京男篮
Beijing Men's Basketball Team

孙悦在NBA把板凳坐穿，失去更多的锻炼机会。

2008年，对于那一届中国男篮的所有队员来说，都是其篮球生涯中浓墨重彩的一笔，这其中也包括孙悦。北京奥运会是孙悦整个国家队生涯中最为出彩的一届奥运会，他在小组赛第二场中美大战上送给"魔兽"霍华德的那一记盖帽，更是得到了他日后湖人队队友科比的赞赏。

那场比赛，看台上不仅坐满了18000名来自世界各地的观众，还坐着中美两国的政要。比赛刚一开始，孙悦就快速进入状态，表现十分活跃。开局后中国队与美国队一直僵持，8分01秒孙悦在外线首先投中三分球，6分28秒又是他从基德手中断球，然后快攻上篮得分。第二节，孙悦再次在外线表现出杀伤力，他的一个三分球帮助中国队将比分追成29平。最经典的一幕发生在下半场，孙悦在防守端展现了自己的能力。第三节6分40秒时，孙悦成功盖掉了"魔兽"霍华德的上篮，让梦之队的灵魂人物科比也为之赞叹。

如果说赛前，科比还不知道这个即将在新赛季与自己穿上同样战袍站在NBA赛场上的年轻中国小伙子是谁，那这场比赛就是孙悦交给科比的一张最好的名片。

"孙悦是一个不错的球员，控制局面和防守都很不错，我还没见过他这么高的人可以盖霍华德的帽。"赛后科比对孙悦评价道，"我觉得他真的是一个非常有天赋的球员。他的表现给我留下的印象非常深刻。我觉得他有出色的身

2013年12月29日，2013-2014赛季CBA联赛常规赛，北京首钢男篮对阵山西汾酒男篮。图为北京队孙悦（白衣）和山西队队员（黄衣）比赛中
李志岩 摄影

高、力量，投篮手感相当不错，控球、视野和节奏都很好。他那么高的个子，居然控球还控得这么好。这一点真是有些让我感到惊讶。我在比赛当中一度测试过他，看看他带球左右转身摆脱的能力如何，结果发现他的表现还是不错的，所以我很喜欢这名未来的队友。"

北京奥运会上，中美大战只是孙悦让所有人记住他的一个开始，在后来中国队对阵西班牙、对阵德国和希腊的比赛中，他都有着令人惊艳的发挥。

防守是孙悦的特长，尤纳斯安排了他去防守每个对手中的箭头人物。从科比到诺维茨基，孙悦的防守贯穿了球场的四个位置，如果算上和美国队比赛时给霍华德的那个盖帽，北京奥运会上孙悦甚至完成了从1号位到5号位五个位置的防守。除此之外，在进攻端他也给了中国队最大的支持。先是首场比赛面对美国队首发出场两记三分球，接着是面对安哥拉的100%命中率，对德国一战他贡献了3次盖帽，战希腊又有6次助攻。

风光无限的2008年之后，2009年对于孙悦来说就好似多事之秋。先是被湖人裁员能力受到质疑，紧接着的偷笑门和绯闻让孙悦的公众形象大受影响，孙悦第一次体会到了成为众矢之的遭受非议的感觉。

2009年天津男篮亚锦赛，是

北京奥运会后中国男篮调整的一年，因为年轻主帅郭士强的上任以及姚明的退役，中国男篮在家门口溃败于伊朗，将亚洲冠军拱手送人。这本该是让所有中国篮球人深思并总结的时候，摄影记者们却用镜头捕捉到了非常不和谐的一幕。颁奖典礼上，孙悦、朱芳雨和杜锋等人站在亚军奖台上"不合时宜"地偷笑，和身旁神情落寞的易建联、王治郅等人形成鲜明的对比。就是这张照片，让孙悦等人成为众人口诛笔伐的对象。"不合时宜"的偷笑造成的负面形象还没洗脱，在国家队备战斯坦科维奇杯期间，孙悦的绯闻又成了那段时间各大媒体体育版争相报道的头条。

被NBA抛弃对孙悦的影响才刚刚开始，由于奥神队不再参加ABA联赛，孙悦等人在漫长的赛季里变成了无球可打的"闲人"。比赛强度不够、对手太弱、训练不系统，一系列的问题使得孙悦、张松涛等奥神球员的竞技状态出现了巨大的下滑。每年国家队集训初期，孙悦都得花大把的时间追赶队友们的状态。

2011年和2012年，孙悦也好，中国男篮也好，在武汉男篮亚锦赛和伦敦奥运会上，也算是涉险过关保住了颜面。但在2013年菲律宾男篮亚锦赛上，中国队终于用尽了所有的幸运，只保住了第五名的历史最差战绩。整个亚锦赛上，孙悦在运动战中只命中6次进球。

北京队拯救了孙悦

在离开CBA联赛9个赛季之后，孙悦带着巨大的争议重新回到了这片赛场，向他抛出橄榄枝、给他再一次证明自己的机会的正是北京男篮。如果说是奥神队发现了孙悦，国家队成就了孙悦，湖人队磨炼了孙悦，那当孙悦职业生涯跌入谷底岌岌可危的时候，挽救他的恰恰是北京队。

2013年全运会上，由于北京市体育局与奥神俱乐部之间几年前达成的一项协定，孙悦等多名奥神队员加盟北京男篮，代表北京市出战全运会的比赛。正是这次合作，成为日后北京队力邀孙悦等四名奥神队员加盟球队参加CBA联赛的一个契机。

选择孙悦和张松涛等人，对于北京队来说也是一次冒险，因为常年缺乏系统训练，这几名曾经的中国篮球希望之星竞技状态退步很快，以至于刚刚到队报到时，多名奥神队员一身的肥膘让主教练闵鹿蕾失望得直摇头。

"他们刚到的时候，从身材上看，除了孙悦和李伟，基本上就不像是个运动员，太胖了。一直就是跑啊，练啊，给他们找感觉。那时候看了亚锦赛我也担心啊，孙悦是个很有天赋的运动员，他有自己的想法。怎么合理运用他，怎么引导他融入球队也是关键的一项工作。我与他进行了很多沟通，从最开始的担心到后来能用好他，沟通很关键。"闵鹿蕾说。

当孙悦穿上印有"北京"字样的队服站在全运会赛场上时，摆在北京队面前的第一道困难，就是帮助孙悦找回进攻的自信和手感。菲律宾亚锦赛期间，孙悦代表国家队在九场比赛里出手42次，却仅投中七球，命中率只有16.7%。各种负面评价让孙悦内心产生了动摇，对于一个篮球运动员来说，失去了自信就等于失去了在机会到来的一瞬间把球投出手的勇气。全运会的前两战，孙悦在面对浙江队时7投1中，面对广东队时3投1中，手感依然冰冷。为他着急的不仅有北京媒体、北京球迷，还有球队，但主教练闵鹿蕾选择了用鼓励来帮助孙悦抛开压力，在尽量宽松的环境下给予孙悦最大程度的信任，而这份来自教练和队友的信任最终拯救了孙悦。

从小组赛第三场比赛开始，孙悦的状态就开始有明显的回升，连续几场比赛得到两位数的得分，回击了对于他进攻能力的各种质疑。直到全运会最后一战，孙悦贡献17分5个篮板5次助攻，他终于用数据昭示了自己将要开始触底反弹。

提问孙悦时，亚锦赛期间的低迷成了无法回避的问题，他甚至用到了"恐怖"来形容自己那段时间所遭遇的状态滑坡。孙悦说："亚锦赛的糟糕表现肯定对全运会有影响，自己之前比赛的感觉突然就没有了，这对于一个球员来讲是最恐怖的，所以这段时间自己也在积极地调整，努力走出这个低谷。教练的鼓励、队友的支持都给我很大的帮助，特别是闵指导很多时候都在鼓励我大胆进攻，包括手感不好的时候也在鼓励我，对我提升信心是一个非常大的帮助。"

全运会结束后，北京队积极与奥神队斡旋，最终达成了租借孙悦、张松涛等人一个赛季的短合

北京男篮
Beijing Men's Basketball Team

同,而正是这份合同真正地挽救了这一批球员的职业生涯。

2013年11月10日,北京队在乌鲁木齐的客场开始了自己新一个赛季的征程,并且迎来了开赛后的第一个五连胜开局。阔别CBA赛场九年的孙悦,在这五场胜利中为北京队贡献了自己的作用,也让外界对他的能力有了一个全新且客观的评价。

某著名篮球评论员这样评价孙悦:"看了孙悦回归CBA之后的前四场球,也许会产生如下错觉:如果不是北京队把孙悦弄回CBA,得让多少只看面相的女粉丝大失所望?如果李苏没因心梗去世,孙悦这颗蒙尘的明珠不就真因'老板争一口气'而埋没了?如果因伦敦奥运会上的拙劣表现就把孙悦一榔头给拍抑郁了,中国篮球不就真的损失了一位'仙道彰型'组织后卫?"

确实,开季四场球,孙悦用场均不到10次出手就拿下12.3分、5.3个篮板、3.0次助攻、2.3次盖帽和2.3次抢断的华丽数据证明了自己,其中两分球命中率66%,三分球命中率42.5%。作用之全面、临场发挥之稳定高效,让人完全看不出来这是一个近年因国际大赛上表现不佳而屡遭吐槽、还在职业或半职业联赛中打了几年野球的球员。主教练闵鹿蕾也对孙悦给予了很大的肯定,他表示:"一个球队就得有几个像老马、孙悦这样的球员才行,只有这样才能在硬仗里赢球。"

对于北京队来说,孙悦的加盟是最大的变化,而引人关注的看点则是孙悦能和马布里在赛场上擦出怎样的"火花"。闵鹿蕾说最希望这两人之间能有良好的化学反应,带动球队前进。虽然磨合时间不长,但可喜的是,赛季初的几场比赛两个人在场上配合得不错,并且互相欣赏对方,还对着镜头"互相吹捧"。孙悦在老马身边很好地扮演了球队第二核心的角色,在其他球员进攻受阻时候,他能够站出来得分,在对手外线发挥出色的时候,他又能帮助限制对手得分。

有了孙悦,37岁的马布里再也不用一个人运球、突破、投篮。首场比赛中,老马一次断球后直接把球交给了孙悦,然后自己跑到前场去找位置,两个人就像是合作了很久的队友。虽然这只是他们在一起配合的第一场联赛,但是却根本看不出他们之间有什么生疏。

"现在有孙悦、老马、学林,球队控球的点比以前多了,老马可以节省一些体力,全力去进攻。孙悦在攻防两端都很有优势,我们要把他用好,给他更多的空间,让他去发挥。"闵鹿蕾在点评到孙悦和马布里的配合时,也对球队的这个"新面孔"赞不绝口。

在这支面貌一新的队伍当中,孙悦一下子成为最耀眼的明星,风头甚至盖过了马布里。马布里在谈到与孙悦的话题时则大度地表示:"我很高兴能有年轻的控卫加入,当我们成为队友之后就没有所谓的'威胁'之说。我的目标是帮助他变得更好,因为终有一天他会接替我的位置,继续为北京男篮建立王朝。我们相信北京,我们所做所想,都是为了让北京队变得更强。"

然而,就在孙悦与老马之间越擦火花越多的时候,一个突然的变故给北京队新赛季的征程蒙上了所有人都始料未及的阴霾。

2013年11月27日上午,北京队像往常一样在首钢篮球中心进行赛前训练,当晚的对手是实力不容小觑的广东男篮,就在这样一场重要比赛之前,北京队却不得不对外宣布,球队的灵魂人物马布里因为在和八一队的比赛中膝关节受伤,要暂别赛场回美国接受手术治疗。

老马自加盟北京队开始,虽然也受过伤,但却从未在赛季中离开过球队。他的离队不仅要彻底改变北京队早已成形的打法,而且就算用最短的时间找来替补外援,北京队也要经历至少三场单外援作战的比赛,而且场场都是强敌。谁来接替老马成为这支球队的核心让全队军心不散,也是摆在北京队面前的重要课题。

比赛开始后,受伤的马布里坐在场地边,特别是在下半场对方开始换上双外援后,他和所有人一样都为比赛的结果捏一把汗。缺少了老马,北京队等于失去了一个稳定的得分点,这就需要北京队的其他球员承担更多的得分任务,从开局落后到上半场结束时的巨大领先,再到第三节一开始被对手将比分差距不断缩小,直至最后时刻3分险胜,北京队这场比赛的过程可谓充满戏剧性。能够最终获得胜利,北京队的球员们也是尽了最大的努力。作为场上最年长的球员,孙悦毅然决然地承担了领军的重任,本场比赛孙悦上场42分钟,得到15

分5个篮板4次抢断3次助攻。

"赛前就知道老马不打了，开始的时候就做好了艰苦战斗的准备，大家能撑到最后还是很开心的，能赢下这场比赛对我们的意义非常大。"赛后，孙悦对这场比赛来之不易的结果评价道。"我觉得每个队都会遇到各种各样的难题，我们遇到的困难也不是我们希望看到的，但是遇到了就要想办法积极去解决，然后每个人都尽力多贡献一些，争取把他不在的这个损失能弥补上多少就弥补多少。我们还有其他优秀的球员，我们是一个团队，团队篮球也是我们的建队方针，今天我们执行得不错。"

老马缺阵，北京队连续迎战来自广东的三支强队，对于球队的考验无比巨大。在击败东莞队，惜败广东之后，12月3日，坐镇主场的北京男篮在落后了对手三节之后，终于在第四节打出一波11比4的反击高潮，以119比114击败佛山队，笑到了最后。本场比赛，孙悦上场43分21秒，得到12分5个篮板3次抢断3次助攻，再一次在球队中扮演了核心角色。

回到休息室后，孙悦并没有像往常那样坐下喝水休息，而是趴在桌子上让队医给他按摩腰部。他告诉记者自己并不是在比赛中受伤了，而是腰肌劳损这样的老伤，赛后放松一下。

那场比赛，向来强调防守的北京队在前三节里让对手不断在外线得到分数，直到第四节才限制住对手外援，将局面控制住。不过，孙悦并不认为是北京队的防守出现问题，而是对手手感太好。孙悦说："我觉得今天我们大部分时间防守还是到位的，但是对手今天三分球整场比赛保持百分之五十的命中率以上，太高了，而且我们一直在不犯规的前提下也防到位了，是对手今天手感太好了。但是我们没有丧失信心，最后还是一分一分地把比分追了回来，坚持到了最后。"

说到最后一节的反击高潮，孙悦表示："正是因为我们前三节保持了一个防守的强度，才能让对手在第四节体力比我们差，命中率也在下降，我们才有了最后一节的反扑。我们上半场输了10分的时候我看了一眼记分牌，其实我当时真的

2014年3月8日，2013-2014赛季CBA联赛半决赛，北京首钢男篮客场对阵广东宏远男篮。图为广东队朱芳雨、外援艾维（白衣）防守北京队孙悦（蓝衣）
全体育图片社 供图

北京男篮
Beijing Men's Basketball Team

不觉得担心,因为我知道我们的优势在第四节。"

12月5日,马布里伤别北京队已经三轮比赛了,在这三战中,北京队没有出现群龙无首的混乱,反而更加激发了每个人的能量,大家都想在球队最困难的时候站出来做出更多的贡献,这其中也包括孙悦。在这一天,他背上行囊和队友们一起踏上了第一个没有老马的客场之旅。

对于孙悦来讲,客场击败辽宁队除了赢球的快乐外还有另一件事让他难忘,因为这一天是他在北京队度过的第一个生日。

12月6日,做客辽宁的北京男篮,在前三节比分落后的情况下,再次上演末节逆转的好戏,最终以106比99击败辽宁队,迎来马布里暂别球队后的两连胜,孙悦贡献11分6助攻3抢断,尤其是他在末节的爆发,使他成为本场比赛北京队最终获胜的功臣。

赛后和队友们欢声笑语地回到休息室,孙悦就看见助理教练张敬东拿着个蛋糕走了进来,而一旁全是一脸坏笑的队友,孙悦预感到自己"在劫难逃"。

张松涛用牙咬开蛋糕盒子上系着的带子,队友将寿星帽套在孙悦头上,没有打火机,大家象征性地就当是蛋糕上插满了生日蜡烛,由主教练闵鹿蕾带头全队一起为孙悦唱响生日歌,歌声结束,孙悦很配合地做了个对着空气吹蜡烛的动作,可刚刚抬起身子的他就被身后蓄谋已久的莫里斯压着脖子狠狠地拍在了蛋糕上,瞬间休息室里笑声四起,就看孙悦满脸奶油地站起来喊:"这谁啊?真是按着脖子拍啊!"而这一拍也让北京队有了球员过生日一定要蛋糕"洗脸"的保留节目。

大婚在北京队完成,生日也是在北京队度过,对孙悦来说,这个赛季很不一样。"今年比较不同,在联赛的过程中过生日有特别的感受,觉得自己在这里能感受到这个大家庭带来的温暖,今年比以往几年的生日过得都要开心。"孙悦说。

在老马离队的最初五场比赛中,北京队拿下其中四场,唯一输掉的一场比赛,也是仅仅以2分的差距不敌上赛季卫冕冠军广东队,表现可圈可点,而孙悦的发挥更是球队赢得胜利的关键。每场比赛之后,孙悦都会一边剪掉脚上的绷带,一边要技术统计看。他多次强调,自己在乎的并不是得分,而是自己一场比赛完成了多少个助攻,因为这项数据是证明他球队"发动机"作用的最好体现。

在击败吉林队后,孙悦对连续几场比赛全队都有多人上双的情况感到非常欣慰,就像主教练闵鹿蕾要求的那样,全队没有一个人逃避责任,无论攻防都勇于承担。"老马不在,我们人人都是老马,你拿镰刀我拿锄头,人人动手。每场比赛大家的得分都是比较平均的,大

2015年2月25日,2014-2015赛季CBA联赛半决赛,北京首钢男篮对阵广东宏远男篮。图为北京队孙悦肩伤发作　刘平 摄影

家经常都是六七个人得分上双，我觉得这就是大家分享球的结果，希望这种势头继续保持下去。"孙悦说道。

2014年春节休赛一结束，伤别赛场两个月的马布里终于要在北京队对阵山东队一战中复出。由于老马年纪较大，手术后恢复的情况不如预期理想，而北京队又要再次改变战术，种种变化使得北京队的表现在一段时间之内出现了一些动荡，老马的存在让已经习惯自己进攻的孙悦拿球机会变少了，他和队友们一起在逐渐重新适应与马布里并肩作战的感觉。

季后赛阶段，第一次体现出孙悦高昂身价的比赛就是半决赛第五场，被逼入绝境的北京队客场与广东队的最后一战。在3月11日主场与广东队的第四战上，孙悦的手感冰冷得就像万事达中心窗外的温度一样，在近38分钟的出场时间里他只得到2分8个篮板。回到休息室，一向乐天派的孙悦比以往任何一次失利之后都显得更加失落，半天都没能把情绪调整回来，看得出他对自己当晚的表现也感到非常不满。同时对他不满的还有主教练闵鹿蕾，他对孙悦的期待很高，不仅需要他承担组织重任，还需要孙悦去得分。

在无奈再次前往东莞的那天，闵鹿蕾把孙悦找来和他深刻地谈了一次话，作为队中的老队员，闵鹿蕾在大部分时间里对孙悦都是很"客气"的，但是那天，他给孙悦提出了一项要求他必须完成的任务。闵鹿蕾告诉孙悦，为了证明身价，他必须在和广东队的决战中得到至少20分。

或许是主教练的话刺激了孙悦，也或许是周围同伴身上弥漫着的"杀气"也感染到了自己，那一场京粤生死大战，孙悦真的豁出去了。抢断快攻、双手暴扣、远投三分，孙悦几乎用上了自己所有的得分手段。特别是在第四节一开始，孙悦接球直接出手三分球命中，将比分改写为86比69，帮助北京队牢牢占据了场上的主动。

19分5个篮板4次抢断3次助攻2个盖帽，孙悦用华丽的数据交上一份超水平的答卷，也完成了赛前教练布置给他的任务。赛后，回到休息室，主教练闵鹿蕾激动地胡噜着孙悦的头发，拍了拍他的脸"狠狠"地跟他说："今天这样儿的才是孙悦！"

而莫里斯也毫不吝啬对孙悦的称赞，"这一场我们也做出了调整，必须给朱彦西和孙悦大大的称赞，他们是我们赢球的理由。我和马布里只是做我们该做的，而孙悦站出来得了近20分，还有朱彦西精准的远投，这才是我们想达到的得分点均衡分布。"

如果说之前的一切都只是在为拿到至尊宝鼎做热身的话，那真正的考验随着北京队晋级总决赛也慢慢拉开了大幕。虽然孙悦代表中国男篮国家队出战过太多次大赛，也在NBA见识过真正的总决赛，但作为场上的主角和明星，这还是他的第一次。

3月26日，总决赛第四场比赛，面对巨大的主场压力，大比分上2比1领先的北京队不容有失，而在第三战中，孙悦的状态又出现滑坡，仅得到3分，令主教练大为不满。这场比赛一上来孙悦就投进了一个三分，不过在随后的时间里以身高臂展和弹跳见长的他居然连吃了两个大帽，这也让通常都是自己盖别人的孙悦有些懊恼。

下半场比赛，进攻端手感不好的孙悦决心从防守做起找感觉，给对手制造麻烦的同时自己也得到了得分机会，第三节还剩五分钟的时候，孙悦一口气就罚了6个球。而在节末，新疆队把比分追到只差10分时，杨敬敏已经杀到篮下，如果这球打进形势将会对北京队非常不利，就看孙悦一个箭步跟上来，结结实实给了对方一个大帽，瓦解了新疆队的反击高潮。

第四节比赛还有3分22秒时，北京队在一次进攻中只剩下最后一秒，孙悦接球转身出手，压哨三分命中，整个万事达中心瞬间沸腾了。白热化的最后一分钟，孙悦再次果断出手投进三分，帮助北京队以89比80领先，就连场边的央视解说员都不禁赞叹道："孙悦投进了自己职业生涯迄今为止最重要的两记三分球。"正是这两记金子般的三分球帮助北京队锁定了胜局，也帮助北京队朝着第二个总冠军又迈近了一步。努力、全面、关键，这才是北京队最需要的孙悦。

正如闵鹿蕾所言，孙悦是个有才华、有天赋也很有想法的球员，有时候孙悦的想法能够给球队带来很多很好的建议，但有些时候 他的想法却会制造一些小的摩擦。而当球员之间出现摩擦时，闵鹿蕾选择让球员自己来解决问题，这种高度信任且宽松的管理方式，正是孙

2013年12月13日,2013-2014赛季CBA联赛常规赛,北京首钢男篮对阵浙江稠州银行男篮。图为北京队孙悦(白衣)带球过人　李志岩 摄影

北京男篮
Beijing Men's Basketball Team

悦能够在北京队发挥出自己特长的关键。

总决赛第三场比赛，北京队没能如愿在家门口乘胜追击，意外负于对手。赛后回到休息室，孙悦抱怨道："说简单点就是自己打得不好，对方打得不错。说复杂点就是进攻上我们自己投篮不进，打得太单调，球转移得不好，然后有些球员在场上一直在进攻，有的球员连球都摸不到，这个是我们回去要解决的。"言外之意是他认为自己拿球进攻的机会不够。

孙悦的言论在赛后经媒体报道大肆传播，闵鹿蕾在看到相关的报道后认为孙悦说这样的话会影响队内团结。他首先找来了孙悦，批评他不该在总决赛这样的关键时刻对媒体说这种话，同时也告诉孙悦，如果说比赛就是攻碉堡，那老马就是拿着炸药包往上冲的人，北京队需要老马这么做，他有开火权，有了机会队友就必须把球传给老马，这是北京队的策略。而至于战术，老马一人能够吸引对方多人防守，这时北京队其他队员就出现了空当，把球投进就成了其他每个人的任务。

闵鹿蕾还跟孙悦说："谁多拿球谁少拿球，这是你和老马之间的问题，你俩自己商量着解决。"于是就有了后来在训练中，孙悦和马布里站在场地边互相沟通意见协商的情景。而这种私底下单独解决的方式，也让球员和球员之间、球员和教练员之间出现的问题以最简单、最快速的效果得以化解。

3月30日，对于北京队的每个人来说都是永生难忘的一天，对于孙悦更是如此。在经过48分钟苦战之后，北京队再没给新疆队留下任何机会，强势击败对手客场夺冠。孙悦在这场比赛中的表现一如既往地稳定，尤其是在技术台出现暂停错误，北京队一个三分远投被判无效全队情绪出现波动的情况下，他的远投再次帮助球队稳定住局面，奠定了后来的胜利。

回到休息室，孙悦是最快恢复"淡定"的人。在回忆本赛季的夺冠历程时，孙悦依然对球队所经历的种种波折记忆犹新："今年遇到的困难很多，全队都是咬牙坚持。包括赛季前和球队的磨合，我和老马之间的磨合，老马受伤做手术换新外援后的磨合，他回来之后再重新融入球队，这是非常艰难的过程。这个球队能形成一个有效整体靠的就是在场上形成的默契，我们从来没有想过放弃，心里一直有这样的信念。赛季初制定目标想去完成，没有一个人想过不完成目标就算了，这是我们今年坚持到最后的最大原因。"

从在奥神队出道，再到在北京队夺冠，十几年来孙悦的经历太过戏剧化，有令人唏嘘的，也有让人羡慕的。能在职业生涯中得到总冠军殊荣的球员只是这个庞大群体当中极少的一部分，而能在阔别联赛九个赛季后，第一次回归就获得总冠军的也只有孙悦、张松涛、李

北京队孙悦赛前在场边热身　全体育图片社　供图

2014年4月1日，北京首钢男篮夺冠凯旋。图为北京队孙悦在首都机场给球迷签名　全体育图片社　供图

伟、黄海贝这几个奥神队的球员。

"我觉得这个赛季对我来说最大的收获就是心态，包括现在我就算拿了冠军反应也还好，我觉得心态非常重要，起伏的时候会很影响我的发挥，如果我需要有平稳的状态就一定要调整自己的心态，无论开心还是不开心，有压力还是没压力，尽量把自己的心态保持平和，有利于我自己的事业。"回顾这有些坎坷、有些梦幻的一个赛季，经历过大起大落的孙悦平静地说道。

组织后卫这个位置一直以来都是北京队的短板，而作为1号位的孙悦，不仅拥有超过两米的身高优势，其广阔的传球视野和兼具1号位、2号位甚至3号位能力的打法，使得他的加盟立刻补强了北京队的外线。孙悦并非典型意义上的传统后卫，他的风格特点更接近国际篮球的最新潮流，当他在场上时，北京队通常在五个位置上都有一名身高超过2米的球员，有时侯甚至可以模糊位置，每个人都可以在攻防两端发挥出更多的作用，更加丰富了球队的进攻手段。

对于孙悦等人的使用，最有心得的就是主教练闵鹿蕾，他肯定了孙悦等人在球队攻防两端起到的巨大作用，同时闵鹿蕾也非常客观地表示："首先一点，是北京队造就了他们，他们在北京这座城市生活，在北京队打球，在这里拿到了总冠军，是北京队造就了他们，反过来才能说是他们给了球队以帮助。在来北京队之前，他们已经离开联赛很久了，很长时间没有系统训练和比赛。包括孙悦在亚锦赛上的发挥也不好，状态很低迷。到了

2015年2月25日，2014-2015赛季CBA联赛半决赛，北京首钢男篮对阵广东宏远男篮。图为孙悦和外援马布里在场上交流　刘平 摄影

北京队后给他们信任，给他们充分而宽松的环境，他们也回报以刻苦的训练。另外，北京这座城市给他们的这个平台机会非常难得，他们应该正确认识这一点。我们拿到了总冠军，我们是一支非常团结的球队，我们球队的氛围，就是去包容每一名球员，让他们有家的感觉，这个城市的地域性就决定了这个球队的包容性。"

不脱掉这身蓝白球衣的孙悦

2014年夏天，在以奥神队租借球员的身份帮助北京男篮拿到队史上的第二个总冠军后，孙悦、张松涛等四名奥神球员新赛季的归属问题成了京城球迷最关心的事情。经过多轮谈判，最终北京首钢篮球俱乐部以5000万元的天价完成了这几名奥神球员的转会，并与孙悦签下了年薪700万元的五年长期合同。至此，孙悦的归属问题尘埃落定，成为了名正言顺的北京男篮的一员。

然而，高额年薪给孙悦带来的却未必都是好事，因为李学林的离队，后卫线上孙悦需要承担起更多的责任，尤其是在防守端，老马因为承担着更为重要的进攻职责，孙悦的防守就显得尤其重要。擅长防守的他，在夏天的集训中主动找到主教练闵鹿蕾，表达了自己想在新赛季中更多地承担防守对方重点队员的愿望。

联赛开始后，孙悦的状态并不算好，他的进攻一直迟迟未能打开，使得他的个人数据显得并不像之前一个赛季那样华丽，很多球迷，尤其是主队球迷开始对他的能力产生质疑。

12月5日，北京男篮坐镇主场，迎战开赛之后未尝败绩的辽宁队。作为卫冕冠军，外界对北京队能否成为第一支狙击辽宁队的球队进行了各种讨论，但在前三节确立

北京男篮
Beijing Men's Basketball Team

了较大领先优势的情况下，北京队却意外地在末节被对手打出反击高潮最终惨遭逆转。原本对结果非常乐观的京城球迷一下子爆发了，对于本场比赛仅得到9分3次助攻3记盖帽的孙悦，一位阿姨级的铁杆粉丝赛后在球员退场通道的上方对着孙悦不客气地喊道："你打的是什么？懒懒散散的！你拿多少钱？你努力了吗？"

一向"心大"的孙悦无论在客场时怎样被哄、被讽刺都可以不理不睬，但在自己的主场遭遇球迷的严厉指责让他心里非常难受，回到更衣室后的孙悦闷闷不乐，但却不想为自己做出辩解。而在赛后发布会上，主教练闵鹿蕾却肯定了孙悦在防守端的表现，认为他已经尽己所能地去盯防对方重点人了。

赛季中，记者有一次在采访孙悦时问他："很多球迷只看重你的得分和助攻，却忽视了数据上体现不出来的你在防守端起到的重要作用，面对这些球迷的质疑，自己会不会觉得特别委屈？"孙悦苦笑着淡淡地回应道："我已经过了这么在意别人怎么评价我的年纪了。"

有人说，北京男篮最会扮猪吃老虎，因为两个赛季北京队都是以常规赛第四名的身份击败排名第一的球队拿到的总冠军。这种说法不无道理，但是能够做到以下克上北京队凭借的是高人一等的实力和更加老到的经验。

经历过太多大场面的孙悦就是北京队中最会打季后赛的球员之一，整个常规赛，他都在和队友们一起寻找外援规则改变后最适合北京队的打法。而在兼顾防守对方重点人的同时，孙悦也在积极地调整着自己在进攻端的手感。

季后赛首轮，孙悦外线火力全开，人们又看到了那个无所不能的"孙大圣"。回击某些球迷恶意攻击的最好办法，就是帮助球队获得胜利继续前进，孙悦做到了。而在半决赛对阵广东队的系列赛中，孙悦成功防守住对方强援拜纳姆，把广东队最引以为傲的"联拜组合"之间的配合切断，让广东队两个最强火力点各自为战，为北京队的最终晋级起到了至关重要的作用。

总决赛首场比赛，孙悦的外线远投有如神助，一次次的空心入篮让现场的球迷气急败坏，干扰声在本溪体育馆的看台上此起彼伏。不过，这样的干扰丝毫没有妨碍孙悦的表现，越是对他的否定越是激发了他对胜利的渴望。

直到以4比2的总比分击败辽宁队获得队史上的第三个总冠军后，孙悦才在接受采访时笑称，自己的季后赛经历就像玩游戏打怪一样，吉林队的琼斯是小怪，广东队的拜纳姆是大BOSS，而到了辽宁队的哈德森时，则是整个游戏的终极BOSS，连续防守三位联赛中进攻效率最高的超级外援，孙悦不仅完成了自己的任务，而且完成得还很漂亮。

在获得总冠军的那个夜晚，他的情绪得到了更大的释放。当着众多媒体的面，孙悦动情地表达着自己对北京男篮这个团结集体的热爱。"这个赛季我觉得自己给自己的压力太大了，包括在队里角色的转换，给了自己很多心理上的负担，但是队友和教练一直都很信任我，帮助我。对他们我没有什么更多的感谢的话可说了，一切的言语都不足以形容我对这个集体的爱。"

孙悦激动地说："我到了这个集体之后真的是迅速地融为这个集体的一部分，这个冠军让我觉得我跟北京队是分不开的，永远联系在了一起。也让我觉得自己当初的决定是对的，我没有离开北京队，留在这里，和我的兄弟们一起又拿到了一个总冠军。只要还站在篮球场上，我就会一直和兄弟们一起，不会再脱掉这身蓝白色球衣了。"

2014年1月24日，2013-2014赛季CBA联赛常规赛，北京首钢男篮对阵辽宁衡业男篮。图为北京队孙悦（白衣）带球过人
李志岩 摄影

众擎易举 共铸辉煌
——北京首钢男篮队友扫描

陈嘉堃

马布里、莫里斯、孙悦……这些名字为广大北京球迷耳熟能详。的确，他们在球场上的不俗表现让京城球迷啧啧称道，他们为球队"砍"下的得分让对手望尘莫及，他们在北京队的历史上书写了浓墨重彩的一笔。但是，正如篮球运动讲求配合一样，一支球队取得的辉煌和荣耀也离不开其他队友的配合，他们也是这支球队的明星，这支球队的骄傲。

北京男篮
Beijing Men's Basketball Team

不在场上依然是队长：陈磊主动请缨防住朱芳雨

他是北京队夺冠时队中效力时间最长的球员，他是场上队长。原来大家都喜欢叫他大白，因为他的皮肤白。现在，更多的队友更愿意叫他"磊哥"，因为，除了马布里，他已经是北京队中年龄最大的球员——12号陈磊。

在比赛中，陈磊总是被主帅闵鹿蕾委以防守对方头号得分手的重任。2011年12月21日CBA第14轮，北京主场86比79战胜山东金狮。本场比赛陈磊出战29.4分钟贡献16分，使自己篮球生涯命中三分球总数达到720个，超越张云松成为北京队史上三分球命中最多的球员。2012年2月12日，在与上海队的比赛中，陈磊贡献5分1个篮板1次助攻，职业生涯总得分超过5000分，成为北京男篮队史上继焦健和巴特尔之后的第三位5000分先生。

尽管由于年龄较大，陈磊出场时间在不断缩减，但他队长的作用是不会减弱的，只要球队需要，他就挺身而出，陈磊就是这样一个人。半决赛最后一场，他主动请缨，防守朱芳雨，成了闵鹿蕾手中的奇兵。

2013-2014赛季，陈磊只得到了16次出场机会，场均8分钟。每次在场边看比赛，都有想冲上去打球的冲动。他不喜欢失败，看着自己的队友没能在五棵松体育馆赢下广东队，将比赛带到了第5场，他的心里比谁都着急，因为，他能够获得冠军的次

2014年3月23日，2013-2014赛季CBA联赛总决赛，北京首钢男篮对阵新疆广汇男篮。图为北京队陈磊（白衣）在比赛中 CFP 供图

数已经越来越少了。

在主场输给广东队后，闵鹿蕾一夜没有睡好，他在考虑如何做出应变才能赢球，这时，陈磊给他发去了一条短信"闵指导，能让我明天防守朱芳雨吗？我对他熟悉，我有经验，我有信心"。闵鹿蕾随后回了他一条"做好准备吧"。就是这样，陈磊成了北京队的奇兵，前三节只让朱芳雨拿到1分，"他真像个狗皮膏药一样贴着，没有陈磊，我们进不了总决赛。"孙悦对于陈磊赞不绝口。闵鹿蕾也说："要想让别人相信你，就必须要证明自己。"陈磊做到了。

31岁的陈磊2013-2014赛季场均只有8分16秒的出场时间，场均也只能贡献4.1分。但他并没有因此而放松对自己的要求，仍然保持了一个职业球员应有的职业素养。每次比赛结束后，他都会前往力量房练上半个小时，以保持竞技状态。加练对陈磊而言，已经成为习惯，不管他有没有获得出场时间。作为队长，他为北京队的球员树立了非常好的榜样。

最近几个赛季，陈磊也享受着队里其他人都没有的待遇——走训。在此之前，只有巴特尔可以在训练和比赛结束后回家，而陈磊成为了北京队的第二人。"我家离得比较近，就在石景山附近。"说到自己的特殊待遇，陈磊说："其实也没有什么，随着篮球的发展，管理也越来越人性化了。"在陈磊看来，现在的篮球已经步入职业化，就需要在加强队伍管理的同时，把球员各个方面的关系处理好，"尤其是家庭的关系，如果处理好了，无论对球员的职业生涯也好，还是对球员的家庭来讲，都有促进的作用。"

陈磊有两个可爱的女儿，她们成了他的精神寄托。他说："在外打球那么长时间了，说实话，孩子真成了我精神上的一种寄托。另外还有我的家人、我的妻子，他们一直在背后默默地支持我，对我经常在外面打比赛也很理解，真的很不容易。"

在2014-2015赛季中，虽然陈磊的上场时间再度压缩，但球迷们没有忘记他。2015年1月14日是陈磊32岁生日，在比赛现场有特别环节为坚守北京男篮15年的陈磊庆生，场内场外数万名球迷向"老队长"致敬。自2000年加入北京男篮以来，陈磊在球场上永不言弃的精神给北京球迷留下了深刻的印象，无论何时，作为队长的他永远都为球队的胜利全力以赴。正因为如此，北京球迷平日愿意用"老队长"来亲切地称呼陈磊。CBA的指定赞助商TCL在微博和贴吧发起的"老队长，生日快乐"的活动，引来全国数万名球迷留言，大家一同为陈磊的生日献上最诚挚的祝福。

2014年3月13日，2013-2014赛季CBA联赛半决赛，北京首钢男篮客场对阵广东宏远男篮。图为北京队陈磊（蓝衣）防守广东队朱芳雨（白衣） CFP 供图

北京男篮
Beijing Men's Basketball Team

李学林：季后赛获"重生"

李学林出生在中国宝岛台湾最南端的屏东县，家里除了父母以外，还有一个妹妹。李学林一到台北打球，父母就赶过去看儿子比赛，而台北离李学林的家很远，于是李学林就在台北买了一处房子，让家人到台北后能有落脚处。逐渐地，李学林习惯了奔波在外的生活。

在效力CBA之前，李学林在亚洲就已小有名气。他也是中国台湾的主力控球后卫，经历过亚锦赛、亚运会等多项比赛。李学林在中国台湾有很多粉丝，在屏东上高中时就有很多人称他为"台北艾弗森"。他在场上比赛时，速度快，擅长策动快攻，有很强的远距离投射能力。后来，李学林到台北市立体育学院上大学，毕业后效力于台北超级篮球联赛裕隆恐龙篮球队，曾帮助裕隆杀进总决赛，一举夺取总冠军。

从宝岛台湾来到祖国大陆，台北"灵猫"李学林在北京队效力了四个赛季。2013-2014赛季可以说是他所经历困难最大、波折最多的一个赛季。两个赛季，李学林一直受到外界的质疑，2013年亚锦赛上，他还扭伤了膝盖。同样，李学林在北京队的上场时间也被一压再压，这位CBA总决赛MVP在常规赛期间，沦为了球队的边缘人物。但是随着季后赛的到来，李学林像是换了一个人一样，让人们重新看到了总决赛MVP的风采。

北京队季后赛的首轮对手是浙江广厦队，在林志杰因伤"报销"之后，外援吉布森几乎完全揽下了球队在进攻端的任务。因此，防住吉布森就等于掐住了广厦队的命脉，闵鹿蕾将这个重要任务交给了李学林。事实证明，李学林对吉布森的防守还是相当成功的。

李学林承认吉布森的能力确实很强，他道出了自己的方法："限制他得分其实不容易，就是要让他在关键的时候不十分顺利，全场压迫他，打乱他的节奏。"虽然李学林常规赛期间很少出场，但他一直在做着上场的准备，对自己并未放松训练要求，平时无论是竞技状态还是心态都保持得很好。

打完与广厦队的系列赛后，李学林重新找回了队中的位置，上场时间也大幅度增加。半决赛打广东队，李学林场场出场，很好地完成了教练布置的任务。打进总决赛，李学林的任务就是防守常规赛最佳外援哈德森。特别是在北京队夺得赛点的那场比赛，李学林堪称是打破瓶颈的关键先生，他不但防守端困死了哈德森，而且在进攻端他更是重新展示出2012年北京队首次夺冠时的巅峰状态。那场比赛，李学林第二节刚一上场就用一次突破一打三。当时，李学林带球快攻，面对新疆队三人包夹防守，李学林不但没有等待队友上来支援，反而是抱着球直冲篮下。尽管这次进攻没有得分，但是却直接造成对手犯规，而且他敢打敢拼的球风让球迷们仿佛"穿越"回了2012年总决赛。第二节比赛进行到5分20秒时，李学林在45度三分线上持球准备进攻，当时防守李学林的是张庆鹏。一个向右的假动作虚晃之后，李学林一个箭步从左侧底线突破至篮下，他赶在唐正东从右侧协防之前，轻松投篮成功。得到两分之后，李学林在回防时兴奋地连续用右手捶胸，这完全是信心爆棚的表现。李学林本场比赛绝对是杀气十

2014年3月13日，2013-2014赛季CBA联赛半决赛，北京首钢男篮客场对阵广东宏远男篮。图为北京队李学林（蓝衣）运球突破
刘平 摄影

足，上半场，身高最矮的李学林一共抢下了6个篮板球，是两队的篮板王，而且这其中包括了2个进攻篮板。正是因为李学林的拼劲，北京队一举冲破了得分瓶颈，一度将分差扩大至10分以上。

就是凭借着一个"缠"字，李学林让哈德森前三节打得很是别扭，总是找不到得分感觉。前三节时间里，哈德森两分球9投4中，三分球4投1中，得到了12分，而且三节时间里还有三次失误，新疆队也受此影响以60比69落后。尽管哈德森末节大爆发，但是他前三节的表现实在太差了，这也让新疆队最终落败。

随北京队再度收获总冠军，李学林坦言这一次的感受是不一样的。"今年我的过程起起伏伏，很多人对我有质疑，我没有放弃一直在坚持。我一直在准备，我知道到最后一刻必须要站出来，到季后赛通过防守帮助球队拿下胜利，一步步冲进总决赛，拿下这次总冠军对我来说意义重大。"

长时间坐在板凳席上，李学林也从来没有怀疑过自己。"一个职业球员最重要的就是心态，维持自己的体能和竞技状态是我们的工作，我们不能放弃，一定要等待机会。"学林说，"我告诉自己关键在季后赛，绝对不能因为过程中某些不如意而影响到自己。当拿下总冠军那一刻我瞬间落泪了，因为这个过程对我的一生都很重大。"两年前夺冠时，李学林并没有哭，而这一次他流下了很多的泪水，个中滋味只有他最清楚。

赛场上的李学林感情丰富，而生活中李学林非常阳光。和他接触的人都能感到亲切与舒服。作为南方人，他在来北京之前不清楚什么叫"寒冷"，这样的变化和寒冷的天气让李学林感到很"爽"。李学林笑着说："的确很冷，以前从没经历过这么冷的天气，手都快被冻掉了。"

李学林给人印象最深刻的就是爱笑。他的笑容不仅展露在球场，在哪里都可见到。他笑着说："哈哈，笑是我的风格，打球就要享受快乐，在比赛中寻找快乐，我也希望这种快乐能感染队友，这样大家就更能投入到比赛之中。吃惯中国台湾小吃的李学林来到大陆又爱上了北方小吃，他笑着说："跟队友们吃到不少新东西，感觉蛮好，不过甲鱼汤还是不敢喝，看着那个甲鱼趴在碗里，有些害怕。"

2014年1月24日，2013-2014赛季CBA联赛常规赛，北京首钢男篮对阵辽宁衡业男篮。图为北京队李学林（白衣）运球突破　李志岩　摄影

北京男篮
Beijing Men's Basketball Team

吉喆：挨骂最多 出场最多

1986年10月14日，吉喆出生在辽宁省沈阳一个普通家庭，父母和体育圈没有交集，只有母亲业余打过排球。小时候的吉喆也没有显露出多少体育天赋，又矮又胖，上初一的时候才1米7。吉喆日后在体形方面变化很大，以至于中学同学后来在电视上看见他都不大敢认。吉喆的学习成绩不错，尤其是英语说得挺好，他和家人都没有想过，自己以后会吃篮球这碗饭。

在吉喆上初三这年，个子一下子蹿到1米93，于是他进入了沈阳市体校，在15岁这年开始接受专业训练。吉喆一直没有中断学业，他大学去了东北大学，一边参加全国大学生超级联赛，一边继续大学学业。凭借在耐克训练营中的出色表现，吉喆得到了参加2006年世界篮球峰会的机会。这个机会来之不易，按照惯例，每一年只有一名中国大陆球员可以参加。王治郅是第一个，他在1996年就被选中。之后是姚明和易建联，再往后就是吉喆。

2007年，籍贯沈阳的吉喆被辽宁队租借至北京队。对于一名之前从没打过CBA的彻头彻尾的新人，在北京队阵中，主教练闵鹿蕾骂得最多的就是他了。闵帅曾这样解释："马布里那么好我不能骂，莫里斯也不能骂，队长陈磊年龄大了也骂不了了。但教练员在场上面临很大压力，需要找个出口，所以我就把火发到吉喆身上了。"

吉喆觉得闵鹿蕾"骂"自己其实是对自己的一种爱护。"骂我是因为我在场上犯错最多。我很感谢他，是他让我有球打。"在2013-2014赛季季后赛中，吉喆保持全勤，出战15场，场均7.47分，居全队第四高，场均5.93个篮板，排名球队第二。

单从数据看，吉喆的"关键"作用似乎并不明显，尤其是总决赛期间，他表现最好的一场，也就是第五战，虽砍下9分、14个篮板、2次抢断，却未能换回一胜。但在北京队晋级总决赛的路上，吉喆发挥了关键作用。作为场上的大前锋，吉喆是一名移动速度很快的内线球员。防守能力优秀，回防拦截能力较强，有一定的外线投篮能力。在2011-2012赛季季后赛与浙江广厦的首轮第二战，他拿下12分、9个篮板、5次助攻。第三战他同样表现稳定，10投4中得到11分，以及全队最高的14个篮板，外加4次抢断，力保北京队连扳两局，拿到赛点。

在这两个赛季，经历过"换吉喆"的风波后，吉喆成熟了不少。吉喆承认自己没有以前打球的那份青涩了，在场上不服天不服地、谁都不放在眼里的感觉没有了。经过这些事情后，吉喆让自己沉淀下来，想得也多了，看得也多了，人也沉稳下来了。

在2013-2014赛季，吉喆经历过起伏。有段时间投也投不进，防也防不成，各种失误，只能自己调整。"最大的敌人就是我自己，

2014年11月28日，2014-2015赛季CBA联赛常规赛，北京首钢男篮对阵重庆翔龙男篮。图为北京队吉喆完成扣篮后
全体育图片社 供图

只有把自己打败了，让自己沉下心来，才能获得这份解放。"吉喆明白其中的道理，也做到了。

"闵指导骂我骂得最狠，但让我打得最多。当教练不理你了，就代表他不再器重你了。所以还是希望他多骂我吧，让我接着打球就行。"吉喆笑着说，"别的不说了，为了这个总冠军，什么都值了。"

吉喆小时候测骨龄，预计会长得比较高，所以一开始练的是内线，但后来身高没长够，只长到2米02，打内线就有点偏矮了。因为"摇手指事件"（编者注：2012年12月9日，在北京首钢队主场与青岛双星队的比赛中，北京球员吉喆在面对麦蒂的封盖命中3分后，冲着麦蒂做出了摇手指的动作。而后者则毫不客气故意肘击吉喆，付出了被判技术犯规的代价），吉喆成为麦蒂球迷的"公敌"。吉喆感

受到了压力,也经历了低潮,但他最终挺了过来。"有些事发生了不一定是坏事,"吉喆说,"对我来说既然它已经发生了,就只能选择去面对,去承担起来,像一个战士那样去战斗。"

在北京队三次总决赛的经历中,一共进行了十七场比赛,除了马布里和莫里斯打满了所有比赛外,本土球员中只有翟晓川和吉喆打满了这全部的十七场球,吉喆在队伍中的作用不言而喻。

2014年3月26日,2013-2014赛季CBA联赛总决赛,北京首钢男篮对阵新疆广汇男篮。图为新疆队苏伟(蓝衣)和北京队吉喆(白衣)拼抢中　　CFP 供图

北京男篮
Beijing Men's Basketball Team

翟晓川：打球的感觉倍儿爽

2013-2014赛季，北京队主场的DJ（注：流行音乐节目主持人）为每名球员都制作了专属进球音乐，翟晓川的音乐是2014年春晚上火起来的歌曲《倍儿爽》。这首歌和翟晓川的打球风格十分契合，拼劲十足，不惜体力。就是这样一个全情投入的翟晓川，曾在2013年全运会热身时扣碎篮板。

2013年4月，第十二届全运会男篮预赛重庆铜梁赛区如期进行。在北京队与山东队比赛前热身时发生了一个意外，翟晓川将篮板扣碎，比赛被迫推迟。

在赛前的跑篮热身中，北京队的队员显得非常兴奋，不管是谁都想肆虐篮筐一把。一个接一个的扣篮也引得现场球迷阵阵欢呼。就在这时，意外发生了。陈旧的篮筐无法承受如此长时间、大力量的冲击。轮到翟晓川时，他的一个双手扣篮将篮板扣碎，现场一片哗然。随后，两队的队员均返回更衣室休息。篮板破碎迫使比赛推迟，所幸翟晓川没有因此受伤。

翟晓川技术比较全面，能里能外。2米05的他在内线作风比较硬朗，喜欢以扣篮攻击篮筐。虽然是内线的身高，但翟晓川有一些小前锋的细腻技术，同时能投三分球，内外线均拥有很不错的进攻能力。翟晓川的防守态度非常好，积极、凶悍、不惜体力，拼劲足，前场篮板能力强。

2013年11月20日，2013-2014赛季CBA联赛常规赛，北京首钢男篮对阵江苏南钢男篮。图为北京队翟晓川扣篮　刘平 摄影

翟晓川还是球队中人气最高，最受球迷欢迎的队员，球迷表示看翟晓川打球就是这种感觉："爽！"

翟晓川的起点很高，在个人的第二场CBA比赛中，投中压哨绝杀，自此一战成名。个人的第一个赛季，就随北京队夺取CBA总冠军，随后又进入国家队，翟晓川可谓是一帆风顺。2013-2014赛季，孙悦加盟北京后，与两位外援分担了球队的大部分球权，随着上场时间与持球进攻机会的减少，翟晓川的角色定位逐渐工兵化。"我的任务就是抢篮板"翟晓川对自己的定位很明确，因为这正是他的专长。还在青年队的时候，翟晓川每天必练科目就是顶抢篮板球，每天都得练半个小时左右。后来练得多了，自己也有了点感觉，提高挺快。一个强队从哪里能看出来，就是篮板球，你看那些欧洲的强队，就是篮板球好。闵指导为了鼓励大家多抢篮板，2013-2014赛季还特设了"篮板奖"，可见是多么的重视。翟晓川场均能抢到五个篮板，在有限的出场时间内，是球队的场均篮板数第四多的球员。

2013-2014赛季半决赛与广东队的第二场比赛，翟晓川错失了一次绝杀的机会，导致球队最终失利。翟晓川本人非常懊恼，但是错误已经犯了，只能好好准备下一场比赛，用一场胜利来弥补之前的错误。"我现在再遗憾，时间也不可能倒回,还是全心全意去准备下一场。"

时间来到了2014-2015赛季,属于翟晓川的高光时刻少了许多。在漫长的赛季当中,人们似乎已经习惯了翟晓川的消沉。然而在总决赛第最后一场较量中,翟晓川用实际行动证明了,他的名字不仅仅能够和抢篮板联系在一起,当神出鬼没、灵动飘忽的才华被用于进攻,被忽视的人就会变身为防守者的梦魇。他当场的第一次三分杀伤就颇有出人意料的味道。在第二节的最后时刻,当双方的比分胶着地战成50平,翟晓川抢下了最后一攻的前场篮板,分给马布里后转身埋伏到三分线外,当球再度回到他手上后,一记远投助北京队半场3分领先。

第三节,翟晓川成为了场上表现最耀眼的球员。让人印象深刻的是,他在一次进攻中两次拿下前场篮板,然后三分出手命中。正因为他的这种威胁,辽宁队专门换上了李晓旭与他抢篮板,但灵活的翟晓川却很快又寻觅到空位三分命中。当第三节尾声,辽宁队一度将分差追近为5分时,又是翟晓川在负角度上的后仰跳投稳定住了北京队的军心,第三节结束他就拿下了17分,而他在北京队前三个总决赛胜场中,一共只拿下了19分。末节,当辽宁队几度吹响追分的号角时,又是翟晓川与马布里一起合力完成了剿杀。本场比赛,翟晓川个人拿下27分6个篮板,其中三分球9投5中,中投更是6投6中。他拿下了北京队本场比赛的最高得分,是北京队赢下这场比赛的关键先生!

翟晓川是释放的、张扬的、自信的,他用一次次把球送入对方篮筐的方式,证明了自己的回归。"2014-2015赛季我做得不是很好,前半轮几乎没给队伍帮助,到后边失去了自信,尤其是外线投篮感觉手抖。"翟晓川赛后说,"后来闵指导给了我信心,让我重新找回了自己。"

2014年3月26日,2013-2014赛季CBA联赛总决赛,北京首钢男篮对阵新疆广汇男篮。图为北京队翟晓川在比赛场上奔跑呐喊　李志岩 摄影

北京男篮
Beijing Men's Basketball Team

朱彦西：两次总决赛 两次成伤员

朱彦西曾经在北京青年队一待就是五年，跟自己同一期的国少队队友董瀚麟、睢冉等人早就打上CBA了，可他还是在青年队待着。"那时候自己心里也不是个滋味，总觉得自己到底行不行啊，可当时教练总是开导我，说让我别着急，晚些打CBA也好，把自己基础打牢一些。"这段经历和朱彦西的外号"朱淡定"有几分相似，不急不躁，厚积薄发。初出茅庐，朱彦西就先后夺得NBL和CBA的双料总冠军，是第一位完成从NBL到CBA再到国家集训队的三级跳的球员。

1990年5月25日出生于重庆的朱彦西，最开始接触的运动项目并非篮球而是足球。朱彦西放弃足球改练篮球并最终脱颖而出，还有一段曲折的背景。

朱彦西出生在篮球世家，爷爷是业余篮球的佼佼者，母亲是原重庆体工大队的专业球员，父亲也是篮球爱好者。不过，虽然家里有着良好的篮球氛围，朱彦西从小对篮球可不太感兴趣，当时足球在重庆相当火爆，职业联赛正在如火如荼地开展，当爸爸拿着一个足球和一个篮球让其选择的时候，小彦西毫不犹豫地就选择了足球。

就这样，从6岁半开始，小彦西就开始练习足球。但半年过后，妈妈王小兰发现小彦西的个子长得很快，高出同龄人一截，经过斟酌，还是决定让其放弃足球，走上篮球之路。

于是，在小彦西七岁多的时候，妈妈王小兰把其送到了重庆著名教练夏伟的手下，这才开始了朱彦西与篮球的不解之缘。每年寒假和暑假，当别的孩子度假游玩时，小彦西都是在篮球场度过的。在夏教练的手下练习了6年左右，朱彦西以篮球特长生的身份进入了重庆一中，朱彦西当然是球队的主力球员。到了12岁左右的年龄，妈妈也开始为小西的未来考虑了。在初二上完一学期之后的寒假，妈妈就带着小彦西踏上了去往北京的火车。当时骨龄测试，朱彦西能够长到2.07米，因此才下了决心。妈妈带着朱彦西先去了八一队，八一队青年队教练也看中了他的天赋，但由于名额问题，让朱彦西当年的暑假再来。"既然来到北京了，就想去北京首钢队看看。"朱妈妈的想法很简单。最后，北京队答应让朱彦西试训三个月，随后，朱彦西刻苦、成熟、全面的作风打动了北京队教练组，就此，他成为了北京队的一员。

在北京队，朱彦西有个外号叫"朱淡定"，因为在他的菜鸟赛季，他就经常有关键时刻出手得分的表现，年纪不大，但是心却不小，有担当、总是充满正能量是朱彦西最大的优点。虽然作为内线球员，朱彦西的主要攻击手段却是在外线，三分球是他的拿手绝技。朱彦西说："经历了两个赛季的联赛还有全运会，自己在心智方面有所成熟。我对担当的理解是，在比赛中一旦机会出来了，不能光是依靠

2012年3月30日，2011-2012赛季CBA联赛总决赛，北京首钢男篮对阵广东宏远男篮。图为北京队朱彦西（白衣）跳投
全体育图片社 供图

外援，我们自己的年轻球员也要站出来，对球队做出帮助，还是像我说的那样，不断地练习，从练习中琢磨出更好的方法。因为现在每个队都是以外援为核心，但在我们队人员比较固定，人家对我们两个外援的研究也很透彻，其他球员在这种情况下就必须能发挥出自己的特点来帮助球队。"

随着北京队阵容的不断加强，朱彦西的上场时间也一度被压缩。但朱彦西始终做好上场的准备，加之闵鹿蕾对他的信任，他的投篮比以往更加果断，"对手会夹击老马，当他把球分出来后，你们就要大胆地去投，不要怕，投不进算我的。"2013-2014赛季半决赛打广东时，朱彦西破釜沉舟，即便是三分球刷筐而出，但他依然坚决地去投，"机会出来了，再不投就没机会了，我们就回家了。"朱彦西说，"奇迹是创造出来的。"

总决赛第一场战败,朱彦西脚伤加重,只得休战。2012年在与广东队的总决赛上,朱彦西也曾有过被对手撞伤,直接被送往医院治疗的经历。两次总决赛上,朱彦西都受过伤。2013-2014赛季总决赛北京队的第二个客场比赛,朱彦西是在电视机前观看的。打不上比赛,朱彦西自己也着急,不过他开玩笑说:"我的外号是'朱淡定',所以我淡定地看完了比赛。"

朱彦西在2013-2014赛季总决赛首战出场15分钟,得到3分,随后因伤接连缺席了四场比赛,北京队内线轮转和三分投射也因此受到影响。最后一战,朱彦西复出并首发出战,他带伤上阵的那股拼劲,鼓舞了队友们。夺冠后,在被问到自己的脚踝伤势时,朱彦西一副若无其事的表情,轻松地表示:"脚没什么事,能拿到冠军,可以好好回去治疗。今年比第一次夺冠更困难,我们克服了这些,明年再来。"

2014-2015赛季半决赛京粤第四战,谁都没想到会是这样的一个过程。凭借朱彦西的绝杀,北京队107比105险胜广东队,以3比1的大比分杀进了总决赛。有"朱淡定"称号的朱彦西这一次也不淡定了,完成了这个关键的决赛,他有理由兴奋一把。

加时赛最后时刻,两队战成105平,马布里在三分线外运球。正是马布里的三分远投帮助北京队赢得了加时机会。这一次球还是控在马布里的手中,他左右晃动,面对高尚的防守突然闪开一线空当,马布里跳起出手投篮。球砸在了篮筐上,没能打进,难道比赛要进入第二个加时?就在此时,朱彦西冲到了篮下,他奋力起跳,在对手之前先碰到了球。球进了!朱彦西完成了绝杀!所有人都陷入了癫狂,北京队的球员和教练在场地里飞奔着、欢呼着、拥抱着。

朱彦西这场比赛的手感并不是很好,10次出手只有4球命中,但有最后这个补篮就足够了。朱彦西太激动了,以至于在球场上接受采访时有些语无伦次。"激动吧,高兴吧,全队一直没放弃。"朱彦西只是吐出几个词,甚至都连不成一句话,"靠马布里好几个球投进了……全队不懈努力……准备好后面的比赛。"

在北京队的更衣室内,依然是热闹一片,有队员高喊"谢谢朱彦西"。朱彦西兴高采烈地比画着当时如何补篮的一幕,"刚好那个球落到我手上,我就把球补进去了。"朱彦西情绪仍未平复,"前面是朱芳雨,我去冲抢篮板,刚好球就落在我手上了,挺运气的。"朱彦西的绝杀十分关键,而他对易建联的防守也很关键。特别是第四节的最后两个回合,朱彦西连续两次防住了易建联的进攻,还造成了易建联的走步。这为北京队最后时刻的绝杀奠定了基础。

2015年3月3日,2014-2015赛季CBA联赛半决赛,北京首钢男篮对阵广东宏远男篮。图为北京队朱彦西(白衣)在比赛中　刘平 摄影

北京男篮
Beijing Men's Basketball Team

王骁辉：防守尖兵，再苦再累也坚持

2012年，在北京队首次夺得总冠军后，王骁辉收获了另一个好消息：入选国家集训队。最初收到国家集训队征召的时候，王骁辉也感到意外，"说实话，收到这个消息的时候也挺意外的，因为最开始的名单里面并没有我。后来闵指导给我打的电话，让我过来找范斌指导报到。心情也挺激动的，感谢国家集训队给我这个机会，好好把握吧。"当时他在俱乐部训练准备接下来的青年联赛，但是这一个电话让王骁辉今后的生活都发生了变化。

"当时确实没想到这个事，总决赛结束后一个礼拜都是和球队一起参加活动，我一直在俱乐部训练准备去参加青年联赛。听到这个消息还是很兴奋很高兴的，一直在想怎么应对接下来的训练。"他说。这是王骁辉头一次进入国字号球队，对于要打青年联赛的球员来说，这是一个非常了不起的进步。

王骁辉在场上位置多变，技术掌握全面，三分球和防守是他的重要技术特点。三分球为主要的进攻手段，命中率30%出头。由于身材瘦小，虽时常突破，但效果不好。作为后卫队员，罚球较为稳定。别看在队中不显山露水，王骁辉在2013-2014赛季有39次首发登场，是球队最重要的防守球员之一。在王骁辉自己看来，自己能够打动国家队不是靠天赋，而是靠努力。谈到自己2013-2014赛季的变化，王骁辉表示："其实今年上场时间比上赛季略少一些，但在有限的时间里，按照教练的部署，尽自己最大的努力做好。"

在2013-2014赛季的总决赛中，王骁辉负责看防新疆队的哈德森。王骁辉到了赛场上也没有想那么多，只是尽全力去控制他。"哈德森是联盟中数一数二的优秀外援，可以说仅次于马布里。我在场上不可能完全控制他的得分，只能尽量贴身防守，累他，消耗他，我的任务也就完成了。"王骁辉对自己的表现总是轻描淡写，显得那么谦虚、低调。

王骁辉并不是球队中被寄予厚望的那类球员，往往当他登场的时候，就是带着一个单纯的目的上去的。但这样的球员如果敢于承担责任，如果敢于在关键时刻挺身而出，如果能够在球队最需要的时候完成好自己的任务，那么就更加地可贵。在2015年CBA总决赛北京队的四个胜场，王骁辉一共只打了35分钟，还不及马布里、孙悦的单场的出场时间。在总决赛的第四场，北京队的第二个主场，在大比分1比2落后的不利局面下，当队友看防辽宁队的核心哈德森格外吃力的时候，王骁辉横空出山了！

那场比赛进行到第四节后，辽宁队一度领先了14分之多，每一次进攻机会对于北京队而言，都是非常珍贵的。无论哪个人发动进攻，都必然承受着比平时更大的压力。但王骁辉却并没有在机会出现时犹豫，而那记三分命中，不仅阻止了球队继续滑向被甩开的深渊，同时也激励了王骁辉的信心。随后在比赛还剩不到3分半结束时，王骁辉完成了2014-2015赛季个人最亮眼的一分钟，他与哈德森对飙三分，两投两中，随后又在关键时刻抢下了李根罚篮不进的篮板，并助攻队友得分。在双方比分格外胶着的时候，这个篮板相当于"打4分"，而最终北京队也只以1分险胜，可见那个篮板价值千金。这还不是王骁辉的全部亮点，随后他还

2014年3月30日，2013-2014赛季CBA联赛总决赛，北京首钢男篮客场对阵新疆广汇男篮。图为北京队王骁辉（蓝衣）防守新疆队哈德森
CFP 供图

在哈德森进攻时提前预判落位,使哈德森进攻犯规,再次阻止了对手得分。

虽然王骁辉那场比赛只得到了9分,但那场比赛之后,马布里在微博上称赞他是当场的MVP。的确,于无声处听惊雷!王骁辉那场的表现就像平地惊雷一般,镇住了对手,赢来了胜利。

2014年3月19日,2013-2014赛季CBA联赛总决赛,北京首钢男篮客场对阵新疆广汇男篮。图为北京队王骁辉(蓝衣)对新疆队外援哈德森(白衣)封盖　CFP 供图

北京男篮
Beijing Men's Basketball Team

李根：两年等待未成空

李根1988年出生于河南焦作市的一个篮球之家，妈妈曾是河南省篮球队队员，爸爸也在部队篮球队打球。生长在这样的家庭里，李根注定要和篮球结缘。八岁开始，李根就正式学打篮球，从那之后，篮球更成了他形影不离的伙伴。说起小时候打球的故事，李根笑了起来。"没少挨他们（爸妈）的批评，那时候最不愿意他们到学校来看我打球，更别提来看我打比赛了。"谈起原因，李根说得倒也简单。"看完就絮叨呗。"也正是在父母不厌其烦的"絮叨"中，李根在篮球场上迅速成长起来。

2008年，李根进入上海队，打上了CBA，在上海队效力的时候，李根擅长打内线和突破，但是投篮并非他的长处。转会去青岛队之后，李根投篮有了很大的提高。据李根自己透露，青岛队主帅姜正秀隔三岔五就让李根晚上去加练投篮。那时候，整晚上要投进200个才能收工，如果李根投得不好，姜正秀会一直看。正是教练的严格要求，让李根的投篮水平飞速进步。2012年CBA全明星赛的正式比赛在广州进行，李根拿下全场最高的31分当选MVP。2012年8月18日，李根与北京队签约，合同持续三个赛季。

2014年3月30日，在乌鲁木齐红山体育馆，客场作战的北京队夺取2013-2014赛季CBA总冠军。这是北京队史上第二个CBA总冠军。也是李根来到北京队后个人

2014年3月26日，2013-2014赛季CBA联赛总决赛，北京首钢男篮对阵新疆广汇男篮。图为北京队李根（白衣）跳起投篮
新华社记者 孟永民 摄影

首个总冠军。"心情很激动，这个冠军我等了两年，终于等到这一刻了。"李根说道，"现在可以说对自己、家人、对所有关心我们的人都有了交代。我认为运动员这辈子能拿总冠军，足够了！"

为了这一刻，李根总是离不开"玩命"二字。"连命都可以豁出去，流血不算什么吧？"李根是这样说的，也是这样做的。总决赛上，他屡次扮演了北京队奇兵的角色。

在总决赛中，李根有四场以先发大前锋的身份出场，场均上场18.5分钟，得到7分1.4个篮板和0.8次抢断。更为重要的是，他还担起了防守端的重任，北京队也因此拿下了其中两场比赛的胜利。因为是错位防守，对手更高、更壮，李根确实是拼了命。

李根有1.96米的身高，但是他却有着接近110千克的体重，力量十足，这让他在球场上就像一辆小坦克。由于李根的力量太好，他开始篮球训练的时候，就是从内线技术练起的。与其他国内外线球员通常只精通三分球和突破不同的是，李根还擅长在低位背身单打。由于他的力量往往优于同样位置的对手，因此李根打内线非常有威力。

加盟北京队之后，李根在北京队经历了整整一个赛季的锤炼，2013-2014赛季和全队的磨合度更高，在进攻端给球队带来的贡献更大。尤其在马布里缺阵的那段时间内，李根挺身而出一度成为球队第二得分点。李根的存在对于北京队来说非常重要，每场球他都是在错位打球，面对大个球员他的速度更快，面对小个球员他的身体更壮，在李根这个点上北京队总是能占到优势，他的打球风格让人不禁想起NBA历史上著名的大前锋——巴克利。

"现在，我们先享受总冠军的滋味，但我们不会停止，还会有更

多的奖牌挂在我们的脖子上。"李根道出了豪言壮语。

2014-2015赛季,李根迎来了他加盟北京队甚至是职业生涯中最好的一个赛季。都说是合同年的因素,因为大家都知道很多篮球运动员特别是在NBA的球员,一到了合同年数据就打得特别好,因为这是下份大合同的基础。但对于此,李根有次接受采访时说:"要是合同年的原因,那以后都是一年一签,每年都是合同年,都会爆发。"

李根能在2014-2015赛季有着非常突出的表现,这与他在北京队的时间变长、融入更深有着密切关系。李根说:"因为与球队一起的时间越来越长,所以大家都形成了很好的默契,都互相了解各自的特点,在球场上表现就会更好。"除了融入时间长这个原因外,李根在2014年夏天的苦练也是他在这个赛季爆发的原因。李根说,那个夏天训练可恐怖了,尤其是每次投篮训练时,闵指导都会盯着他投篮,"有时我回头看闵指导是不是在我后边看,我其实也不是想偷懒什么的,他就会对我说,你投你的篮,看我干吗呀?"正是2014年夏天的刻苦训练,让李根在2014-2015赛季的投篮出手次数、自信以及稳定性上都做得比上赛季要好。

李根的进攻特点非常鲜明,他的进攻很多时候都是在利用身体优势,用强壮的身体往内线打,就像是坦克一样挤压对手,而且李根又有较好的投篮能力,所以他的投篮命中率很高,两分球命中率常常超过了六成。与此同时,李根也非常注意对自己身体的保养,他会将自己的体重控制在一定范围内,这样使得身体既强壮又不会给膝盖造成太大负担。另外他在饮食上也较为注意,基本上不吃猪肉,在淀粉摄入上也会控制。李根在训练时也自有一套,他现在对于上肢力量做得不是特别多,因为上肢力量练得过多、肌肉发达的话,那么会在一定程度上影响他的投篮或是空切篮下的速度,所以李根现在做得更多的是腿部力量训练,与小肌肉群、核心力量方面的训练。

李根来到北京队心中只有一个愿望,就是赢得总冠军戒指,离开时,他有了两个。李根有一次说:"你没戴过戒指,当你戴上戒指的那一瞬间,你才明白什么是最重要的,不是大合同,是戒指。说白了,这就是你老了以后,向子孙炫耀的东西,这是家族的荣耀。"

2014年11月30日,2014-2015赛季CBA联赛常规赛,北京首钢男篮客场对阵山西汾酒男篮。图为山西队段江鹏(白衣)防守北京队李根(蓝衣)　CFP　供图

北京男篮
Beijing Men's Basketball Team

方硕：谁都不怵的北京男孩

成长不会是无缘无故的。对于方硕而言，也许2014-2015这个赛季的成长就来自于与前个赛季迥然不同的出场机会。他这个赛季为北京男篮出场466分钟，是效力北京队以来最长的，而前个赛季这个数字却是0。

方硕能突能投，动作轻快，传球也常有神来之笔，尤为让人印象深刻的，是他像转风车一样的上篮动作。虽然方硕能够得到的出场时间是非常有限的，但公平地说，2014-2015赛季方硕确实在有限的出场时间里，给人们留下了比较深刻的印象。北京队从不缺少奇兵，从半决赛补篮绝杀广东队的朱彦西，到总决赛第四场三分救主的王骁辉，永远不知道下一个突然爆发的人是谁。在第五场天王山之战中，十二人名单中唯一的北京籍球员方硕挺身而出，用末节两分钟内连造犯规的表现改变了比赛进程。

天王山之战进入第四节的时候，北京队还落后2分。看着打满第三节已经汗流浃背的马布里，闵鹿蕾知道，他需要一些休息的时间。"方硕！就是你了！"闵鹿蕾的这次用兵又成为亮点。方硕的登场让辽宁队有些措手不及，他先是突破篮下造成犯规，罚球命中，随后莫里斯投篮不中，方硕又抢到了前场篮板，直接上篮造成了哈德森的第五次犯规，再次用罚球帮助北京队将比分成功反超。攻防转换之后，方硕再次立功，他及时补防出现在篮下，造成了韩德君的进攻犯规，这也是韩德君的个人第五次犯规。短短的三分钟时间里，方硕不但个人得到4分，还造成了对方两位核心球员濒临被罚下场。全场比赛，方硕拿到8分，6罚6中。最重要的是，方硕为马布里赢得了宝贵的休息时间。

总决赛开始前，网上有人说辽宁队本土球员中大部分是辽宁人，而北京队里几乎没有北京人，仅有的一个方硕还上不了场。"他们这么说也有道理，队里确实没什么北京人，因为前两年我的表现也不够出色，不能站出来为球队去承担一些东西。"方硕赛后说，"我非常渴望能够为球队做出贡献，辛苦的训练就是为了这个时候能够在场上给球队带来帮助，我相信自己今晚的表现为北京人争了气。"

作为北京人，方硕骨子里有一股"谁都不怵"的劲头，你越强，我就越要战胜你。方硕说："都说辽宁队有全联盟最强的第四节，但是我们不服气，这一点在今晚的比赛也体现出来了，今晚我们第四节全面压制了对手。大家都说他们强，那我们就去和他们拼。"

虽然不是北京队的主力，但看方硕打球，却能够看出那种舍我其谁的霸气与自信，无论是运球、突破还是投篮。而方硕透出来的这种"管你三七二十一"的感觉，也许正是北京队能够实现三冠的球队气质所在。

2015年3月12日，2014-2015赛季CBA联赛总决赛，北京首钢男篮客场对阵辽宁衡业男篮。图为北京队方硕（蓝衣）运球突破
全体育图片社 供图

2015年1月9日,2014-2015赛季CBA联赛常规赛,北京首钢男篮客场对阵四川金强男篮。图为北京队方硕(蓝衣)带球过人
全体育图片社 供图

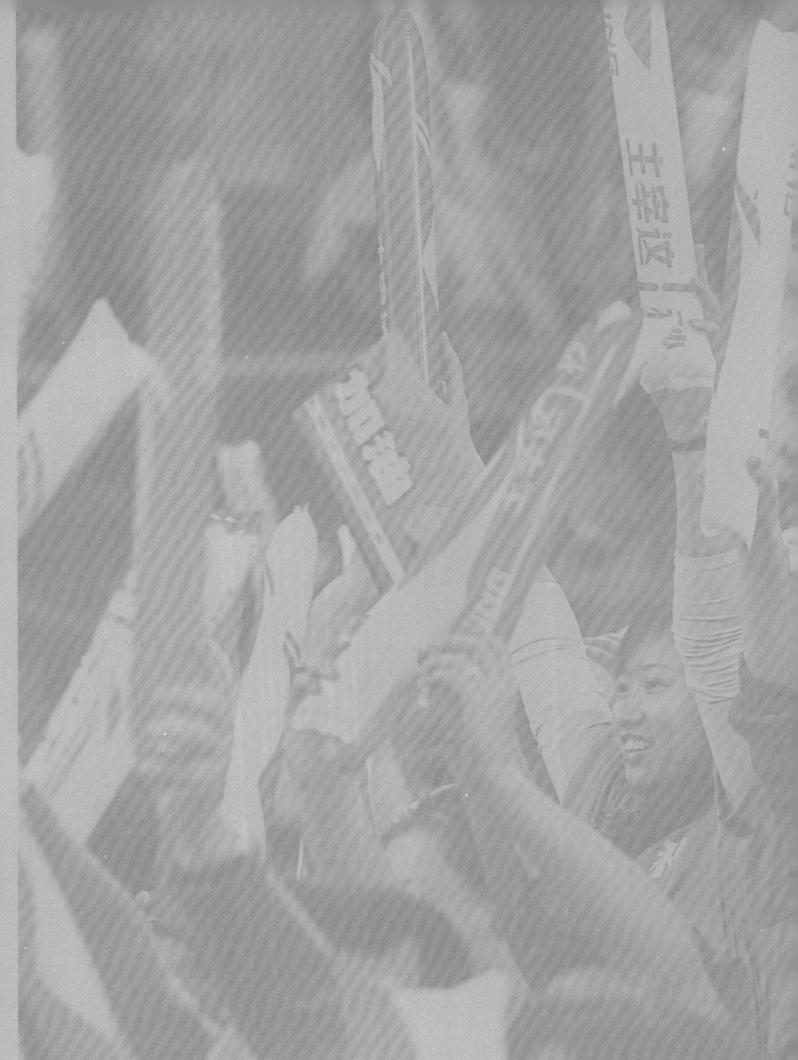

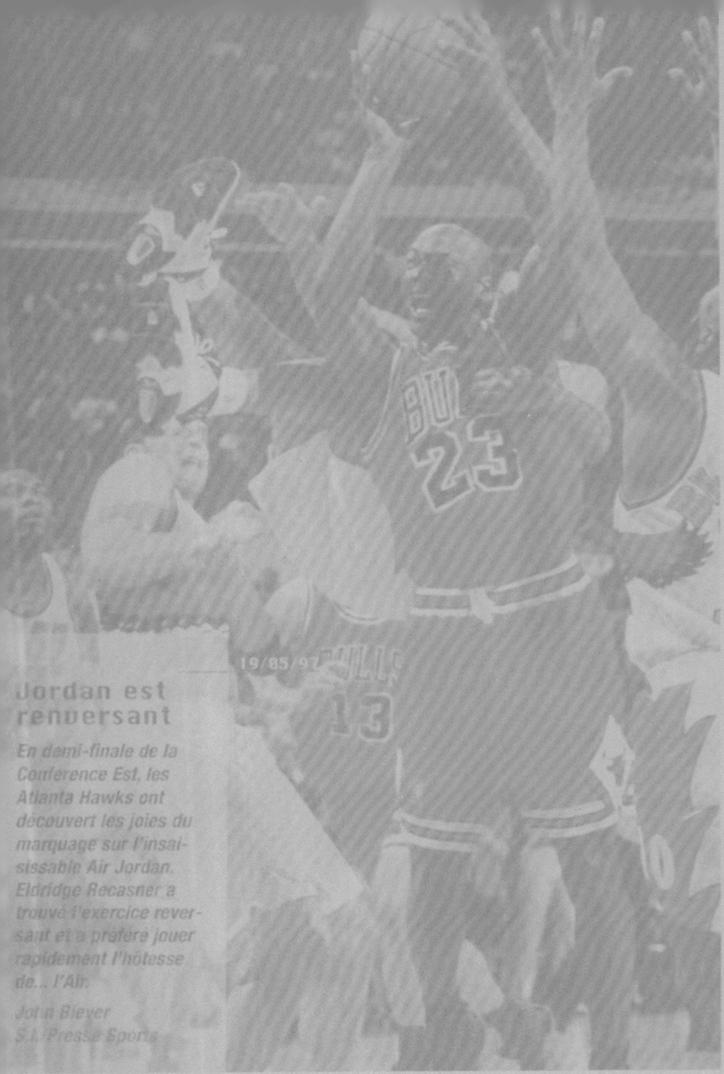
19/05/97
Jordan est renversant
En demi-finale de la Conference Est, les Atlanta Hawks ont découvert les joies du marquage sur l'insaisissable Air Jordan. Eldridge Recasner a trouvé l'exercice reversant et a préféré jouer rapidement l'hôtesse de... l'Air.
John Biever
S.I./Presse Sports

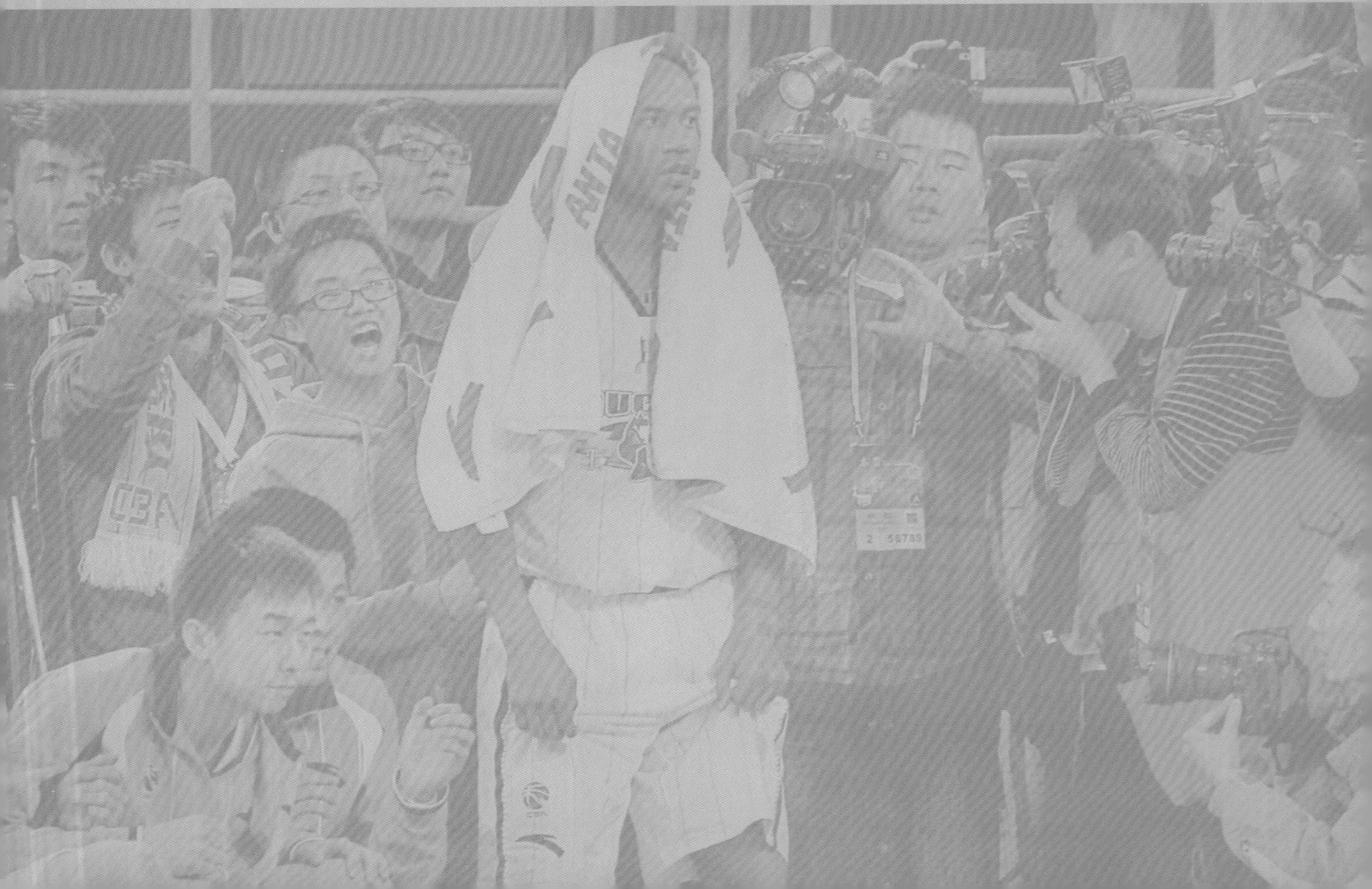
ANTA
CBA

趣谈篮球规则

马立军

篮球运动诞生于1891年美国马萨诸塞州的斯普林菲尔德体育学校。当时在一所名叫国际基督教青年会训练学校任体育教师及橄榄球教练的詹姆斯·奈史密斯，受命发明一种有趣的室内运动，以丰富学生冬季生活。

奈史密斯是加拿大人，他原本打算在加拿大麦克吉尔大学攻读牧师学后准备做牧师，但他的兴趣是体育，因此毕业后他选择来到美国马萨诸塞州的国际基督教青年会训练学校，谋得了一个体育指导员的职位。斯普林菲尔德市的冬天在11月就开始下雪，室外运动不得不停止，但当时的室内运动只有体操与器械操，学生们觉得无聊而无精打采。奈史密斯曾设想把户外运动项目搬进室内进行。

由于身兼橄榄球教练，他首先想到的是橄榄球，但由于橄榄球猛烈的旋转和快速的变向，难以在体育馆内坚硬的场地上进行；他又想把足球搬进室内，但又有不少队员受伤并且许多窗户玻璃被损坏；随后，他在室内尝试进行曲棍球运动，但因为场地限制，学生经常搅在一起用球棍互相击打而宣告失败。奈史密斯意识到，要把某一项已经发展成熟的运动搬进室内，很难收到理想的效果，只能采取吸收各项目的一些特点，创造出一种全新的运动项目来满足学生们的需要。于是，他分析了当时的各项体育活动，发现已有的项目在活动时大都有球的参与。而活动时，动作的难易程度与所用的球大小似乎成反比关系，即用小球的时候，需要用棒、杖、拍等器具间接地控制球；相反，使用较大的球，可以不需要棒、杖、拍之类的间接物来控制球，而要用手、脚控制支配球，才便于做出各种动作。奈史密斯认为，应该设计一种用手直接控制球的新型运动项目。

史密斯从700年前玛雅人发明的一种称为"场地球"的球类游戏中找到灵感。这种运动的特点是速度快而且激烈，在技术方面虽然与现代篮球的投篮不相同，但就目的而言，却与现代篮球的投篮略相似。同时，他还回忆起自己过去亲自参加和见过的游戏，令他印象最深的是，在家乡加拿大的阿尔蒙

加拿大运动家、教师、篮球的发明者詹姆斯·奈史密斯博士　CFP 供图

特，他与小伙伴们玩过一种称为"打小鸭"的游戏。在高出地面的岩石上，放上一块梨子大小的石块作为"小鸭"。小伙伴们站在相距大约 20 英尺（6.10米）的地方，拿同样大小的石块依次投向"鸭"，开始时打落的次数很少，后来由于将石块呈抛物线掷过去，"小鸭"被打落的次数明显多了起来。此外，当地儿童常玩一种摘桃扔入桃筐的游戏。受这些游戏的启

发，奈史密斯认为：只有把目标置于队员头上的水平位置而不是在地面上，只有把球像抛物线的轨迹投射出去，才可能使球进入与地面平行的目标。这是奈史密斯发明篮球运动时的一个重大突破，使球投射中目标的决定因素不是"力量"，而是"准确性"，这也成为篮球运动最初的设计原则。

由于该校所在地是一个盛产蜜桃的地方，各家各户都备有装蜜桃的篮子，于是奈史密斯就地取材将一对盛桃子的篮子，分别安装在体育馆看台的栏杆上，这也就成为当今篮球场上篮筐的雏形。当时，桃篮上沿离地面的高度正好10英尺（3.05米），由于这一高度非常适合人体做向上的伸展运动，便成为篮筐的标准高度一直延续至今。

随后，奈史密斯借鉴美式足球、欧式足球与冰上曲棍球的规则，提出了五条制定篮球比赛规则的原则，这五条原则为：（1）本项运动是用一个圆形的球和双手进行的；（2）队员不可以拿球跑；（3）任何队员在任何时间都可以占据场上任何位置；（4）队员之间不应有身体接触；（5）目标（球篮）应水平地置于场地的上方。根据这五条原则，1892年奈史密斯先生亲自制定出了最早的篮球竞赛规则，共有13条。原则是用技术而不是力量得分。重要的规则如：（1）可用单手或双手将球扔向任何方向；（2）可用单手或双手将球打向任何方向，不能使用拳头击球；（3）队员不能带球跑，队员必须在接球的地点把球扔出去；（5）不许对对方扛、拉、推、绊、打，否则判一次犯规，第二次犯规将罚出场；（7）如果一方连续三次犯规将算对方投中一球；（12）比赛时间为两个半时各15分钟，中间休息5分钟；（13）比赛时间内进球多的为胜方，平局时，如双方队员同意可继续比赛，直到一方再投中一个球。

拟定出了篮球运动最初的13条规则后，奈史密斯叫秘书将规则打印后张贴在体育馆的公告栏上，并正式刊登在学校出版的《山角》杂志上。随着杂志的出版发行，这项运动逐渐在人群中普及开来并获得了巨大成功。当篮球比赛传入墨西哥后，篮球开始了在全世界范围的普及活动，同一年，康涅狄格州哈特福德州的刘·阿伦用粗绳编织成圆柱形球篮代替了奈史密斯的桃筐。当时，篮圈是悬挂在楼厅上的，有时球迷为了自娱，把投中的球从篮圈内拿走。为了防止这种情况，第一块篮板（3.6米×1.8米）应运而生。

在1894年，有人用皮革缝制成一种比英式足球稍大些的篮球取代了橄榄球，从此越来越多的人便用这种早期篮球进行比赛。这种篮球以皮革做外壳，外壳留有开口，内装带有充气嘴的橡支

瑞士洛桑奥林匹克博物馆收藏的1948年伦敦奥运会上所用的篮球　　CFP 供图

北京男篮
Beijing Men's Basketball Team

球胆，球胆充气后即拴紧气嘴并由开口处塞进球壳。这种"开口篮球"在世界篮坛沿用了半个世纪，直至1937年皮制全封闭篮球问世。1940年，国际篮联正式批准用这种球进行比赛。

20世纪40年代末和50年代初，曾出现过一种模压橡皮篮球，它的优点是耐用和不怕泥水，但性能和手感均不如皮革制球。现代篮球比赛用球多以合成材料制成，材料、规格与性能的要求比过去严格得多。比赛规则规定，球的圆周应为75厘米至78厘米，重量应在600克至650克之间。充气后，球从1.80米高处（从球的底部量起）落到地板上反弹起来的高度不低于1.20米，也不得高于1.40米（从球的顶部量起）。

1895年，正式批准了1.8米×1.2米的篮板，罚球也开始增加到比赛中。随着运动员的身体素质的提高，有的队员在抢篮板球时头部会碰到篮板的下沿，因此，篮板的面积便改为1.8米×1.05米，底部用橡胶包扎。此后又发明了新的篮筐，它由一个环和悬挂其上的篮网组成，在篮网的底部有一条绳子，绳子一松开球就会从篮网中漏下来，使用梯子从篮筐中取出球的年代就此结束了。随着体育运动的不断发展和需要，后来又发明了强化玻璃篮板和有弹性的抗压篮圈。

1896年之前，篮球规则均由奈史密斯制定。从1896年起，美国业余体育联合会负责制定和修改规则。1897年，业余体育联合会决定一个球队由五名队员组成。在此之前球队没有固定人数，有时多达50多人同时在场上比赛。

1932年之前我们主要讲的是美国规则，世界其他地方都是在当地篮球爱好者的带动下，运用某些时髦的美国技术，发展本地的篮球运动，当时并没有国际统一的标准篮球规则。

自1891年篮球诞生于美国，经过40多年的发展和完善，篮球运动进入20世纪30年代以后，由于它特殊的魅力，迅速向欧、亚、非、澳四大洲的许多国家推广发展。在这样的社会大背景下，为了适应并推动世界各国篮球运动的进一步普及与发展，1932年在瑞士日内瓦，由葡萄牙、罗马尼亚、瑞士、意大利、希腊、拉脱维亚、捷克斯洛伐克、阿根廷八个国家召开会议，成立了国际业余篮球联合会（国际篮联FIBA），会上以美国大学生篮球比赛规则为基础，初步制定国际间较为统一的篮球比赛规则。至今国际篮联总部仍在日内瓦，会员国已有200多个。

第一届国际篮联大会精心制定了第一部篮球规则。每个球队由五名队员和两名替补队员组成。

除了明确上场人数外，第一届国际篮联大会的另一个重要的变化就是增加了进攻限制区，即后来的三秒区。从此这块6英尺（1.83米×5.8米）的梯形场地成为篮球场上的一块固定区域并普及开来。篮球运动是进攻性很强的运动，双方球员比赛时在球场上你争我夺，甚为精彩。而在球场上对抗最激烈的区域就是三秒区。三秒区是一个人为设定的区域，目的是限制进攻方球员在有利进攻位置滞留时间过长。在这个区域内，从进攻方开始控球的时刻算起，任何一名进攻方球员滞留的时间不应超过三秒，否则将会被认定是对防守方不公正的进攻行为而被吹罚，具体的罚则为进攻方与防守方转换，进攻方球员计失误，不计犯规。从防守方来说，只要能在三秒区内阻碍进攻方任何一个球员自由自在任意驰骋就达到了最终目的。

事实上，后来三秒区规则的每一次变革都说明，三秒区总与内线球员进攻性过强有关。20世纪四五十年代，美国NBA湖人队的乔治·迈肯绝对是一颗璀璨的巨星，他身高2米08，换在今日，只是大前锋的身高，可在当时，迈肯的高度俨然是"空霸"。与此同时，迈肯非常灵活，在篮下如入无人之境。在1951年首届NBA全明星赛上，乔治·迈肯所向披靡，无人可挡，为了限制他在篮下的统治力，NBA联盟决定，将三秒区扩大一倍，从原来的6英尺扩至12英尺，这是三秒区的第一次变革。然而，江山代有才人出，为了"巨人"迈肯而修改的三秒区规则，仅仅在十几年之后再次为另一位"巨人"而改变。他就是张伯伦。自1959年进入NBA，张伯伦就受到万众瞩目，因为他身高达到2米16，比迈肯还高了8厘米。无独有偶，张伯伦也拥有迈肯那样的灵活度。1964年，威尔特·张伯伦在篮下横行，无人能与之匹敌，为了制约他在篮下的杀伤力，联盟决议，将三秒区再扩大1/3，即从原来的12英尺扩至16英尺(约5.8米)，这是三秒区的第二次变革，也就是现在NBA三秒区的范围。三秒区的第三次变革是顺势而为的结果，2010年国际篮球联合会顺应时代发展而做出改变，主动向NBA靠拢，将三秒区由原来的上底3.6米、下底6米、高5.8米的梯形改为4.9米×5.8米的长方形，这是国际篮坛顺应世界篮球潮流而做出的主动改革举措。

1935年国际奥委会正式批准篮球为柏林奥运会比赛项目。这是第一次了不起的国际篮球比赛大检阅，美国队于1936年柏林奥运会男子篮球比赛中冒雨以19比8击败加拿大队取得金牌。詹姆斯·奈史密斯博士观看了比赛并为冠军队颁奖。在柏林，国际篮联对规则进行了修改，一个革命性的改变是把球场分为前后两个半场，后场的球必须在十秒内进入前场，队员犯规四次被罚出场；替补队员增加至五名，1948年替补队员从五名增加为七名，这个规定一直延续到今天。

美国NBA职业联盟成立于1949年，1951年第一届NBA全明星赛在波士顿举行，东部队以111比94击败西部队。

1954年NBA增加了一项新规则：一个球队在控制球后必须在24秒内投篮，否则算违例失去球权，解决了一个球队控制球拖延比赛时间的问题，1956年国际篮联接受了该规则，进攻时间限制在30秒内。

在20世纪50年代，国际篮联对规则不断修改和增加，促进了篮球运动不断发展和提高。跳投成为最常用的投篮方式，多种多样的投篮、传球、运球技术被广泛使用，掩护也成为人们都了解的一项技术，两人配合取代了一些难于执行的五人配合，比赛变得更具有个人色彩。

1979年NBA实行了三分球规则，对矮个子队员而言有了更好的投篮机会，比赛也增加了观赏性。1984年国际篮联也采用了这一规则，为了考虑各国家的情况只是三分线离篮圈的中心点是6.25米，而NBA是7.24米，国际篮联在2000年修改为6.75米。1984年对场地规则进行了修改，由长26米，宽14米修改为长28米，宽15米。

2000年是规则修改的重要一年。比赛时间由原来的2×20分钟即上下半场各20分钟改为4×10分钟共4节；球从后场进攻到前场由10秒改为8秒；一个队控制球由30秒改为24秒；场地限制区由原来的梯形改为长方形；同时增加了无撞人区，使得队员在飞行扣篮中不被干扰。走步违例和球回后场规则的修改更加人性化。队员在地板上抢球的滑动不再算为走步违例。此时规则改动最为重要的是裁判员的职责和权力增加了四项基本原则，即"当裁定身体接触或违例时，裁判员应在每一个实例中遵循下列基本原则"：（1）规则的精神和意图以及坚持比赛的完整的需

1971年，密尔沃基雄鹿队33号队员阿布杜勒·贾巴尔，在一场与洛杉矶湖人队的NBA比赛中，面对湖人队13号队员威尔特·张伯伦摘得篮板
CFP 供图

北京男篮
Beijing Men's Basketball Team

要。(2)运用有利、无利概念的一致性,裁判员不应企图靠不必要地打断比赛的流畅来处理附带的身体接触。况且这样的接触没有给有责任的队员以利益,也未致对方队员不利。(3)在每场比赛中运用常识的一致性,要记住队员的能力以及他们在比赛中的态度和行为。(4)在比赛控制和比赛流畅之间保持平衡的一致性,对于参与者们正想做什么以及宣判什么对比赛是正确的要有一种感觉。这四项基本原则是对裁判员最大的挑战,改变了裁判员过去的执裁理念和吹法,不是裁判员见什么吹什么,而是必须保证比赛的完整性、流畅性、观赏性。2000年规则的修改中心思想体现了以人为本、充分发挥运动员的水平,竞技体育的魅力在于激烈好看给人们带来享受。2000年以后世界篮球发展到一个新的高度,运动员的力量表现更加突出,对抗性强,攻防节奏加快,比赛的争夺更加紧张激烈,观赏性进一步增强。

在我国篮球最高水平的CBA比赛中,经常出现球队一方对裁判判罚有异议的现象,每到这时记录台上的技术代表就会把三名裁判员召集到一起商讨,那么技术代表有权纠正裁判员的判罚吗?他们之间的关系是怎样的,各自的职责是什么呢?

技术代表与裁判员

技术代表

一场正式比赛工作人员通常有一名技术代表、三名临场裁判员以及记录员、助理记录员、计时员、24秒计时员等组成。技术代表是篮球协会(或国际篮联)的官方代表,通常是篮球竞赛运动中资历较深的成员,有丰富的临场经验和解决问题的能力。他在比赛过程中的主要职责是监督记录台的工作,以及协助主裁判员和副裁判员使比赛顺利地进行。

国内赛事技术代表是由中国篮协选派,技术代表除了思想作风正派,有良好的职业道德素养外,还要具备较强的处理赛场突发事件的能力;精通篮球业务,在CBA、WCBA担任过临场裁判工作三个赛季以上;担任国际比赛技术工

美国"篮球飞人"乔丹(23号)在1996赛季NBA联赛比赛中　　CFP 供图

1958年,威尔特·张伯伦(13号)代表堪萨斯大学参加NCAA比赛 CFP 供图

作,必须具备较强的英语口语表达能力;另外年龄在50岁以上。技术代表到赛区后,代表篮协开展一些组织工作,比如:组织有关人员检查比赛场地和比赛设备;组织开好有教练员、领队、当地竞赛负责人、安保、记录台负责人等参加的赛前协调会议,确保运动队不出赛风赛纪问题和比赛的顺利进行;组织裁判员开好赛前准备会,帮助裁判员们分析比赛中可能出现的问题,保护裁判员的权力和执裁原则;负责对当场裁判员的执裁工作进行评估,比赛中帮助裁判员解决疑难问题,赛后对临场裁判员进行赛后小结,丰富临场经验,提高执裁水平。

裁判员

篮球运动在我国深受广大民众的喜爱,拥有广泛的群众基础。北京首钢队2014-2015赛季CBA联赛半决赛、决赛举办地五棵松体育馆,18000个座位更是座无虚席,一票难求。篮球运动成为市民茶余饭后谈论的焦点,它给北京人民的生活带来了满足、快乐和充实。在欣赏精彩的篮球比赛的同时,篮球裁判也越来越受到社会各界的广泛关注。人们不仅关注比赛的胜负,也对欣赏比赛有了更高的价值标准和要求。只有运动员技、战术水平得到充分发挥,比赛节奏流畅紧凑才是观众喜闻乐见的,才是一场精彩的比赛。而在打造精彩比赛的过程中,篮球裁判员对比赛激烈程度和运动员的技、战术发挥起着至关重要的作用。

我国的篮球裁判员按等级由高到低分四级:国际级、国家级、一级、二级。一级、二级裁判员由各省市体育局审批晋级。晋级国家级裁判员,是由各省市体育局和行业体协推荐优秀的一级裁判员经过中国篮协一系列考核合格者,从中选拔条件好、可培养的上报国家体育总局审核批准。目前,在中国篮协注册的裁判员大概有500人,其中有400多人是国际级和国家级裁判员,他们由中国篮协统一管理和使用,不定期地有学习和培训及考核,每年从中抽调一部分担任CBA和WCBA联赛的裁判工作和国家级的赛事工作。一级、二级裁判员由各省市、各体育协会管理和使用,参加一些省市、各体协的赛事工作。目前我国篮球裁判都是业余裁判,没有职业裁判。他们大部分是大、中、小学的体育教师和少部分省市体育竞赛部门的人员。

国际级裁判员是由中国篮协推荐,具备有一定的临场经验,较高的执裁水平,会英语,业务能力强,思想作风过硬的,经过国际篮联的考核审批所获得。1978年我国有了第一批国际级称号的篮球裁判员,此后经过国际篮联的考核目前将近有100人晋级为国际级。现在担任赛事执裁工作的国际级裁判大概有60人。

一场篮球比赛裁判员有二人制和三人制执裁,国际篮联是在2006年实行的三人制,我国CBA联赛是在1998年实行的三人制,是随NBA之后为数不多的实行三人制的国家之一。实行三人制裁判是世界篮球发展的需要,自2000年国际篮联修改规则以来,篮球场上的运动员之间的对抗越来越强,力量是现代篮球运动特点的重要标志之一,篮球运动正向"更高、更快、更强"的目标和商业化方向发展,正是这些因素使篮球比赛更加激烈、更加凶猛,实行三人制裁判是必然的结果。

三人制裁判可分为主裁判员、第一副裁判员和第二副裁判员,主

北京男篮
Beijing Men's Basketball Team

裁判员通常是由级别高的、有丰富的临场经验、资历较深的人员担当，依次是第一副裁判员和第二副裁判员。他们在赛前和赛中有着严格的工作分工和区域分工。他们提前20分钟进入比赛场地开始实行裁判员的权力，主裁判员检查比赛设备并加以确认，他有权批准在比赛中使用的所有器材。比如：比赛计时钟或24秒计时钟不同步时由主裁判员指定，赛前主裁判员检查任何队员佩戴的物品，避免对其他队员带来的伤害，有权判定某队弃权。他们一同观察、管理双方运动员赛前的热身活动情况，其目的是保证比赛的设备不会受到损害。主裁判员负责开始比赛的跳球和每节开始使球入界。

在比赛中，主裁判员与副裁判员宣判的权力是相等的，任何裁判员无权改判另一裁判员的判罚，当对一起犯规或违例，两个裁判或三个裁判宣判不一致时，他们必须坚持先后的原则进行宣判。如果场上出现特殊判例或其他疑难问题时，提倡裁判员们一起进行短暂意见的沟通，主裁判员做出最后的宣判。比赛中裁判员所做出的决定是最终的，不能被争辩或漠视。就比赛结果而言一旦裁判员做出最终的宣判，不得经过任何图片或录像设备改变其结果。

目前，我国篮球裁判员虽然数

量上不少，但缺乏高水平的、优秀的裁判员。一些裁判员在执裁过程中存在着一些问题，跟不上篮球运动发展的需要。比如，裁判员在贯彻"清洁比赛、鼓励对抗、严格管理"的原则上存在着一定的不足，有些裁判员由于年轻，经验不足，对CBA和WCBA比赛还缺乏综合认知，比赛中的感觉还不到位，导致一些情况处理不当，缺乏弹性和技巧。在身体接触、手部犯规、盖帽、界外球、走步违例、掩护犯规、投中算与不算等方面出现了错判、漏判、反判，影响了比赛流畅和观赏性。同时，部分裁判员的错判率较高，一些明显的错、漏、反判又引起运动队、观众、媒体的严重不满，造成了较负面的社会影响。具体表现在四个方面：

首先，移动选位上的欠缺。很多错、漏判是由于裁判员的跑动、移动选位不积极，不到位，忽视裁判法的重要性。裁判法中强调裁判员积极移动至好的位置，寻找运动员防守与进攻的缝隙，以便观察到双方队员全部动作过程达到看清、判准、罚对。我们一些裁判员跑动速度慢，跟不上队员的速度和节奏，很多错、漏判都是因为移动不到位，没有好的观察角度，凭感觉蒙判，估判。

其次，对规则和运动员动作的理解认知上存在着偏差。一些裁判员虽然有裁判员的级别，但缺乏裁判员的工作内涵，对规则概念和精神缺乏明确的理解和钻研，没有足够扎实的基础，在理解什么是"身体接触"，什么是"非法的身体接触"时概念不清。在非法用手和非法掩护方面裁判员判罚尺度忽高忽低，有些裁判员哨子过敏，把比赛吹得零碎不堪。一碰就吹，运动员就发挥不出水平，比赛也没有连贯性和欣赏性。其实，身体接触不见得就犯规，根据现在的篮球发展有些不影响比赛的身体接触可以不做判罚，根据有利无利原则保持比赛的完整性和流畅性。所以，处理犯规、流畅、对抗要有现代篮球的认识境界，否则会对篮球的发展与提高产生不利影响。

再次，有的裁判员为了掌握有利无利漏掉了犯规，裁判员的技术水平不稳定。球员用手方面，按照现行规则精神解读，用手接触未必是犯规，但是由于用手限制了对方的行动获得不正当的利益则是犯规；在掩护方面，一个合法的掩护应该是一堵墙，应该是让被掩护的队员自己往墙上撞，而不是用墙去推对方。往往一些裁判员火候把握不好造成错、漏判；裁判员在"三个一致"的认识和把握上也存在着问题。"三个一致"就是要求裁判员在执裁时严格执行：主裁副裁一致。主队客队一致，整场尺度一致。但由于裁判员之间存在着技术水平参差不齐，往往在临场中，可吹可不吹的吹了，应该吹的大的犯规、坏动作反而漏掉了没有吹。在同一场比赛中，主队的犯规动作不吹，客队甚至不构成犯规的吹了；裁判员的惯例是强调吹第一犯规动作，而一些裁判员第一个犯规动作不吹，吹第二个犯规动作；同样是在比赛临近结束时，主、客队遭受的待遇明显不同，主队的犯规不敢吹了，而客队的犯规一个不漏。最常见的问题是一场比赛判罚尺度前紧后松，比赛开始哨子过多，后面队员犯规多了反而不敢吹了，怕把队员罚下场自己不好收场，比赛失去了控制，双方教练和运动员怨声载道，大煞风景。

最后，裁判员在赛场管理方面的管理水平也需要完善。裁判员的管理大有学问，充分发挥运动员的技术水平让其大胆拼搏，有的放矢、抓大放小是裁判员工作的艺术

2015年3月3日，2014-2015赛季CBA联赛常规赛，北京首钢男篮对阵广东宏远男篮。图为北京队主教练闵鹿蕾和广东队主教练杜锋在观看赛况回放 刘平 摄影

北京男篮
Beijing Men's Basketball Team

2012年3月25日，2011-2012赛季CBA联赛总决赛，北京首钢男篮客场对阵广东宏远男篮。图为两队队员同时跌倒 新华社记者 孟永民 摄影

2015年2月7日，2014-2015赛季CBA联赛1/4决赛，浙江广厦男篮对阵辽宁衡业男篮。图为辽宁队主教练郭士强不满判罚，与裁判争辩 CFP 供图

2015年1月7日，2014-2015赛季CBA联赛常规赛，广东宏远男篮对阵新疆天山男篮。图为广东队易建联向裁判示意对手犯规 CFP 供图

情，判客队技术犯规往往抬手就判。

随着转播技术的发达和CBA受关注度的日益提升，裁判员的每一次判罚都会被放在"放大镜"下研究。很多时刻技术性的问题谁也说不清楚，例如，球出手的时候投篮动作是否完成，突破的时候防守者脚跟有没有站稳，这些问题要求裁判在瞬间判断，偶尔的错误可以谅解。例如，2011-2012赛季总决赛第三场，京粤两支运动队的比赛在北京万事达中心进行。在本场比赛中，最具争议的一个漏判发生在第三节，当时广东队的王仕鹏在上篮过程中被北京队马布里绊了一下，但裁判吹罚前者走步，王仕鹏当即对裁判的判罚表示了不满，广东队一气之下叫了暂停。暂停结束后，广东队主教练李春江换上了以替补为主的全华班，随后北京队的马布里三分出手，广东队的周鹏将其撞倒在地，因此被判技术犯规，苏伟随即又对马布里说起了脏话。很多人都认为，正是裁判的判罚才引起了当时场面的混乱。

对于那次判罚，我认为规则中对于走步的判罚原则始终没有改变过。那个球我记得很清楚，王仕鹏可能认为他是被马布里绊了一下之后才失去了重心，所以向前走了几步，但当时裁判员可能太过关注上肢的对抗和手部的动作了，没有注意脚下。但是这个球即使是漏判，球员也应该无条件服从，因为裁判员站的角度不同，可能看到的也不同，有些地方可能正是他的盲区，所以出现一些漏判也是正常的。

赛场上情况瞬息万变，裁判员

性和技巧性融合。管理要一视同仁，要适度的提醒、警告，判罚要取得教练员、运动员的信任，规范他们的言行举止。判罚不是目的，目的是使比赛在良好的环境中顺利进行。常言道：没有规矩不能成方圆。裁判员要敢于并善于管理，对于不符合比赛的行为应当立即加以制止和纠正。然而，有些裁判员表现出软弱的一面，在场上对运动员、教练员解释太多，不敢管理，反复劝告、安抚，和稀泥客观上助长了滋事行为，有的甚至出现越闹越凶、越闹越获利的情况。有些裁判员表现厚此薄彼，对主队的不良行为放任自流，对客队则毫不留需要在极短的时间做出完全正确的判罚是有难度的。即使裁判员当时判罚错误，队员也不应抱怨。现在我们的队员就是把裁判员想得太完美了，他们总是想要求裁判员一个错判漏判都没有，但这其实是不可能的。裁判员总会出现漏判，关键是出现了之后队员怎么对待，我们的队员现在只要有一点漏判就非常不满，这样是不行的，包括以后代表国家队出去打比赛，裁判员判错了，难道抱怨他就能改判吗？不可能。所以我们还是应该加强对球员这方面的教育。

那么一场比赛有多少漏判属于是正常的呢？这个问题现在国际篮联上也没有明确的规定，界定一场比赛出现多少漏判属于正常现象。可以认为衡量的标准就是能不能控制场上的局面，不管裁判员出现几个漏判，得能控制住场面、控制队员的情绪，不要让他们出现太多不文明的言行。从那天的比赛来看，这几个裁判员控制住了当时的局面，顺利完成了比赛的任务。

判罚尺度问题历来是CBA联赛各方争议的焦点，对于赛场上的关键性判罚有质疑时，可以由俱乐部出面向CBA裁判管理委员会提起申诉。2013-2014赛季北京队与佛山队的一场比赛，在比赛还剩最后2秒时，双方战成118平。马布里突破造成佛山队防守犯规，获得两次罚球，他的第一次罚球弹筐而出，此时裁判员却示意佛山队进线过早，终场前0.5秒，北京队以2分的优势结束了比赛。赛后，佛山队教练组对裁判员最后时刻的这个判罚提出了争议，他们认为李根

2015年3月19日，2014-2015赛季CBA联赛总决赛，北京首钢男篮对阵辽宁衡业男篮。图为辽宁队郭艾伦（蓝衣）向裁判抗议 CFP 供图

2015年2月8日，2014-2015赛季CBA联赛1/4决赛，北京首钢男篮对阵吉林东北虎男篮。图为吉林队外援琼斯（红衣）向裁判抗议 CFP 供图

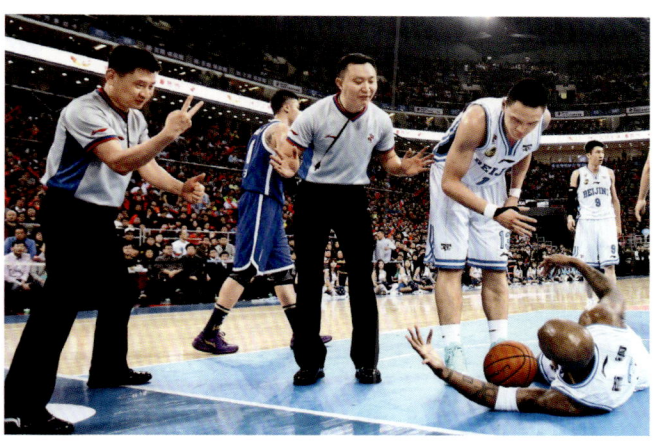

2015年3月15日，2014-2015赛季CBA联赛总决赛，北京首钢男篮对阵辽宁衡业男篮。图为北京队外援马布里被碰倒地后与裁判理论 CFP 供图

的补篮存在提前进线，佛山队总经理刘宏疆甚至失去了理智，在球场上演追打裁判的一幕。

按照规则，罚球时在三秒区内站位的球员，可以在罚球人出手投篮时进线抢球，站在三分线外的球员要等球沾筐后，才能进线抢球。根据这个解释，李根当时站在三分线外，他在马布里投篮出手时就冲进了三分线，应属违规，执法当场比赛的主裁判李平的判罚应属"重大失误"。因此，在比赛中出现个别漏判的情况是可以原谅的，但是重大的原则性判罚出错，就很不应该了。

针对这个判罚，事后佛山队

向CBA裁判管理委员会递交了申诉报告。在对当场比赛进行了详细的评估和统计后，篮协以及裁判管理委员会的四名成员：姚明、梁志斌、严晓明和徐积为，一致认定裁判在比赛中有明显的误判和失职情况，最终在召开会议讨论后，做出了对当值主裁判李平禁赛15场的处罚。

除了关注判罚的合理性外，很多篮球爱好者也十分关注判罚本身的规则。例如CBA犯规处罚规定：一名队员已发生了六次侵人犯规或技术犯规，必须立即离开比赛。很多人不明白为什么不是五次犯规或者八次犯规就被"逐出"赛场呢？这其实是一个科学的量化标准。过去篮球比赛对几次犯规就必须离开赛场没有明确的要求，各种不同比赛的判罚标准也并不统一。然而，随着CBA联赛的创立，特别是近几年来，中国篮球与国际篮球的接轨和进一步融合，犯规处罚的规则也逐渐明确了下来。国际篮联举办的比赛，如世界篮球锦标赛、奥运会篮球比赛等与我国的CBA联赛不同，前者比赛时间只有40分钟，而后者参照NBA惯例，比赛时间为48分钟。CBA的比赛时长被分为4节，每节12分钟，而非国际篮联的上下半场各20分钟或4节各10分钟。因此，比赛要比国际篮球比赛时间长，从理论上讲，犯规的可能性就会增加。如果将"逐出"赛场的标准定为三次，一名队员在场上打满48分钟，那么除去有时由于身体接触产生不可避免的犯规外，球员就根本无法在场上展开任何战术动作和近距离的身体接触，这显然与篮球运动主张对抗性的初衷相背离。而如果将"逐出"赛场的标准定为八次，又由于可犯规的次数过多，没法通过罚下制度约束场上球员的行为。在经过长期的赛场判罚实践后，人们从场上的攻防出发进行科学的总结，倾向于把六次的标准（国际篮联五次）固定下来，写入篮球犯规处罚规定。

以上这些判罚的规则和例子说明：裁判工作不是任何人都能担当的，它需要裁判员具有很高的业务素质和能力水平。从硬指标来讲，由一级裁判员晋级到国家级裁判员的考核中，裁判员必须达到身高要求男1.80米、女1.70米，要有英语基础，会打篮球。一名优秀的裁判员应具备的条件是：应有优良的品德，遵守职业道德，爱岗敬业，诚实守信，办事公道，服务群众，奉献社会。他应具备良好的心理素质，有自信心，敢作敢为，处理问题不拖泥带水，坚持原则，工作态度诚恳认真，精益求精，不骄不躁。临场宣判准确，手势果断，处罚坚决。他需要具备强大的抗干扰能力，不卑不亢，意志坚定，不带感情色彩，不易受外界事物的影响。敢于吹"关键球"，敢于负责任，在实践中培养出刚性的气质。当赛场上遇到白热化的场面时，两队比分十分接近时，比赛还剩几秒钟一哨定胜负时，优秀的裁判员会表现出非凡的胆量和魅力，处理关键判罚时游刃有余，经受得起各种心理压力的考验。

此外，优秀裁判员还应具备精湛的业务能力——公正执法。公正是一个裁判员应具备的最基本的素质。裁判员要树立为人民服务的职业精神，尊重对方，尊重自己的人格，秉公执法。没有公正的态度就没有准确的判罚，没有过硬的裁判技术基础也达不到公正的裁决。如果一个裁判员不正直，水平再高也不是一个称职的裁判员。

优秀裁判员应具备良好的观察和洞察力，充分了解赛场上运动员的一切动向，规范他们的行为，使其在有效的范围内发挥自己的技术和战术，裁判员在场上通过他的积极跑动选好观察角度，及时做出积极准确的判罚。

裁判员有责任保证比赛在良好的体育精神氛围中进行，对运动员不道德的行为要严格管理，对一些伤人动作敢于判罚，由此可见裁判员的管理水平和执裁技巧在比赛中起着重要的作用。

总之，裁判员是篮球比赛中重要的组成部分，其水平直接地影响篮球运动的发展与提高。目前我国裁判员的水平、能力偏低，与国际优秀裁判员存在着较大差距，在亚洲也没有优势可言，如何尽快地提高我国裁判员执裁水平，打造一支优秀的裁判员队伍实属迫在眉睫之事。

篮球服装

篮球运动对球员服装有严格的要求：每一球队成员应穿前后有号码的背心，其清楚的单色号码与背心的颜色有明显的区别。背心前后主要颜色相同，所有队员必须把他们的背心塞进比赛的短裤内。国际篮联举办的比赛如奥运会、世界锦标赛等，为了避免队员号码与得分混淆，也为了使记录台更清楚地记录，使比赛顺利进行，球队的球衣一般使用4~15的号码。各国篮球协会举办比赛有权批准最多两位数字的任何其他号码，充分体现运动的个性需要。球队必须有两套背心，在主、客场的赛制中，主队一般穿白色服装，座位安排在记录台左侧（从记录台后方观众角度看），客队一般穿深色服装坐在记录台右侧。通常我们在电视里看到的篮球比赛转播，很容易区分哪个是主队哪个是客队，队员穿白色服装肯定是他们的主场。

随着社会的发展，体育逐步向商业化发展，运动服装也成为一项体育运动的特点。第一个特点就是无论什么项目的世界比赛，运动员穿着的服装的颜色一般是其国家国旗的主色调；第二特点是商业比赛中，如NBA、CBA队员穿着服装的主色调代表自己俱乐部特征。比如，北京男篮队服的主色调为浅蓝色，广东宏远队服为黑色。其次是项目的特性，如：足球服装上身为短袖圆领衫和短袖T恤衫，下身是肥瘦比较适中的短裤；排球服装上身为长袖T恤衫、现在改为短袖T恤衫，下身是比较贴身的短裤。篮球服装上身是背心，下身是长度接近膝盖的短裤。

马布里身着2014-2015赛季北京首钢男篮主场队服　刘平 摄影

大气睿智的北京男篮球迷

李远飞 邵化谦

2015年4月2日晚，由首钢总公司主办，北京电视台、五棵松体育馆协办的"这里是北京"——首钢冠军之夜大型球迷答谢会在万事达体育中心落下帷幕。北京首钢男篮在2014-2015赛季CBA总决赛中，以总比分4比2击败了辽宁药都本溪队，荣获赛季总冠军，再次创造了北京篮球的辉煌。

重温夺冠激情时刻，再现擎鼎经典画面。首钢球星、电视台主持人与球迷互动，共同分享夺冠喜悦，在这里共同度过了一个充满激情、欢乐和感动的夜晚。

的确，北京男篮四年三冠与北京球迷的关爱和支持密不可分。

2014年3月23日是2013-2014赛季CBA总决赛的第三场比赛，也是北京首钢男篮的第一个主场，到场的北京球迷人人领到了一件蓝色T恤衫，万事达中心变成了一片蓝色的海洋。这个偶然的安排，却表现出了北京男篮球迷们的共性：大气、睿智。

从2012年北京队首次夺冠，到如今北京男篮第三次夺得CBA总冠军。球迷们与球队共同成长，用自己的大气为球队营造最舒服的打球氛围，用自己的睿智为球队争取最温馨的人文环境。

北京男篮球迷概况

1988年，北京男篮正式更名为北京首钢篮球队。1989年，北京队第一次以"北京首钢队"名义参加全国联赛。1995年年底，中国篮球甲级联赛开赛（后更名为CBA联赛），联赛共12支队伍，北京首钢队正是其中一支。

彼时的北京队还不像现在这样，以马布里这样的超级外援为核心，球队当时有国内最好的两个中锋——单涛和巴特尔，球队名次也一直在前四名，但即使如此，由于球队主场一直位于西五环附近，先是石景山体育馆，后来虽然短暂搬到过工人体育馆、北京大学生体育馆，但都没有持续太长时间，直到2001年12月首钢篮球中心正式投入使用，北京男篮的主场就一直定在了那里。

当时，北京国安的球迷数量已经相当可观，但由于北京男篮的成绩一直没能更进一步，外加主场偏远，北京男篮的球迷数量并不多，来自首钢集团的职工，成为了球队

最忠实的粉丝。

在很长一段时间里，首钢集团的下属单位，每年都有球票的订购任务，"球队刚开始参加CBA联赛的阶段，首钢集团的职工给了球队很大的支持。"时任北京男篮主教练、现首钢篮球俱乐部副总经理的袁超说。

当时每到北京队主场比赛，

2011-2012赛季CBA联赛总决赛，北京首钢男篮对阵广东宏远男篮。图为北京队主场球迷　　CFP 供图

2015年3月3日，2014-2015赛季CBA联赛半决赛，北京首钢男篮对阵广东宏远男篮。图为主持人李响（左一）和运动员李金哲（左二）在现场观赛　李志岩 摄影

2013年12月29日，2013-2014赛季CBA联赛常规赛，北京首钢男篮对阵广东佛山男篮。图为中国乒乓球队马龙（左一）和张继科（左二）在现场观赛　李志岩 摄影

球馆东侧的看台是固定属于首钢方阵的，他们会统一身着蓝色助威服，口号响亮，旗帜鲜明，从始至终为北京队的球员们呐喊。他们也是当时北京篮球界闻名遐迩的"首钢蓝梦球迷协会"，简称"首钢方阵"。

"文明观赛事，理智对输赢"是首钢蓝梦方阵的宗旨，当年的成员全是首钢职工，现在加入了许多新鲜力量，宗旨一直没变过。

现任蓝梦球迷协会的会长田立恒表示，加入这个球迷协会很重要的一个要求，就是保证在比赛过程当中不能有不理智的行为或语言，任何一名会员，如果他口出污言秽语，那么以后就不要再来了。

2006年，巴特尔离队，转投新疆，北京队的实力大幅下降，外加CBA联赛多在冬季，天气寒冷，来西边看球的球迷更少了。不夸张地说，直到2011-2012赛季北京队夺得首个CBA总冠军之前，除了首钢职工，少有固定前去主场看球的球迷，当时的球票价格，一直没有超过15元，即使如此，首钢篮球中心二层的看台，也经常空空荡荡。

情况在马布里2011年加盟北京队之后发生了变化，当年的北京队，一开局就打出了一波13连胜，外加马布里身上的明星光环，去首钢篮球中心看球的人渐渐多了起来，只能容纳不到6000人的首钢篮球中心，开始变得一票难求，因为对外售卖的球票数量十分有限。

"当时的票有好多是要给首钢内部职工的，因为当年你困难的时候他们支持了你，不能现在成绩好了，就把他们忘了。"袁超说。

粗略一算，首钢篮球中心能容纳不到6000人，这6000张球票中，有2000多张是由首钢下属的机关单位认购的，换句话说，每场比赛卖给球迷的球票，只有不到3000张。相比于北京2000多万的居住人口而言，3000张票确实太少了点。

于是便有了之后北京男篮将主场迁至五棵松体育馆的举措，此举也大大激发了球迷的热情：新球馆漂亮、看球体验好、球队成绩也棒，主场即使换到了有18000个座位的五棵松，照样爆满。

据统计，CBA2014-2015赛季每一场总决赛在北京的收视人口都达到了600万左右。这是一个什么样的概念，在常住人口2000多万的京城，关心首钢男篮命运的人几乎占全部常住人口的1/5。

在这些热心观众的支持下，北京男篮在过去的四个赛季中，拿到了三个冠军、一个季军。

不过，因为有固定团队的球迷组织太少，球迷大多是自发看球，北京男篮的主场也一度出现过一些不文明的助威口号，有一些还让首钢主场受到了篮协的处罚。

鉴于此，北京首钢俱乐部认识到建立官方球迷组织的重要性，2013-2014赛季开始前，北京首钢俱乐部、中国篮协等多家单位共同谋划，在北京赛区成立了官方球迷组织——首钢霹雳鸭球迷俱乐部，作为全国的一个试点，让北京球迷们有组织地文明观赛，并且不定期地组织球迷和球队互动。

首钢体育馆的馆长徐学鹏说："我们当时的计划是，让原有的首钢球迷和社会球迷相联合，构成我们新的球迷协会，给这些球迷中的主干颁发会员卡，同时给他们提供和球队互动的机会。"

截至目前，首钢霹雳鸭球迷俱

原北京国安足球队外援德扬在现场观看北京首钢男篮比赛　　李志岩 摄影

原北京国安足球队外援马季奇在现场观看北京首钢男篮比赛　　李志岩 摄影

乐部已经有了约4000名会员，这些人也都是北京男篮的铁杆球迷。

此外，随着时代的发展，许多北京球迷目前也通过贴吧、微博、微信这些工具聚拢在一起，谈论球队，并且开始像北京国安的球迷一样，组织大家给球队接机、送行。

此前，北京国安的球迷就有这个传统，但凡是给国安做出了贡献的球员、教练，每到离开国安时，都会有大批的国安球迷前去送行，帕切科、卡努特等人都享受过这样的待遇。

自从老马效力京城，北京的篮球迷也加入了送行的行列，此外不管球队是得胜凯旋，还是失败而回，球迷们都会自发前去，迎接自己的英雄，"赢就一起狂，输就一起扛"的口号，也正是在这期间发生的。无论成绩如何，始终如一地支持自己喜欢的球队的精神源自国安球迷，但不论是足球迷还是篮球迷，终归都会融合在一起，为京城球队呐喊助威，无论输赢。

那么，现在北京篮球的球迷文化是什么？北京主场MC刘芳宇认为，"球迷文化"的体现需要长时间的沉淀和积累，北京球迷长年形成的文化，不可否认在工体体现得最为明显，"北京篮球的球迷文化还需要以线带点、以面带线，需要一个时间积累的过程，现在可以说只是个雏形，还需要很长一段时间的努力，与其他球类球迷文化求同存异。"刘芳宇说。

你身边有没有这么一个人？

如果这些日子，您身边要有人成天上蹿下跳、魂不守舍，没事不是坐在电脑前，就是捧着手机不放，单位或朋友组织的一切活动，能推则推，聊天时三句话就能扯到北京男篮上，那他或她，就准是个篮球迷。半决赛和总决赛接踵而来，在平常人眼里，他们是兴奋、不安、期待、焦虑的一群人，但对于已经进入"球迷模式"的他们而言，这却是最正常的状态。

又爱首钢，又爱国安

尽管篮球和足球一个手、一个脚，但在北京，首钢和国安的球迷却很大程度上是重合的。笔者为此曾在篮球迷中搞过一个小范围调查，其中第三个问题就是除篮球外，依次写下你最喜爱的运动。而所有认为自己算是一个篮球迷的受访者，几乎无一例外地将"足球"列在其余喜爱运动的首位，"名字里带有'北京'！"这是32岁的IT工程师黄超对于"又爱首钢，又爱国安"的回答。"我只能算是自己城市球队的篮球迷！"34岁的公务员刘申说，他只看北京男篮和中国男篮的比赛，这让他有一种归属感，"自己的城市，自己的球队，看着亲切！"而33岁的公司职员李燃说："自己的孩子自己爱，因为有'北京'两个字，所以喜欢北京队！"

30多岁对成人来说已过而立之年，然而对于热爱篮球却要为家庭、事业和生活拼命奔波的篮球迷而言，无论身处何方都心系赛场。2014年3月21日这天恰逢北京首钢总决赛的第二个客场，身在石家庄出差的房地产公司营销负责人苏涵，在比赛的大部分时间里正在陪客户，而在千里之外的上海，从事旅游工作的唐明则刚刚走下飞机。"快到酒店了。"完活儿的苏涵一边往回赶，一边通过微信询问比

北京男篮
Beijing Men's Basketball Team

2015年3月19日，2014-2015赛季CBA联赛总决赛，北京首钢男篮对阵辽宁衡业男篮。图为演员邓超在现场观赛 刘平 摄影

分，那边的唐明也在用手机刷比分，他说："69比64，是实时的吗？"当得知双方战平进入加时时，刚刚在酒店落座打开电视的苏涵笑着说："时间刚刚好，你们前面全都白看！"而唐明则已经动用4G，传回了手机截取的比赛画面。在外奔波的篮球迷其实要求并不高，能够踏踏实实坐着看一场球，无论在哪都是享受。"只有出差才有可能看球，在家要陪孩子，在公司更忙，除了开会还是开会，要么就是陪客户。"咨询公司负责人左照国说，"家里人都被我培养和感化了。"说这番话的时候，既是首钢球迷，又是国安球迷的左照国正在长春出差，当天他飞回北京，可以看两场北京队的球，而下周一就要转场到山东，因为周一有国安的比赛，他笑着说："抵达后的第一个安排，看球！"

事实上，尽管这座城市的人们对篮球和足球的爱集于一身，但其实这两种"爱"却是完全不同的。"喜爱足球和喜爱篮球的，其实完全是两种人。"那天在单位食堂，一位看足球和篮球几十年的老球迷说，"喜爱足球的，爱的是过程，因为进球很少，90分钟比赛，从第89分钟开始看也不遗憾的，那不是真喜欢足球。而喜爱篮球的，爱的是结果，哪怕就看最后决定胜负的那几分钟也愿意，因为几分钟里就有太多的可能性。"

赛前抢票 内有玄机

北京的篮球迷，除了希望首钢男篮赢球外，恐怕另一个能够形成超高共识的"点"，就是重点场次比赛的门票常常"一票难求"。在调查问卷有关"在哪看球"一项的回答中，绝大多数人选择在家，而在说明理由时，"根本买不着票啊"的出现频率很高。当然，如果你足够睿智，再加上那么一点儿运气，花票面价格买到北京男篮总决赛的门票也不是没有可能。记者一位供职于证券公司的朋友，这次也参与了小调查问卷的古雪峰就是聪明的幸运儿。

前些日子，也就是北京男篮还在打半决赛那会儿，古雪峰就一直在找票，"原价买就行"但现实却是残酷的。因此当北京男篮挺进总决赛，摇号抽票的方式确定之后，记者通过微信把网上摇号的方式给他转发了过去，不一会儿他就回了电话，"你填申请了吗？我准备再给女朋友填一份儿，这样机会大一点儿。"他说，"其实我想买380的，这个价位的看台高矮合适，就在篮球架子的后面，球员的每一个动作都能看清，我甚至觉得比球场两侧看得还清楚。"不过，因为可以在购买票价档次一栏进行多选，古雪峰还选了600元的一档，"我觉得你选的那档根本没戏。"他笑着说，"得贵一点的。"又过了几天，古雪峰又打来了电话："你抽中了吗？"在得到否定的回答后，他叹了口气说："我也没有！都公布中签的名单了，怎么会那么少呢？"可一天之后，电话中却传来了他喜悦的声音："你猜怎么着？我没抽着，我女朋友抽着了！600那档的。"

不把鸡蛋放在一个篮子里的策略让古雪峰得偿所愿。不过抽到球票的古雪峰反而有点纠结了，因为其实打心眼里，他认为北京男篮最终是4比2拿下总冠军的球，也就是在五棵松的最后一个主场时夺冠，他参与摇号时，三个主场都选了，但其实他更希望抽到第三场的。"600的票，把我的预算都用了。"他说，"万一后面我自己抽到了，就郁闷了。""中了的还不乐意？我们不中的都没叽歪。再说，也许根本不用打到第三场呢？"听到这番安慰，古雪峰笑了："我就那么一显摆！"

周六下午是通知取票的最后时间，尽管第二天有重要考试，但家住城东北的古雪峰，还是很乐意地为取票拿出了宝贵的几个小时，赶往了五棵松。"取票的人不多。"他说，"但我还是有突出重围的感觉。"

北京男篮有批"明星球迷"

作为北京市民关注度最高的赛事之一，2014-2015赛季CBA总决赛的"京辽大战"吸引了无数北京球迷的目光。苏涵、古雪峰等人只是京城万千球迷中的一个个体。然而正是这微不足道的个体，却在向我们展示着生动鲜活的北京球迷精神，以及在追求自己热爱的球队过程中发生的故事。

除了这些平凡的白领外，北京男篮还有批超级球迷。他们从赛季期间对北京男篮的关注中汲取了人生的力量，并以他们明星的光环，潜移默化地改变着周围人的生活。

英达：期待北京队年年夺冠

英达是娱乐圈少有的导演、演员、主持人三位一体的人才，无论是扮演影片《大腕》中的路易王，还是主持综艺节目《老同学大联欢》，英达都表现得活灵活现，游刃有余。尤其是在《我爱我家》《闲人马大姐》先后成功之后，英达更是被人们称为"中国情景喜剧掌门人"。然而这些年，著名导演英达已经淡出人们的视线，因为他现在已经将生活的重心放在国外，带着儿子英如镝，在美国打冰球。但每当他回到北京时，还是会去北京男篮的主场，看一场北京队的球，因为他也是十足的篮球迷，尤其喜欢北京男篮。

"我一直非常喜欢篮球，以前还解说过篮球呢。"英达说，"我从1983年就开始看北京男篮的比

演员张涵予（左）在现场观看北京首钢男篮比赛
李志岩 摄影

2014年3月23日，2013-2014赛季CBA联赛总决赛，北京首钢男篮对阵新疆广汇男篮。图为导演英达（前）在现场观赛　　CFP 供图

歌手郝云（中）在现场观看首钢男篮比赛　李志岩 摄影

相声演员李菁（红衣者）在现场观看首钢男篮比赛　李志岩 摄影

赛了，那时候闵鹿蕾和袁超还是队员呢。我自己也打球，如果没有篮球和冰球，尤其是篮球，那不仅生活无趣，我也不会是今天的我。"英达笑谈，"北京队的比赛不管输赢我都喜欢，当然也期待北京队每个赛季都能夺冠，但是那不太容易。"

虽然十分喜欢北京队，但和英达关系最好的球员却不是北京队的，而是生于北京的王治郅。"王治郅去NBA之前还去我那串过戏呢，当时我正在导演的一个情景喜剧，大郅在里面客串过一个镜头，那是他的第一次演出。"英达说。

濮存昕：通过篮球，能帮助更多人

儒雅斯文，风度翩翩，一脸神秘迷人的微笑，永远是一副玉树临风、看破红尘的样子。在舞台上，他是一位淋漓尽致地展现才华的朗诵者。在舞台下，他却又化身为一位谦谦平和的智者。他，便是濮存昕。生活中的濮存昕热爱体育，篮球是他的最爱，"我以前每周都要打两次篮球。"他说。

濮存昕与篮球确有着不解之缘，小时候，他患过小儿麻痹症，一条腿肌肉萎缩，行走不便。小学二年级时，父亲有意让他进行锻炼，跑步、游泳、打篮球，几年后，他的腿完全康复了，但对篮球的热爱却一直保留了下来，直到现在。

一直以来，在国内演艺圈中活跃着两支球队："梦舟"明星足球队和"梦舟"明星篮球队，濮存昕便是"梦舟"明星篮球队的一员，他的队友也个个都有鼎鼎大名，张丰毅、张伟进、刘威、师小红……

据濮存昕透露，"梦舟"成立于1994年，多年来相继为希望工程、慈善机构、体育基金和环保绿化事业进行了大量义赛，也通过义演等形式筹集到了许多捐款。"能通过篮球给更多人带来帮助，我认为是很有意义的一件事情。"他说。

因为是北京东城人，濮存昕自然喜欢北京队，除此之外，还喜欢八一队，并且也和八一队中的北京籍球员王治郅是好朋友。

2013-2014赛季CBA全明星周末扣篮大赛，去现场看球的濮存昕还被邀请当了一次裁判，当时他就透露，自己进场看球，是王治郅送给他的球票。

贺黎明：完成贺龙元帅的夙愿

贺黎明是贺龙元帅的第三个女儿，她和篮球的渊源，还要从中国业余篮球公开赛说起。

2005年，中国业余篮球公开赛（CBO）举办了第一届比赛，这项比赛由中国篮球协会主办，全国各省市体育局、篮球协会承办，有中国三亿篮球爱好者参与，也是有史以来规模最大的公

2014年3月23日，2013-2014赛季CBA联赛总决赛，北京首钢男篮对阵新疆广汇男篮。图为演员濮存昕（二排右一）、何冰（二排右二）在现场观赛　刘平 摄影

北京首钢男篮主场MC（主持人）刘芳宇　新华社记者 孟永民 摄影

益性体育赛事。

当时，贺龙基金会成为了那次赛事的协办单位，并以贺龙元帅的名字冠名此项赛事，赋予了CBO更深层的含义，而贺黎明正是贺龙基金会的副主席，"举办公开赛的目的之一，是为了完成我父亲'三大球上不去，死也不瞑目'的夙愿，为我国的体育事业健康发展尽一份绵薄之力。"她说。

现在，贺黎明的身份是中国民族贸易促进会会长，平日里的工作也很忙，但每到中国业余篮球公开赛比赛的时候，她只要有时间，总会来到现场，为比赛尽一份心力。

此外，贺龙体育基金会还牵头发起了一个大型的体育公益项目：贺龙篮球公园，目前已经陆续在全国有条件的城市展开。"之所以以我父亲贺龙同志的名字命名，是想在缅怀他对新中国体育事业做出的卓越贡献的同时，以'继承、发扬、展望'的态度对他老人家关于新中国体育事业发展的构想继续进行实践和探索，为中国体育爱好者、特别是篮球爱好者带去更多快乐。"她说。

刘芳宇：我的任务是让球迷有归属感

说到北京男篮的球迷，就不得不提北京队主场的MC（主持人）刘芳宇，喜欢打篮球的他，也早就是北京队的球迷了。"之前主场从最早的送票，到门口的5块钱一张票都没人要，那真是太惨了。"

2012年北京队夺冠成了契机，一下把北京球市带了起来。从那个赛季开始，陆陆续续有很多年轻的球迷开始走进北京男篮的主场，球票终于变成抢手货了。从2011赛季开始，刘芳宇开始正式成为北京队主场的主持人，每场比赛，都是由他拿着麦克风，带着大伙儿给北京队加油，称得上球迷和球队之间的纽带。将近五年来的CBA现场MC的工作，让刘芳宇对自身的认识也产生了变化，"这份工作其实是沟通球迷和现场赛况、现场球员的桥梁，我首先将自己定性为一个工作人员。虽然我是首钢的球迷不假，但同时我又是现场那个唯一有话语权的人，不能把自己等同于普通球迷，因为我的话可能会给现场的气氛带来影响。"

"篮球赛场是一个球迷们聚集在一起看球、给心爱球队加油的平台，我的任务是通过自己的主持让观众们有归属感，有找到组织的感觉了，这就足够了。"

说起北京的球迷文化，刘芳宇表示，可能球迷对场上的技战术分析、对球员的了解不是那么透彻。但有一点，他们始终无条件地支持家门口的球队。

"我们就需要这种激情，球迷的任务就是让自己的队伍在我们的主场感受到最大的支持。在我看来，我们北京的球迷就是穿着北京球衣的护城墙。"刘芳宇说。

京城三代篮球宝贝演绎活色生香

孔 宁

北京男篮
Beijing Men's Basketball Team

国内篮球赛场上前卫时尚的啦啦队源自CBA，第一支啦啦队就诞生在北京。从当初第一代的石景山九中艺术体操队，到"守镇之舞"的赵守镇啦啦队，再到如今的职业啦啦队"巅峰宝贝"，京城三代啦啦队队员用她们的美丽和热情，展示出篮球赛场独特的文化魅力。

啦啦队起源于美国

啦啦队起源于美国，由最初为橄榄球队呐喊助威的活动，一直到NFL美国橄榄球大联盟，啦啦队文化终于形成规模，发展到现在成为世界范围内的一项体育运动，已经有一百多年的历史。啦啦队是以团队的形式出现，并结合舞蹈、口号、特技动作、技巧、轿子抛、巧叠罗汉、跳跃等动作，配合音乐、服装、队型变化及标示物品（如彩球、口号板、喇叭与旗帜）等要素，遵守比赛规则中对性别、人数、时间限制、安全规则等规定进行比赛的运动。

最初的啦啦队要追溯到19世纪70至80年代的美国大学校园，当时的形式是在大学里的橄榄球赛上，一位领队站在一大群人前面领导他们为自己的球队呐喊助威，第一个旨在创造体育比赛激励气氛的俱乐部成立于普林斯顿大学。1884年，一位普林斯顿大学的毕业生汤姆·皮博斯，将啦啦队这种比赛激励形式和美式足球（橄榄球）这个运动项目融合在一起，传播到明尼苏达大学。于是在19世纪90年代，有组织的啦啦队活动，以及第一首鼓励运动员比赛拼搏的歌曲，在明尼苏达大学诞生了。

进入20世纪，啦啦队表演形式开始丰富起来，出现喇叭筒、纸制绒球等道具。女性在啦啦队中的作用越来越重要，还开始将体操舞蹈动作融入到呐喊中。20世纪五六十年代，学院啦啦队开始有自己的培训教程和培训班，教授基本的技巧。同时建立了一套常规步伐，开始将体操动作和滚翻融入煽情动作，并且大力推广。

20世纪70年代，啦啦队除了为传统的橄榄球和篮球比赛加油，开始适用于所有运动。1978年春，美国哥伦比亚广播公司通过电视第一次向全美国转播学校啦啦队冠军赛。从此，啦啦队开始作为一项严肃运动被人们认可。这时啦啦队技巧有了很大的提高，例如增加了体操、搭金字塔、向空中跳跃等动作。

20世纪80年代美国全国性啦啦队竞赛在初中、高中、大学中广泛举行，啦啦队不仅有女生，也有能干"力气活儿"的男生，由此逐渐形成啦啦队文化。一直到20世纪90年代，全美各州大、中学校都拥有自己的啦啦队及团体协会，并且建立了自己的啦啦队网站。当然，还有全美大学生啦啦队大赛，这是美国最高规格的大赛，获得冠军的大学将享有极高荣誉。

如今，啦啦队已经成为一种独特的运动文化影响全球。欧洲、亚洲也兴起了啦啦队，德国是欧洲最早兴起啦啦队运动的国家，而英国啦啦队协会则由官方组织。在亚洲，日本、韩国都有自己的啦啦队协会，啦啦队水平最高。

北京奥运会是节点

中国观众对啦啦队文化并不陌生，但啦啦队在中国发展时间很短。啦啦队在中国有一个很重要的历史节点，那就是2008年北京奥运会，见证和研究多年相关运动的中国艺术体操协会和中国健美操协会高级顾问、北京体育大学副教授孟宪军进行了解读。

孟宪军说："中国啦啦队起

源于大学,大家受美国啦啦队文化影响较大。1999年国家体育总局举行了首届大学生风采大赛,其中有一项叫啦啦操比赛,但与后来的啦啦队表演相比,还明显不成熟,仅是对美国啦啦操的一种模仿。后来,我们邀请美国啦啦队教练前来给大学生们指导,每年都举行这样的赛事,当然仅限于大学生范围。随着啦啦队文化的影响,我国南方的广东、广西开展得最好。就在2001年,我国在广州举行了首届中国啦啦队大赛。"

2008年北京奥运会为何是中国啦啦队发展的重要节点。孟宪军说:"2008年北京奥运会体育展示重要方面之一就是啦啦队演出,为了备战北京奥运会,我们从2006年开始首先进行了各社区老百姓的看台啦啦操演练。2007年举行啦啦操选拔赛,这是由国家体育总局体操运动管理中心主办。同时,在中国技巧和蹦床协会下面设立了啦啦操运动委员会,北京市体育局也陆续举行相关啦啦队大赛。不少年轻人的啦啦队表演出现在2007年至2008年年初的'好运北京'体育赛事中,包括闻名全国和京城的'守镇之舞',属于体育展示部分,这些赛事实则是2008年北京奥运会测试赛,啦啦队作为体育展示,也进行测试,目的就是为北京奥运会做准备。另外,啦啦队文化也渗透到中小学,就在2014年全国中学生运动会第一次设立啦啦操比赛这一项。"

自从北京奥运会之后,真正意义上的啦啦队并不多。孟宪军说:"从全国大、中、小学范围来看,常年设立啦啦队的数量不超过10支,大学范围也就四五支,很多啦啦队都是临时组织,队伍没散,名称没变,但人员流动性大,他们平时也参加健美操比赛。"

除了学校啦啦队之外,后来也出现了职业啦啦队,他们其实原本来自各学校,走上社会之后,这些职业啦啦队以经营为目的,追求商业价值和社会价值。孟宪军说:"比如在北京城常年仅有三支职业啦啦队,多年以前最有名的是韩国人赵守镇的'守镇之舞'啦啦队,近几年最火的是服务CBA首钢篮球赛区的巅峰啦啦队,他们人员流动也很大。从全国来看,我们做过统计,一共活跃着11支职业啦啦队。"

关于啦啦队对体育运动和体育文化的影响，孟宪军说："啦啦操是一个好项目，对青少年来说，啦啦操以团队合作为宗旨，提倡积极阳光的拼搏精神，属于社会主流文化范畴。何况，常年锻炼对人的身心健康均有好处。"

乌克兰"红狐狸"

当今世界顶级啦啦队是乌克兰的"火狐狸"，也称"红狐狸"团队，那是由一群经过严格专业训练的身材高挑、舞姿感染力极强的女生组成。她们受到北京方面的邀请，在2008年北京奥运会亮相，她们优雅妩媚的表现，充满了速度与力量，让现场所有人惊叹。

"红狐狸"啦啦队组建于2001年，她们的舞蹈欢快、活泼、多姿多彩，充满激情，结合了体操和现代舞的技巧。"红狐狸"组建后很快成为各种体育比赛、歌舞表演和电视演出的宠儿。

2003年，"红狐狸"获得欧洲啦啦队比赛冠军。2004年，"红狐狸"亮相雅典奥运会，这是奥运历史上首次由国际奥委会指定啦啦队为篮球比赛助兴。此后，"红狐狸"还获邀参加了2006年男篮日本世锦赛和2007年男篮欧洲锦标赛。2008年，"红狐狸"再次受到国际奥委会的邀请，成为北京奥运会的官方指定啦啦队。奥运会期间，她们出色的发挥赢得了中国观众的喜爱。后来她们服务于北京奥运会五棵松体育馆的篮球比赛。

"红狐狸"啦啦队出场让人过目不忘，那是因为她们平均1.75米的身高、平均57千克的体重，脸蛋一律瓜子形娇小可人，人人都是艺术体操达人，人人都是一头令人羡慕的长发。正是这些过硬的挑选人员标准，让"红狐狸"在赛场一亮相，便成为追逐的焦点。她们每次进行啦啦队表演，无一例外必带500多千克服装和道具。加之御用的化妆师，每次出场，"狐狸"都是魅力无限。

记得在土耳其男篮世锦赛赛场，平均年龄23岁的她们展现出"狐"的特性和组队理念，"红狐狸"特意将带有白色狐狸尾巴的高筒皮靴带到土耳其，当10位身材火辣，几乎一个模子刻出来的"狐狸"，随着劲爆的音乐扭动身姿，配以那欢快的"狐狸尾巴"，如果她们不火那真是没天理了。一天三场比赛下来，"红狐狸"要跳十几支舞蹈，几乎就没有重样的，什么拉丁舞、民族舞、非洲舞，表演起来样样精通。她们的表演编排还会配合当地文化，在中国时，她们会身着旗袍，手持扇子，在张合间展现着活泼与热情。

九中艺体女孩
首次尝试啦啦队

当动感的乐曲响起，当靓妹们身着表演服舞动起青春节拍，当她们摇动手中的花束为球队助威与观众形成互动，你一定会想到，这是CBA赛场上的少女啦啦队。不仅为赛场烘托出热烈的气氛，还会使观众在欣赏紧张激烈比赛的间隙享受到娱乐。中国第一支啦啦队就诞生在北京，石景山九中艺术体操队就是中国啦啦队的先驱。

1995年2月，中国篮球开始改革，CBA联赛的前身、男篮甲A八强赛亮相。当时承办首钢队主场比赛的是石景山区体委，时任区体委副主任的刘景仪回忆："当时想到NBA赛场有啦啦队，我们也可以组织一支呀。"他把自己的想法跟在区体校任艺术体操队教练的妻子李家华讲了。李家华说："对呀！我们可以让艺术体操队来试试嘛！"

说说容易，做起来却有些难度。当时，李家华碰到的首要难题就是表演内容。没有现成的资料，也没有地方去学，一切都要摸索着来。李家华先从自己熟悉的开始，她将在九中上学的弟子们召来，移植了一些艺术体操动作，第一支啦啦队就这样亮相了。当时，这支啦啦队的队员即将面临高考的人生重要节点，尽管时间非常紧张，但姑娘们排练依然十分投入。1997年，CBA联赛首次增加了啦啦队评选奖项，从这一年到2001年，北京赛区啦啦队五个赛季蝉联一等奖。尽管取得"五连冠"的好成绩，但李家华仍感到有些遗憾，她觉得自己的队员都是中学生，身体条件还有些不足之处，表演的"疯"劲也不够。李家华坦承，后来的"守镇之舞"啦啦队更贴近时尚，而当时的啦啦队仅是沉醉于自我展示与表演当中。

蔡妮是这支啦啦队的第一批成员，从北大毕业后从事传媒工作，现在是某网站的音乐编辑。回首20年前的经历，至今记忆犹新。蔡妮说："刚听说让我们在篮球场上表演，而且是在比赛休息时，觉得挺没面子，艺术体操动作多高难度呀！现在回想起来，那真是一段难忘的经历。今天的啦啦队已经具有很深的文化内涵，有激情、有动感，显现职业化的趋势。作为啦啦队的第一代队员，我感到骄傲自豪！"

赵守镇告诉你
什么才是活色生香

"守镇之舞"是一支出类拔萃的啦啦队，其创始人赵守镇来自韩国，就是这位韩国女士，彻底改变了中国啦啦队拘谨而有些"保守"的形象。她们的舞蹈动作大胆前卫，活力四射，服装光鲜照人。她们善于现场煽情，鼓动观众一起舞动，赵守镇让我们近距离认识了当今世界什么才是啦啦队的潮流，什么才是真正的啦啦队文化，如今的啦啦队已经成为各类活动不可或缺的娱乐因素。

从历史上看，日本和韩国啦啦队文化比中国要早，尤其是韩国啦啦队职业化脚步更快，对中国啦啦队历史影响也最大。要知道，韩国职业啦啦队已经有20年的历史了。虽然赵守镇早已不在一线，但她的俱乐部依然受人尊敬和青睐，她本人也嫁给了中国人，组建了家庭，于中国定居。

有一个流行词语，叫劲爆，中国啦啦队终于也可以劲爆了。那是2002年世界杯足球赛，赵守镇带领一支中国啦啦队首次出现在

2008年4月26日，"好运北京"2008国际女子篮球邀请赛结束了全部比赛。中国女篮对阵美国女篮。图为篮球宝贝在场边为中国队喝彩　付田 摄影

为中国引领啦啦队文化的"先驱"并最终成为2008年北京奥运会体育展示导演和培训导师。

巅峰宝贝告诉你
什么才是职业
中国首支职业啦啦队

2007年6月2日，巅峰宝贝啦啦队在北京成立，这是中国第一支职业啦啦队，她们的队长却是个腼腆憨厚的小伙子，名叫王伟，毕业于北京体育大学。他与赵守镇教练是好朋友，他也想组建一支与众不同的啦啦队。他请来来自韩国职业篮球联赛的波波老师当教练，打造中国第一支职业啦啦队，因此她们身上有韩国味道，其中还有韩国女孩。

王伟说，队伍刚组建时，心里也没底，但第一次队伍海选，没想到那么多女孩子报名，这给了王伟很大的信心。于是他提升了选人标准：12名姑娘，要求平均身高1.72米，要漂亮，舞蹈也要出众。这些女孩来自全国各地，从全国各地报名的姑娘中最终挑选出来的12个人，组成了"巅峰宝贝"啦啦队，她们来自各行各业，但建队后就把啦啦队表演当作了第一职业。

队长杨舒越是职业模特，韩国歌手蔡妍在中国演艺活动的御用伴舞。杨舒越身高1.74米，曾荣获世界旅游小姐年度皇后大赛中国区总决赛最佳人气奖，2008年北京奥运啦啦队队长，街舞资深编导。杨舒越出任湖南卫视《锋尚之王》节目开场舞编导，中央电视台CCTV-5体育频道《篮球家年华》节目特邀啦啦队队长，著名平面模特，还是韩国三星电

国际赛场。1994年，一句中文都不会说的赵守镇从韩国仁川来到中国，当年她只有20岁。2002年，赵守镇自费组织队伍到韩国，为参赛世界杯的中国队加油助威。她说："我真的是把中国当作我的第二个家乡，想为中国做一点事情，我于是带了一支啦啦队就去了韩国。"

2004年，赵守镇一个人去了美国，她自费买了NBA的门票，看了5场NBA比赛。"NBA啦啦队队员很有创造力、煽动力，而且服装也很时尚，而我们的啦啦队员表演还是太过死板，不会调动观众的情绪。"她说。从此，我们领略到了"守镇之舞"啦啦队的"疯狂"。

2004-2005赛季CBA联赛北京赛区，"守镇之舞"给人们带来新的视觉冲击力和震撼。"以前，可以说中国没有像样的啦啦队，我们都觉得女孩比较柔美，但其实啦啦队舞蹈动作需要力量与速度，更需要全身心地投入，需要多种套路，展现各种文化，更要与赛场融为一体，要用灿烂的笑容，劲爆的动作以及积极的态度，带动赛场观众。"赵守镇说。就是她让我们的CBA啦啦队表演由呆板老套变得活色生香。

赵守镇，就是她逃离束缚，成

器平面手模,2009年世界名模大赛世界总决赛十佳,CBA联赛最受欢迎啦啦队成员。

就在2007-2008赛季CBA联赛,巅峰宝贝啦啦队凭借出色的舞技以及火爆的表现力,与"酷拉拉"啦啦队和著名的"守镇之舞"啦啦队,一起在首钢体育馆表演出了啦啦队"三国演义"。三支啦啦队轮番上阵且各展所长,成为那个赛季CBA联赛北京赛区的一道靓丽风景。"巅峰宝贝"能够击败"酷拉拉",凭借的是整体实力,而能够与非常出色的"守镇之舞"较量,却是巅峰宝贝们的巅峰之战。

对于"巅峰宝贝"啦啦队来说,她们是职业队伍,她们的演出也非常职业。互动时,啦啦队引导观众如何用口号和手势加油。什么时候加油,适时调动起现场观众的气氛。表演则分开场、中场、节间、暂停,一场比赛准备14套不同节目,10种道具。姑娘们把一场CBA比赛当作一场体育PARTY,有比赛、有礼品、有游戏、有表演、有互动。"巅峰宝贝"啦啦队追求舞蹈风格多样化,包含现代、民族、技巧、艺术体操、武术等;使用的道具有花球、旗子、长扇、短扇、毛扇、雨伞、帽子、布、圈、棒、双截棍等。正是靠着丰富多彩、从未有过的花活,成为北京赛区唯一一支啦啦队,也是多年来CBA第一支啦啦队。

姑娘们有的是时装模特,有的是平面模特,她们绚丽的风采成为新宠。她们有的是幼儿教师,有的是大学生,她们用出色的艺术表现力与现代时尚,演绎着动人的青春故事。她们获得了北京奥运会、残奥会体育展示团队突出贡献奖,她们在央视星光大道夺得月、季冠军,并最终走到了年度总决赛。作为CBA全明星赛最优秀啦啦队,巅峰宝贝们未来仍将舞动最炫的啦啦队舞蹈。

巅峰就是一个现实缩影

那是在2007年6月,来自韩国的啦啦队明星朴保衍,前国家艺术体操队队员张影,在北大读研究生三年级的刘筱璇,民族舞专业演员张兰馨,肚皮舞教练杨伟妮,住在黑龙江牡丹江市的同一条街上却不曾相识的崔莹和马胜男,健身教练张闫,平面模特杨曼林,电视台编辑史羽瞳,演员何合,学幼教的陈晓旭,因为喜欢舞蹈走到一起,组成了这支青春动感的"巅峰"啦啦队,她们是一群可爱的篮球宝贝。

同年10月28日,CBA中国篮球联盟赛新赛季开幕,这是他们第一次"涉水"CBA联赛。经过一路堵车,"巅峰"啦啦队的面包车将近下午5点才到首钢篮球馆,比原定的时间晚了将近1个半小时。赛前适应场地的排练时间大大缩短,队员们在更衣室里放下挎包就直奔篮球场。

这些即将第一次在CBA赛场亮相的队员们还有些不适应,从排练厅到眼前的篮球场,突然变得空旷的场地让她们的队形有些混乱,动作也不如排练时那么自信。在韩国教练朴保衍的激励声中,队员们才一个个地渐渐进入了状态。离上场还有5分钟,所有队员都化好了妆,穿上她们为"首场秀"特制的旗袍,静静地等待在场边的角落。

这是北京首钢队新赛季第一场比赛,赛场播音员介绍完比赛双方的教练和球员后,球员们开始进场练球。身穿旗袍手持红扇,12个朝气蓬勃的啦啦队员同时在赛场边开始了热舞。从球员练球到比赛开始之间的短短三四分钟,就是队员们期待了几个月的CBA赛场首场秀。不知是有意还是无意,啦啦队选择的开场舞音乐是《甜蜜蜜》,队员们随着音乐自信地跨出了她们在CBA赛场上的第一步。

为了这场比赛,啦啦队一共准备了14支风格不同的舞蹈,其中11支还加上了特制的道具。不管是30秒的短暂停还是1分钟的长暂停,只要场地空出来,姑娘们就冲到场地中央,将她们全身的能量用狂热的舞姿释放出来。她们在主队防守时大声助威,在客队罚球时带领观众一起尖声干扰。这些初次登场的队员们很快就成了球队的一分子,也成了比赛的一部分。

从组队到进入CBA赛场,"巅峰"啦啦队的队员们和她们的"主人"王伟只用了5个月。王伟把这功劳都归结到加盟队伍的韩国教练朴保衍身上。这位已经在韩国从事了10年啦啦队工作的舞蹈教练,在中国看到了啦啦队产业兴起的机会。来中国之前,朴保衍是全韩国顶尖的啦啦队明星。她是悉尼奥运会韩国啦啦队队长,作为啦啦队的领舞两次率队获得韩国职业篮球联赛最佳啦啦队奖。

朴保衍是冲北京奥运会来的中国,她说:"奥运会意味着很多比赛会聚集到北京,这也是啦啦队发展的最佳时机。"13条皮带、11

北京男篮
Beijing Men's Basketball Team

条围巾,还有长长短短五颜六色的衣服,足以搭配出数量惊人的漂亮组合。她说:"我常常就这么兴致勃勃地度过一整天。"

崔莹和马胜男,这两个1989年出生的女孩是队里最小的队员。两人进了啦啦队才认识,这才发现两家竟然住在黑龙江省牡丹江市的同一条街上。

坐在搬家公司的车上,崔莹已经瞄到一家东北家常菜馆,就在新家楼下转过一个路口的小街边。搬家工人走后,两个姑娘放下行李后的第一件事,就是直奔菜馆。自从住进领队给找的出租屋,东北菜馆的酸菜粉条两碗饭就成了两人几乎每天的家常饭。马胜男说,我俩很少做饭,生火一般都是煮方便面,现在最爱吃的是小鸡炖蘑菇面。

走进两人的小窝,七八平方米的小屋布置得很温馨。空气里有香水的味道,就连空调都穿上了带花边的丝套。崔莹说,这里是她在北京的第一个家,她喜欢屋子里暖和点。除了啦啦队的队友,两个女孩在北京没有什么朋友。没有演出和排练的日子里,上网成了两人最喜欢的事。早上起来第一件事情是开电脑,睡觉前最后一件事是关电脑。给家里打电话是每天的必修课,崔莹说,家里人只要听见她的声音就会放心,她也一样。

这个小窝能住多久?马胜男说:"我不知道,现在我只希望啦啦队能越来越好。我放弃了在学校当老师的工作来北京,为了说服家里,我每次打电话回家都会说啦啦队好,要是啦啦队没做好,家里人会伤心的。"

10月29日,零点已过。薄雾笼罩了整座城市。夜幕下,白色金杯车搭载着啦啦队的队员们驶向散落在城市各个角落的她们的窝。薄雾里,昏黄的灯光笼罩下的街道,显得落寞而遥远。车上的笑声渐渐飘散,在刚刚结束的一天里跳过、笑过、疯过、美过的队员们,一个接着一个闭上眼,筋疲力尽地斜靠在车座里。

广东"舞时尚"

在"巅峰"啦啦队出现之前,在CBA赛场上最火爆的啦啦队是广东宏远队的"舞时尚"啦啦队,她们号称是"CBA第一职业啦啦队",尽管她们还称不上职业,但论起敬业精神来却令人感动。

"舞时尚"啦啦队在组建之初,队员都是在校大学生,她们利用业余时间来进行训练。但很快帮助组队的经纪公司并没有兑现继续资助她们发展的诺言,这也让"舞时尚"经历了一段非常困难的时期。"为了能够支持下来,当时我们都是自己编舞,自己编辑音乐,自己设计服装,甚至是自己去买面料回来制作服装来表演。"也正是有了这种精神,"舞时尚"很快就舞出了自己的名气,现在她们已经是广东宏远和东莞新世纪两支球队的"御用啦啦队"了。在比赛前两个小时,她们就会出现在赛场上,进行比赛时的舞蹈动作练习,对于每一个动作,每一互动表演她们都演练得很仔细,显得那么的不厌其烦。在比赛开打前,篮球啦啦队队员们却已经是大汗淋漓了。在NBA里,篮球啦啦队队员除了有球队给予的一些补贴外是没有任何出场费的,但这一条在CBA并不适用。据知情人士告诉记者,在绝大部分CBA主场,啦啦队的表演都有出场费,而且其中有一些价格不菲。

很多啦啦队员也能够从当篮球宝贝的过程中获益,以北京队之前的篮球宝贝"守镇之舞"啦啦队为例,她们现在已经成为整个京城红得发紫的演出团体。广东"舞时尚"的不少啦啦队员们在表演之余也能够得到不少广告合同,成为一些当地品牌的代言人。据了解,曾经号称"中国第一篮球宝贝"的"舞时尚"队员真真,代言某品牌年薪甚至达到了百万元。

网络上流传更多的是她们颇为火辣的照片,对此"舞时尚"的篮球宝贝们都有一致的观点，那就是不去在意别人的看法，做自己认为正确的事情。"我们希望通过肢体语言去表达健康、活力，照片出来了，十个人有十个人的看法，我们只要知道心中坚持的是正确的，那就行了。""舞时尚"队长雪儿说。

为了避免过度的走光引来不合适的影响，啦啦队在服饰上的要求也是很高的，拿北京的"巅峰"来说，她们不论穿着什么样的短裙，长筒丝袜是一定要穿的，而且她们每个人的服装都是按照个人的三围尺寸来定做的，谨慎、小心同样是她们的保护武器。

除了少和陌生人说话外，大多数CBA啦啦队还有一条明文规定，那就是不与球员接触，其实这一点在NBA中也是一条不成文的规定，不论是啦啦队员还是球员都能够遵守。

直面惨淡和残酷

职业啦啦队几年前就开始了公司化运营，它们与俱乐部签订打包合同，但整个联赛的整体投入水平都偏低，俱乐部对啦啦队的投入每场均能达到1万元就算是相当不错，但这还要刨去衣食住行等各种成本，偶尔外聘的街舞、杂技等演出也要算在其中，各啦啦队也大多没有讨价还价的余地。

一场CBA比赛需要10至16名啦啦队员，每个队员真正分到手里的也就200元左右，剩下的钱也很难让团队赢利，在CBA表演很多时候是"亏本的买卖"。CBA挣不到钱，只能从别的地方想办法，开舞蹈工作室授课，承接商业表演，都是收入的来源，但也不太稳定。

当演出饱和时，北京巅峰全职队员平均一个月能拿到四五千元，而演出淡季时，可能只有两三千元。在生活成本极高的北京来说，这只能算勉强够用。对于家在外地的小A，每月房租就要2000元，除去吃饭、交通和化妆品等必需的开支外，几乎存不下什么钱，"月光"时有发生。对于爱美的女孩子来说，还是要逛街买衣服的，名店里的奢侈品只能隔着橱窗望一眼，更多地还得去淘货砍价。

对于所有跳舞的女孩而言，伤病是必须经历的，甚至骨折也时有发生。青岛ZERO负责人魏琪，当年也是活跃在赛场的知名啦啦宝贝，但一次训练受伤导致髌骨错位，只能告别赛场走向幕后。广厦队啦啦宝贝的Mina也回忆说，一次广厦队主场比赛不小心扭伤膝盖，当时她只能咬着牙，把舞蹈跳完，最后才由队友搀扶着回到座位。

青岛ZERO啦啦队队长孙峥认为，目前大家对"宝贝"二字有所混淆，"我希望最好还是能够区分开来，把我们称作'啦啦队员'或者'啦啦宝贝'，希望更多的人用善意的眼光关注我们的现场表演和舞姿，否则有些本末倒置的感觉。"

相对保守的父母会反对自己的女儿从事啦啦队这一职业，其中"衣着暴露"也是一大反对理由，夸张点的甚至会认为是"伤风败俗"。这也为啦啦宝贝们寻找男友

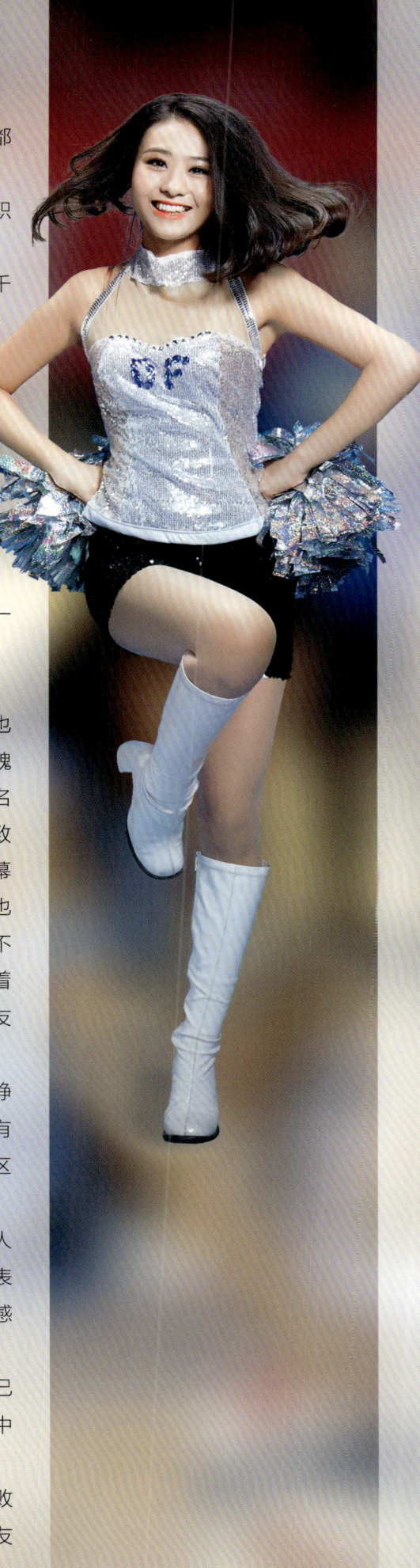

北京男篮
Beijing Men's Basketball Team

增加了难度,想要找一个拥有足够包容、完全支持自己啦啦队事业的另一半绝不是件简单的事情。

大部分啦啦队都有一条严厉的高压线:不准与球员进行接触。规则尺度上的细微差别,但一旦违反,只有开除一个结果。巅峰啦啦队的规定是全CBA最严的之一,队员只要是私下留电话,或单独约会,都是"杀无赦",这也使得巅峰与球员相关的绯闻绝缘。"我们都是为北京队或国家队跳,所以对这些事情会特别敏感。"队长杨舒越说,"我们队里也有因为热爱北京队而加入的,但喜欢就卖力些为他们加油,大家只是工作关系。"啦啦队员和篮球员就像两条平行线,永远不相交,这其实是沿用了NBA的做法。

在广东的几支啦啦队中,是提倡婚恋自由的。舞时尚领队雪儿本身就是很好的例子,她和前广东球员季乐相恋数年后共结连理,前舞时尚队员陈晨和前广东球员陈大伟也在2011年年底进入婚姻殿堂。

张岐曾是上海NANATEAM的一员,后来她选择离开并创建了IDANCE。在上海男篮重组啦啦队前,她的IDANCE已经是上海源深体育馆的固定班底。再加上张岐曾经在比赛中获得佳绩,曾赴NBA赛场学习,在上海啦啦队圈中算是数一数二的明星。队员称她为"岐姐"。

2011-2012赛季之后,张岐离开了CBA赛场,"我个人的梦想已经基本完成,是时候退到幕后。"IDANCE在赛季期间无法以团队的身份继续为上海队效力,只能靠承接其他商业演出作为收入来源。由于整体市场不景气,要平衡收支已是件不容易的事情,她转行成为一家外企的销售。目前上海啦啦队的鲨鱼女郎们,绝大部分都来自上海的各大高校,凭着不错的学历,找到一份白领工作应该不难,她们也基本不会考虑成为全职啦啦队员。

雪儿也对舞时尚队员未来的发展有所担忧,"未来她们可以进入管理层,带队或编舞,也可以在工作室开班授课。人人都知道跳舞最后的结果就是转到幕后,但幕后的工作其实并没有那么多。"

对于队员未来的出路,浙江最红啦啦队也在进行着尝试,作为俱乐部资方的浙江稠州银行向队员承诺,在未来毕业就职时,会优先考虑浙江队的啦啦队员,这无疑是个好消息。"俱乐部领导能有这样的支持,很让人安心,因为我不想我的队员们跟着我几年,影响了学业,也耽误了前程。"这就是真实的职业啦啦队生活。

2015年3月19日，2014-2015赛季CBA联赛总决赛，北京首钢男篮对阵辽宁衡业男篮。图为啦啦队队员　李志岩　摄影

北京首钢男篮主场啦啦队部分队员　周奇　摄影

多角度全方位的媒体正能量

张晓亮

2012年3月30日，2011-2012赛季CBA联赛总决赛，北京首钢男篮对阵广东宏远男篮。图为中央电视台记者采访广东队朱芳雨（白衣） 新华社记者 孟永民 摄影

在北京篮球的发展历程中，媒体是不可忽略的一环，是他们的报道让更多的人了解了北京篮球并且成为北京男篮的忠实拥趸。主教练闵鹿蕾表示，北京首钢男篮三次夺冠，媒体在其中起了非常大的推动作用。首钢俱乐部副总经理袁超也曾说过，有媒体支持我们，为我们撑腰，我们感到更有力量。从CBA创办伊始，甚至更为久远的年代，媒体就密切关注着北京男篮的一举一动。几十年来，一代又一代的媒体人陪伴着北京篮球队，记录着球队发展历程上的点点滴滴。从早年间单一、简单的报道方式，到如今电视、广播、报纸、网络全方位、立体化的报道，媒体对于北京男篮的关注也在不断升温。球队成功时，不盲目鼓吹，而是冷静分析；球队失意时，不落井下石，而是善意鼓励。媒体对于北京篮球是非常爱护的，而且坚持真实是所有报道的基础。虽然来自不同单位，但北京篮球媒体圈已经成为一个业务能力出色、气氛团结的和谐集体，而且他们有着相同的目标：报道好北京篮球，推动篮球运动在北

京的发展。

网络媒体

作为一种新兴的媒体，网站相比广播、电视、平面媒体虽然起步最晚，但发展速度却是最快的，而且大有赶超之势，可谓后起之秀。在新媒体当道的今天，网站报道CBA联赛的内容有视频直播、音频片段、比赛消息、赛后花絮，可以说，是电视、广播、平面媒体等传统媒体的集大成者。网络也是很多上班族关注CBA联赛的首选。

1. 搜狐网

搜狐网是CBA联赛的官方合作伙伴，承担着维护CBA联赛官网的任务。2013—2014赛季，搜狐派出了多路记者出击，和以往相比加大了报道力度。针对明星球员众多且关注度更高的北京首钢男篮，他们也专门安排了一名文字记者和一名摄影记者长期跟队，图文并茂地展现了北京男篮在一个赛季中的精彩表现。

北京队的两位球星马布里、孙悦和广东队的易建联一起成为CBA官网上最受关注的球员。马布里受伤回国治疗、赛季末返回北京并且带领球队夺冠这一系列事件引起了很多网友的关注；孙悦加盟北京之后，更是让网站的点击率暴涨。

总决赛期间，搜狐CBA官网的累计视频点击量达到了9076469次，和2012-2013赛季相比直播增长103.1%，点播增长248.6%。

2. 乐视网

乐视网成立于2004年，最近两年才开始涉足CBA赛事的直播和报道，但目前，他们已经成为CBA独家互联网电视视频服务供应商。乐视体育对2013—2014赛季CBA联赛的报道无论从人员投入还是从直播场次来说都是空前的。

硬件方面，为了能够高质量地转播和报道CBA赛事，乐视在赛季开始前选用了新的演播室，新演播室总面积达1000多平方米。有四个面积不同的演播室可以进行直播，同时为了提高画面质量，对转播设备也进行了更新。在提升硬件的同时，一批具有丰富直播和节目制作经验的人员加入了转播团队，提升内容的质量。

人员方面，网站负责CBA内容的团队（直播团队+编辑团队+记者团队）将近20人，整个赛季共直播251场比赛，335场比赛制作了集锦。除此之外，还有3567个精彩片段，以及将近400条策划，记者团队足迹遍布18支球队主场。

同时，针对北京首钢男篮，乐视体育也有特别的呈现。整个赛季，专门派出一名记者长期跟随北京男篮采访，在内容制作过程中专门为北京男篮开设了专辑页面并放在了显著位置。同时，乐视直播了上赛季北京男篮的所有比赛，关注度位列前茅。

3. 新浪网

2013-2014赛季，新浪体育把北京男篮作为重点报道对象，针对所有北京队比赛都做了文字直播，点击量、关注度超过其他场次。同时，把北京男篮的报道放在CBA板块中的最重要位置，派出一名文字记者贾磊和一名摄影记者

北京男篮
Beijing Men's Basketball Team

专门跟随北京男篮主客场采访，有关北京男篮的稿件都获得了很高的关注度。

网站记者要随时针对新发生的新闻事件做出反应，可以说是24小时待命，非常辛苦。季后赛期间，贾磊的妻子已怀孕37周，但他却仍然以工作为重，坚持在一线为球迷们带来最鲜活的报道。

新浪网"中国篮球"官方微博目前有粉丝92万，微博把北京男篮相关内容放在最重要的位置，发布有关北京男篮的微博回复量、评论数和其他消息相比都排在前列。话题"CBA北京夺冠"阅读量达到了近百万次，引发了几万人参与讨论。

电视媒体

电视作为传统媒体，目前受到了来自互联网等新媒体的强烈冲击，但它仍然是受众观看CBA联赛最为依赖的手段，北京很大一部分球迷观看男篮的比赛都是通过电视转播。所以，在原有的工作基础上如何推陈出新、不断提高，成为摆在北京电视台转播团队面前最大的难题。2013-2014赛季，他们很好地完成了转播任务。

1. 转播团队

北京电视台体育频道在2013-2014赛季的CBA转播中，实现了客场高清信号的传送，北京首钢队25场客场比赛，有19场比赛实现了高清信号回传；季后赛比赛更是派出了评论员前往客场，带来精彩评论，和大家一起见证了北京队客场夺冠这样历史性的时刻。同时在兄弟部门的大力支持下，体育频道创纪录地完成了本赛季北京首钢队24个主场比赛的直播。

在转播技术方面，2013-2014赛季的CBA转播也达到了一个新的高度。常规赛在首钢篮球中心利用10个常规机位完成转播，而季后赛在万事达中心则增加到了14个机位，这也达到了奥运会的转播标准。同时，转播中增加了斯坦尼康摄像机、超高速摄像机、鱼竿摄像机等诸多全新设备，不论是从硬件配备还是实际的操作全部达到了国内最高水准并且可以媲美世界最高水平的篮球转播。

篮球和足球在北京电视台体育频道中占有重要的位置。CBA联赛更是深受北京球迷喜爱，因此到了联赛期，北京电视台也拿出了很多节目时间来转播、报道比赛。

在北京电视台体育频道的所有节目中，赛事转播大概占据2/3的频道资源，而在2/3当中，光CBA联赛一项就会占据大约1/3，其中包括每场比赛赛前《体坛资讯》的前包装（大约30分钟），随后进入比赛的直播，最后在天天体育中还有关于比赛的赛后报道（时长大约10~15分钟），可见体育频道对CBA赛事的重视。

从收视率的角度来看，整个CBA赛季北京首钢队比赛转播的平均收视率达到3.19%，这个收视率数字与北京电视台影视频道的一些电视剧接近。特别是北京队进入总决赛后，体育频道转播赛事的收视率更是接近10%。这个收视率与热播电视剧《潜伏》相仿，体现出了体育频道优质节目资源应该达到的标准。

在全国15家电视台共同转播18支CBA球队的大平台上，BTV篮球转播团队的工作是被公认为最卓有成效、最受好评、水准最高的转播团队。在2013-2014赛季CBA联赛季后赛开始之前，BTV篮球转播的总导演李亚京还应邀特地为其他7支球队所属的主播电视台授课交流。BTV篮球转播团队秉承一贯的高标准、规范化、系统化的操作流程，用镜头记录下CBA的每一个精彩瞬间，全面地展现了篮球运动的独特魅力，并用完美的转播来展现精彩纷呈的CBA赛事，也用自己的出色表现匹配了CBA总冠军级别的电视转播。

2. 报道团队

随着马布里的加盟，北京队近两年成绩的突飞猛进，冬天的北京城几乎把所有热情都投射到了小小的篮球之上。加之孙悦、张松涛等加盟北京队，这更使得球队在2013-2014赛季的关注度达到了一个空前的高度。

北京电视台的采访团队从赛季开始前就进行前期预热，制作了一系列让球迷津津乐道的宣传片，其中《马布里打豆豆》更是成为很长一段时间球迷热议的话题。

常规赛期间，主场保持两组记者在现场，客场至少一组，到了季后赛，报道力度加大，客场比赛，无论是在杭州还是在广东、新疆都会派出更多的记者参与采访报道。在北京篮球媒体圈，电视台记者是大家公认最辛苦的。CBA联赛的赛程是一周三赛，一周七天，每天训练。电视记者的节奏则是赛前出镜、赛后出镜、比赛新闻、训练新闻，出差、出差、再出差，除了保证每场比赛的报道以外，几乎每天都会有一组记者采访拍摄北京男篮的训练情况。每场比赛结束后，后期的片子制作完成几乎都已经到了深夜，和很多同行一样，在每年冬天这紧密的篮球季中，记者与北京男篮队员相处的时间，远远超过陪伴家人的时间。

每场比赛，现场的出镜记者要从下午就开始做赛前对播的准备，了解赛前两支球队的状态、球员伤病情况以及球迷们所不知道的一些小故事。赛前两小时，来到球馆熟悉场地、联系参与对播的主队或客队球员，如果是在客场比赛，还需要和当地电视台进行沟通，共享现场对播所需要的设备，赛前15分钟，也就是晚上7:15准时和台里进行对播。对前方对播记者的着装，北京电视台要求也很严格，必须是正装出镜。对于出差频率很高的篮球记者来说，原本3天左右的短途出差不需要带箱子，但为了这一场比赛前的10分钟对播，必须还要带上正装，无形中又多添了一件行李，但正是这种严谨的作风，让节目播出后的效果更加完美。

在采访过程中，记者和北京队的队员、教练形成了很亲密的关系。相比于架起机器的正式采访，平时接触当中的"闲聊"更容易出现好的新闻，因为这种状态下，采访者和被采访对象都会更轻松。而很多让球迷喜闻乐见的新闻也确实都是来自这所谓的"闲聊"。

每当客场比赛走出机场的时候，孙悦都会坐在自己的行李箱上，由李伟、翟晓川等队员把他拉出来。这样的一个有趣的场面成为了电视记者镜头中的一条花絮消息。北京电视台记者周海川利用几次跟客场比赛的机会，抓拍了这一有趣场景，并且多方采访当事人孙悦、翟晓川、李伟以及旁观者马布里、吉喆等球员，把消息的趣味性充分放大，呈现在了广大北京球迷面前，受到了球迷们的一致好评。

经过一个赛季的比赛，北京男篮终于在2014年3月30日夺冠。北京电视台的报道团队群策群力，为广大球迷献上了《金隅是冠军》特别节目。3月31日，北京男篮夺冠后的第二天，特别节目《金隅是冠军》以直播形态播出，时长120分钟。刘欧、周海川、刘茹等几位长期跟队的记者在前期担任策划，把节目的气质定义为"轻松快乐的正能量"，并把节目形式从原来的一对一访谈模式变为多对多访谈模式。

节目中除了原有主持人之外，还力求创新，大胆提出了让首钢队球员孙悦做嘉宾主持的想法。对于受访者来说，只有当他们面对自己最熟悉的人时，他们才能忘记电视直播的拘束，展现出他们最熟悉最真实也是观众最喜欢的状态。

2012年3月25日，2011-2012赛季CBA联赛总决赛，北京首钢男篮客场对阵广东宏远男篮。图为北京电视台体育记者刘茹在现场做报道

北京男篮
Beijing Men's Basketball Team

同时，策划者还设计了"马布里模仿吉喆和闵鹿蕾""送马布里头盔，祝他下赛季不再被打豆豆""还原孙悦与队友牵手门"等多个带有幽默效果的环节，让演播室里彻底摆脱了紧张的气氛，而成为了非常真实的欢乐海洋。经过努力，这档特别节目的最终收视率为3.51，占有率接近10%，超过了以往每一年的《金隅是冠军》特别节目。

长期跟随球队一起采访，北京电视台的记者刘茹和俱乐部建立起了深厚的感情。虽然报道过程中要始终保持客观，但在平时的接触中，她也几乎是和球队"同呼吸，共命运"，一起感受着失利的悲伤和赢球的喜悦。半决赛的第四场，在北京队的主场——万事达中心进行，北京男篮带着2比1的总比分，手握赛点。就当所有北京球迷、北京媒体都一致认为，球队将以3比1淘汰对手进入决赛的时候，北京男篮却意外地输掉了这场比赛。这场失利让全队都感觉非常遗憾，随队采访的刘茹也是如此。带着这样沮丧的心情，北京电视台的报道团队踏上了飞往深圳的班机。抵达东莞后，刘茹在和队员、教练接触的过程中了解到，北京队在经过了一天的调整后，并没有像外界所想的那样对第五场比赛失去信心，相反，每个人心中都憋了一股子劲儿，大伙儿暗暗地发誓，一定要把全部能量都在第五场生死战中爆发出来，这样的信息让刘茹也倍感振奋。

果然，到了比赛日，我们看到全队每一名球员都斗志高昂，甚至平时出场时间不多的队长陈磊也主动请缨，希望可以上场去防守对方的得分点朱芳雨，他的申请马上得到了主教练闵鹿蕾的许可。在这种能量的带动下，北京队顺利地拿下了第五场比赛，淘汰广东队杀进决赛，这和刘茹赛前的预测如出一辙。或许正是因为这一次次在逆境中的取胜，让她对北京队接下来的比赛充满了信心。

广播电台

2001年北京申办第28届奥运会成功后，北京人民广播电台审时度势，于2002年1月1日开办了我国第一个专业体育频道"北京体育广播"，创造了国内开办专业体育频道的先河。从2002年成立一直到2014年，北京体育广播转播和报道CBA全国男篮职业联赛已经有12个年头。作为目前全国唯一一家保留现场赛事直播类节目的专业体育广播，北京体育广播的CBA联赛直播、采访已经成为北京球迷、尤其是移动人群关注北京首钢男篮最重要的途径。

1. 现场直播推陈出新

2013-2014赛季，体育广播在现场转播全部49场比赛的基础上，还不断实现自我突破、推陈出新。为了让广大球迷多角度、更加全面地了解北京男篮的比赛以及赛前赛后的情况，在栏目设置上也颇费了一番工夫。每到北京男篮的比赛日，当晚的赛事直播节目《激情赛场》都会提前半小时开始，由主持人和嘉宾在直播间进行赛前的分析，并在节目中连线前方解说员，让听众通过收音机感受比赛现场的气氛，随后进入赛事的现场直播环节。比赛结束后，马上进入到评论性节目《体坛夜话》，主持人、嘉宾继续围绕刚刚结束的比赛和球迷展开讨论，让广大关注北京男篮的球迷在第一时间有了一个聊天的好去处。CBA季后赛部分比赛，体育广播的收听率已经接近0.5，相比2014年1月—4月0.16的收听率有着大幅度的提升。

2. 精心策划参与度高

2014年3月30日的CBA总决赛第六场，北京男篮带着赛点返回乌鲁木齐，如果拿到这场比赛的胜利，他们将三年内第二次捧起总冠军奖杯。

为了让听众能够更全面地了解赛前、赛中、赛后的情况，体育广播在当晚开通特别节目。采访部派出记者王昇到乌鲁木齐进行现场转播和报道，主持人晓亮在直播间邀请前北京男篮队员李翔、篮球评论员刘骁两位嘉宾提前半小时开始前瞻。21:36，北京男篮成功夺冠。此时，体育广播已经准备好了夺冠的片花和宣传，并且在随后的特别节目当中独家连线包括北京男篮主教练闵鹿蕾的儿子闵伟凡、前北京男篮队长张云松等在内的多位重量级嘉宾，结合球迷的短信、微博互动，特别节目一直延续到了当天23点，在四个小时的节目中，球迷的参与度极高，短信、微博回复量都创下新高。

3. 解说员各成风格

在常年的转播采访过程中，

体育广播的两位CBA解说员逐渐形成了自己的风格。

王异是加盟体育广播最早的解说员，解说足球、篮球等体育赛事已经将近14年，解说的正式比赛近500场。作为一名资深解说员，王异的解说有着很强的现场感，现场直播经验丰富，让听众有身临其境的感觉。

张晓亮是北京体育广播资深记者、解说员。从2004年开始转播报道CBA联赛至今已经有10多年，同时负责解说NBA、乒乓球、羽毛球等赛事。参加工作的十年间，多次参与境外大型赛事的报道和转播工作，有着丰富的现场采访、转播经验。晓亮的解说思路清晰，严谨的同时又不乏幽默。

两位解说员通过多年的一线磨炼，已经成为深受听众喜爱的主持人。

4. 记者现场采访任务重

2013－2014赛季，北京体育广播的两位记者张晓亮、王异和以往一样，跟随北京首钢男篮南征北战，现场转播和报道了北京金隅男篮所参加的34场常规赛、9场季后赛和6场总决赛，为北京的球迷第一时间送上实时赛况和采访消息。中国男篮职业联赛相比于中国足球超级联赛，赛程更紧密，一周之内往往有三个比赛日，这对于现场解说员来说压力不小。

转播员出差转播时，往往都爱身背一个超大号的双肩书包，在书包里面，除了洗漱用品、换洗衣物、充电器等生活必备用品之外，还有对他们来说非常重要的几件东西：直径30厘米左右的圆盘数字耦合器、接收天线、锂电池、电池充电器和耳麦。在外出转播的过程中，记者一个人还要担任解说员、技术员、现场安保的角色，真到了一个数万人的体育场内，每个人都遇到过不同程度的困难。

在总决赛期间，解说员张晓亮的爱人怀孕38周，随时都有临产的可能；解说员王异的孩子也只有两岁。但两位解说员坚持以工作为重，没有落下一场现场转播，所有比赛全部亲临现场或参与台内直播，为工作做出了牺牲。他们的努力付出得到了广大听众、台领导的认可。

平面媒体

在媒体高度竞争的今天，作为最传统的平面媒体，也一如既

北京首钢男篮主教练闵鹿蕾携队员方硕做客北京体育广播《体坛夜话》栏目，师徒二人唱和有道畅谈篮球心得　　CFP 供图

北京男篮
Beijing Men's Basketball Team

2014年3月31日，北京首钢男篮乘坐飞机抵达首都机场。图为大批记者采访马布里
新华社记者 孟永民 摄影

往地对北京男篮给予密切关注和报道。《北京晚报》《北京青年报》《新京报》《京华时报》《北京晨报》的记者常年跟队采访，记录下球队成长历程中的点点滴滴，他们的采访报道也是北京篮球的重要组成部分。

1. 挖深度亮观点

论报道的形象性、时效性，平面媒体比不过电视，论资讯的数量，平面媒体比不过网络，论时效平面媒体比不过广播。在这样的局面下，平面媒体就必须挖掘自身的优势，那就是追求有深度的报道，有观点的评述。

平面媒体记者要将心思放在摄像机拍摄的盲点，讲述一些比赛之外的故事，这需要记者有很强的新闻敏感性，同时有良好的业缘关系。这都是通过长期的积累和锻炼而形成的，绝非是一日之功。北京篮球的平面媒体跟队记者大多数年龄在30岁出头，别看年龄不大，但其中跟队最短的也有3个赛季，有的人已经跟队超过10年。他们对球队的了解是全面的、深入的，所以写出的文章也是专业的、有见地的。《北京晚报》自2009年起开辟了一个篮球评论栏目"背靠背"，每期由两名记者对一个新闻点发表观点。记者们本着实事求是，畅所欲言的态度，各抒己见。有时意见针锋相对，有时观点互为引证。文章有新意，有观点，颇受读者喜爱。《北京青年报》周赫、《京华时报》潘天舒、《新京报》田欣欣的文章都很有个人的特点，观点清晰明确。他们的很多文章对球队的发展起到了帮助，发现问题，给出建议；宣传正面，鼓励进步。北京媒体对于球队的建议是善意的、积极的、有效的。无论是袁超还是闵鹿蕾都多次表示，有媒体给球队"撑腰"，感到了无限的力量。

2. 时间紧难度大

网络媒体固然非常看重发稿速递，但平面媒体的截稿时间更是紧张。相对而言，网络媒体的截稿时间是宽松的、弹性的，没有一个确切的时间节点，而平面媒体则不然，每天的截稿、清样时间是死规定，坚决不能超时。

在CBA赛事报道上，几家日报的发稿都是在争分夺秒。每场比赛结束时间大约在晚上9点半，开完新闻发布会，对教练、队员进行赛后采访，最起码也需要半个小时的时间。日报的截稿时间大部分是在晚上11点左右，留给记者写稿的时间至多一小时，而工作量要近5000字。2013-2014赛季北京队夺冠之后，《北京晚报》推出了五个版的报道。所有的采访、构思、写作都是在赛后五小时之内完成的。

在CBA的工作间经常会出现这样的场面，平面媒体完成了工作，网络媒体还未收工。用时短，绝不代表报道质量低，这些平面媒体的文章都是过硬的，各大网站转载的报道中北京媒体的数量名列前茅。强度高，难度大，平面媒体的记者个个都不含糊。

3. 高密度持久战

报道CBA联赛是一项时间跨

度长、强度大的任务，对每个跟队报道的记者来说都是对体力和脑力严峻的考验。

CBA联赛从每年十一月一直延续到第二年的四月，跨度长达五个月。这期间赛事频率密集，每周有三轮比赛。相比于电视媒体有多组报道团队，每家平面媒体的跟队记者数量有限，绝大多数单位只有一位记者负责，他的报道强度可想而知，在五个月的时间内是停不下来的。每一位记者都非常奔波，有时节假日都无法陪伴在家人身边，为工作做出了很大的牺牲。

先不说采访、写稿的报道任务，跟着球队把一个赛季的比赛跑完就是很大的挑战。比赛日，赶路日，接着比赛日，这就是CBA记者的节奏，循环往复，年年如此。CBA的多个赛区并不是设在一线城市，当地没有机场，交通并不方便。球队经常赶上连续几个客场，两个小城市之间有的时候只有慢车通行，很是消耗精力。飞机、火车、长途车，CBA记者会使用上各种交通工具。北到吉林长春，南到广东东莞，西至乌鲁木齐，东至上海，CBA的赛场涵盖了大半个中国。各地的天气差异很大，记者们完成了从冬到春的跨越。CBA期间会经过元旦、春节，记者们常年在节假日也无法与家人团聚，还要投身到春运的滚滚洪流之中。

2014-2015赛季季后赛，北京队先后奔赴杭州、东莞、乌鲁木齐三地比赛。在40天左右的时间内，记者们前往这三个客场各有两次。尤其是东莞、乌鲁木齐两地距离遥远，每一次的路途奔波都要花去一天的时间。跟队记者有很多人的孩子很小，今年季后赛期间，《北京晚报》陈嘉堃的儿子还没有满月，他以工作为重坚持报道，球队半决赛、决赛一场不落，全部亲临现场。赛季期间，《北京青年报》周赫的女儿不到两岁，由于爸爸没时间来照顾，孩子经常要回到天津的姥姥家住。每一位记者都得到家人的支持和帮助，也都为工作做出了牺牲。

2012年3月30日，2011-2012赛季CBA联赛总决赛，北京首钢男篮对阵广东宏远男篮。图为众多媒体记者在现场工作　　CFP 供图

后 记

《北京文史》编辑部组织编写《北京男篮》专辑，得到了孙保生先生的热情支持。孙先生是资深篮球媒体人、《北京晚报》记者，虽已步入古稀之年，但仍然活跃在北京男篮报道的一线。他高兴地担任了专辑主编，承担了核心文章的撰稿和其他文章的组织和讨论，对全部书稿提出了审校意见，把对北京男篮的热爱倾注在这本书中。

《北京男篮》的主要撰稿人是一批活跃在新闻报道一线的媒体记者以及长期从事篮球工作的专业人士。他们有：国际级篮球裁判马立军、《北京日报》体育记者王洋，《北京晚报》体育记者孔宁、陈嘉堃、李远飞，《体坛周报》原记者邵化谦，北京电视台篮球节目编导刘茹、北京体育广播记者张晓亮、网易篮球记者龙培培、《篮球》杂志资深记者马冰峰以及《北京青年报》原体育记者周赫、《京华时报》原体育记者潘天舒等。他们尽管工作繁忙，但都很愉快地承担了撰稿任务。在撰稿过程中进行了数次专访，和当事人进行深入交谈。

在编辑出版专辑的过程中，《北京文史》编辑部邀请了程世春、何诗荪、王忆诚、姜忠俭、陶传孝、李树钊、李东兴、华迪平、黄频捷、尹光环、李隆、袁超等一批健在的老教练、老运动员座谈。他们为编好《北京男篮》专辑提供了很好的建议和素材，丰富了专辑的内容。

《北京男篮》专辑采用图文并茂的形式，刊载了大量历史资料照片和精彩的体育摄影作品。历史资料照片主要由当事人或其亲属、首钢篮球俱乐部提供；体育摄影作品则是由新华社孟永民、搜狐网李志岩、《北京晚报》刘平、《首钢报》付建伟四位专业体育摄影师提供。此外，编辑部又通过中国全球图片总汇、视觉中国集团、全体育图片社、中体在线的网络图片库等补充了部分照片。

在此，向为本专辑付出辛勤劳动的各位篮球前辈、媒体记者以及相关人士致以衷心感谢！

《北京文史》编辑部
2016年5月